왜
다시
마키아벨리
인가

Nicholo Machiavelli

보다 나은
세상을 위한
로마사
이야기

왜
다시
마키아벨리
인가

박홍규 지음

Nicholo Machiavelli

❀ 을유문화사

| 보다 나은 세상을 위한 로마사 이야기 |
왜 다시 마키아벨리인가

발행일
2017년 1월 25일 초판 1쇄

지은이 | 박홍규
펴낸이 | 정무영
펴낸곳 | (주)을유문화사

창립일 | 1945년 12월 1일
주소 | 서울시 종로구 우정국로 51-4
전화 | 734-3515, 733-8153
팩스 | 732-9154
홈페이지 | www.eulyoo.co.kr
ISBN 978-89-324-7348-2   03900

책을 펴내면서

"대한민국은 민주공화국이다. 대한민국의 주권은 국민에게 있고, 모든 권력은 국민으로부터 나온다."

2017년은 우리 역사의 거대한 분수령이 될 것이라 학수고대하며 이 책을 쓴다. 나는 헌법 1조에 규정된 주권재민의 민주공화국이 제헌 70년 만에 진정으로 실현되어 한국이 세계에서 자랑스러운 나라가 되기를 바라기 때문이다. 헌법 1조는 2016년 모든 국민의 가슴에서 우리나와 권력을 농단한 무능하고 교활하며 사악한 권력자를 거부하게 했다. 나라를 망쳐 세계의 수치로 만든 그 권력자가 상징하는 반민족, 반민주, 반민중의 잘못된 권력 전통도 함께 사라질 운명에 처했다. 그래서 2017년은 200여 년 전인 1789년 프랑스대혁명과 같은 시민혁명으로 주권재민의 민주공화국이 실질적으로 실현되는 첫 해가 될 수 있게 되었다. 우리는 지금 1919년 대한민국 수립 이후 약 100년 만에 진정한 의미의 민주공화국, 세계의 어느 나라보다도 자랑스러운 민주공화국이 될 기로에 서 있다.

2016년 말 촛불집회에 모인 연인원 1000만 명이 넘는 사람들이 전국에서 '헌법 1조'를 함께 외쳤다. 민주공화국, 국민주권이란 말이 곳곳에서 흘러나왔고, 노래로도 힘차게 불렸다. 헌법 규정과 달리 주권은 우리 국민이 아닌 몇 사람에 의해서 좌지우지되고 있다는 점에 대한 분노의 표출이었다. 민주공화국이 아니라 몇 개인의 나라, 그것도 선출된 대표가 아닌 몇 사람의 국정 농단에 대한 분노였다. 아니 어제오늘의 일이 아니었다. 그 몇 년 전 세월호 집회* 등에서도, 그 뒤 계속된 촛불집회에서도 곧잘 회자되었다. 그러나 대통령은 물론 정부의 누구도 대한민국이 민주공화국이라는 것을 부정할 리 없다. 얼마 전 쫓겨난 어느 고위 공무원** 처럼 신분제나 그 위에 선 군주제나 독재제를 주장하는 자가 아니라면 말이다. 설령 군주나 장군처럼 독재하는 자라고 해도 자신은 헌법 1조를 지킨다고 우길 것이다. 그러니 민주공화국이라는 말은 사용하는 자에 의해 멋대로 사용된다고 해도 과언이 아니다. 민주주의라는 말도 마찬가지다. 이처럼 오래전부터 우리의 말은 왜곡되었다. 제멋대로, 제 편한 대로, 제 이익을 위해 왜곡되었다. 말이 갖는 최소한의 공적 기능도 없어졌다. 공이 사가 되고 사가 공이

• 2014년 4월 16일 인천에서 출발해 제주로 향하던 여객선 세월호가 전남 진도군 인근 바다에서 침몰했다. 이로 인해 안산 단원고 학생을 비롯해 탑승객 중 300여 명이 사망 및 실종됐다. 정부는 참사 수습 과정에서 우왕좌왕하고 각종 의혹은 연이어 증폭되면서 세월호 참사 진상 규명 등을 요구하는 집회가 열렸다.

•• 2016년 7월에 교육부 정책기획관이 "민중은 개, 돼지"라는 발언으로 파면 처분을 받은 바 있다.

되었다. 공과 사는 혼동되었다. 공익은 사익으로, 사익은 공익으로 왜곡되었다. 국정은 몇 명의 사적 이익을 위해 농단되었다.

그래도, 아무리 그래도, 흔히들 사악한 권모술수의 군주독재를 주장했다고 보는 마키아벨리Niccolò Machiavelli, 1469~1527가 민주공화국을 주장했다고 하면 "그건 아니지, 정말 아니지"라고 손사래를 칠 사람이 많을지 모르겠다. 그러나 나는 이 책에서 그렇게 주장하고자 한다. 약 500년 전 이탈리아 사람이었던 마키아벨리가 지금 이 땅에 살아 있다고 하면 촛불집회에서 분명히 민주공화국을 외치고 있을 것이라고 확신한다. 게다가 그 누구의 주장보다도 뛰어나고 앞서 가는 최첨단의 민주공화국을 주장하여 국가 위기를 극복하고자 했다고 확신한다. 삼권분립이니 하는 교과서에만 나오는 창백한 제도가 아니라, 국민이 주인이라는 민주주의를 기본으로 하여 모두 함께 어울려 사는 민주공화국을 주장하여 분단된 조국을 통일하고자 했다고 확신한다. 공사를 혼동하지 않고, 공익을 위한 민주공화국의 민주 지도자를 대망했다고 확신한다. 그것도 500년 전 우리와 같이 모여 민주공화국을 외친 피렌체 민주 광장에서 말이다.

그렇게 생각하는 이유는 마키아벨리가 정치에서 가장 중요한 것은 공을 죽이고 사를 살리는 독재자의 출현을 막고, 모두 함께 공공의 자유와 자치를 지키는 제도적 장치가 반드시 필요하다고 주장했기 때문이다. 1987년 우리는 대통령 직선제 개헌만 하면 독재자가 없어진다고 생각하였지만, 그것이야말로 독재자가 출현할 수 있는 내재적 위험을 안고 있음이 드러났다. 따라서 어떤 사람이 무슨 이유로든 대중적 인기나 선동을 통해 독재자가 되는 것을 막기 위한 제도적 장치는 반드시 필요하다. 마키아벨리는 이미 500년 전에 그렇게 주장했다. 그가 지금 인민의 민주적 정치 참여를 보장하는 제도커녕, 지배 집단과 피지배 집단 사이의 견제와 균형을 도모하기 위한 제도커녕, 지배 집단 사이의 삼권분립커녕 권력이 대통령에게 오로지 집중되어 있는 우리 헌법을 본다면, 독재를 방지하기 위해 제대로 된 제도적 장치라고는 평가하지 않을 것이다.

법적 제도만이 아니다. 사회적 제도도 필요하다. 부나 명예와 같은 출세 능력이 뛰어난 인물이 아니라 정책을 만들고 실천하는 민주적 지도자를 선출할 수 있는 사회적 양식의 제도화도 필요하다. 그러나 우리는 여전히 소위 소년등과라는 고시 합격자나 부자 따위의 사회적 바보들을 출세의 지도자라고 뽑았다. 그러니 마키아벨리는 민주공화국에 반하는 독재자가 부활한 것이 지극히 당연하였다고 말할 것이다. 우리 모두가 공익을 위해 사익을 희생하지는 않아도 절제하는 민주적 공민公民의 자질을 갖추어야 한다. 그렇지 못하고 우리 모두 사익 추구에 급급한다면 우리는 여전히 그런 독재적 지도자밖에 갖지 못할 것이다. 우리의 자질이 곧 지도자의 자질이다. 우리의 수준이 곧 지도자의 수준이다.

500년 전의 마키아벨리는 민주공화국의 핵심 가치인 '인민의 자유와 자치'를 지키기 위해 비록 인민에 의해 선출된 대표라고 해도 그 권력의 행사를 인민이 늘 감시하면서 견제해야 하고, 인민이 뽑은 대표의 심의에 인민이 직접 참여하여 최대한 자치의 폭을 넓혀야 한다고 주장했다. 또한 심의를 할 수 있는 의회만이 아니라 대표와 그 수하 관료들을 문책하고 인민에게 의사를 물을 수 있는 고발과 기소 제도까지 인정되어야 한다고 주장했다. 따라서 그에게 인민의 정치 참여인 '자치에 의한 자유의 수호'는 민주공화국의 핵심적인 절차고 가치다. 물론 그러한 절차와 가치만으로 충분하지 않다. 그것을 충실하게 반영하는 지도자가 반드시 필요하다. 오로지 독재에만 유능한 독재자가 아닌, 민주공화국을 창조하는 유능한 민주적 지도자가 필요하다. 특히 서로 대립하는 집단, 계층, 계급 사이의 갈등을 해소하고 통합할 수 있는 민주공화적 능력을 갖춘 신중한 지도자가 필요하다. 이를 통하여 다른 나라는 물론 어떤 사람의 권력 행사에도 종속되지 않는 인민 모두의 자유를 위해 항상 싸우는 나라가 민주공화국이라고 마키아벨리는 주장했다. 밖으로는 명백히 독립을 유지하고, 안으로는 누구의 자의에도 종속되지 않는 조건을 인민 모두가 향유하는, 무엇의 지배도 받지 않는 자유와 차치의 나라를 민주공화국이라고 했다. 한 사람이나 몇 사람이 통치하는 것이 아니라 자유로운 인민 모두가 자치하는 나라가 민주공화국이라는 것이다.

마키아벨리에 의하면, 인간 사회에는 언제 어디에서나 갈등이 존재하므로, 이를 부정적으로 보아서 안 된다. 전체의 이익이나 종교 교리나 추상적 도덕성을 앞세워 오로지 하나의 주장만을 절대시하고 갈등을 부정적인 것이라고 몰아세워서도 안 된다. 갈등의 부정적 결과를 인민의 자유가 남용된 방종 탓이라고 본 플라톤 이래 2500년 이상 계속된 반민주적 주장은 부당하고, 도리어 그 부정적 결과의 원인은 지배 집단 탓으로 보아야 한다. 촛불집회도 마찬가지다. 불만의 표출을 부정할 것이 아니라 긍정적으로 보아야 한다. 우리나라에서는 '갈등'에 대해 유난히 예민하고 이를 부정적으로 바라보지만, 마키아벨리는 이를 긍정적으로 보았다. 가령 헌법상 인정된 민주제도인 정당은 정책 대결을 본질로 하는 갈등의 제도화이므로 그것을 불필요한 당쟁으로 보아서는 안 된다. 또 노동3권의 행사인 파업은 언제나 당장 국가경제를 망칠 악으로 비난되지만 실제로 그런 결과가 나온 적은 없고 도리어 경제를 활성화한다. 여러 집단 사이의 갈등도 마찬가지다. 다른 것들의 상호 인정에 의해 메디치 효과°가 발생했다. 반면 우리는 집단적이든 개인적이든 모든 차원의 의견 대립에 대해서 부정적이다. 그러나 이러한 태도는 그야말로 반민주적인 것으로 전체주의적인 것이다. 남들이 나와 다를 수 있다는 것을 인정하고 언제나 타인의 의견을 경청하고 존중하는 태도가 없으면 민주주의는 불가능하다.

마키아벨리는 아테네에서 행해진 추첨 민주정 같은 직접 민주주의는 아니라고 해도, 로마 공화정에서 인민을 위해 인정된 호민관의 거부권과 같은 정도의 최소한의 인민에 의한 정치 개입의 법 제도는 당연히 그가 살았던 르네상스 시대에도 인정되어야 한다고 주

• 서로 다른 분야의 요소들이 결합할 때 각 요소들이 갖는 에너지의 합보다 더 큰 에너지를 분출하게 되는 효과를 말한다. 이는 14세기부터 17세기까지 이탈리아 피렌체에서 메디치 가문이 학문과 예술에 대한 후원을 아끼지 않아 나타난 르네상스 결과에서 유래하였다.

장했다. 마키아벨리는 바로 그런 민주공화국을 주장했다. 그야말로 그 후 500년 이상이 지난 지금 이 시대 우리 땅에서 주장된다고 해도 가장 진보적인 것이라고 평가되어야 할 것이고, 동시에 독재를 찬양하는 측으로써는 가장 극렬하게 비판할 만한 주장이 아닌가?

지금까지 마키아벨리는 민주정도, 귀족정도, 왕정도 아닌 그 셋의 혼합정을 이상적인 정체로 주장했다고 여겨졌으나, 사실 그는 어떤 특정 정체를 주장한 것이 아니라 주인인 인민에 의한 무한히 가변적인 정체 창조의 가능성을 주장했다고 보는 것이 옳다. 그러니 민주공화국이라는 말도 그 내용은 고정된 것으로 확정될 수 없다. 즉, 중요한 것은 인민이 자유를 지키기 위해 자치를 한다는 것이고, 그것을 최대화하기 위해 역사적 현실에 맞는 정체를 추구하는 것으로 충분하다는 것이다. 따라서 특정한 이상적 정체를 정하는 것이 중요한 것이 아니라, 그 원리의 가치인 자유와 자치를 추구하는 것이 중요하다. 물론 마키아벨리는 지도자가 필요하다고 주장했지만 그것은 어디까지 민주적 지도자였다.

그런 마키아벨리의 가치관에 비추어 볼 때 지금 우리는 그가 주장한 민주공화국을 하고 있다고 할 수 있는가? 가령 외국군이 전시작전권을 쥐고 주둔하는 나라를 과연 마키아벨리가 말하는 타국의 지배로부터 자유로운 민주공화국이라고 할 수 있는가? 자유주의적인 삼권분립조차 의심되는 상황에서 인민이 권력자의 절대적인 자의적 의지에 종속되어 있다면 과연 민주공화국이라고 할 수 있는가? 인민이 정당한 헌법상의 인권인 집회 시위의 자유의 행사인 촛불집회 등으로 자신의 의사 표현을 하는 것이 국정에 반영되기는커녕 합법적 인권 행위로 인정되기라도 하고 있는가? 기타 인권이 최소한의 자유 보장의 차원에서도 제대로 인정되고 있는가? 그런 의문 때문에 역설적으로 민주공화국이라는 헌법 1조를 이렇게도 절실히 외치고 있는 것은 아닐까?

그러니, 지금도 그러하니 500년 전 가톨릭이 모든 가치를 지배하고 강력한 세습 군주들이 권력을 농단하며 외국의 침략에 항상 시달린 시대에 마키아벨리가 민주공화국을 주장한 것은 참으로 위험하지만 참으로 위대한, 그리고 완전히 새로운 것이라고 하지 않을 수 없다. 그래서 스스로도 이를 '전인미답前人未踏'의 것이라고 했다. 그런데 500년이 지난 지금, 마키아벨리가 민주공화국을 주장했다고 내가 주장하는 것도 '전인미답'이라고 해야 할 정도로 우리의 마키아벨리에 대한 오해의 정도가 극심하다고 해도 과언이 아니다. 최근 마키아벨리를 공화주의 차원에서 재해석하는 등 국내외에서 다양한 해석이 나오고 있지만, 혁명적인 민주공화국을 주장한 사람으로 보는 것은 이 책과 그 전에 내가 쓴 『마키아벨리, 시민정치의 오래된 미래』(2014)가 처음일 것 같다. 그 책은 『군주론』을 중심으로 썼지만, 이 책은 『군주론』과 짝을 이루는 『리비우스 강연』을 중심으로 쓴 책이라는 점이 다를 뿐이다. 그러나 두 권 다 마키아벨리를 다룬다는 점에서 중복되는 내용이 어쩔 수 없이 많은 점, 미리 독자들의 양해를 구한다.

무엇보다도 나는 지난 500년 인류사 최대의 미스터리라고 할 만한 사건인, 최고의 혁명적 민주공화국 주창자가 최저의 반혁명적인 반민주 독재의 주창자로 오해된 마키아벨리 미스터리를 제대로 풀어 우리도 이제는 제대로 된 혁명적 민주공화국을 만들기를 바라는 마음으로 이 책을 썼다. 그 미스테리는 어쩌면 혁명적 민주공화국을 파괴하기 위한 최대의 음모였는지도 모른다. 그리고 그런 음모는 여전히 현재진행형인지도 모른다. 학자들이나 정치인들이 여전히 마키아벨리를 반민주의 악마라고 속삭이면서 '마키아벨리즘'이라는 말을 만들어 모든 정치적 사악의 근원으로 왜곡하고 있기 때문이다. 민주공화국을 제대로 만들기란 마키아벨리의 경우처럼 그리 쉬운 일이 아님은 분명한 사실이다. 민주공화국을 세우기 위해 희생한 애국선열들과 지금도 이 땅에서 민주공화국을 열렬히 노래하고 있는 모든 분들에게 이 책을 바치며, 이 책이 우리의 민주공화국 수립에 조금이라도 도움이 되길 빈다. 다시 강조하지만 제왕적 대통령을 민주적 대통령으로 뽑는 법 제도적 장치의 개혁만으로는 충분하지 않다. 출세한 수재나 부자를 무조건 숭배하여 대통령 따위로 뽑고 모든 것을 일임할 것이 아니라, 민주주의를 지킬 수 있는 민주적 지도자를 뽑고, 그 실천을 끊임없이 감시하고 통제하는 사회적 양식의 촛불을 영원히 끄지 않는 의식의 제도화가 필요하다.

2017년 1월
박홍규

차례

들어가는 말

    민주주의에 대한 책은 산더미처럼 많다. 최근 내가 가장 관심 깊게 읽은 책은 존 킨John Keane의 『민주주의 삶과 죽음The Life and Death of Democracy』(2009)이다. 여러 가지로 시사점이 풍부한 책이지만, 무엇보다도 고대 그리스 민주주의보다 더 빨리 메소포타미아 등에서 민주주의가 발달했다는 주장이 새롭다. 그러나 고대 로마에 대해서는 마치 제정帝政, 즉 황제 시대의 독재만이 있었던 것처럼 서술하여 문제다. 또한 마키아벨리도 민주주의 사상의 차원에서 논의되지 않는다. 사실 그 책만이 아니라 다른 민주주의 관련 책에서도 로마 민주정 내지 공화정 그리고 마키아벨리를 제대로 다루지 않는다. 로마 공화정에는 민회, 민회에서 선출한 집정관 등의 여러 정무관, 특히 거부권을 갖는 호민관護民官, tribunes plebis을 비롯하여 민주정의 구조가 있었던 것이 사실이다. 실질적으로 원로원 등 과두정의 요소가 강했다는 것은 부정할 수 없지만, 그렇게 보는 경우 그리스 민주정도 실질적으로는 페리클레스Perikles,기원전495~429 같은 독재정의 요소를 갖는다는 점을 부정할 수 없게 된다. 이 책에서 다루는 마키아벨리의 민주공화국 사상은 바로 그러한 고대 로마에서 배운 것이다.

마키아벨리의 민주공화국에 대한 주장은 『군주론』을 비롯한 여러 책에서도 나타나지만 특히 마키아벨리가 1531년에 출판한 『티투스 리비우스의 첫 10권에 대한 강연*Discorsi sopra la prima deca di Tito Livio*(이하 이 책은 『리비우스 강연』이라고 약칭한다)』이라는 책에서 가장 분명하게 드러난다. 그런데 마키아벨리의 책 제목이 이상하다. 제목에 리비우스의 책 이름이 생략되어 있기 때문이다. 왜 그랬을까? 당시에는 리비우스의 책 이름이 '도시가 세워지고부터*Ab Urbe Condita Libri*'였음을 많은 사람들이 알고 있었기 때문이다. 즉, 로마 시대부터 가장 유명한 역사책이었기 때문에 책 이름을 생략한 것이다. 그런데 리비우스의 책 제목도 이상하다. 도시의 이름이 생략되어 있기 때문이다. 이건 또 왜 그랬을까? 역시 당시 사람들은 그 도시가 로마라는 것도 알고 있었기 때문이다. 고대 로마에서 도시란 바로 로마 자체였기 때문이다.

리비우스의 책은 흔히 '로마 건국 이래의 역사'나 '로마사'로 번역된다. 그러나 이는 정확한 번역이 아니다. 그 책은 로마 역사 전체가 아니라 리비우스가 살았던 1세기보다 더 먼 기원전 3세기까지의 역사를 쓴 것에 불과하기 때문이다. 그리고 그 책을 다룬 마키아벨리의 책은 흔히 '로마사론' 또는 '로마사 논고' 등으로 번역된다. 그러나 이것도 정확한 번역이 아니다. 마키아벨리가 로마사에 대해 논한 책이 아니기 때문이다. 마키아벨리는 리비우스가 쓴 로마의 역사에 대한 책을 체계적으로 취급하기는커녕 그 중에서 몇 가지 에피소드를 시대 순이 아니라 자신의 주장을 펼치기 위한 소재로 삼아 임의로 다룰 뿐만 아니라, 당대의 정치도 소재로 삼아 자유롭게 정치에 대한 자신의 견해를 전개하였다. 따라서 책의 중심은 마키아벨리의 주장이지 리비우스의 역사책이 아니다.

게다가 '로마 건국 이래의 역사'니, '로마사'니 하는 딱딱한 번역은 '도시가 세워지고부터'라는 본래의 문학적인 제목과도 어울리지 않는다. 사실 리비우스는 오늘날 우리가 흔히 말하는 역사학자와 달리 역사 '이야기꾼' 정도였기 때문이다. 즉, 그에게 역사란 그 법칙과 같은 진리를 탐구한다는 학문이 아니라 진실을 이야기한다는 정도의 일종의 문학 같은 것이었다. 여기서 '이야기꾼 정도'라고 한다고 해서, 흔히 말하는 역사학자보다 격을 낮게 보는 것이라고 오해해서는 안 된다. 전형적으로 년도나 사실만을 외우는 딱딱한 역사학자보다 훌륭한 역사 '이야기꾼'은 얼마든지 있다. 물론 정말 터무니없이 역사를 왜곡하는 얼치기 이야기꾼도 많다. 그것도 민주공화국이라는 우리 시대의 정신을 배반하고 그 반대인 군주독재 따위를 찬양하며 역사를 왜곡하는 야바위꾼들 말이다. 그런 곡학아세의 사기꾼들이 학자라는 탈을 덮어쓰고 대학이나 연구소에서 거들먹거리는 꼴도 우리는 심심찮게 본다.

그런데 더욱 중요한 문제는 아무리 '이야기꾼'이라도 믿을 수 있는 이야기를 해야 하고 그렇지 못하다면 사이비라는 비난을 받을 수밖에 없는데, 리비우스가 그렇게 취급되기도 한다는 점이다. 물론 그런 취급은 마키아벨리 시대를 훨씬 지난 18세기에 와서 시작되었으니, 마키아벨리가 그 책을 읽었을 때에는 당연히 그렇게 취급되기는커녕 반대로 고대 로마에서 가장 위대하고 정확한 역사 전문가로 숭배되었다. 그러나 18세기 이후 리비우스가 그렇게 낮게 취급되면서 마키아벨리 책에 대해서도 그런 문제가 생길 수 있게 되었다. 즉, 역사적 사실에 근거한 논의가 아니라 전설에 의한 것이었으니 믿을 바 없지 않은가 하는 점이다. 이 점은 아직까지도 논쟁 중이어서 지금 나로서는 이에 대한 확고한 진실을 말할 수 없지만, 적어도 신중한 취급이 필요하다는 점은 분명하다. 그러므로 리비우스에 따라 마키아벨리가 하는 이야기를 그대로 믿어서는 안 되니, 나는 최소한의 설명을 가하지 않을 수 없다. 특히 우리나라에는 전설을 그대로 쓴 '시오노 나나미 류'의 책이 널리 읽혀서 리비우스 식의 전설을 그대로 믿는 경향이 있으므로 몹시 주의할 필요가 있다.

여하튼 마키아벨리 책은 이탈리아에서 그 책이 출판된 1531년 경부터 Discorsi, 영어권에서도 The Discourses라고 약칭되는 것이 보통이다. Discorsi를 '강의'나 '강론'으로 번역하기도 하지만 이탈리아어에서는 '강의'가 아니라 '강연'을 말한다는 점도 주의해야 한다. 강의와 강연은 비슷한 말이지만, 강의는 대학 등에서 체계적으로 가르치는 것을 뜻한다. 반면 강연이라고 하면 일반 청중을 대상으로 강의보다 자유롭게 말하는 것으로 보통 구별된다. 마키아벨리는 그 책의 일부를 친구들 앞에서 '강연'한 적은 있지만 그 책의 전부를 대학에서 '강의'한 적은 없다. 앞에서 본 리비우스와 마찬가지로 마키아벨리도 대학 교수가 아니라 자유로운 '이야기꾼 정도'였다. 이렇게 말한다고 해서 리비우스처럼 낮게 보는 것은 절대 아니다. 도리어 리비우스나 마키아벨리는 요즘 역사학 교수들보다 훨씬 훌륭한 역사학자고 정치학자다.

이하 이 책의 긴 이름을 줄여 『리비우스 강연』이라고 표기하지만, 『리비우스 강연』은 그 내용이 공화정에 대한 것이므로 차라리 '공화정 강연'이라고 번역하여 '군주정 강연'과 짝을 이루게 하는 것도 좋겠다고 생각된다. '군주정 강연'은 우리가 흔히 일본식 표현을 그대로 차용하여 '군주론'이라 부르고 있는 책인데, 이탈리아어로 De pricipatibus이며 본래의 뜻은 '군주정에 대한 강연'이다. 그러나 오랫동안 『군주론』이라는 제목으로 굳어져 왔기 때문에 이 책에서도 그대로 표기하기로 한다. 사실 그 책은 '군주'에 대한 책이 아니라 '군주정'에 대한 책이다. 더 정확하게 말하자면 그것은 로마 공화정 시대의 '원수정'을 말하는 것이었다. 이 책에서는 종래의 번역과 달리 두 책 모두 강연이라는 이유에서 강연투로 새로 번역했다. 둘 다 논문이나 저술이 아니기 때문이다.

이 책은 『리비우스 강연』을 해석하기 위한 것이지만 『리비우스 강연』의 자매편이라거나 요약본이라고 할 수 있을 정도의 성격과 내용을 『군주론』이 가지고 있으므로, 두 권을 함께 연관시켜 다루는 경우가 많다. 두 권의 주제는 각각 공화정과 군주정이지만, 그보다 더 중요한 것은 그 두 권에 공통된 사고방식의 혁명성이다. 리비우스도 제정 초기라는 현실에서 공화주의자라는 이단이었지만, 마키아벨리가 살았던 시대에도 강대한 군주국들이 웅비하는 가운데 민주공화주의자로 살았던 이단자였다. 그들은 당대 소수 의견자였지만 각각 2000년 전과 500년 전의 이탈리아 사람들이니, 지금 한국의 우리가 보기에는 많은 문제가 있을 수밖에 없다. 그러니 그들을 조금도 숭배하거나 예찬할 필요는 없다. 그들을 일부 학자들처럼 무슨 신주처럼 모실 필요도 없다. 어떤 경우에도 마찬가지지만 우리는 리비우스나 마키아벨리나 자유롭게 읽고 비판해야 한다.

그런데 이 책에서 마키아벨리의 『리비우스 강연』을 해석하려고 하는데, 문제는 마키아벨리의 그 책은 번역되어 있으나 영어 중역이어서 문제가 많고, 더욱 중요한 문제는 그 전제가 되는 리비우스의 책 『도시가 세워지고부터』가 우리말로 번역되어 있지 않다는 점이다. 또한 로마사의 또 다른 고전으로서 마키아벨리도 종종 인용하는 폴리비오스의 『역사』도 우리말로 번역되어 있지 않다. 그래서 우리는 리비우스 등의 책도 우리말로 읽지 못하고 그것에 대해 강연을 한 마키아벨리의 책도 우리말로 완벽하게 읽을 수 없는 형편이다. 따라서 나는 먼저 독자들과 함께 리비우스 책부터 읽고자 한다. 그런데 그 전에 마키아벨리에 대한 간단한 소개를 읽어 둘 필요가 있다. 따라서 이 책의 제1장은 「마키아벨리 읽기」, 제2장은 「리비우스 읽기」, 제3장은 「마키아벨리의 '리비우스 강연' 읽기」, 그리고 마지막 제4장은 「나의 '마키아벨리의 리비우스 강연' 읽기」로 하고, 결론을 맺기로 한다.

이 책은 학문적 차원의 대단한 저술이 아니다. 흔히들 마키아벨리를 정치학의 아버지라고 한다. 그러나 나에게 그런 것은 관심 사항이 아니다. 사실 마키아벨리의 『리비우스 강연』은 리비우스 강연에 대한 연구서가 아니라 그 책을 소재로 하여 당대의 정치, 바로 당대의 민주공화국 수립을 논의하고자 한 정치 평론 내지 시사 평론이었다. 아니 아예 '정치 이야기'라고 하는 것이 좋다. 즉, 마키아벨리는 당대에 메디치가의 독재 등으로 어지러운 피렌체를 비롯하여 유럽 여러 나라에 고대 로마식의 민주공화국을 세우고자 했다. 사실 리비우스의 책도 자신의 시대가 도덕적으로 타락했다고 개탄하면서 과거를 황금시대로 묘사한 것이었기에 마키아벨리의 문제의식에 매우 적합했던 것이다. 나도 그런 리비우스와 마키아벨리의 열망과 함께 참된 민주공화국을 이 땅에 세우고자 이 책을 쓴다.

제1장 마키아벨리 읽기

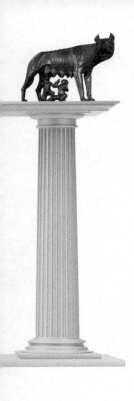

1
르네상스 시대와
마키아벨리의 삶

마키아벨리와 로마

나는 이 책을 마키아벨리가 고대 로마사로부터 배운 바를 르네상스 피렌체에 응용하려고 노력한 점을 찾아 그것이 지금 우리에게 무엇을 시사하는지 고민해 보고자 쓴다. 이런 노력은 이전에도 많은 사람들에 의해 이루어진 것이니 특별한 것이 아니다. 그런 사람들 중에 『로마인 이야기』를 쓴 일본인 시오노 나나미塩野七生가 특기할 만하다. 어쩌면 그녀에 의해 일본은 물론 한국에서도 로마, 르네상스, 마키아벨리, 이탈리아 등의 붐이 시작되었는지도 모른다. 그것을 반드시 나쁘게 볼 필요는 없겠지만, 문제는 그녀의 책이 고대 로마의 비민주적인 모습을 극단적으로 찬양하여 오늘의 민주공화국 위기에 부정적인 영향을 끼칠 수 있음은 지적하지 않을 수 없다는 것이다.

기원전 753년부터 서기 476년까지 고대 로마사 1000여 년은 그 뒤 기독교가 지배한 중세 1000여 년에 맞먹는 세월인데, 그 후 시작된 근대는 다시 고대로 돌아간 역사라고도 볼 수 있는 점에서 우리는 여전히 로마 시대를 살고 있다고 해도 과언이 아니다. 그 런데 근대인, 특히 마키아벨리는 기독교 1000년이 인간성을 향상 시키지 못한 이유에 대해 인간성이 종교로도 바뀌지 않을 정도로 악에 대한 저항력이 약하기 때문이라고 했다. 그래서 그는 인간 성을 바꾸려고 로마인처럼 인간성에 선과 악이 공존함을 직시해 서 조금이라도 선을 늘이고 악을 줄이려 노력했다고 시오노 나나 미가 말했다. 이는 마키아벨리가 순자荀子, 기원전298?~238?나 홉스 Thomas Hobbes, 1588~1679와 같이 성악설을 취했다고 보는 잘못된 설 명을 수정한 것으로 중요하다.

여기까지 시오노 나나미의 원론적인 설명에 나는 동의한다. 그러나 그 뒤에 이어지는 시오노 나나미의 이야기는 율리우스 카 이사르Gaius Julius Caesar, 기원전100~44•를 비롯한 로마 제국의 황제 들을 찬양하는 내용인데, 이는 지속되어야 했을 민주공화정을 파 괴한 자가 카이사르라고 본 마키아벨리의 로마사 이해와 전혀 다 르다. 그녀의 로마사도 독창이 아니라 19세기 독일인 몸젠Theodor

---

• 율리우스 카이사르는 로마가 낳은 걸출한 인재로 포에니 전쟁 이후 표류하기 시작한 로마 제국의 체제를 개혁하려고 했다는 평가와 함께, 공화정을 파멸시 킨 독재자라는 양극의 평가를 받는다. 하지만 적어도 서양에서는 후자의 평가 가 일반적이다. 전자의 평가는 시오노 나나미 류의 보수적인 대중 역사가가 만 든 것이다.

Mommsen, 1817~1903[**]을 비롯한 권위주의 시대 역사가의 업적에 기초하는 것이고,[*] 시오노 나나미의 역사관도 그런 것을 모방한 것에 불과하다. 그러나 이는 마키아벨리의 민주적 역사관과는 전혀 다르다. 몸젠이나 시오노 나나미의 역사관은 독재를 찬양하는 제국사관이지만, 마키아벨리의 역사관은 공화국사관, 민주공화국사관이다. 바로 우리 시대의 역사관, 우리 세계의 역사관이다.

이미 500년 전에 마키아벨리는 『리비우스 강연』 1권 10장 「왕국이나 공화국의 창설자는 찬양되어야 하고 독재 정치의 시조는 저주되어야 한다」에서 '독재 정치의 시조'인 카이사르에 현혹되어서는 안 된다고 경고했다.

즉, 카이사르를 찬양하는 무리들은 그의 재력에 매수되었거나 카이사르의 이름으로 제국이 계속되므로 완전히 위축되어 카이사르에

[**] 몸젠은 19세기 독일의 역사학자로 현대 로마사 연구에 지대한 영향을 끼친 『몸젠의 로마사』를 썼다. 그러나 그 책은 율리우스 카이사르의 죽음까지 서술된 불완전한 로마사인데, 그 이유에 대해서는 몸젠이 카이사르를 깊이 존경하여 그 후의 역사를 쓸 마음이 없었기 때문이라고 보는 견해가 있을 정도로 그는 카이사르를 존경했다.

[*] 거슬러 오르면 플루타르코스나 셰익스피어까지 간다. 셰익스피어는 마키아벨리와 동시대 사람이면서도 카이사르에 대한 평가가 달랐는데, 그런 태도는 당시 일반적인 것이었다고 할 수 있다. 카이사르에 대한 비판은 마키아벨리의 책들과 브레히트의 장편소설 『율리우스 카이사르 씨의 사업(Dei Geschäfte des Herrn Julius Cäsar)』과 그 속편인 단편소설 「시저와 그의 병사」(『상어가 사람이라면』 일부, 정치창 옮김, 149~167쪽) 등을 제외하면 지금까지 역사학이나 문학에서 거의 없었다. 특히 한국에서 나온 카이사르 전기나 관련 서적에서는 천편일률적으로 그를 찬양한다.

대해 자유롭게 말할 수 없게 된 사람들이다. 카이사르에 대해 자유롭게 논평하고 싶은 사람은 카틸리나를 논하는 곳을 보면 된다. 거기에서는 카틸리나보다 카이사르가 더욱 비난을 받는 입장이다. 왜냐하면 악행을 시도하려 했을 뿐인 카틸리나보다도 악행을 실행에 옮긴 카이사르 쪽이 더 많은 비난을 받아야 마땅하기 때문이다. 또 브루투스에 대한 찬사를 보아도 잘 알 수 있다. 그들은 카이사르의 권세에 눌려 정면에서 카이사를 비난할 수 없으니 대신 카이사르의 적인 브루투스를 찬양하고 있다.[•]

카틸리나Lucius Sergius Catilina, 기원전108~62[••]는 로마 공화정 말기의 정치가로 집정관이 되고자 음모를 꾸민 자였다. 마키아벨리는 위 글에 이어 『리비우스 강연』 1권 17장 「부패한 인민은 자유를 얻더라도 유지하기가 대단히 어렵다」에서 카이사르를 그가 중시하는 공화국의 최고 가치인 '자유'를 죽인 자로 비판하고, 그 이유를 공화국 때는 인민이 타락하지 않았지만 카이사르 시대에는 인민이 타락한 점을 들었다. 그리고 카이사르를 죽인 브루투스가 자유를 회복하고자 노력했지만, 마리우스Gaius Marius, 기원전157~86[♣]

- 카이사르에 대한 마키아벨리의 이러한 서술은 메디치가에 대한 서술과 같다. 즉, 마키아벨리에게는 카이사르나 메디치가나 인민의 적, 민주공화국의 적이다.
- •• 카틸리나는 로마 공화정 말기의 정치가로 집정관이 되고자 음모를 꾸몄지만 키케로 등에 의해 좌절되었다. 키케로는 네 차례에 걸친 카틸리나 탄핵을 책으로 펴냈고, 이 책은 지금까지도 라틴어의 교본으로 쓰일 만큼 명문으로 인정받고 있다.
- ♣ 군인이자 정치가인 마리우스는 게르만족의 침략을 격퇴하여 로마 제3의 건국자로 불렸지만, 로마가 공화국에서 제국으로 변화하는 데 결정적 역할을 했다.

일파가 인민에게 심어 놓은 타락한 풍조 때문에 자유를 회복하지 못했다고 보았다. "그리고 마리우스 인민당의 수령에 오른 카이사르는 인민의 눈을 가림으로써 그들 자신이 스스로 목에 씌운 멍에를 인식하지 못하게 했다"고 본 마키아벨리는 『리비우스 강연』 1권 37장과 53장 등에서도 카이사르를 로마 최초의 참주, 즉 독재자로 부르고 그의 집권으로 로마는 자유를 영원히 상실했다고 비난했다.

이러한 카이사르에 대한 마키아벨리의 비판과 달리 시오노 나나미는 『로마인 이야기』 5~6권에서 카이사르를 극찬한다. 가령 지도자에게 요구되는 자질은 지성, 설득력, 지구력, 자제력, 지속적인 의지와 같은 다섯 가지인데, 카이사르만이 이 모든 자질을 두루 갖추고 있다고 주장하는 식이다. 이러한 시오노 나나미 류의 대중적인 카이사르 찬양서는 책방과 도서관에 차고 넘친다. 카이사르만이 아니라 로마 황제들에 대한 책도 많다. 물론 찬양 일색이다. 나는 이러한 책들이 민주공화국을 저해한다고 본다. 우리나라 왕들에 대한 무조건적인 찬양도 마찬가지다. 그렇다고 해서 독재자들처럼 그 책들을 판금시키고 저자들을 구속하는 짓은 당연히 있을 수 없는 만행이지만 그런 류의 영화, 드라마, 게임들이 너무도 많이 흘러넘쳐 걱정이다. 그런 대중문화가 결국 나라의 주인인 대중을 우중으로 타락시켜 민주공화국을 독재 국가로 만들기 때문이다. 바로 지금 우리는 그런 현실을 목도하고 있다.

피렌체 책들의 붐

책방이나 도서관에는 피렌체 책들이 엄청 많다. 가령 『피렌체, 당신이 날 불렀죠』, 『가고 싶다, 피렌체: 디테일이 살아 있는 색다른 지식 여행』, 『피렌체, 욕망의 성벽에 기대서서』, 『피렌체의 연인: 소설로 떠나는 서양미술 여행』, 『7박 8일 피렌체: 가장 우아한 탐닉의 시간』, 『아주 미묘한 유혹: 피렌체 작가와 도시』, 『피렌체 테이블: 그곳에서 한 달, 둘만의 작은 식탁을 차리다』, 『모퉁이에서 만난 여백』 등 매혹적인 제목의 에세이부터 간편한 관광 안내서까지 참으로 다양하다.

게다가 피렌체가 천재의 산실인 것을 강조한 책들도 많다. 가령 『천재들의 도시 피렌체』, 『인류의 꽃이 된 도시, 피렌체』, 『피렌체: 시민정신이 세운 르네상스의 성채』, 『피렌체 1900년: 아르카디아를 찾아서』, 『피렌체, 시간에 잠기다』, 『이탈리아의 꽃 피렌체』, 『피렌체 특강』, 『브루넬레스키의 돔: 피렌체의 산타마리아 대성당 이야기』, 『시간이 정지된 박물관, 피렌체』, 『미켈란젤로: 피렌체, 다비드像, 1492~1504』, 『피렌체 르네상스』 등등 매우 다양하다.

그 밖에 피렌체를 지배한 메디치가에 대한 책만 해도 『메디치 머니: 예술을 지배하고 종교를 흔들었던 15세기 피렌체의 금융 권력 흥망사』, 『사람의 마음을 얻는 법: 350년 동안 세상을 지배한 메디치 이야기』, 『메디치 효과』, 『메디치가의 천재들』, 『조르조

바사리: 메디치가의 연출가』, 『메디치가 살인사건의 재구성』, 『메디치의 영광』, 『메디치의 음모』, 『카트린 드 메디치: 검은 베일 속의 백합』, 『메디치 스토리: 부, 패션, 권력의 제국』 등등이다. 또 마키아벨리에 대한 책도 많고, 르네상스 예술가에 대한 책은 더욱더 많다. 이탈리아로 확대하면 더더욱 많아지고, 유럽과 미국이나 캐나다까지 확대하면 끝이 보이지 않는다. 여전히 서양과 백인에 대한 숭배가 흘러넘치고 있다. 비서양, 비백인에 대한 무관심과 비교하면 더더욱 그렇다.

이상의 책들을 피렌체 관광 안내서라고 하면 화를 낼 저자나 출판사가 있을지 모르겠지만, 좋은 관광 안내서라면 나쁠 리 없다. 벼락치기 유럽 여행이나 이탈리아 여행을 하는 사람들이 그 중의 단 한 권이라도 읽고 하루라도 피렌체를 방문한다면, 그리고 다른 도시를 방문할 때도 그런 책들을 읽고 진지하게 방문한다면 얼마나 좋은 일인가! 그래서 황량한 우리 삶터를 피렌체처럼 예술의 향기가 가득한 곳으로 만들고자 생각한다면 얼마나 좋은 일인가! 그러나 대부분의 관광 여행은 그렇게 되지 않고 그야말로 주마간산으로 끝나기 일쑤다.

위에서 언급한 책은 대부분 피렌체를 찬양하지만 두 권 정도는 그렇지 않다. 그 하나인 『집시와 르네상스: 피렌체에서 집시로 살아가기』는 내가 좋아하는 이탈리아 작가 안토니오 타부키 Antonio Tabucchi, 1943~2012가 쓴 책으로, 패션과 영화의 비엔날레가 한창인 지금 피렌체의 문화와 역사의 빈곤, 자본주의적 맹목을 비판한다. 그리고 그 기원인 메디치가의 영광이란 15세기 말 '군사 쿠데타'에 가까운 강제 집권에 불과했고, 그 뒤 피렌체는 유대감이 결여된 부르주아의 속물적 이해타산이 만들어 낸 피상적 도시임을 역설한다. 무엇보다 15~18세기 피렌체를 지킨다는 구실로 메디치 영주 체제가 '부랑자들, 방랑자들, 행상꾼들, 노래꾼들, 거지들'을 상대로 선포한 '포고령'을 예로 들어, 피렌체가 지닌 역사적 폐쇄성이 오늘날 이민자 수용 문제의 전형으로 이어짐을 이 책은 보여 준다.

그리고 캐나다 토론토대 사학과 교수인 니콜라스 터프스트라 Nicholas Terpstra가 쓴 『르네상스 뒷골목을 가다』는 1544년 피렌체에서 가장 열악한 동네에 집 없는 소녀들을 위한 자선 쉼터인 '피에타의 집(연민의 집)'이 설립되었는데, 처음 14년 동안 그곳에 수용되었던 526명의 소녀들 가운데 오직 202명만이 살아남은 역사적 사실을 분석한 책이다. 소녀들은 근본주의적인 사보나롤라 Girolamo Savonarola, 1452~1498● 류의 기독교 정신에 의해 최악의 노동

● 사보나롤라는 피렌체의 종교개혁자이자 지배자로, 공화주의 사상과 정치적 자유주의를 기조로 한 설교로 당시 피렌체의 참주(僭主)인 로렌초 데 메디치를 공격했다. 그리고 교회와 속세의 도덕적 부패를 맹렬히 비난하여 민심을 사로잡았고, 로렌초 사후 그 아들 피에로 데 메디치 대에 이르러 메디치가를 더욱 압박했다. 귀족 정치를 배격하고 신정 정치적 민주제를 실시했으며, 로마 교회의 부패와 타락에 맞서 종교개혁을 실현하기 위한 법률을 제정했다. 그러나 교회의 권위에 반항하다가 1497년 교황에게 파문당했으며, 이어 대(對) 피사 전쟁의 실패, 메디치 파(派)의 모략, 그리고 사보나롤라 자신이 펼친 과도한 신정 정치로 인해 몰락하여 1498년 교수형을 당했다.

환경에서 노동 착취에 시달리고 강간까지 당한 뒤 결국 거의 반이 죽었다. 마키아벨리는 '피에타의 집'이 세워지기 17년 전에 죽었기에 그 사건을 몰랐지만, 그가 살았을 때에도, 그가 태어나기 전에도 그런 사건들은 있었을지 모른다. 또한 부랑자에 대한 포고령은 마키아벨리 생존 시에도 있었다.

이런 어두운 면은 피렌체에만 있었던 것이 아니라 인간 세상에는 언제 어디에서나 존재한다. 지금 여기 우리도 마찬가지다. 그러니 피렌체를 매혹이니, 천재니 뭐니 하면서 신비화하거나 우상화할 필요는 없다. 있는 그대로 들여다보면 된다. 마키아벨리처럼 말이다. 마키아벨리는 피렌체의 집시도 아니고 뒷골목에 산 사람도 아니었지만, 누구보다 그런 쪽에 밝았고 그런 사람들을 위해 살았다. 특히 그는 메디치가의 독재를 군사 쿠데타의 독재처럼 저주했고 메디치가로 상징되는 초기 자본주의도 혐오했다. 나아가 르네상스 당대의 폐쇄성에 분노하고 고대 로마의 개방성과 다양성을 부활해야 한다고 주장했다. 그에게 고대 로마는 그런 피렌체의 현실을 개혁하기 위한 롤 모델이었다. 그래서 그는 『리비우스 강연』을 썼다.

마키아벨리와 피렌체

마키아벨리는 500여 년 전 이탈리아 사람이다. 이탈리아라고 했지만 당시 이탈리아는 나라로 존재하지 않았음을 주의해야 한다. 이탈리아는 18세기에 처음 붙여진 이름이다. 당시 나폴레옹이 밀라노를 수도로 하는 북이탈리아 일부 지방을 '이탈리아 공화국'이라는 나라로 만들었다. 지금의 이탈리아와 같이 반도 전체가 성립된 것은 1861년 사르디니아 왕국에 의해 이탈리아가 통일된 후였다.

이탈리아라는 단어의 기원에 대해서는 여러 학설이 있으나, 고대 그리스인이 이탈리아 남쪽에 식민지를 건설했을 때 그곳의 소를 보고 위툴루스vitulus(라틴어로 송아지)의 땅이라고 부른 데서 비롯되었다고 하는 설이 유력하다. 위툴루스가 위탈리아vitalia로 변해 지금의 이탈리아가 된 것이다. 지금은 피렌체가 이탈리아에 속하지만 마키아벨리 시절에는 피렌체와 같이 통일되지 않은 여러 도시 국가가 이탈리아 반도를 형성했다.

마키아벨리는 피렌체에서 1469년 5월 3일에 태어나, 1527년 6월 21일에 58세로 죽었다. 즉, 15세기 후반부터 16세기 전반의 르네상스 말기에 르네상스의 꽃이라고 하는 피렌체(피렌체는 '꽃의 도시'란 뜻이다)에서 살다 죽었다. 평균 수명이 매우 짧았던 당시로써는 꽃처럼 피었다가 진 삶은 아니었지만, 민주공화국을 열망한 치열한 삶으로써는 너무나 짧았다고 하지 않을 수 없다. 그래도 로마나 프랑스 등에 몇 달씩 파견된 것을 제외하면 거의 평생을 피렌체인으로 살았기에 행복했다고 할까. 피렌체는 르네상스 그 자체이기 때문이다. 우리가 잘 아는 르네상스 3대 천재인 레오나르도 다 빈치, 미켈란젤로, 라파엘로의 작품만이 아니라 세계적 미술품의 5분이 1이 있을 정도로 피렌체는 세계 미술의 수도다. 미술만이 아니다. 인문과학의 아버지라는 단테, 사회과학의 아버지라는 마키아벨리, 자연과학의 아버지라는 갈릴레이가 피렌체에서 태어났다. 그러니 르네상스와 피렌체 없이 유럽은 없다. 피렌체 없이 예술도 학문도 없다. 적어도 서양의 경우는 그렇다. 서양을 배우는 우리에게도 마찬가지다.

그러나 당시 피렌체는 서울 같은 대도시가 아니었다. 르네상스 당시 피렌체는 인구 6만 명 전후의 작은 도시였고, 지금도 40만 명이 안 된다. 르네상스의 그곳은 지금의 우리로 치면 작은 읍 정도의 크기였다. 당시 최대 인구의 도시는 나폴리로 약 21만 명, 다음이 베네치아 16만 명, 이어 밀라노와 팔레르모가 7만 명이었고, 볼로냐, 피렌체, 제노바는 6만 명 정도에 불과했다. 당시 유럽 전역에 2만 5천 명 이상 인구의 도시는 20곳에 불과한 것에 비하면 그 대부분의 도시를 가진 이탈리아가 어느 정도로 번성했는지를 알 수 있다.

게다가 피렌체는 어느 도시에서도 볼 수 없는 변혁의 도시였다. 1433년 인민 위에 군림하려는 음모를 꾸몄다는 혐의로 추방되었던 코시모 데 메디치Cosimo de' Medici, 1389~1464●가 1434년 다시 도시를 장악했지만, 1494년에 다시 추방되어 베네치아처럼 의회가 설립되었고, 1502년에 종신 원수정이 실시되었다. 1512년에는 메디치가가 스페인 군대를 끌고 와서 복귀했으나 1527년에 추방되었다가 1530년에 귀환하는 등 중요한 몇 가지 사실만 보아도 알 수 있다. 이처럼 마키아벨리는 어지러운 시대를 살았다.

이런 상태를 단테는 『신곡』에서 아무리 몸을 움직여도 편하지 않은 병든 여성에 비유한 반면, 마키아벨리는 항상 변화를 모색하는 건강한 남성의 몸부림으로 보았다. 그곳 사람들은 자신들의 정치 체제에 결코 만족하지 않았고, 그것을 그대로 인정하지도 않았기 때문이었다. 그래서 언제나 변화를 추구하여 하나의 정체가 15년 이상을 유지한 적이 없었다. 이러한 정치적 변혁과 예술의 변혁 사이에는 상당한 관련성이 있다. 이는 피렌체와 대조적으로 베네치아에서는 예술의 변혁이 뒤쳐진 점을 통해서 알 수 있다. 피렌체의 마키아벨리가 정치학의 아버지가 된 것도 변혁에 대

● 코시모 데 메디치는 이탈리아 르네상스 시기에 사실상 피렌체 통치자로 군림했던 메디치 정치 세력의 창시자로, 그의 권력은 은행가에서 비롯됐고, 교육과 예술, 건축 분야의 대 후원가이기도 했다. 메디치가(Medici-家)는 13세기부터 17세기까지 피렌체에서 강력한 영향력을 행사한 가문으로, 밀라노의 비스콘티와 스포르차, 페라라의 에스테, 만토바의 곤차가 등 다른 귀족 가문과 더불어 이탈리아 르네상스의 탄생과 발전을 이끌어 내는 큰 역할을 했다. 1434년 코시모 데 메디치가 피렌체 공화국의 비공식적인 지도자가 된 뒤, 1537년 피렌체의 초대 공작 알레산드로 데 메디치가 암살되기까지, 피렌체의 지도자로 군림했다. 수 세기 동안을 통치하면서 국정이 중단된 경우는 민란으로 국외 추방을 당한 2번(1494~1512년, 1527~1530년)뿐이었다.

응하기 위해서였다. 그가 다른 곳 출신이었다면 불가능한 일이었을지도 모른다.

흔히 이탈리아 르네상스는 도시 국가와 공화정의 산물이라고 한다. 도시 국가는 11세기 이전까지 드물었으나 13세기 무렵부터 2~300개나 생겨났다. 15세기에 와서는 그 대부분이 독립성을 상실했으나, 르네상스가 꽃피는 피렌체나 베네치아 등은 독립성을 여전히 유지했다. 특히 피렌체의 경우 공화국의 자유를 지키고자 하는 인민과 예술가들의 투쟁이 르네상스를 형성했음은 500년 이상 그곳에 서 있는 미켈란젤로의 다비드 상이 웅변한다. 마키아벨리의 민주공화국 사상도 그런 분위기의 소산이다. 그래서 그는 살아 있는 다비드였다.

그런데 마키아벨리는 『리비우스 강연』 1권 1장 「도시의 기원, 특히 로마의 기원에 대하여」에서 피렌체가 로마와 같은 자유도시가** 아니라 로마 제국의 치하에서 이방의 종족들에 의해 세워졌기에 처음부터 황제의 호의가 허용하는 한도를 넘어 영토를 늘릴 수 없었다고 하였다. 또한 피렌체는 알렉산드로스 대왕이 만든 알렉산드리아와 같고, 토착민이 세운 아테네나 베네치아 같은 자유도시가 아니라고 보았다. 그리고 1권 49장 「로마처럼 초창기부

** 강정인과 안선재가 옮긴 『로마사 논고』(한길사, 2003)의 76쪽에서 제2장 첫 부분의 소제목을 「자유도시들: 스파르타와 피렌체」라고 하지만, 이는 마키아벨리가 단 것이 아니고 그 내용에도 문제가 있다. 마키아벨리에 의하면 적어도 피렌체는 자유도시가 아니기 때문이다.

터 자유를 지킨 도시도 자유를 성문화하는 법률 제정은 어렵고, 따라서 건국 초부터 예속된 나라에서는 자유를 지키는 법률의 제정이 거의 불가능하다」에서는 처음부터 자유로웠던 로마와 달리 '건국 초부터 예속된 나라'인 피렌체의 역사를 다음과 같이 간략히 말한다.

> 피렌체의 경우, 그 기원을 거슬러 오르면 로마 제국에 예속되었을 뿐만 아니라 그 이후 끊임없이 외국의 지배하에서 인내해야 했기 때문에, 오랫동안 굴욕에 젖어 자신의 힘으로 자유를 확보하고자 하는 것은 전혀 생각조차 하지 못했습니다. 그러다 숨 돌릴 기회가 찾아와 운 좋게 자신의 법률을 제정하게 되었습니다. 그러나 모처럼 만든 이 법률도 과거의 악법과 뒤섞여 병존하여 그 효력을 충분히 발휘하지 못했습니다. 그리하여 믿을 만한 기록이 남아 있는 지난 200년간 이럭저럭 노력하여 실현한 것은 참으로 공화국이라고 할 정도도 갖추지 못한 것이었습니다.

그런데 피렌체의 발상지는 지금 레푸블리카^{república}(공화국) 광장이 있는 곳이어서 피렌체가 처음부터 공화국이었다는 인상을 준다. 그곳은 지금도 피렌체의 중심 지역이다. 그러나 공화국이라는 광장 이름은 로마 공화정은 물론이고 마키아벨리 시대의 공화정과도 무관하고, 제2차 세계대전 이후에 붙여진 것이다. 그 광장도 1895년 도시 계획에 의해 만들어진 것이니 공화주의자 마키아

레푸블리카 광장

벨리가 그 부근을 지나다녔다고 해도 광장으로써가 아니라 로마 유적을 보고 감회를 느꼈을 것이다. 그것도 자랑스러운 감회가 아니라 로마 제국에 예속되었다는 의미의 가슴 아픈 감회 말이다.

물론 본래의 피렌체도 로마 시대에 광장을 중심으로 세워졌고, 그곳에 신들에게 봉물을 바치는 원주가 서 있었다. 그것이 지금의 '풍요'의 여성상으로 바뀐 것은 15세기였다. 그런데 도나텔로 Donato di Niccolò di Betto Bardi, 1386경~1466●가 만든 '풍요'상은 18세기에 땅에 떨어져 파괴된 탓으로 당시 조각가가 새로 만들었다. 그리고

● 도나텔로는 이탈리아 피렌체 출신의 르네상스 시대 조각가로 얕은 돋을새김 조각으로 유명하다.

오늘날에는 아쉽게도 그 모조품이 서 있다고 한다. 여하튼 로마 시대 광장의 유적은 광장 지하 5미터 아래에 남아 있을 뿐 지상에서 볼 수 없다. 그러나 로마 시대의 원형 투기장이 있었던 흔적은 산타크로체 광장의 서쪽 도로가 투기장 윤곽에 따라 타원형을 그리고 있는 것에서 볼 수 있다.

산타크로체 광장 앞에 있는 산타크로체 교회는 마키아벨리의 무덤과 기념비가 있는 곳이다. 마키아벨리뿐만 아니라 미켈란젤로와 갈릴레이 등의 묘가 있는 곳이어서 그들에게 관심이 있는 사람들은 꼭 들러 보는 곳이다. 그 교회보다 더 유명한 곳은 피렌체 중심가의 주황색 타일의 돔이 있는 두오모와 세례당이다. 마키아벨리도 그곳을 다녔을 것이지만 그에 대한 기록은 없으니 별로 관심이 없었는지도 모른다. 두오모란 집을 뜻하는 도무스Domus에서 비롯된 말로 '신의 집'이라는 뜻인데, 주교가 있는 성당을 그렇게 부른다. 피렌체 두오모의 정식 명칭은 산타마리아 델 피오레, 즉 '꽃의 성모 대성당'이란 뜻이다. 피렌체를 상징하는 교회다운 이름이다.

앞의 글을 보면 르네상스 시대를 산 마키아벨리가 그 찬란한 예술이나 학문에 열광하기는커녕 민주공화국의 흉내조차 내지 못하고 있는 조국에 절망하고 있었음을 알 수 있다. 그러니 지금부터 우리는 피렌체나 르네상스에 대해 지녀 온 긍정적 이미지를 버려야 마키아벨리를 제대로 이해할 수 있게 된다는 점을 주의해야 한다. 그는 당대의 예술이나 문화에 관심이 없고 오로지 정치에만 관심이 있었다. 그리고 피렌체와 전혀 다른 공화국이었던 고

산타크로체 광장 앞에 있는 산타크로체 교회

피렌체 중심가에 있는 두오모 성당

대 로마를 닮아야 한다고 역설했다. 그가 왜 그렇게 생각했는지는 조금 뒤에 보도록 하고, 지금은 마키아벨리를 따라 피렌체 거리를 천천히 걸어 보자.

피렌체의 광장들

마키아벨리는 매일 아침저녁으로 피렌체에서 가장 유명하고 아름다운 베키오 다리를 건너서 도심으로 들어갔다 나오곤 했다. 그의 집은 베키오 다리에서 30미터 떨어진 곳에 있었다. 베키오 Vecchio란 올드, 즉 오래된 것이라는 뜻으로 새로운 것이라는 누오보Nuovo의 반대말이다. 베키오 다리는 로마 시대에 만들어진 것으로, 로마 공화정을 그리워한 마키아벨리에게 그 다리는 매일 로마를 상기시켜 주었을 것이다. 그러나 본래의 다리는 1333년 대홍수로 파괴되었고, 1345년에 지금처럼 다리 양쪽에 건물이 있는 독특한 모습의 돌다리로 재건되었다.

유럽 도시에는 어디에나 유명한 강과 다리가 있는데, 특히 이탈리아에서 아르노 강과 베키오 다리만큼 유명한 곳은 없다. 그곳은 특히 여행자에게는 밀집된 건물들이나 미술품들을 보면 갖게 되는 압박과 긴장(스탕달 신드롬)을 떨쳐 내고자 한숨을 돌리는 데 가장 좋은 곳이다. 그러나 해방감이 지나쳐 성적인 자유가 과도하

미켈란젤로 광장에서 바라본 피렌체 풍경. 베키오 다리가 보인다.

게 흘러넘치는 곳일 수도 있으니 밤에는 조심할 필요가 있다.

베키오 다리는 단테가 베아트리체를 만난 곳이라는 꾸며진 전설로도 유명하지만, 단테 시대에는 물론 마키아벨리 시대까지 악취와 소음으로 가득 찬 곳이었다. 본래 대장장이, 푸주한, 무두장이, 생선장사치 들의 조잡한 상점이 늘어서 있었는데, 그들이 그 밑을 흐르는 아르노 강을 상품 제작이나 쓰레기 처리에 편리하게 이용했기 때문이다. 가령 가죽 제품을 만들기 위해서 짐승 가죽을 8개월간 강물에 넣어 두었다가 그 뒤에 말 오줌 속에서 무두질을 했다.

그러니 마키아벨리도 그곳을 건너가면서 코를 틀어막고 시내로 빨리 들어가기 위해 뛰었을지도 모른다. 상점가 위에 마련

피티 궁은 1919년부터 미술관으로 사용되고 있다.

된 복도도 마키아벨리가 죽은 뒤인 1565년에 바사리(Giorgio Vasari, 1511~1574●의 설계에 의해 세워졌으니 마키아벨리는 그곳을 이용하지도 못했다. 마키아벨리가 죽고 66년 뒤인 1593년에야 그곳은 지금처럼 보석상들이 찾음으로써 오염을 피할 수 있었다.

　　마키아벨리의 집은 그가 태어났을 때 막 지어진 피티 궁에서도 가까웠다. 피티 궁은 메디치가와 대적한 피티가의 궁전으로,

- 바사리는 이탈리아의 화가이자 건축가일 뿐만 아니라 특히 르네상스 시대에 활동하던 예술가 200여 명의 삶과 작품에 대한 기록인 『가장 위대한 화가, 조각가, 건축가들의 생애(*Le Vite de' più eccellenti pittori, scultori, ed architettori*), 1550~1568)』의 저자로 유명하다. 바사리는 그 책의 1부 「서설」에서 고대의 재생을 논하며 당시의 시대를 규정짓기 위해 'Rinascimento(르네상스)'라는 용어를 처음 사용했다.

마키아벨리가 태어나기 10여 년 전인 1457년에 착공되었다. 하지만 마키아벨리가 죽을 무렵에 메디치가로 팔렸으니 마키아벨리와 운명을 같이 한 셈이다. 1919년부터는 미술관이 되었는데, 그곳 안에 있는 보볼리 공원과 함께 내가 우피치 미술관보다 더 좋아하는 곳이다. 라파엘로의 「대공의 성모」와 「의자에 앉은 성모」등 성모상으로 유명하며 티치아노, 루벤스의 작품도 많아서 우피치 버금가는 세계적 미술관이다.

마키아벨리가 아니라 그의 친구 귀차르디니Francesco Guiccardini, 1483~1540[**]의 이름을 딴 거리에 있는 마키아벨리의 집은 제2차 세계대전 때 연합군의 포탄에 맞아 파괴되기 전까지 거의 500년 이상 그대로 보존되었다. 모양은 지금의 3층 아파트 비슷한 카사 Casa(가옥)로 친척들이 사는 몇 개의 주거지가 안뜰을 둘러싸고 배치되었다. 각 주거지의 1층은 상점이나 작업실, 2층은 거실과 침실, 3층은 주방이었다. 그야말로 거주자들이 함께 자유롭고 평등하게 살아가는 인민공동체였다.

그밖에도 그는 도시의 모든 곳을 평생 다녔다. 놀기를 좋아했

[**] 귀차르디니는 르네상스가 절정을 이루던 시기에 피렌체의 저명한 귀족 집안에서 태어났다. 그는 28세에 대사로 임명되어 정계에 화려하게 입문해 최고 행정관과 모데나·레지오·로마냐 등지의 총독직 등을 역임했고, 마키아벨리와 더불어 르네상스 시대의 외교관이자 사상가, 정치가이자 『피렌체사(Storie fiorentine)』(1509)와 『이탈리아사(Storia d'Italia)』(1537~1540) 같은 역사책도 썼다. 그의 『처세론(Rocordi)』은 우리말로 번역되어 있다. 난세를 살아가는 데 필요한 처세술과 정치 지도자론을 다룬 그의 저서 『신군주론』은 마키아벨리의 『군주론』과 함께 정치 외교학의 중요한 고전으로 일컬어지고 있다.

미켈란젤로 광장

으니 매일처럼 다녔을 것이다. 특히 100개가 넘는 광장들을 언제나 쏘다녔을 것이다. 그 광장에서 친구나 친지는 물론 별별 종류의 사람들을 만나고 이야기하고 토론했을 것이다. 정보와 아이디어, 특히 다양한 인간의 감정을 교환했을 것이다. 그야말로 마음의 광장, 정신의 광장, 교류의 광장이다. 그의 모든 책은 그런 광장 생활의 소산이었다. 그러니 '광장학'이라고 해도 좋다. 그를 '광장인'이라고 해도 좋다. 그의 민주공화국 사상도 마찬가지다. 그러니 우리는 피렌체에 대해 최소한의 관심이라도 있어야 마키아벨리를 제대로 이해할 수 있다.

광장은 피렌체, 아니 이탈리아 전체의 이해에 핵심이다. 너무

좁은, 심지어 혼자 겨우 빠져나가는 골목을 지나며 공포까지 느끼다가 별안간 눈앞에 펼쳐지는 광장, 혹 분수라도 있는 광장을 만나면 그야말로 숨이 막힌다. 그러나 이는 함부로 지어진 것이 아니라 오랜 세월에 걸쳐 수많은 건축가들이 주도면밀하게 계산하여 만든 극장과 같은 것이다. 그곳에서 우리는 배우이자 관객이다.

그리고 광장에서 올려다 본 푸른 하늘가로 이탈리아의 독특한 적갈색 벽과 지붕이 강렬한 보색 대비를 이루어, 거리와 광장의 폐쇄와 개방의 반복이 주는 구속감과 해방감을 더욱 강화한다. 그런 느낌은 골목마다 즐비한 교회나 분수나 미술관에서 다시금 반복되면서 더욱더 강화된다. 마키아벨리의 피렌체도, 리비우스의 파도바나 로마도 마찬가지다. 베네치아나 베로나, 밀라노나 피사도 마찬가지다. 사람이 만든 도시치고 이탈리아의 도시만큼 아름다운 곳이 또 어디에 있을까?

그 아름다움을 한 눈에 볼 수 있는 곳이 피렌체의 미켈란젤로 광장이다. 그곳은 마키아벨리의 집과도 가까우니 그 역시 자주 가서 피렌체 시내를 한 눈에 내려다보며 사색에 잠겼으리라. 그러나 광장 자체는 1873년에 만들어졌으니 마키아벨리가 살았을 때에는 지금 그 주변과 같이 나무가 우거진 동산이었을 것이다. 여하튼 그곳 중앙에 있는 다비드 상은 또 하나의 모조품이 서 있는 시뇨리아 광장과 함께 쌍둥이 광장이라는 느낌을 준다.

시뇨리아 광장

물론 피렌체에서 수십 년을 살아온 사람이라면 우리와 다른 느낌일 것이다. 마키아벨리도 대부분의 피렌체 사람들처럼 해가 뜨는 시각쯤에 잠자리에서 일어났으리라. 피렌체 특유의 금속 덧문이 올라가면 사람이 — 집안에서는 식구들이, 거리에서는 상점 주인들이 — 우렁찬 소리로 아침 인사를 건넸을 것이다. 좁은 골목과 광장에서는 주민들의 친근한 목소리가 끊이지 않았을 것이다. 마키아벨리의 책은 그 목소리를 그대로 옮긴 것이라고 해도 과언이 아니다.

피렌체에 100개가 넘는 수많은 광장 중 가장 아름다운 곳은 시뇨리아 광장이다. 시뇨리아란 '지배'라는 뜻으로 '지배 광장'이라고 하면 어색하지만, 마키아벨리의 직장이었던 시청사가 있으니 정치의 중심이었던 것은 분명하다. 마키아벨리가 아침마다 집을 나와 베키오 다리를 건너면 바로 만나는 광장이 그곳이다.

시청사도 베키오 궁이라고 불리는데, 1322년에 완공됐지만 지금도 시청사로 사용되고 있다. 즉, 주민이 출생이나 사망 신고를 하기 위해서는 반드시 들려야 하는 곳인데, 여기에 수백 년 동안 시의회가 열리는 '500인의 방'도 있고, 시장실도 있다. 아직도 시의회 개최를 종소리로 알리고, 그 시각을 알리는 아름다운 시계탑 종루도 건재하다. 95미터 높이인 종루는 조토Giotto di Bondone, 1266~1337

가 설계한 것으로도
유명하다.

베키오궁

베키오 궁은 무
료 결혼식장으로도
이용할 수 있다. 샹들
리에와 태피스트리
로 장식된 '붉은 공간'
식장은 벽, 커튼, 전등
등이 모두 진홍색이
어서 특히 신부의 흰
드레스를 아름답게
만들어 준다.

마키아벨리 자신도 그곳에서 결혼을 하고, 다른 많은 사람들이
그곳에서 결혼하는 것을 보았을지 모른다. 오늘날 결혼식은 적 ·
백 · 녹색의 멜빵을 멘 시의 평의원이 결혼에 관한 민법 조문을 읽
고, 신혼부부가 결혼 서약을 하고 결혼대장에 사인한 뒤에 평의원
이 신혼부부에게 축하의 꽃다발을 전하는 것으로 끝난다. 물론 아
래로 내려와 광장의 여러 조각 앞에서 기념 촬영도 한다. 그 중에 가
장 인기 있는 것이 미켈란젤로의 다비드 상이다.

마키아벨리도 매일 피렌체 시청사를 다니면서 그 입구 앞에 있
는 다비드 상을 보았을 것이다. 지금은 모조품이 서 있지만 1873년
까지 진품이었을 테니 마키아벨리가 본 것도 당연히 진짜였다. 다

다비드 상(왼쪽)과 헤라클레스 상(오른쪽)

비드는 공화국의 상징이다. 당대의 거인국이었던 프랑스나 스페인과 같은 골리앗을 이긴 작은 인민공화국 피렌체의 영원한 상징이다. 그리고 다비드 상에 가장 어울리는 피렌체 사람이 바로 마키아벨리다. 평생 인민공화국을 지키려고 했기 때문이다. 다비드 상이 있는 건물 또 한 쪽에 서 있는 도나텔로의 유디트 조각도 공화정의 상징이다. 두 작품은 공화국을 수호한 인민의 조국애와 용기를 보여 줌과 동시에 인민이 오랫동안 침략을 당한 역사를 보여 준다.

건물 왼쪽에 있는 공개 조각 전시장 '란치의 회랑'에서 그 입구를 지키는 한 쌍의 사자 상도 도나텔로가 만든 공화국의 상징이다. 그것은 시뇨리아 광장에 최초로 세워진 예술 작품으로써, 그 이름인 '마르조코'는 그리스 로마 신화에 나오는 군신 마르스

Mars에서 비롯되었다. 동물의 왕 사자는 공화국 시대 피렌체의 상
징으로 사람들의 사랑을 받았다. 당시 공화국 정부는 한 쌍의 사자
를 광장 뒤의 레오니Leoni(사자) 거리에서 사육했다. 사자는 다산의
동물이지만 환경이 나쁘면 새끼를 낳지 못한다고 여겨, 두 마리의
새끼가 태어나면 조국에 번영을 가져온다고 하여 인민은 열광했다.

그 뒤 사자는 스무 마리 이상으로 늘어나 중정이 있는 궁전
에서 살았고, 인민은 그 모습, 특히 사자들의 생사에 대해 일희일
비를 계속했다. 특히 로렌초 데 메디치Lorenzo de' Medici, 1449~1492●
가 죽은 날, 두 마리의 수사자가 싸워 죽은 것을 두고 사람들은 불
길한 징조라고 걱정했다. 아니나 다를까, 그 직후 프랑스 왕 샤를
8세가 피렌체를 침략하고 무능한 피에로 데 메디치가 실각하여
광신적 수도사 사보나롤라가 지배하는 암흑기를 맞았다.

그러나 시뇨리아 광장에는 평화나 안정을 추구할 듯한 공화
국의 추억만 있는 것이 아니다. 도리어 광장의 예술품들은 전체적
으로 투쟁이나 위협의 분위기를 압도한다. 대표적으로 시청사 입
구 또 한 쪽에 서 있는, 헤라클레스가 카쿠스를 처단하는 조각이
다. 이는 피에로가 추방된 뒤 메디치가의 복권을 상징한 것으로,
다비드 상이나 유디트 상보다 광장에 먼저 설치되었다. 다비드 상
과 유디트 상은 헤라클레스 상보다 먼저 제작되었지만 시청 앞이
아니라 다른 곳에 세워졌기 때문이다. 여하튼 공화국의 적이었던

● 로렌초 데 메디치는 이탈리아의 정치가·시인이다. 15세기 최대의 정치가로 꼽히
며, 바쁜 정치 생활을 하면서도 많은 문학 작품을 썼다.

공개 조각 전시장인 '란치의 회랑'

메디치가가 공화정에 경고하기 위해 세운 그것은 그리스 로마 신화에 나오는 헤라클레스가 게리온의 소떼를 빼앗아 오는 길에 소떼를 훔쳐 갔던, 불을 뿜는 괴물 카쿠스를 죽이는 장면을 묘사한 것이다. 이 조각은 1553년 메디치가의 알렉산드르 공작이 바초 반디넬리Baccio Bandinelli, 1493~1560에게 만들게 한 것으로, 헤라클레스는 메디치를 카쿠스는 공화국을 상징하는 셈이다. 알렉산드르 공작은 베키오 궁 정상의 종탑에 있던, 공화정의 상징인 쇠종 '바카la vacca(암소라는 뜻)'도 1532년에 끌어 내렸다. 반디넬리는 시뇨리아 광장 중앙에 있는 코시모 1세 데 메디치Cosimo I de' Medici, 1519~1574●

● 코시모 1세는 1537년부터 초대 토스카나 대공이 된 1569년까지의 2대 피렌체 공작이다. 그는 우피치 미술관을 지은 것으로 유명하다.

의 동상도 만들었다.

'란치의 회랑' 안에 있는 조각들도 대부분 공화국에 적대적인 작품들이다. '란치'는 코시모의 보디가드인 용병에서 비롯된 이름인데, 그곳의 중심 조각인 잠볼로냐Giambologna, 1529~1608의 「겁탈당하는 사빈느의 여인들」(1583)은 잔혹한 로마 건국 신화를 이야기한다. 로마 건국자 로물루스가 사빈느라는 이웃 마을 사람들을 초청해서 그 여인들을 겁탈한다는 내용인데, 꾸밈이 많은 마니에리스모manierismo 양식으로 조각되어 실감을 주지만 건장한 두 남자가 한 여인을 복잡하게 얽은 모습은 공포 그 자체다. 그곳에 있는 잠볼로냐의 「켄타우루스를 공격하는 헤라클레스」나 첼리니가 만든 「메두사를 참수하는 페르세우스」(1554)도 마찬가지다. 따라서 이곳이 1961년까지 각종 국제회의의 개막 식장으로 이용된 점은 이해하기 쉽지 않다.

이상의 작품들은 대부분 모조품이고 진품은 미술관 안에 보관되어 있어서 유감이라고 생각하는 사람들도 있지만 분위기는 야외 전시가 훨씬 좋다. 가령 아카데미 미술관에 있는 진품 다비드 상은 천장이 너무 낮아 그 육체가 그로테스크하게 강조된 듯 보이는데, 시청 앞에 있는 다비드는 해방된 듯한 느낌을 준다. 특히 메디치가 설치한 작품들을 압도하는 느낌을 주어 더욱 좋다. 그것은 시청 입구의 프리즈frieze에 적힌 "예수가 왕이다"라는 문장과도 어울린다. 그 말은 어떤 인간 지배자도 절대 권력을 가질 수 없다는 뜻이기 때문이다.

여하튼 그 작품들은 공화정과 귀족정의 공존을 보여 주는 점에서도 마키아벨리의 민주 공화 사상과 어울린다. 공화정과 메디치 귀족정이 끊임없이 충돌했으면서도 그 각각의 상징물인 예술품은 그대로 두었다는 점이 놀랍고도 고맙다.

데이비드 리비트가 피렌체에 대해 쓴 『아주 미묘한 유혹』에서 시뇨리아 광장을 세계의 중심이라고 부른 것은 과장이라고 해도, 그곳이 역사적 사건으로 가득한 곳임은 분명하다. 최초의 노동자 혁명인 1378년 치옴피의 난Ciompi-亂이 터진 곳도 이곳이었는데, 그 주모자 중에 마키아벨리의 선조가 있었다. 마키아벨리가 20대에 본 공화주의자 사보나롤라가 1497년 사치품 등을 태운 '허영의 소각' 행사가 벌어진 곳도 이곳이었고, 그 이듬해 사보나롤라가 화형에 처해진 곳도 여기였다. 1938년 히틀러가 무솔리니와 악수한 곳도 이곳이었다. 그럼에도 매년 피렌체 수호성인 산 조반니 축일을 기념하는 축제가 수백 년 동안 벌어진 곳도 여기다. 올해도 어김없이 불꽃놀이를 비롯한 각종 행사가 벌어지리라. 지구가 망할 때까지 말이다. 그래서 그곳의 예술품이나 축제를 보는 나는 언제나 행복하다. 500여 년 전의 마키아벨리도 그랬으리라.

시뇨리아 광장의 베키오 궁전 우측에 있는 우피치 미술관 3층에는 보티첼리의 「봄」(1485년경)과 「비너스의 탄생」, 다 빈치의 「수태고지」, 미켈란젤로의 「성가족」(1456), 티치아노의 「우르비노의 비너스」(1538) 등 명화와 조각들이 즐비하다. 우피치란 '오피스'란 뜻으로 르네상스 시절에는 메디치가의 사무실이었는데, 마키아벨리가 죽은 뒤인 1560년부터 세워졌으니 그와는 무관했다. 메디치 가는 천재들을 후원한 부르주아의 대표로서 14세기부터 16세기까지 피렌체를 번영케 했고, 18세기까지 피렌체를 지배했다.

그러나 피렌체는 이미 13세기부터 공화국으로 발전했다. 그 핵심은 14종의 동업 조합이었다. 예컨대 단테는 의료 조합에 속했다. 각종 직업의 조합은 자신들의 회관을 짓고 독립 자존의 길을 걸었다. 18세기 이후 피렌체는 나폴레옹의 지배를 받았으나 여전히 공화국이었다. 1860년, 통일 이탈리아에의 참가도 국민 투표로 결정되었다. 그것은 민주공화국의 새로운 탄생이었다. 마키아벨리의 꿈이 300여 년 만에 이루어진 것이다. 그리고 치옴피의 난으로 시작된 700년 인민의 민주공화국이라는 꿈도 결실을 맺었다.

치옴피의 난

르네상스에 대한 개설서 중에 프랑스의 유명한 '크세주 문고'에 포함된 것을 번역한 책이 있다. 마키아벨리에 대해서는 전혀 언급하지 않는 그 책을 번역한 어느 서울대 교수는 해설에서 그 책의 "'치옴피의 난'과 같이 르네상스와는 좀 거리가 먼 사회적 현상을 그려 보이는(『르네상스』, 165쪽)" 점을 좀 의아한 듯이 지적했다. 그러나 나는 "1378년 피렌체에서 양모 소모공이 권력을 탈취한(『르네상스』, 49쪽)" 치옴피의 난이야말로 르네상스의 이해에 본질적인 사건이라고 본다. 그래서 도리어 그 책에서 단 한 문장으로 치옴피의 난을 설명하는 점에 불만이다.

그 정도로 르네상스에 대한 우리의 이해는 지극히 피상적이라고 할 수 있다. 왜냐하면 지금까지 르네상스는 레오나르도 다 빈치, 미켈란젤로, 라파엘로 등의 천재 화가들을 중심으로 설명되어 왔기 때문이다. 르네상스를 천재들의 업적이라고 보면 그런 설명이 당연할지 모른다. 그러나 그들과 동시대를 살았던 마키아벨리는 그들에게는 아무런 관심이 없었고, 오로지 당대의 인민과 그들의 지도자에게만 관심이 있었다.

치옴피의 난은 당시 인민의 삶을 보여 주는 대표적인 사례이자 마키아벨리를 이해하는 데 핵심이 되는 사례이다. 마키아벨리는 『군주론』이나 『리비우스 강연』에서는 이 사건에 대해 전혀 언급하지 않았으나 『피렌체사』에서는 상당히 상세하게 설명했다.

이는 치옴피, 즉 양모를 빗질하는 하층 일용 노동자인 소모공梳毛工들이 1378년 7월 이탈리아 피렌체에서 일으킨 폭동이었다. 피렌체는 13세기부터 직기를 개발해서 유럽에서 가장 유명해진 모직물 생산지였다. 피렌체에 대항할 수 있는 곳은 11세기부터 번창한 라인 강 델타 지역의 플랑드르뿐이었다. 피렌체는 견직물이 풍부한 시에나를 정복해 병합한 뒤 견직물 제조업도 발전시켰다. 이러한 상공업의 발달로 피렌체는 일찍부터 부유해 14세기 초에 '유럽의 보석'으로 불렸으나 그 부는 대상인들에게 집중되었다.

대상인들은 금융으로 로마 교황과 밀접하게 결탁하여 13세기 말에는 단테와 같은 황제파(기벨린Ghibelline파라고도 한다) 귀족들을 추방하고 정권을 장악했다. 그후 대상인과 대지주 등의 대시민과 중산 계급 이하 소시민의 갈등이 심해졌다. 그들은 각각 대조합arti maggiori과 소조합arti minori을 조직하여 대립했다(조합을 아르테arte라고 하는데, 앞에 말한 책에서 이를 '예술'로 번역하여 어안이 벙벙했다). 1378년 5월, 셀베스트로 데 메디치가 정부 수반으로 뽑혔다. 당시 메디치가는 대지주이면서도 일반 상공업자나 중산층의 입장을 대변했다.

　　그러나 당시 하층 노동자들인 치옴피는 정치적 권리를 갖지 못하고 조합으로 단결하는 것도 금지되어서 빈곤 속에서 생활하고 있었다. 14세기 후반, 불황 속에서 그 불만은 폭발하였고, 미켈레 디 란도 Michele di Lando, 1343~1401는 지도자가 되어 시청을 점거하고 종래의 체제를 뒤집어엎었다. 란도는 수공업자와 치옴피를 포함한 혁명 정부를 만들고 스

미켈레 디 란도 동상

스로 정부 수반이 되어 정치를 했다. 노동자의 참정권은 인정되었고 그 조합이 결성되었으며, 하층민에게 부당하게 부과된 각종 세금이 철폐되고 낮은 임금도 인상되었다.

란도는 새롭게 조직된 노동자 조합에서 4명, 소조합에서 2명, 대조합에서 2명을 뽑아 새로운 시뇨리아 정부를 구성하여 종래 그것이 대조합 중심으로 조직된 것을 혁신했다. 그러나 하층 노동자들은 다시 자신들이 뽑은 8명의 대표로 구성된 최고위원회를 조직하여, 란도의 시뇨리아 정부로 하여금 최고위원회의 결재를 받도록 했다.

그런데 연합 정부에 참가한 소상공인들은 온건파로서 치옴피의 급진적 개혁에 불안해했고 결국 치옴피와 분열로 치달았다. 이를 노린 대시민 부자들이 외국인 용병을 고용하고 플랑드르에서 저임금 노동자들을 데려와 작업장에 투입했다. 부자의 사주를 받은 온건파가 치옴피 조합에 해산 명령을 내렸고, 치옴피가 이에 저항하자 용병이 투입되어 100명을 처형했다. 1382년 혁명정권은 무너졌다. 이로써 소시민 계층의 정권이 세워진 뒤 40년 안에 피렌체 민주정은 끝났다. 동시에 1382년 성립되어 1387년 개혁되고 1393년 강화된 시민 정부는 공화국에 유례없는 행복과 위대함을 가져다주었다(『마키아벨리 평전』, 23쪽).

그런데 마키아벨리는 미켈레를 7월 중순에 일어난 폭동이 약탈로 변할 때, 빈민들의 무모한 행동을 설득으로 자제시켜 그들의 사적 복수를 공적 처벌로 대체하고, 귀족들의 오만을 제도적으로 견제하여 새로운 공존의 정치를 시도한 혁명적인 인민의 지도자로 본 점에서 특이했다. 이는 당시 미켈레를 폭도의 수령으로 본 다른 역사가들의 이해와는 전혀 다른 마키아벨리 특유의 해석이었고, 이는 앞으로 우리가 살펴볼 마키아벨리 정치 사상의 핵심에 해당한다. 즉, 마키아벨리가 주장한 지도자 상이자 리더십의 핵심이다.

마키아벨리의 가족

마키아벨리는 58년을 살았다. 그 58년의 꼭 반인 29년이 각각 전반생과 후반생으로 나누어진다. 즉, 1498년 마키아벨리가 29세에 피렌체 사무관에 취임하기 전과 후다. 29세 전의 마키아벨리에 대해서는 거의 아무 것도 알 수 없을 정도로 자료가 남아 있지 않지만, 그 뒤에 대해서는 자세히 알 수 있다. 그래서 그의 전기들은 후자에 대해 상세히 설명한다. 그리고 후반생은 다시 공무원 생활 14년과 저술 생활 15년으로 나누어진다. 그러나 그 후반생은 대부분 당대의 복잡한 국제 외교 관계와 그 속에서의 마키아벨리 활약에 대한 이야기다.

마키아벨리의 아버지는 베르나르도 마키아벨리Bernardo Machiaveli, 1426?~1500, 어머니는 바르톨로메아 디 스테파노 넬리Bartolomea di Stefano Nelli다. 아버지 집안은 토스카나의 중류 귀족으로 토지를 소유하고 대대로 피렌체의 공무원을 지냈다고 보는 견해가 있으나, 평민이었다고 보는 견해도 있다. 그가 평생 귀족보다 인민을 진심으로 좋아한 것을 보면 인민 출신이라고 볼 수도 있다. 하지만 현실에서 권력을 갖는 것이 귀족이므로 그들을 무시할 수 없었고, 그들에게 아양을 떨어야 했던 것도 사실이다. 그의 정치학도 그런 현실에서 나왔다. 그는 언제나 현실을 중시했다.

그런데 조상의 한 사람인 구이도 마키아벨리가 앞에서 본 1378년 치옴피의 난 당시 74명의 노동자 대표 가운데 한 사람이었다는 것을 보면 마키아벨리도 최하층 노동자였던 것 같기도 하다. 또 한 사람의 조상인 지롤라모 마키아벨리는 코시모 데 메디치 치하에서 정치적 탄압에 반대했다가 아비뇽으로 추방당했으며, 그 뒤 허가 없이 피렌체로 돌아왔다가 1458년경 감옥에서 사망했음을 보면 정치적 저항의 피도 마키아벨리에게 흘렀을지 모른다.

그의 집안은 오늘의 중산층 같은 포폴라니populani 출신이었으나 부유하지 않았다고 봄이 일반적이다. 조상은 황제파와 싸운 교황파(겔프Guelph파라고도 한다)로써 조상 대대로 피렌체 시내에 집을, 그리고 시골에 밭과 집을 소유했다. 앞서 보았듯이 그의 집이 제2차 세계대전 때 파괴된 것과 달리 그가 만년을 지낸 시골집은 지금도 그대로 남아 있다: 마키아벨리는 어려서부터 그런 집안의 내력을 잘 알았을 것이고, 따라서 정치 세계가 얼마나 냉정하고 잔혹한 것인지에 대해서도 실감했을 것이다. 그것이 『리비우스 강연』과 『군주론』 등을 쓰게 한 먼 배경이었다.

마키아벨리는 1513년 친구에게 쓴 편지에서 "나는 가난하게 태어났고 재물을 즐기기 전에 절약하는 법부터 배웠다"라고 했다. 당시 그는 관직에서 파면되어 정변 음모에 휘말려 체포되었다가 풀려난 직후였기에 이 말이 과장된 것이라고 보는 견해도 있지만, 부유한 집안

마키아벨리가 살았던 집터에 세운 건물

에서 유복하게 자란 것이 아님은 분명하다. 그렇다고 가난했던 것은 아니다. 당시 여성의 평균 수명은 24세였고, 읽고 쓸 줄 아는 사람은 극소수였다. 농민들은 20명 정도의 대가족이 단칸 오두막에서 염소, 돼지와 함께 밀집 위에 살았으며 극심한 기근으로 인육을 먹을 정도였다. 반면 그의 부모는 장수했고, 그의 가족은 도심의 아파트에서 보통으로 살았다.

아버지 베르나르도는 대학을 나온 법률가이자 휴머니스트라고 보는 견해도 있지만 가난한 집에서 자란 그가 대학을 다닐 수 있었는지, 또 변호사나 공증인 같은 법률가로 개업을 했는지도 의

문이다. 그러나 당시 피렌체 대학의 인문학 교수이자 피렌체 시청 제1사무국장이었던 바르톨로메오 스칼라Bartolomeo Scala, 1430~1497 가 대화 형식으로 쓴 『법과 법적 판단』(1483)이라는 책에서 대화 의 상대로 베르나르도를 삼았음을 보면 베르나르도가 법에 조예 가 깊었음은 분명하다. 그가 소작농들로부터 받는 수입으로 살았 다고 보는 견해도 있지만, 그리 부유하지 않았음도 분명하다.

　　마키아벨리 부자의 출신을 아는 것보다 더 중요한 것은 그들이 친구 같은 부자였다는 사실이다. 그들은 "불경스러워 보이는 해학 과 많은 사회적 관습을 향한 건전한 냉소, 교회에 대한 상당한 불신 (『평전 마키아벨리』, 30쪽)"을 공유하고 "음탕한 이야기와 지저분한 농 담을 주고 받"으며 "술집에서 떠들기도 즐(『평전 마키아벨리』, 31쪽)"겨 종교에 독실한 어머니와 항상 대립했다. 이 점은 21세기인데도 여전 히 가부장적인 한국의 가정에서는 좀처럼 상상하기 어려운 점인데, 그런 르네상스적 분위기가 마키아벨리 같은 르네 상스인을 낳았으므로 특히 강조할 필요가 있다. 자 유로운 가정에서 르네상스인은 태어난다.

아버지는 마키아벨리가 31세였던 1500년에 죽었지만, 어머니는 마키아벨 리보다 더 오래 살았다. 마키아벨리는 그들 사이의 장남이었고 그 앞에 두 누이, 그리고 그 뒤에 다섯 살 아 래인 동생 토토가 있었다. 누이들은

베키오 궁에 있는 마키아벨리 흉상

평범한 주부로, 토토는 성직자로 일생을 보냈다.

아버지가 죽고 난 뒤 마키아벨리는 가장 역할을 해야 했다. 즉, 그의 후반생은 어머니와 세 아우들을 돌보아야 하는 시기였다. 물론 아내와 자녀들도 보살펴야 했다. 지금도 이탈리아는 유럽에서도 대가족제도를 유지하는 나라로 유명한데, 500년 전에는 더욱더 그러했다. 그런 사회였으니 가족 관계의 에피소드가 있을 법도 한데 마키아벨리에게는 그런 것이 없다. 그렇지만 그런 대가족주의가 그의 인민 정치 구상에 중요한 배경이 되었을 것임에 틀림없다. 반면 핵가족 제도 출신자라면 더욱더 개인주의자일 수 있다.

소년 마키아벨리

마키아벨리가 태어난 1469년부터 1492년까지의 로렌초 데 메디치 시대는 대체로 평화로웠다. '로디의 평화'로 불리기도 한 당시는 1454년 피렌체 · 베네치아 · 밀라노 · 로마교황청 · 나폴리 왕국이라는 5대 지역 강대국 사이에서 체결된 세력 균형 체제가 이어지던 시기였다. 그러나 그 평화는 1494년 프랑스 침략으로 깨졌다. 그로 인해 피렌체에서는 메디치가가 추방되고 새로운 정치 혁명이 일어났다. 그러나 1512년 스페인 군대가 침략하여 피렌체 민병대 2000명을 살육하는 비극이 터졌다.

그 훨씬 전 마키아벨리가 소년이었을 때 레오나르도 다 빈치 1452~1519가 도제 생활을 하고 있었고, 보티첼리1445?~1510를 비롯한 많은 화가들은 이미 중요한 걸작들을 그리고 있었다. 1492년 콜럼버스 1451~1506가 신세계에 도착했고, 코페르니쿠스1473~1544가 천문학의 기초를 다지고 있었다. 마키아벨리는 그들과 같은 세대의 사람이었다.

　마키아벨리의 아버지 베르나르도는 세심한 성격의 소유자로 금전 관리 장부를 기록했는데, 그 장부(1471년부터 1487년까지)를 포함한 『비망록Libro di Rocardi』이라는 제목의 일기가 1954년 발견되어 마키아벨리의 어린 시절을 엿볼 수 있게 한다. 그 기록에 따르면 마키아벨리는 7세 무렵부터 가정교사에게 라틴어와 수학을 배운 듯하다. 어려서 학교를 다녔다고 보는 견해도 있지만 가정교사에게 배운 것이 유일한 듯하다.

　그 후 마키아벨리는 전통적인 필사본과 함께 피렌체에서 1467년부터 나온 인쇄본의 책들을 즐겨 읽었다. 마키아벨리가 태어나기 2년 전에 인쇄본 책들이 나왔다는 것은 그에게 행운이었다. 또 당시 공공 도서관이 발달해 그곳에서 책을 읽을 수 있었다는 점도 그에게는 행운이었다. 인쇄술과 공공 도서관이 없었다면 지금 우리가 마키아벨리를 알 수 없었으리라. 그 두 가지는 모든 문명의 근원이다.

　어린 시절의 풍부한 독서는 훗날 그의 저술에 큰 바탕이 되었다. 아버지가 기록한 장부에는 아리스토텔레스Aristoteles, 기원전 384~322의 『윤리학』과 『변증론Topica』, 키케로Marcus Tullius Cicero, 기원전106~43*의 『필리피카이Philippicae Orationes, 기원전44』와 『의무에 관하여De officiis』와 『웅변가에 관하여De Oratore』, 지질학자이자 천문학자인 프톨레마이오스Ptolemaeus, 83~168의 『우주론Almagest』, 보이티우스Anicius Manlius Torquatus Sererinus Boethius, 480~524**의 『분류에 관하여』, 유스티니아누스 1세Iustinianus, 482~565의 『유스티니아누스 법전』**, 로마의 문법학자이자 신플라톤주의자인 마크로비우스Macrobius의 『스키피오의 꿈Somnium Scipionis』과 『농신제에 관하여Saturnalia』, 로마의 대표적인 자연과학인 대 플리니우스Gaius Plinius Secundus Major, 23~79**의 저술 등이 포함되었다. 특히 뒤에 마키아벨리가 책을 쓰게 되는 티투스 리비우스의 『도시가 세워지고부터』에 베르나르도가 색인 편집을 해주고 그 대가로 인쇄 용

- 마르쿠스 툴리우스 키케로는 로마 시대의 정치가, 웅변가, 문학가, 철학자다.

-- 보이티우스는 로마 최후의 저술가·철학자이다. 그의 대표작은 옥중에서 집필한 『철학의 위안』이다. 이는 '철학'과의 우의적 대화를 산문과 운문을 섞어 쓴 책으로, 그리스 철학 특히 플라톤의 영향이 강하다. 또한 그는 아리스토텔레스의 논리를 기독교의 여러 문제에 응용해 이후 스콜라 철학의 선구자가 됐다.

⁂ 유스티니아누스 1세는 527년부터 565년까지 로마 제국의 황제로, 『유스티니아누스 법전』을 편찬했다. 유스티니아누스 법전은 「칙법휘찬(Codex Constitutionum, 제국의 모든 로마법에 최고 권위를 가지는 법)」과 「학설휘찬(Digesta, Pandectae, 고대 로마의 모든 법률가의 주요 저작을 포함하여 법학설을 정리)」과 「법학제요(Institutiones, 위의 두 법전에서 주요 내용을 발췌하여 제국 내 법학교에서 사용한 교과서)」로 구성된다

⁑ 대 플리니우스는 고대 로마의 관리·군인·학자로, 소 플리니우스의 숙부다. 그는 사상가라기보다 근면하고 지식욕이 왕성한 수집가로 보는 것이 적당하다. 그의 저작물 중 현존하는 『박물지』 37권은 자연·인문 등 각 방면에 걸친 지식의 보고로써, 많은 오류를 지니고 있으나 자료로써의 가치는 무궁무진하다.

지를 한 뭉치 받아 왔는데, 당시 17세였던 마키아벨리를 시켜 제본소에 맡기기도 했다. 그 경험이 그에게 『리비우스 강연』을 쓰게 했을지도 모른다.•

마키아벨리가 어려서 어떤 교육을 받았는지는 분명하지 않다. 피렌체 대학의 전신인 스튜디오 피오렌티노Studio Fiorentino에서 휴머니즘 교육을 받아 수사학, 논리학, 문학을 배웠다고 보는 견해가 있지만 독학을 했다고 보는 견해도 있다. 그가 22세에 라틴어로 쓴 소네트sonnet가 메디치가에 바치는 글 모음집(1492년에 발표)에 실린 것을 보면, 그가 메디치 궁에서 여러 사람들과 어울렸음을 알 수 있지만 그밖에 알려진 바가 없다. 당시 휴머니스트가 되기 위해 필수였던 라틴어는 알았지만 그리스어는 몰랐다고 보는 견해, 그가 받은 휴머니즘 교육이 그리 높지 않았다고 보는 견해 등이 있지만 어느 것이나 분명하지 않다. 그러나 그가 29세에 사무관이 된 것을 보면 휴머니스트로서의 소양을 상당히 갖추었음에 틀림없다.

마키아벨리가 어려서부터 당대 피렌체의 지적 분위기에 익숙했을 것임도 틀림없다. 그 지적 분위기는 주로 철학자 마르실리

• 그러나 이상의 도서 목록에 의해 마키아벨리의 사상이 형성됐다고 보면 안 된다. 이는 어디까지나 그의 아버지가 기록한 목록이다. 마키아벨리는 성장하면서 수많은 책들을 읽었을 것임에 틀림없다. 특히 위 목록에 나오지 않는 플라톤의 저술은 이미 그 시절에 전집 번역이 나왔으므로 마키아벨리가 분명히 읽었을 것이다.

오 피치노Marsilio Ficino, 1433~1499,** 시인 안젤로 폴리치아노Angelo Poliziano, 1454~1494, 조반니 피코 델라 미란돌라Giovanni Pico della Mirandola, 1463~1494♣에 의해 만들어졌다. 플라톤의 책을 번역한 피치노는 기독교가 플라톤 사상과 일치한다고 주장했다. 『일리어스』를 번역한 폴리치아노는 메디치가의 가정교사로 로마법을 비롯한 고전 강좌로 유명했다. 그러나 그 둘보다 더 유명한 사람은 둘의 친구였던 미란돌라로, 그가 쓴 『인간의 존엄성에 관한 연설』은 우리말로도 번역되어 있다.

마키아벨리가 그들로부터 구체적으로 어떤 영향을 받았는지 알 수 없으나, 마키아벨리의 사상을 르네상스 휴머니즘과는 다르다고 보는 일반적 견해와 달리 나는 상당한 영향을 받아 그의 지적 배경을 이루었다고 본다. 르네상스 이전 사람들은 인간을 무기력하고 무가치하다고 생각했으나 르네상스 사람들은 그 반대로 생각하고 인간의 지성을 아끼고 양육해야 한다고 주장했다.

그러나 교육보다 더 중요한 것은 어린 시절부터 마키아벨리가 천국과 지옥을 경험했고, 그것이 그의 창작을 가능하게 했다는

** 피치노는 이탈리아 르네상스 시대의 의사, 인문주의자, 철학자로 메디치 가문의 후원을 받아 설립된 플라톤 아카데미를 이끌었다. 플라톤의 전 저작을 라틴어로 번역하여 최초의 완전한 플라톤 라틴어 역을 완성했다.

♣ 미란돌라는 르네상스 시대에 활약한 이탈리아의 철학자로, 20대에 쓴 『인간 존엄성에 관한 연설』은 인간의 천부적 존엄과 학문의 자유 및 문화에 관한 근대적이고 계몽적인 시각 전환을 담고 있다.

점이다. 그에게 가장 흥미로운 것은 천국을 방불케 하는 축제였다. 특히 6월 24일의 수호성인 축제에서 연극과 뮤지컬이었다. 또한 죽음과 질병, 기근과 전쟁이었다. 그가 10세였던 1479년에 일어난 전염병은 이웃과 친구를 죽였고 아버지도 죽일 뻔 했다. 동시에 전쟁도 벌어져 그는 군인들의 이야기를 들었다. 그리고 정치 갈등으로 인한 끔찍한 처형도 많이 보았다.

사무관 마키아벨리

마키아벨리는 1498년 5월 28일, 피렌체 정부의 제2사무국 사무관이 되었다. 사무국은 당시 피렌체의 선출직 고급 공무원들이 매우 짧게 재임(2개월)한 아마추어인 것을 보완하는 행정 전문기관이었다. 주로 제1사무국은 외교와 국방, 제2사무국은 국내 업무를 담당했다. 명목상 제1사무국이 제2사무국보다 지위가 높았으나 실무상 업무가 중첩되기도 했다. 마키아벨리는 제2사무국 소속이었으나 뒤에는 10인 전쟁위원회 일도 맡아 제1사무국의 외교 행정과 제2사무국의 영토 방위에 관한 문서 작업을 동시에 책임졌다.

사무관은 매년 선출되는 직위로써 임기는 초선 2년, 재선 1년이었다. 재선은 형식적이었지만 초선의 경우 경쟁이 치열했다. 그러나 선거는 돈 많고 힘 있는 가문에 의해 움직였으므로 교제와 인맥이 중요했다. 당시 30세가 되어야 공무원이 될 수 있도록 규정한 법과 달리 마키아벨리가 29세에 사무관이 된 이유도 마찬가지였다. 그의 아버지를 비롯해 친척들이 공무원이었고 어느 정도의 재산도 있었으며 아버지는 제1사무국장을 비롯해 여러 고급 공무원들과 친했다. 또한 아버지는 사회 봉사를 주로 하는 종교적 모임인 산 지롤라모 술라 코스타^{San Girolamo sulla Costa}의 회원이었다. 마키아벨리도 11세부터 그 청년부에서 활동했고, 24세부터 가입하도록 되어 있는 규정에 따라 성인 단체에 가입했다. 심한 매질 등의 고행을 하는 그 단체는 140명 이상의 남자로 구성되어 있었고, 정치적 사건에 관여하기도 했다.

이러한 여러 배경이 마키아벨리의 출세에 영향을 주었음에 틀림없다. 그러나 그보다 더 중요한 사실은 당시의 피렌체 정치가 변했다는 점이었다. 즉, 마키아벨리가 사무관에 취임하기 5일 전에 5년간 집권했던 사보나롤라가 처형되었다. 그 5년은 전염병과 흉작으로 피렌체가 위기였던 시기이자 각종 분파가 갈등한 시기였다. 사보나롤라의 죽음 직후 실시된 제2사무관 선거에서도 갈등은 재현되었다. 후보에 오른 사람들 중에는 사보나롤라의 지지파와 반대파가 함께 있었으나, 지지파는 더 이상 힘을 받지 못했다. 결국 반대파의 지지를 받아 마키아벨리가 당선되었다. 만일 사보나롤라가 권력을 계속 지녔다면 마키아벨리의 당선은 불가능했을 것이다. 그 4개월 전, 사보나롤라가 집권하던 시기에 마키아벨리는 낙선했었다. 사보나롤라 반대파에는 메디치가 사람들이나 그 지지자들도 포함되었다. 이는 마키아벨리가 젊어서부터 메디치가를 비롯해 폭넓은 인맥을 형성했음을 보여 준다.

그러나 메디치가는 마키아벨리가 앙망仰望하는 공화정을 붕괴시키고 자신들의 자의로 지배하는 참주정을 수립하려고 했기 때문에, 마키아벨리는 메디치가를 좋아하지 않았고 메디치가도 마키아벨리를 좋아하지 않았다. 그의 글에서 메디치가를 직접 비평하는 것을 찾아 보기 어렵지만, 이는 당시 피렌체를 지배한 그들을 함부로 말할 수 없었기 때문이다.

사보나롤라 비판

도미니크 교단의 수도승이었던 사보나롤라는 피렌체의 부패를 비판하고 믿음을 강조한 설교로 유명해졌고, 1494년 메디치 가문의 정권이 붕괴된 후 공화제 정권을 수립했으나, 당시의 교황에 대한 비판과 프랑스에 대한 친화 정책으로 인해 실각했다. 마키아벨리는 사보나롤라의 공화주의적 개혁에 대해 상당히 공감했을 것임에 틀림없다. 그러나 사보나롤라 실각 뒤에 『군주론』 6장에서 모세, 키루스, 테세우스, 로물루스가 무장하여 자신들의 법령을 오랫동안 준수하도록 만든 것처럼 하지 못해 실패했다고 그에 대해 평했다.

마키아벨리가 말한 사보나롤라의 '새로운 체제'란 행정부나

8인 위원회가 정치 사건으로 내린 판결에 대해 피고측이 인민에게 제소할 수 있게 한 법률이었다. 이에 대해 언급한 『리비우스 강연』 1권 45장에서 마키아벨리는 사보나롤라의 "저작들은 그의 학식, 사려 깊음 및 지적 탁월함을 담고 있었"다 하고, 그 법률이 "인민의 안정을 보장하는 여러 법률 중" 하나였으나 사보나롤라가 그것으로 인해 몰각했다고 설명했다. 즉, 그 법률이 발효된 직후 최고시정위원(집정자)이 메디치가 복귀를 음모한 5명을 국사범으로 몰아 사형을 선고하자 그들이 그 법률에 따라 제소했으나 기각해 그 법률이 무효가 되어 사보나롤라가 신뢰를 상실했다는 것이었다.

이 사건은 다른 어떤 원인보다도 수도사의 신용을 실추시켰습니다. 왜냐하면 제소권을 인정한 법률이 유익하다고 하면 그것은 준수되어야 했기 때문입니다.

또 만약 그것이 중요하지 않은 것이었다면, 그는 그 법을 제정하지 말았어야 했습니다. 사보나롤라는 그 법률이 파기된 후 모든 설교에서 그 법을 위반한 사람을 결코 비난하지도 않고 또 인정하지도 않았습니다. 왜냐하면 그는 사실상 그에게 이득이 되는 그들의 위법 행위를 비난하기를 꺼렸으며, 그렇다고 그것을 용서할 수도 없었기 때문입니다. 이러한 처신으로 인해 사보나롤라의 야심 많고 당파적인 근성이 폭로되었습니다. 이로 인해 그의 평판은 떨어졌고 그에 대한 비난이 증대되었습니다.

『리비우스 강연』 1권 45장의 제목은 「특히 법률을 만드는 자가 그 법을 준수하지 않는 것은 나쁜 선례를 남기는 것이고, 통치자가 매일 새로운 비행을 저지르는 것은 그 자신에게 대단히 위험하다」이다. 마키아벨리는 45장에서 위의 사보나롤라 사례를 설명하기 전후에 로마의 사례를 언급한다. 이는 휴머니스트의 전형적인 설명 방법이다.

외교관 마키아벨리

마키아벨리는 사보나롤라와 친하지 않았기에 그의 죽음 직후 사무관에 임명될 수 있었다. 그리고 한 달 뒤 제2사무국장으로 승진했다. 놀라운 출세였다. 그리고 14년간 업무 내용에 따라 충실하게 외교관으로서 각국의 국왕 등을 만났다. 또한 전쟁에 대비하기 위해 인민군 창설에도 힘을 기울였다.

외교관과 간첩의 차이는 무엇일까? 외교관이라는 직업이 엄청난 선망의 대상인 반면 북한 간첩에 대해 무시무시한 이미지를 갖고 있는 한국에서는 그 차이가 매우 클지 모른다. 하지만 나라 사이의 전쟁이 일상처럼 벌어진 15~16세기 이탈리아에서 그 둘은 구별하기 힘들 정도로 비슷했고, 특히 마키아벨리의 경우 14년의 공직 생활을 거의 그 둘로 보냈다고 해도 과언이 아니었다.

우리는 당대의 복잡한 국제 정세에 대해 알 필요는 없지만, 그 속에서 마키아벨리가 느낀 몇 가지는 알아야 그의 사상을 이해할 수 있다는 점에서 그 몇 가지를 설명해 두고자 한다. 하나는 피렌체의 자부심은 허영에 불과할 정도로 허약하며, 특히 피렌체 정부를 비롯한 지도자들이 너무도 우유부단한 현실을 알았다는 점이다. 이는 피렌체만이 아니라 오늘의 한국에도 해당되는 이야기가 아닐까? 마키아벨리는 훗날 희곡 「만드라골라」에서 주인공이 파리에 머물고 싶어 한 점에 대해 동향인 피렌체 사람에게 다음과 같이 말하게 한다.

> 잘 생각한 거지. 이곳엔 무식한 놈들만 득실거리니까. 능력이 있는지 없는지 제대로 판단할 사람이라곤 아무도 없어. 설사 그가 여기 머문다고 해서, 얼굴이라도 쳐다봐주는 작자가 하나라도 있을지 원 (「만드라골라」, 48쪽).

또 하나는 그런 피렌체의 지도자들과 정반대로 보르자Cesare Borgia, 1475~1507•와 같은 강력한 군인 정치인을 만나 당시의 대표적인 통치술을 관찰하여 자신의 정치 사상으로 삼았다는 점이다.

• 체사레 보르자는 뛰어난 군사 전략과 외교술 및 정치 감각으로 한 시대를 뒤흔들었던 인물로 유명하다. 마키아벨리는 보르자가 로마냐를 진압한 과정과 1503년 새해 밤에 세니갈리아에서 자신의 정적들을 암살한 이야기를 『군주론』에서 언급했으나 『리비우스 강연』에서는 거의 언급하지 않았다.

당시 그가 관찰한 보르자는 『군주론』 7장을 비롯하여 그 책의 전체를 흐르는 지도자 상, 즉 강력한 용기와 재능(비르투virtu)을 갖춘 정치인의 모델이 되었다. 그러나 동시에 보르자의 지나친 자신감에 마키아벨리는 거부 반응을 보였고, 결국 그는 비르투보다도 운(포르투나Fortuna)이 좋았다고 생각하게 되었다. 게다가 『리비우스 강연』에서는 보르자에 대해 구이도발도Guidobaldo da Montefeltro, 1482~1508*를 쫓아낸 자로만 언급하고 있을 뿐이다(강연2권24장).

마키아벨리가 『군주론』에 언급한 지도자 중에는 당시의 교황 율리우스 2세Papa Giulio II(재위 1503~1513)**나 신성 로마 제국의 황제 막시밀리안 1세Maximilian I, 1459~1519 등도 있는데, 그들에 대한 평가도 보르자에 대한 것과 크게 다르지 않았다. 즉, 그들 모두의 근본적인 결점은 급변하는 상황에 유연하게 대처하지 못한 점이라고 마키아벨리는 보았다. 그것이 『군주론』의 핵심임은 물론이다.

---

* 1482년부터 1508년까지 이탈리의 용병대장이자 우르비노 공작이다.
** 그러나 마키아벨리는 『리비우스 강연』 1권 27장에서는 그의 과감한 행동이 성공한 사례를 말하기도 했다.

인민적 군주, 소데리니

마키아벨리의 공직 생활 중 가장 중요한 시기였던 1502년
부터 1512년 사이에 피렌체의 지배자는 소데리니Pierro Soderini,
1450?~1513❖ 였다. 그가 재임할 때 마키아벨리는 인민군을 창설했
고, 대외적으로 그의 최대 업적인 피사 정복도 이룩했다. 그만큼
두 사람은 가까웠으나 1507년 인민군을 창설하기 전까지 마키아
벨리는 소데리니의 부하에 불과했고 그 뒤에야 조금씩 자신의 입
장을 주장했다. 그러나 소데리니의 중요성을 간과해서는 안 된다.
그는 피렌체 공화국의 최초 종신 원수인 콘팔로니에레confaloniere
로써 『군주론』 9장에서 마키아벨리가 말한 인민적 군주의 모델이
었기 때문이다.

그럼에도 소데리니는 『군주론』에서 전혀 다루어지지 않지만
『리비우스 강연』 3권 3장에서 우유부단하다고 비판한다. 그러면
서도 마키아벨리는 다음과 같이 말한다.

❖ 소데리니는 피렌체 공화국의 정치가로 로렌초 일 마니피코를 지지하는 메디치
   파에 속하여 1493년 프랑스 대사로 임명됐다. 메디치가의 추방에 이어 사보나
   롤라 처형 뒤 1512년 피렌체 공화국의 종신직 원수로 임명됐다. 그 정권하에
   서 일한 마키아벨리는 정권의 온건 노선과 소데리니의 우유부단함에 비판적
   이었다. 주변국과의 합종연횡을 거듭하여 1509년 염원했던 피사를 점령했으나
   1512년 프랑스군의 공격으로 피렌체가 함락되자 크로아티아에 망명하고, 메디
   치가의 복귀를 불러왔다. 메디치가 출신의 교황 레오 10세에 의해 로마에 돌아
   왔으나 피렌체 귀국은 허용되지 않아 1522년 로마에서 죽었다.

소데리니가 보여 준 법에 대한 배려는 현명하고 선의에 근거한 것이었습니다. 그러나 좋은 것에 너무 마음을 빼앗겨 바람직하지 않은 경향이 머리를 쳐드는 것에 무관심해서는 안 됩니다. 때로는 그 좋은 경향이 점차 나쁜 경향에 억눌려지기도 하기 때문입니다(강연3권3장).

소데리니가 죽었을 때, 마키아벨리가 쓴 그의 묘비명에도 그의 무능함이 다음과 같이 강조되었다.

> 피에로 소데리니가 죽던 날 밤
> 그의 영혼은 지옥의 입구로 들어갔다.
> 플루토스가 외치기를,
> "불쌍한 영혼아, 지옥에는 왜 왔나?
> 아이들과 함께 림보에나 들어가지."

묘비명에서 플루토스Plutos란 그리스 신화에 나오는 지옥의 신을 말하고, 림보Limbo란 지옥과 연옥의 중간 지대로 세례 받지 않은 아이들이 죽은 뒤 머무는 곳을 말한다. 여기서 주의할 점은 마키아벨리에게 지옥이란 진정한 남성들의 부드러운 고향이라는 점이다. 반면 연옥이란 죄를 범하지는 않았으나 너무 일찍 죽어 세례를 받지 못한 아이들이나 이교도 시인 또는 철학자들(호메로스나 소크라테스 같은)이 가는 곳이었다.

그러니 마키아벨리는 소데리니가 지옥에 올 진정한 남자가 아니라 철없는 아이와 같이 유치하다고 비웃은 것이다. 따라서 이는 조금만 생각해 보아도 참으로 어처구니없는 묘비명이다. 지금 한국에서 대통령을 지낸 자가 죽고 난 뒤 그 직속 부하가 위와 같은 묘비명을 쓴다는 것을 상상이나 할 수 있겠는가? 그 부하들은 물론 그 자손들이 그런 묘비명을 쓴 자를 당연히 욕하고 물리쳤으리라. 그 손자는 마키아벨리가 시심詩心에 젖어 그렇게 썼을 뿐이고, 평소 진담을 할 때에는 소데리니를 칭송하고 높이 평가했다고 말했다지만 말이다(『군주론』, 208쪽). 르네상스 시기에는 묘비명을 서로 지어 주는 것이 즐거운 놀이였고, 그 묘비명의 내용은 풍자적이기도 했다고 한다. 거기 비하면 벼슬 이름이나 학생 따위를 천편일률적으로 새기는 우리의 묘비명은 얼마나 건조한가.

　한국인이라면 그런 묘비명을 쓴 마키아벨리도, 그런 묘비명을 좋다고 받아 비석에 새긴 자들도 참으로 어처구니없다고 생각할 것이다. 누구보다도 마키아벨리가 문제다. 오랫동안 모셨던 직속상관인 종신 원수를 그가 죽은 뒤 책에서도 비웃고 묘비명에서도 비웃어 몇 번이나 다시 죽인 셈이니 말이다. 왜 그러했을까? 마키아벨리가 『리비우스 강연』과 소데리니의 묘비명을 쓸 때, 그는 메디치가에 의해 공직에서 추방되었고 심지어 메디치에 대해 음모를 꾸몄다는 이유로 감옥살이를 했으니, 그런 입장에서 그는 소데리니를 비난해야 했을지도 모른다.

자유인 마키아벨리

내가 이탈리아 르네상스를 좋아하는 이유는 그 시대 사람들이 대부분 자유인이었기 때문이다. 마키아벨리 역시 머리가 아닌 가슴에 따라 움직였고 형식이나 관례를 무시한 자유인이었다. 그가 쓴 희곡 「만드라골라」 서두에는 자유인 선언 같은 말이 있으니 인용해 보자.

> 짧디 짧은 인생사에도
> 살아가며 애써 가며 모두가 참아 내네.
> 우리의 뜻대로 살아 보세나
> 세월을 흘려보내고 시간을 써 가면서.
> 즐거움을 앗긴 사람은
> 고통과 불안으로 날을 지샐 뿐,
> 결코 알 길이 없지 세상의 속임수를.
> 혹은 어떤 병들이
> 또 어떤 이상한 사건들이
> 필멸의 존재들을 억누르고 있는지를(「만드라골라」, 28쪽).

마키아벨리를 한마디로 말하면 그는 언제나 머리가 아닌 가슴에 따라, 즉 인위적인 계율이 아니라 자연적인 욕망에 따라 쾌

락을 추구한 자유인이었다. 이는 르네상스 시대에 르네상스를 주도한 사람들의 공통성이기도 했지만, 특히 마키아벨리에게서 뚜렷하게 볼 수 있다는 점에서 그는 자유인이라는 의미의 르네상스인을 대표하는 사람이었다. 특히 마키아벨리는 독실한 기독교인이었던 대부분의 르네상스인들과 달랐다.

물론 마키아벨리 역시 기독(가톨릭)교인이라고 보는 견해도 있지만 나는 이를 부정한다. 그가 가톨릭을 비판한 글을 많이 볼 수 있기 때문이다. 적어도 위의 글을 보는 한, 자연스러운 신체적 욕망을 억제하기를 요구하는 기독교에 그가 반발했음이 당연하다고 할 수 있다. 그런 점에서 그는 '자연인'이기도 했다. 『군주론』을 비롯한 여러 책에서도 그는 교회나 국가가 개인의 의지를 지배한다고 하는 전통 사고를 거부하고, 그 무엇보다도 개인의 자유와 힘을 철학적 원칙으로 추구했다. 이는 마키아벨리가 살았던 시대가 르네상스 시대 중에서도 가장 자유로운 관용의 시대였기에 가능한 것이었다. 그 뒤의 종교개혁기는 물론 그 앞의 가톨릭 전성기에 그가 살았다면 화형을 면치 못했을 것이었다. 그런 점에서 그는 운이 좋았다. 즉, 진보적인 생각을 해도 별 탈 없이 살 수 있었던 시대였기 때문이다.

한국에서는 서양인이 마키아벨리를 liberalist라고 한 말을 '자유인'이 아니라 '자유주의자'라고 번역하는 경향이 있기도 하지만, 그 말은 도리어 '진보주의자'라고 번역하는 것이 옳고 그런 진보주의자라는 의미를 담아 나는 이를 '자유인'이라고 번역한다. 한국에서 자유주의란 여러 가지로 사용되지만 아마도 가장 대중적인 의미는 사회주의에 반하는 의미로 자유민주주의라는 말을 사용하며, 사회주의를 진보라고 하는 반면 자유주의를 보수라고 보는 경향이 있는지 모른다. 그러나 마키아벨리를 사회주의자라고 하는 의미에서 진보주의자라고 보기는 힘들다. 그를 사회주의자라고 보는 견해가 없지 않지만 뒤에서 보듯이 당대의 모어 Thomas More, 1478~1535와 같이 생산과 분배의 공동을 주장하지 않았으므로 그렇게 보기도 어렵다. 자유인이란 것 말 자체가 본래 어떤 주의라고 하는 것에서 벗어나는 것이니 그를 자유인이라고 하는 한 무슨 주의자라고 할 필요는 없다.

욕망인 마키아벨리

우리가 학교에서 배우는 르네상스는 화려하고 우아하며 찬란하다. 며칠간의 관광을 통해서 보는 르네상스도 마찬가지다. 그러나 그것이 전부일까? 그 화려함은 우리가 관광하는 외면의 르네상스일 뿐이지 않을까? 관광이란 그야말로 빛을 본다는 뜻이다. 빛 뒤에는 어둠이 있다. 어둠이 있어야 빛이 있다.

화려하고 우아하며 찬란한 르네상스는 레오나르도 다 빈치, 미켈란젤로, 라파엘로라는 세 천재의 그림과 조각으로 집약된다.

아니면 피렌체를 상징하는 붉고 둥근 지붕의 성스러운 두오모로 상징된다. 그곳은 피렌체 관광을 시작하는 곳이기도 하지만 관광을 끝내고 쉬는 장소, 또는 마지막으로 선물을 사는 시장이기도 하다. 그 옆의 공화국 광장에서는 중세부터 시장이 열렸다. 시장은 밝은 낮의 시끌벅적한 장사만이 아니라 어두운 밤의 매춘이 공공연히 합법적으로 행해지는 곳이기도 했다.

그렇다고 해서 당시의 피렌체가 특별하게 음란했다고 볼 수는 없다. 중세 1000년 동안 매춘은 금지되었지만 언제 어디서나 매춘이 없었던 것이 아니었다. 심지어 당시 성스러움의 상징인 로마 교황청을 비롯한 성당에서도 매춘은 있었다. 피렌체도 예외가 아니었다.

14세기부터 피렌체 정부가 매춘을 공인한 이유는 창녀 보호 등의 이유에서가 아니라 인구를 증가시키기 위해서였다. 이는 창녀에게 출산을 하게 했다는 의미가 아니라, 남성의 성적 유인 동기를 창녀에 의해 같은 남성이 아니라 여성에게 돌리게 함으로써 결혼을 하게 만들어 인구를 증가시키게 한다는 의미였다. 그만큼 당시에는 동성애자가 많았다. 레오나르도 다 빈치나 미켈란젤로도 동성애자로서 평생 독신으로 살았다.

마키아벨리가 동성애를 했는지는 정확하게 알려져 있지 않으나 그는 결혼을 했다. 그리고 결혼 전은 물론 후에도 자주 창녀들을 찾았다. 꼭 그런 탓은 아니겠지만, 마키아벨리는 33세인 1502년에 결혼해 첫 아이를 낳은 뒤 58세에 죽기 전까지 7명의 자녀를 두었으니 인구 증가에는 크게 공헌한 셈이다. 그리고 결혼 생활 25년간 아내가 아닌 여인을 20여 명 이상 사랑했다.

지금 한국에서 대사급 고급 공무원이 그렇게 산다면 대단한 스캔들이 될 수 있을 텐데, 500년 전 이탈리아에서는 그렇지 않았던 것 같다(지금도 이탈리아를 비롯한 유럽에서는 그렇지 않다). 게다가 도박까지 즐긴 그를 "지극히 평범한 사람"이라고 말하기는 어렵다. 그러나 전기 작가 화이트Michael White는 마키아벨리를 군주와 같이 "우쭐대던 실세의 미천한 종복"으로서 "당시엔 보잘것없는 인물이었지만 이후 위대함을 인정받은 사람 중 하나"라고 하지만, 그런 차원에서 마키아벨리를 가령 반 고흐와 같다고 보는 것(『평전 마키아벨리』, 9쪽)은 이해하기 어렵다. 마키아벨리는 반 고흐보다 훨씬 유복하게 살았기 때문이다.

특히 『군주론』을 쓸 정도로 군주들과 항상 대면한 대사급 고급 공무원을 "미천한 종복"이라고 할 수 없다. 군주가 아닌 모든 이들을 "미천한 종복"이라고 하지 않는 한 말이다. 마키아벨리는 적어도 당시 이탈리아에 살았던 수많은 비시민Non-citizen●이 아닌 시민에 속했다. 반면 그야말로 "미천한 종복"이라고 할 수 있는 수많은 비시민이 반 고흐처럼 살았다. 앞에서 말한 창녀가 그 대표적인 비시민이었다. 그밖에 노동자와 농민이 비시민이었다.

마키아벨리가 단순히 군주제 옹호자가 아니라 민주공화제 옹호자이기도 했다는 사실은 이미 충분히 밝혀졌으나, 그가 말한

● 참정권 등의 시민권을 갖지 못한 시민.

민주공화제가 지금 우리가 말하는 인민의 정치, 즉 창녀나 노동자까지 포함하는 것이 아님을 주의할 필요가 있다. 당시 피렌체에서 참정권을 가진 시민은 약 6000명 정도, 그러니까 전체 인구의 10퍼센트 정도에 불과했다. 그 뒤 시민의 범위가 차츰 넓혀져 지금처럼 모든 사람을 뜻하게 되었지만, 그 역사는 대단히 험난했고 몇 백 년의 세월이 필요했다.

민주공화국을 위한 그 수백 년의 험난한 역사를 경험하지 못한 우리로서는 이해하기 어려울 정도다. 공화제는 또한 기원후 율리우스 카이사르에 의해 로마가 제국으로 타락하기 이전 400년 동안의 정체였다. 르네상스를 단순히 '문예' 부흥이 아니라 '고대' 부흥이라고 할 때, 그 정체의 부흥은 바로 로마 공화정의 부흥을 의미했다. 특히 그것은 마키아벨리의 열망이었다. 그러나 그것은 쉽게 이루어지지 않았다.

만년의 마키아벨리

1511년 프랑스 군대가 피렌체를 침략하여 피렌체 공화국은 무너졌다. 동시에 마키아벨리도 해고되었다. 이어 메디치 정권에 맞선 음모를 꾸몄다는 혐의로 구속되어 끔찍한 고문을 당하고 무거운 벌금형까지 선고받았다. 그때 메디치가의 줄리아노Giuliano di

Lorenzo de' Medici, 1479~1516*에게 쓴 시를 읽어 보자.

저는, 줄리아노 님이여, 양다리엔 족쇄를 하고

어깻죽지엔 여섯 번을 공중에 매달린 상처가 있습니다.

다른 불행은 아예 말씀 올리지 않겠습니다.

시인이란 으레 이런 식으로 대접받으니까요.

부서진 벽에서는 이가 득실댑니다.

하도 크고 살쪄서 흡사 나방 같지요.

그런 고약한 냄새는 아직까지 없었을 겁니다. 롱세스발리에스에서도

혹은 사르데냐의 수풀 속에서도.

저의 이 멋진 방에서만큼은 말입니다.

땅에 벼락이 떨어지는 소리를 하며,

제우스와 몬지벨로**가 내려치듯이.

수형자 하나가 사슬을 차면, 다른 하나는 사슬을 풀고,

열쇠와 자물통을 시끄럽게 찌그럭대면서.

그리고 공중에 높이 매달린 또 누군가의 비명!

저를 제일 슬프게 하는 건 말이죠

- 줄리아노 데 메디치는 로렌초 데 메디치의 아들이다. 뛰어난 통치자였던 부친 로렌초와 달리 그 뒤를 이은 큰형 피에로 2세 데 메디치는 무능했고, 결국 그의 대에 이르러 메디치 가문은 피렌체에서 쫓겨나는 수모를 당하게 됐다. 줄리아노는 1513년부터 3년간 죽은 형을 대신하여 피렌체를 다스렸고, 라파엘로, 루도비코 아리오스토, 레오나르도 다 빈치 등을 후원했다. 1516년 갑작스러운 죽음을 맞이했고, 산 로렌초 성당에 묻혔다.
- ** 시칠리아의 에트나 화산.

잠이 들어 새벽이 어슴푸레 다가올 때,

들리기 시작하는 이런 소리. "너를 위해 기도하노라."

원컨대 제발 그런 목소리를 듣지 않게 해 주십시오.

당신의 자비를 저에게 베푸시어.

그리고, 대인이시여,

이제는 그만 이 끔찍한 올가미에서 벗어나게 해 주시기를(『마
키아벨리 평전』, 222쪽).

그 뒤 1513년에 조반니 데 메디치가 교황으로 취임하면서 내
린 사면령 덕분에 마키아벨리는 석방되었지만 트라우마가 깊었다.
그래서 시를 쓰기 시작했다. 『축복받은 영혼들에 대한 찬양』에 나
오는 시들 중에는 전쟁을
개탄하고 신의 증오를 노
래하는 다음 시들이 있다.

과오를 범한 사람들에
게 보여 주라
우리 주께서 얼마나 기
뻐하시는지를
모두 무기를 내려놓고
평화롭게 삶으로써.

줄리아노 데 메디치

주께서 당신의 왕국을 보시니

점점 사그라드는구나. 당신의 양떼까지도,

새 목자가 잘 인도해 주지 않는다면(『마키아벨리 평전』, 225쪽).

시골에서의 글쓰기

1513년 3월에 석방된 마키아벨리는 피렌체에서 11킬로미터 떨어진 시골 산탄드레아Sant' Andrea에 칩거했다. 처음에는 친구에게 정치에 대해 생각하거나 글을 쓸 생각이 없었다고 썼다(『평전 마키아벨리』, 234쪽). 끔찍한 고문을 받았으니 당연한 것이었다. 그러나 고문의 기억이 차차 옅어지면서 그는 정치에 대해 생각하게 되고, 결국 『리비우스 강연』과 『군주론』 등을 썼다.

낙향한 첫해인 1513년 12월, 친구에게 보낸 편지에 의하면 마키아벨리는 아침에 자기 소유의 숲에서 벌목하는 것을 감독하고 장작을 팔았다. 그리고 연애시를 읽고 주막에 가서 사람들과 이야기도 나누다가 집에 돌아와 식사를 한 뒤 다시 주막에 가서 놀았다. 그러니 브로노프스키Jacob Bronowski, 1908~1974가 마키아벨리를 "일반적으로 인상이 무뚝뚝하고 약간 수줍은 말투를 지닌 사람으로 묘사되고 있다(『서양의 지적 전통』, 55쪽)"고 한 것은 마키아벨리가 친구에게 보낸 편지에서 자신을 묘사한 것과 일치하지 않는다. 그러나 저녁이 오면 그의 태도는 완전히 뒤바뀐다.

저녁이 되면 저는 집으로 돌아와 발길을 서재로 옮깁니다. 문지방
에서 저는 흙과 먼지로 뒤덮인 일상복을 벗고 왕실 궁정의 예복으
로 갈아입습니다. 적절한 옷을 입은 다음 저는 숭엄한 고대인들의
궁정으로 발을 들여놓습니다. 그곳에서 그들에게 성의껏 영접을 받
고 저만의 것이고 또 제가 태어난 이유이기도 한 정신의 양식을 섭취
합니다. 저는 부끄러움도 모르고 그들과 대화하고 그들의 행동에 관
해서 묻습니다. 이들은 인간적 친절로 저에게 답해 줍니다. 한 번에
네 시간 가량 계속된 이러한 대화에 아무런 권태도 느끼지 않고 모든
시름을 잊고 가난을 겁내지 않고 죽음에 대해서도 두려워하지 않습
니다. 저는 그 대화 속에 완전히 몰입합니다(『국가와 폭력』, 55쪽).

이러한 극단적인 전환을 이해할 수 있는가? 우선 고급 공무
원을 지낸 그가 불한당의 수준으로 노는 것도 이해하기 어렵지만
낮에는 그렇게 놀다가 밤에는 궁정 예복으로 갈아입고서* 고전을
읽고 책을 쓴다는 점도 이해하기 어렵다. 당시 르네상스 지식인
들에게 고대인과의 대화란 기본적인 것이었으니 마키아벨리에게
특이한 것은 아니었지만, 당시 그렇게 이중적으로 살았던 사람은
마키아벨리뿐이었다.

- 퇴직 관료가 퇴직 전의 관복을 입고 행동하는 것을 관료주의에 젖은 탓이라고 볼
  수도 있지만, 마키아벨리의 경우는 그것이 남에게 과시하고자 한 것은 아니었다.

마키아벨리가 글을 썼다는 별장

　여기서 '이중성'이라고 한다고 해서 '이중적'이라는 뜻의 마키아벨리즘을 연상하지 말기 바란다. 도리어 마키아벨리를 지성과 감성이 풍부한 지성인이자 예술가의 면모를 갖춘 사람, 서민과도 잘 어울리면서 대단히 지적이었던 사람으로 볼 필요가 있다. 즉, 감성과 이성의 '양면성'이다.

　여하튼 마키아벨리의 마음속 대화 상대는 페트라르카Francesco Petrarca, 1303~1374[*]의 경우처럼 아우구스티누스Sanctus Aurelius Augustinus, 354~430[**]와 같은 기독교인이나 세네카Lucius Annaeus Seneca,

- [*]　프란체스코 페트라르카는 이탈리아 시인이자 인문주의자다.
- [**]　아우구스티누스는 4세기 알제리 및 이탈리아에서 활동한 기독교 신학자이자 주교로, 로마 가톨릭교회 등 서방 기독교에서 교부로 존경하는 사람이다. 『고백』과 『신국론』을 썼다.

기원전4~기원후65♣ 나 키케로와 같은 자비와 관용을 주장한 철학자가 아니라, 리비우스와 같은 로마의 역사가고 아가토클레스Agathokles, 기원전361~289♣♣와 같은 냉혹한 군주였다는 점도 특이했다.

여하튼 마키아벨리는 줄리아노 데 메디치에게 『군주론』을 바쳐 메디치가가 지배하는 피렌체 정부에 다시 들어가고자 했다. 당시 추기경이었던 그는 1513년 3월에 교황 레오 10세로 취임한 형 조반니 데 메디치를 돕기 위해 로마에 머무르고 있었다. 그러나 줄리아노 데 메디치는 1516년 죽기까지 마키아벨리에 대해 관심을 보이지 않았다.

그런데 『군주론』 헌정사에는 줄리아노 데 메디치가 아니라 로렌초 데 메디치에게 헌정하는 것으로 되어 있다. 이는 1513년 8월, 줄리아노 데 메디치의 조카인 로렌초 데 메디치가 조반니 데 메디치에 의해 피렌체 통치자로 임명되어 통치했기 때문이다. 그는 체사레 보르자처럼 영토와 지위만을 추구한 강력한 군인이었다. 따라서 『군주론』에서 마키아벨리가 보르자를 찬양한 것은 로렌초 데 메디치를 의식한 것이기도 했다. 그러나 로렌초 데 메디치도 그 책에 아무런 관심을 보이지 않았다.

마키아벨리는 『리비우스 강연』 1권 서문에서 자신이 종교적

♣ 세네카는 고대 로마의 철학자, 연설가, 정치인, 사상가, 문학자다. 로마 제국의 황제인 네로의 스승으로도 유명하다.

♣♣ 아가토클레스는 시라쿠사의 독재관(기원전317~289)이며 시칠리아의 왕(재위 304~289)이었다.

로렌초 데 메디치

차원에서 책을 쓴다고 하기는커녕 도리어 종교가 사회적 차원에서 고대 선례의 참조를 무시하고 있기 때문에 자신이 책을 쓰게 됐다고 말했다.

> 이처럼 고대를 무시하는 현상은 오늘의 종교가 세간에 초래한 무기력에 의한 것이라고 나는 믿습니다. 그러나 그것보다 도리어 기독교 국가의 여러 지방에나 여러 도시에 퍼져 있다고 생각하는 무관심이 야기한 것입니다. 또 참된 역사 지식의 결여에 의한 것입니다. 그것이 없으면 설령 역사를 읽어도 거기에서 참된 의미를 끌어올 수 없는 것에서 비롯됩니다. 그러면 역사 속에 있는 어떤 묘미를 이해할 수 없습니다. (…) 그래서 나는 사람들을 이러한 잘못으로부터 구출하고자 생각하여 티투스 리비우스의 저서 중에서 유구한 세월동안 훼손되지 않고 완전한 형태로 우리의 손에 남은 것에 근거하여 저술하는 것이 적절하다고 판단했습니다.

『리비우스 강연』과 『군주론』

리돌피에 의하면, 마키아벨리는 1513년 시골 생활을 시작하면서 『리비우스 강연』부터 썼다. 그러나 그 책의 앞부분인 통치자의 국가 권력 유지에 대해 쓰다가 별안간 '이상적 군주'에 대한 짧

은 글인 『군주론』을 썼다고 리돌피는 본다. 즉, 리돌피에 의하면 마키아벨리는 『리비우스 강연』 1권 17장 「부패한 인민은 자유를 얻더라도 자유를 유지하기가 대단히 어렵다」를 쓴 뒤, 이어 18장에서 "부패한 나라에서는 자유로운 공화정체를 유지하거나 새롭게 태어나는 것은 어렵거나 불가능"하고 "하나의 정체를 만들어 유지한다면 공화국을 만들기보다 군주정을 도입하는 것이 좋을 것"이라고 하고서 『군주론』을 썼다(『마키아벨리 평전』, 239쪽). 당시 유럽에는 스페인, 영국, 프랑스와 같은 절대주의적 강대국들이 있었으므로 이탈리아의 소규모 도시 공화 국가가 무력한 현실이었기 때문에 마키아벨리가 그렇게 했다는 것이다. 그러나 이는 추측에 불과하고 반드시 그렇게 볼 근거가 없다.

분명한 것은 당시의 편지 등을 고려해 보면 마키아벨리는 『군주론』을 1513년 8월부터 1514년 1월 사이에 썼고, 『군주론』을 거의 완성했을 때 『리비우스 강연』도 마찬가지로 거의 완성했다는 점이다 (『평전 마키아벨리』, 235쪽). 반면 『군주론』은 1513년, 『리비우스 강연』은 1518년에 저술되었다고 보는 견해도 있으나(『군주론, 운명을 넘어선 역량의 정치학』, 147쪽) 어느 것이나 명확한 근거가 있다고 볼 수 없다.

여기서 어느 책을 먼저 쓰고 뒤에 썼는지는 그다지 중요하지 않다는 점을 주의할 필요가 있다. 두 책에는 각각 다른 책을 언급하는 부분이 많다. 가령 『군주론』 2장 처음에서 마키아벨리는 "공화정에 대해서는 다른 곳에서 길게 논의했기 때문에 이에 관한 논의는 생략"하고 "나는 오직 군주국에만 집중할 것"이라고 말한다.

그 '다른 곳'이란 바로 『리비우스 강연』을 말한다. 따라서 마키아
벨리는 같은 입장에서 하나는 군주제, 다른 하나는 공화제에 대해
쓴 것이지 『군주론』은 군주주의, 『리비우스 강연』은 공화주의의
입장에서 각각 달리 쓴 것이 아니다. 반드시 그 중 하나가 아니라
고 해도 적어도 주가 되는 주장은 있어야 한다. 마키아벨리는 민
주공화국 입장이었다.

1514년 내내 마키아벨리는 『군주론』과 『리비우스 강연』을
손보면서 친구를 통해 메디치가에 취직하고자 노력했으나 부질
없는 짓이었다. 책을 출간해 줄 사람도 없었고 사본 제작에 비용
까지 내야 했다(『평전 마키아벨리』, 244쪽). 그런 불운한 세월이 몇 년
간 이어졌다.

1517년부터 마키아벨리는 문학 작품을 쓰기 시작했다. 생활
을 위해서인지 여가를 즐기기 위해서인지, 아니면 둘 다를 위한
것인지 모른다. 지금 우리말로 읽을 수 있는 작품 중 1517년에 쓴
초기 작품 「벨파고르 이야기」는 그가 죽고 10년 뒤에 출판되었다.

같은 시기에 그는 토스카나의 부유한 상인인 루첼라이Bernardo
Rucellai, 1448~1514가 1490년에 만든 루첼라이 정원 모임에 자주 드
나들었다. 귀족 가문 출신의 젊은 부자들로, 로렌초 데 메디치를
좋아하지 않은 그들에게 자신의 사상을 전파하는 데 마키아벨리
는 자부심을 느꼈다. 그곳에서 그는 종종 『리비우스 강연』의 내용
을 발표했다.

여기서 우리는 그가 더 이상 메디치가에 매달리지 않았음을

알 수 있다. 루첼라이 젊은이들의 권유로 1518년에『리비우스 강
연』을 완성한 마키아벨리는 이를『군주론』의 경우와 달리 메디치
가가 아닌 공화주의자인 친구 코시모 루첼라이 등에게 헌정했다.
이어『전술론*Dell' arte della guerra* 』●을 썼고, 이를 1521년에 출판해
명성을 얻었다.

　　1518년에는 희곡「만드라골라」를 썼고 이듬해에 출판했다.
1520년에는 메디치가로부터『피렌체사』집필 의뢰를 받고 집필
을 시작했다. 1524년에는 바르바라 살루타티 라파카니와의 사랑
이 있었고, 그녀의 영향으로 희곡「클리치아」를 썼다.

마키아벨리의 죽음

　　마키아벨리는 1525년에 정치 활동을 재개했으나 피렌체 정
부의 냉대에 속이 상해 병(복막염)이 들어 1527년에 죽었다. 유해는
앞에서도 말했듯이 피렌체의 산타크로체 교회에 매장되었다. 그
리고 4년 뒤인 1531년에『리비우스 강연』이 출판되었고, 1532년
에『군주론』과『피렌체사』가 출판되었다. 그러니 생전에 출판된
『전술론』 외에는 모두 유저가 되었다.

●　국내 유일한 번역본이 있으나 번역에 문제가 많아 인용하지 않는다.

그가 죽기 전 참회를 했다고 쓴 마키아벨리 아들의 편지와, 그것과 관련하여 마키아벨리와 종교의 관계에 대한 논쟁이 있다. 그 편지는 마키아벨리가 반反기독교인이라는 점을 부정하기 위해 꾸며낸 것이라는 주장이 19세기부터 제기되었다. 16세

산타크로체 교회 안에 있는 마키아벨리의 무덤 앞에는 "어떤 찬사도 그의 이름에 걸맞지 않다"라고 써 있다.

기에는 그런 일이 다반사였다는 것이다. 그러나 리돌피는 어린 아들이 그런 거짓 편지를 쓸 수 없다고 하면서 마키아벨리를 기독교인이라고 주장한다(『마키아벨리 평전』, 656쪽). 그렇지만 나는 마키아벨리가 참회했다고 해도 그것은 기독교인으로서 진심이 아니라 관습에 따른 것에 불과했다고 보는 화이트의 견해에 동의한다(『평전 마키아벨리』, 321쪽).

2

마키아벨리가
쓴 책들

.

"전인미답의 길을 개척한다"

마키아벨리에게도 인생의 모토 같은 것이 있을까? "여우가
되고 사자가 되라"는 소위 마키아벨리즘의 모토 같은 것은 있지
만, 마키아벨리가 그런 마키아벨리즘을 주장했다는 것은 오해다.
대신 나는 마키아벨리가 『리비우스 강연』 서문에서 강조한 "전인
미답의 길을 개척한다"는 말을 그의 모토로 제시하고 싶다. 그런
데 『리비우스 강연』 1권 서문에서 마키아벨리는 법이나 의술의
경우 고대인의 지혜를 참조하면서도 정치의 경우 그러하지 못함,
즉 역사를 이해하지 못함을 다음과 같이 개탄한다.

인민 사이의 민사 분쟁이 증가하고 병에 걸리는 경우가 많아짐에
따라 고대인의 판결이나 약의 처방에 현대인은 의존합니다. 민법은

사실 고대 재판관이 내린 판결을 모아 판례집으로 만든 것에 불과하고, 이를 현대 재판관이 판결을 내릴 때 지침으로 삼습니다. 또 의술도 고대 의사의 경험에 불과하고. 이를 기초로 하여 오늘의 의사가 진단을 내립니다.

그러나 공화국을 정비하고, 왕국을 통치하며, 인민군을 편성하고, 전쟁을 지도하며, 예속민을 이끌고, 나아가 국토를 확장하게 되면 군주에게도 공화국에게도 이 점을 해결하기 위해 고대의 선례에 구원을 요청하는 것은 누구도 하지 않는 실정입니다.

따라서 전인미답의 길이란 법이나 의술처럼 국가를 위한 실천의 기술로 정치를 본다는 것이다. 즉, 마키아벨리는 정치를 중세적인 신앙이나 도덕이 아니라 하나의 실천적 기술이나 방법으로 인식했다. 특히 외적으로부터 이탈리아를 방어하는 것은 14세기 이탈리아의 시인인 페트라르카 이래 모든 휴머니스트의 꿈이었다. 이는 『군주론』 마지막에 인용된 페트라르카의 다음 시로도 알 수 있다.

비르투는 광포한 침략에 맞서
무기를 들고 전투를 짧게 할 것입니다.
왜냐하면 고대의 용맹은
이탈리아인의 마음속에서 아직 죽지 않았기 때문입니다.

페트라르카가 말한 "고대의 용맹"이란 고대 로마인의 그것을 말한다. 페트라르카는 고대 로마인과 그리스인과의 대화를 통해 자신의 사상과 예술을 형성했다. 마키아벨리도 마찬가지다.

그러나 고대와의 대화를 통해 형성된 르네상스의 지성이 추구한 인간성은 달랐다. 가령 마키아벨리보다 61년 먼저 태어났던 알베르티Leon Battista Alberti, 1404~1472● 의 『가족론Della farmiglia』에 제시된 이상적인 인간상은 도시 국가가 융성한 시절의 이념이었다. 그 후 공화정이 무너지고 군주정이 대두됨에 따라 군주를 정점으로 하는 궁정 사회에 적응할 수 있는 '궁정인'이 카스틸리오네 Baldassare Castiglione, 1478~1529●● 의 『궁정론Cortegiano』(1528)에 의해 제시됐다. 카스틸리오네는 군인도 평화 상태에는 예술과 학문을 연마하고 호전적인 태도는 버려야 한다고 주장했다.

『궁정론』은 흔히 『군주론』과 대비되지만 두 책은 여러 모로 다르다. 제목 그대로 『군주론』은 군주에 대한 책인 반면 『궁정론』은 군주를 받드는 신하에 대한 책이다. 『궁정론』은 마키아벨리가 죽은 이듬해에 나왔으므로 마키아벨리가 읽을 수 없었다.

● 알베르티는 이탈리아 초기 르네상스의 철학자이자 건축가로 법학, 고전학, 수학, 희곡, 시학은 물론 회화나 조각에서 창작뿐 아니라 이론의 구축에도 기여했고, 음악과 운동 경기에도 뛰어났다.

●● 카스틸리오네는 이탈리아의 외교관이자 다방면에 뛰어난 르네상스 시대의 이상적인 궁정 문인이다. 그는 여러 제후에게 봉사했고, 교황의 대사로도 활약했다.

그는 정말 "전인미답의 길을 개척"했나?

마키아벨리 스스로 "전인미답의 길을 개척한다"고 했지만, 그가 정말 그랬는지는 의문이다. 군주에 권고하는 책자는 16세기에 유행을 이룰 정도로 많았으니 마키아벨리의 책을 독창적이라 말할 수 없다. 또 르네상스가 원천으로 삼은 고대 그리스 로마에도 플라톤의 『국가』를 비롯하여 군주에 대한 언급은 많았다. 따라서 마키아벨리가 '전인미답'을 운운한 것은 피렌체인다운 지나친 자부심일 수도 있다.

16세기의 마키아벨리는 공자나 맹자 등 동양 사상을 알 수 없었지만 지금 우리의 눈으로 보면 이미 동서양 고전에서 군주에 대한 논의는 무수히 나왔음을 알 수 있으므로, 역시 '전인미답'을 운운함은 인정할 수 없을지도 모른다. 그러나 공자나 맹자, 플라톤이나 아리스토텔레스의 군주는 실제로 존재한 군주가 아니라 이상적인 군주라고 볼 수 있는 반면, 마키아벨리의 군주는 현실의 군주를 보여 준 점에서 '전인미답'이라는 점을 인정할 수도 있다. 즉, 마키아벨리 이전의 이상주의에 대한 현실주의라는 차이다. 마키아벨리도 그러한 점에서 선행 연구를 상상의 것이라고 비판하고 자신의 입장을 밝혔다.

이처럼 『군주론』 헌정사에서 그는 실증 과학, 정치 과학의 토대라고 여겨진 모든 것들에 대한 '참된 이해'를 펼치기 시작한다.

즉, 사물을 현실적 진리 그대로 표상하는 것은 가상적으로 표상하는 것보다 낫다는 주장을 편다. 정치적 실천을 이데올로기보다 중시한 것이다.

여기서 문제 삼은 이데올로기에는 당시 휴머니스트의 훈고풍(정치 · 도덕 · 미학적) 담론이나 사보나롤라의 혁명적 설교, 기독교 신학, 고대 정치 이론 등이 모두 포함돼 있다. 르네상스가 문예부흥으로 이해되기도 하듯, 고전 부활이 각광받던 시대에 마키아벨리는 그 고전의 권위에 철저히 저항했다. 『리비우스 강연』의 경우에도 마찬가지였다. 뒤에서 보듯이 자신이 주장한 논거의 소재를 리비우스 책에서 찾았을 뿐이고, 리비우스와는 대립되는 견해를 주장했다.

그런 점에서 마키아벨리는 르네상스의 전형적인 훈고적 학자는 아니다. '실제로 사용할 수 있는 진리'만을 진리로 인정한다. 특히 그는 조반니 피코 델라 미란돌라와 같이 당시 휴머니스트에게 뿌리박혔던 플라톤의 초월적 이데아론으로부터 벗어나 있었다. 마키아벨리에게 세상은 저 세상이 아니라 이 세상이었다. 이 세상은 영원한 이상 국가로 비상하기에 너무 부패했지만, 그것에서 벗어나는 길은 지금 이 세상에 살고 있는 현실 인간에게서 찾을 수밖에 없었다. 그에게 현실 인간은 플라톤의 철인이 아니라 '동굴'의 인간이고, 그나마 신화에 나오는 반인반수伴人半獸의 괴물인 켄타우로스처럼 모순된 이중적 존재였다.

서술 형식에서도 그는 다른 전형적 르네상스인과 다른 길을

갔다. 고상한 어조나 멋진 구절 등의 수사, 기교는 일절 배제했다. 이는 자신의 책이 오직 '다양성과 주제의 중요성'으로 판단되기를 바란 때문이기도 했다.

그러나 헌정사에서 가장 눈여겨봐야 할 부분은 인민의 성격을 적절히 이해하기 위해서는 군주가 될 필요가 있고, 군주의 성격을 적절히 이해하기 위해서는 인민의 한 사람이 될 필요가 있다고 한 점이다. 물론 이를 군주가 아닌 인민의 관점에서 본 군주정이라고 보아서는 안 된다. 그에게 인간이란 다정하게 안아 주거나 아무렇게나 짓밟아 뭉개 버려야 하는 존재였다. 왜냐하면 인간이란 사소한 피해에 대해서는 보복하려고 들지만 엄청난 피해에 대해서는 감히 복수할 엄두도 못 내기 때문이다. 따라서 사람들에게 피해를 입히려면 복수를 두려워할 필요가 없을 정도로 아예 크게 입혀야 한다고 했다(군주3장). 또 사람들은 은혜를 모르며 변하기 쉽고, 거짓 표정을 지으며 위험은 피하고자 하면서 이득에는 욕심이 많고, 두려움의 대상보다 사랑하는 사람을 해치는 일에 덜 주저한다고도 했다(군주17장).

또한 그가 말하는 인민에는 이탈리아 사람들만이 아니라 피정복국이나 식민지의 인민도 포함되었다. 마키아벨리는 지배 확대의 방법으로 침략과 함께 식민지화를 권유하고, 그런 타국의 재산은 자국의 재산과 다르게 넉넉하게 써서 자국의 병사들을 복종하게 해야 한다고 주장했다(군주16장).

『군주론』에 대해서는 지금까지 여러 가지 견해가 있었다. 즉,

마키아벨리가 피렌체에 절망하여 메디치 군주제를 유일한 대안으로 생각하고 또 메디치가의 환심을 사기 위해 군주주의자로 썼다고 보는 견해, 또는 『리비우스 강연』의 공화정으로 가는 준비 단계로 군주정을 옹호한 『군주론』을 썼다는 견해(월린), 또는 군주의 사악한 통치술을 폭로하기 위해 쓴 책이라고 보는 견해(루소) 등이다. 그러나 그 어느 것도 만족스럽지 못하다. 나는 마키아벨리가 일관하여 군주국이 아니라 공화국을 옹호했고, 이는 두 책 모두에 일관되어 있다고 본다.

『군주론』에 투영된 인민적 군주를 향한 꿈

학문과 예술의 모든 것을 말한 듯한 페트라르카나 알베르티, 또는 브루노나 다 빈치 등도 정치에 대해서는 그다지 관심을 갖지 않았다. 그들은 상승하는 시대의 새로운 인간상, 세계의 창조자이며 자신의 운명을 만드는 전인적 인간의 사회 참가, 문화 형성에 관심을 기울였다.

그러나 마키아벨리 시대는 정치적으로 위기의 시대였다. 외국의 침입으로 이탈리아 정치 조직의 허약성이 폭로됐으며, 인간의 가능성에 대한 종래의 신뢰 또한 서서히 무너졌다. 인문학은 천박한 관념의 유희로 전락해 궁정인이 되기 위한 출세 요건 정도로 대접받게 됐다. 마키아벨리가 살았던 16세기 르네상스는 그렇게 저물어갔다. 마키아벨리는 그 시대를 다음과 같이 묘사했다.

> 이탈리아는 현재 헤브라이인보다 더 심한 노예 상태에 놓여 있고, 페르시아인보다 더 예속적이고, 아테네인보다 더 흩어져서 지도자도 없고, 군사 조직도 없이 두들겨 맞고, 약탈당하고, 유린당하며, 황폐화된 채 모든 종류의 파괴를 견뎌 내는 일이 필요했습니다(군주26장).

그런 극단적인 현실 분석으로부터 마키아벨리는 새로운 인민적 군주를 열망하는 『군주론』을 쓴 것이다. 분단 극복은 침략 국가에 대항하는 투쟁을 통해 가능한데, 인민의 투쟁력은 충분하나 이를 뭉쳐 낼 지도자가 없다는 것이 그의 현실 인식이었다.

『군주론』은 26개의 장으로 이루어져 있다. 마키아벨리는 1장에서 11장까지 전제정이나 세습정을 비롯한 군주국의 여러 현실 유형을 설명한다. 그러나 마키아벨리의 목표는 그런 낡고 시대에 뒤떨어진 유형이 아닌 새로운 군주국의 필요성을 역설하는 것이었다. 물론 그것은 이탈리아를 분열시키고 통일을 방해해 온 교회 국가나 도시 공화국을 가리키는 것이 아니라 무력을 갖춘 강력한 나라를 말한다. 그에 의하면 무장한 예언가들은 승리했고 무장하지 않은 예언가들은 멸망했다. 그 이유로 마키아벨리는 인간 본성의 변덕을 들고, 사람들이 더 이상 믿으려 하지 않을 경우 그들을 힘으로 믿게 만들 수 있는 방식의 체제를 갖추는 일이 필요하다고 주장한다(군주6장).

새로운 인민형 군주국에 대한 설명은 12장에서 23장까지 나온다. 인민적 군주가 이끄는 국가는 인민 속에 뿌리내린 인민 국가로써 군대로 대표되는 강제 장치, 종교나 명성을 통한 동의同意 장치, 계급 투쟁의 결과이자 제도인 정치-사법 장치로 구성된다. 그중 가장 중요한 것은 법과 군대다. 여기서 군대란 외국군이나 용병이 아닌 순수 자국군, 즉 인민 군대여야 한다고 주장한다.

마키아벨리가 말하는 군주란 사적 개인이 아니라 정치적 개인이다. 따라서 종교나 도덕과는 전혀 다른 차원의 목표, 즉 역사적 목표인 국가 창건과 공고성鞏固性을 추구해야 한다. 다시 말해 마키아벨리가 주장하는 것은 개인적 비도덕이 아닌 정치적 비도덕이다. 인민적 군주는 법에 의거하되 법이 무능하면 강제력을 사용할 줄 알아야 한다는 주장이다.

강제는 사자와 여우의 비유로 설명된다(군주18장). 덫을 알기 위해서는 교활한 여우가 되어야 하고, 늑대를 쫓아 버리기 위해서는 사나운 사자가 되어야 한다. 여우는 기만, 즉 간계와 속임수를 뜻한다. 기만은 강제와 법을 사용하는 방법이다. 군대에 대입하면 전략이고 법에 대입하면 정치술이 된다. 그러나 이는 무법이나 불법과는 다르다. 법을 갖고 술책을 부리기 위해서는 무엇보다 법이 존재하고 승인돼야 하며 무시될 수 없는 것이어야 하기 때문이다. 여기서 군주는 다시금 인민적 기반에 주목해야 한다. 이는 당대의

현실에서 볼 때 군주란 인민의 편에 서서 귀족에 저항해야 한다는
뜻이기도 하다.

또 『군주론』에서 마키아벨리는 의지를 긍정하면서도 운도
긍정한다. 운은 여자고 따라서 그녀를 자신의 통제 아래에 두고
자 한다면 때려서라도 억지로 붙잡아 둘 필요가 있다고 한다(군주
25장). 이는 오늘의 페미니스트가 보기에 여성차별적 발언이겠지
만 500년 전의 말이라는 점에서 양해할 필요가 있다. 마키아벨리
는 1506년에 쓴 편지에서 운명에 의해 인간의 행위가 지배됐다고
본 점에 비해 더욱더 기독교에서 말하는 신의 섭리나 예정조화설
을 부정했지만, 그렇다고 해서 운명을 완전히 부정하지는 않았다.

마키아벨리는 가난하나 덕이 높은 중세식의 금욕적 유토피아
국가를 부정한다. 에라스무스의 관용에 근거한 이상주의적 정치
사상 같은 것은 마키아벨리에겐 휴지 조각보다 못한 것이었다. 그
러나 마키아벨리가 그렇게도 열망한 강력한 인민적 군주를 통한
이탈리아 통일은 『군주론』이 출판되고 약 350년이 지난 1861년에
야 가능했다.

—

『리비우스 강연』에 투영된 민주공화국의 꿈

—

흔히 『군주론』은 군주정, 『리비우스 강연』은 공화정을 주장

한다고 하지만, 후자에도 군주정이나 왕정에 대한 언급이 드물지 않고 두 책 모두 강제력이 필요하다고 말한 점에서 크게 다르지 않다. 마키아벨리도 『리비우스 강연』 1권 2장에서 "공화국이든 군주국이든 모든 외부의 지배로부터 독립한 기원을 가지고, 처음부터 자신들의 법에 따라 통치되는, 각각 독자의 기원과 법과 제도를 갖는 나라만을 논합시다"라고 말한다(강연1권2장). 그러나 실질적으로는 공화국에 대한 논의가 주를 이루고 있다.

또 『리비우스 강연』에 나오는 역사 해석도 『군주론』에서 원용된 로마 정치에 대한 해석과 크게 다르지 않다. 물론 논의의 중점은 다르다. 즉, 『리비우스 강연』에서는 고대 로마인의 정치적 지혜인 인민성, 즉 자유에 대한 사랑이 강조된다. 그리고 마키아벨리가 군주국보다 공화정을 좋아하는 것도 명백한 사실이다.

『리비우스 강연』은 3권으로 구성되어 있다. 1권은 60장으로 가장 길고, 2권은 33장, 3권은 49장으로 모두 142장이다. 그 대상인 리비우스의 『도시가 세워지고부터』는 142권으로 구성되었으나 마키아벨리 당시 남은 것은 1~10권, 21~45권이었고, 마키아벨리가 논의한 것은 1~10권이었다. 『도시가 세워지고부터』가 142권이고 『리비우스 강연』이 142장인 것을 두고 학자들이 이런저런 입방아를 찧고 있지만, 이는 논의할 필요가 없는 우연의 일치에 불과하다. 중요한 것은 『리비우스 강연』의 1권은 공화국, 2권은 군사력, 3권은 지도력을 주로 논하고 있다는 점이다. 이는 『군주론』의 전·후반 내용과도 각각 유사하다.

    마키아벨리는 고대의 미풍양속과 정치적 역량이 이탈리아에서 사라진 이유를 『리비우스 강연』 1권 12장에서 종교, 즉 기독교의 타락에서 찾는다. 그리고 2권 2장에서는 기독교가 세속적 영예를 덜 추구한 반면 로마에서는 현세적 영예를 더욱 숭상했다고 주장한다. 따라서 로마 공화정을 숭상하는 그로서는 로마에서와 같은 현세적 영예를 찾는 길이 필요하다고 주장해야 했다.

    그러나 2권 5장에서 그는 종파와 언어의 변화가 역사 기록들을 파괴했다고 하고서, 고대로부터 오늘날 필요한 지식을 얻으려는 자신의 노력을 포기하는 듯도 보인다. 이러한 태도는 마키아벨리가 만년에 쓴 『전술론』이나 『피렌체사』 등이 그 제목에도 불구하고 실천적 측면보다 사변적 내용을 갖는 것과 연관된다. 이는 현실 정치에 실망한 그가 택할 수밖에 없는 길이었는지도 모른다. 『리비우스 강연』에서 마키아벨리는 고대 로마공화국을 비르투美德의 정치를 표상하는 것으로 보았지만 당대의 피렌체는 그와 반대되는 부패의 표상으로 보았다. 그리고 그 기본 원인이 메디치가에 있다고 보았기에 메디치가의 부탁으로 쓴 『피렌체사』는 그렇게 쓸 수밖에 없었다. 이 책의 내용에 대해서는 순환적 역사관 등의 기본 사상이 『리비우스 강연』과 유사하므로 뒤에서 언급하도록 하고, 여기서는 아직까지 우리나라에는 그 번역본이 없다는 사실만을 지적해 둔다.

『전술론』에 투영된 민주 국방의 꿈

1521년에 간행된 마키아벨리의 『전술론』이 2011년에 우리 말로 번역된 것은 참으로 축하할 만한 일이지만, 번역에 문제가 많다. 또한 대포나 직업 상비군을 비판하고 보병대니 인민군의 비르투에 의존하는 『전술론』 내용은 당시에도 시대에 뒤떨어진 것이었고, 더욱이 그 5세기 뒤인 현대에는 기술적 차원에서 무의미하므로 여기서는 간단하게만 살펴본다.

1506년 자비로 출판한 『10년사』를 제외하고, 마키아벨리 생전에 출간된 유일한 책인 『전술론』은 『군주론』과 마찬가지로 정계 복귀용으로 집필되었다. 그러나 다른 저서와 달리 이 책은 코시모 루첼라이 정원의 주인인 코시모 루첼라이와 군사 지휘관인 파브리지오 콜론나의 대화 형식을 취한다. 종래 학자들은 콜론나가 마키아벨리의 분신이라고 생각했으나 하버드대 정치학 교수 맨스필드는 『마키아벨리의 덕목』에서 콜론나를 마키아벨리가 비판한 휴머니스트의 전형이라고 보았다.

『전술론』 1권 「인민군에 대해」는 앞에서 본 것처럼 용병 등을 비판하고 인민군을 만들어야 한다는 주장을 담고 있다. 이어 2권 「인민군의 무기 · 훈련 · 전투대형」에서는 병사의 장비와 군사 훈련에 대해 설명하는데, 여러 나라의 경우를 비교한 뒤 로마의 군단^{legion}제가 가장 우수하고 기병보다 보병을 중시해야 한다고 주장한다.

루첼라이 궁전

　여기서 흥미로운 점은 『군주론』이나 『리비우스 강연』에서는 이탈리아의 문제가 기독교 등에 의해 생겼다고 보았으나, 『전술론』에서는 로마 제국의 지배를 그 배경으로 지적한다는 점이다. 즉, 아시아나 아프리카는 고대에 여러 나라로 분열되어 자주 전쟁한 까닭에 대국이 지배했다. 이와 달리 로마는 제국이 되기 전 공화국 시대에 인민의 비르투가 뛰어났으나 제국이 된 후에 유럽을 지배하고 기독교를 국교로 삼은 뒤에 아시아나 아프리카처럼 비르투가 쇠퇴했다고 본 점이다.

　이어 3권 「로마 군단의 전투 대형」에서는 공격술이나 대포의 사용 방법을 논하면서 이상적인 군대의 전법을 설명한다. 3권이 사자의 측면을 다루었다면 4권 「지휘관의 자세」에서는 적을 기만

하는 여우의 면을 다룬다. 그리고 5권 「기동 간 상황 조치」와 6권 「진지 작전」 그리고 7장 「도시 방어」가 이어지지만, 더 이상 살펴볼 만한 가치가 없다.

3

마키아벨리의
사고방식

그는 어떻게 사고하는가

어느 시대에 어느 개인의 사상이나 예술 등을 검토하고자 한다면 그 근본적인 사고방식부터 살펴보아야 한다. 그가 무엇을 사고하여 주장했는가가 아니라 어떻게 사고했는가 하는 것부터 먼저 밝혀야 한다는 것이다. 그 '무엇'이란 '어떻게'의 소산이지 '어떻게'가 '무엇'의 소산은 아니기 때문이다. 즉, 사고방식이 진심의 탐구에 앞서야 한다. 특히 후대의 우리는 그 '무엇'이라는 진심의 문제보다 그 '어떻게'라는 사고방식을 찾고 그것을 배울 필요가 있다. 르네상스 시기의 마키아벨리도 마찬가지다. 마키아벨리의 다른 책도 그렇지만 여기서는 그의 대표작이라고 할 수 있는 『군주론』과 『리비우스 강연』에 나타난 그의 사고방식부터 검토해 보자.

『군주론』에서는 추상적인 일반론을 경계하고 모든 문제를 각 경우의 특징에 따라 개별적·구체적으로 검토하고 있다. 가령 그 책의 2장 이하에서 군주를 세습 군주, 자력으로 또는 타인과 운명의 힘으로 나라를 손에 넣은 군주, 인민형 군주, 교회 국가 군주, 복합형 국가 군주로 나누어 각각을 둘러싼 상황과의 관계에 따라 설명한다. 이는 마키아벨리가 언제나 개별적·구체적·상황적으로 사고했음을 보여 준다. 『군주론』 9장에서 군주가 인민을 대하는 태도에 대해 설명하면서도 그것은 인민에 따라 달라지기 때문에 어떤 확실한 법칙을 말할 수 없으므로, 그 문제는 생략하기로 한 것도 마찬가지다.

『군주론』 16장에서 군주를 여러 유형으로 나누어 설명하는 것도 그렇다. 또한 『군주론』 19장에서 로마의 여러 황제에 대해서 설명하면서 황제란 어떤 운명을 겪는가 하는 일반론이 아니라, 황제가 된 과정, 각자의 기질, 비르투의 차이에 따라 각각의 특징과 상호 차이를 설명한 것도 마찬가지다. 즉, 다원론적이고 기능론적인 사고다.

마찬가지로 『군주론』 20장에서 성채에 대해 설명하는데, 성채는 정치적·군사적 상황에 따라 유용할 수도 있고 그렇지 않을 수도 있으며, 어떤 상황에서 도움이 된다면 다른 상황에서는 유해할 수도 있다고 하여, 시대와 국면에 따른 특수 사정을 고려할 필요가 있다고 보았다.

현실의 다양성을 의식하면서 현실적으로 사고하는 자는 구체적인 경우에 따라 개별적으로 검토해야 한다. 마키아벨리는 그러한 사고에 철저한 사람으로서 『군주론』을 썼다. 그러므로 일반론적 사고방식으로 『군주론』을 읽으면 엄청난 오해를 초래한다. 지금까지의 오해란 것이 대부분 그런 것이었다.

마키아벨리 초상화

 이상 『군주론』의 경우와 마찬가지로 『리비우스 강연』에서도 최선의 공화정을 제시하기 위한 유형의 분류로 시작한다. 즉, 좋은 정치 체제의 세 가지 유형을 왕정·귀족정·공화정이라고 하고서, 다시 공화정의 세 가지 유형으로 고대의 스파르타와 로마, 그리고 마키아벨리 당대의 베네치아를 각각 구체적으로 설명한다.

일반론·관념론적 도그마로부터의 해방

 일반론은 관념론에 빠지기 쉽다. 마키아벨리 자신도 그것을

무엇보다 경계했지만, 결국 자신도 그러한 것에 희생되었음은 참으로 유감스럽고 안타까운 일이다. 흔히 일반론이나 관념론은 유교 등 동양의 사고방식이라고 말하지만 사실은 서양의 기독교적 사고방식에서도 볼 수 있다. 즉, 종교적 도그마를 비롯한 절대주의적 사고가 언제나 빠지기 쉬운 사고방식이다.

르네상스는 그런 사고방식에 대한 도전에서 비롯되었지만 17세기 이후 과학만능주의, 물질주의, 자본주의 등의 대두에 의해 다시 일반론과 관념론이라는 추상적 사고에 빠져 버렸다. 우리가 마키아벨리를 비롯한 르네상스 사상가들에게 배울 점이 있다면 바로 그러한 일반론과 관념론의 도그마를 벗어나 구체적 · 다원적 · 기능적으로 사고한다는 것이다. 그것이 리얼리즘이라는 의미의 현실주의다. 현실주의를 이상에 구애받지 않고 오로지 현실만을 중시하는 주의라고 오해하면 안 된다. 이상이 아니라 전통이나 제도, 추상이나 도그마에 사로잡히지 않는 것이 참된 현실주의고 리얼리즘이다.

이는 종교에 대한 마키아벨리의 사고방식에서도 잘 드러난다. 마키아벨리가 살았던 르네상스는 물론 그 직전의 중세까지 서양 사회는 기독교, 특히 로마 가톨릭의 절대적 영향 아래에 있었다. 그러나 당시 마키아벨리가 살았던 피렌체는 도리어 로마 가톨릭 때문에 위기에 처했다. 마키아벨리는 그 위기의 현실을 당대의 누구보다도 철저히 인식했다. 그래서 로마 가톨릭의 정치적 부정을 비판하고 그 영향력을 정상화하고자 했다. 이를 위해 그는 기독교만이 아닌 인류의 모든 종교에 대해 연구했다. 앞에서 말한 다원적 사고란 바로 세계적 사고를 말한다. 이는 세계의 모든 특수한 종교를 각각 개별적으로 연구하는 것을 뜻하지만 그 각각으로부터 하나의 원리를 찾아낸다는 점에서 또한 보편적인 것이기도 하다.

중세적이고 초월적인 사고에 대한 마키아벨리의 비판은 명확하지 않다. 하지만『군주론』11장에서 '교회 군주국'에 대해 그들은 사람의 생각이 닿지 않는 어떤 초월적인 동인에 의해 지지되고 있기 때문에 그것에 대한 토론을 삼가려 한다고 말할 때, 마키아벨리가 그것을 비판적으로 보았음을 알 수 있다.

유동적 · 동태적 사고

마키아벨리가 구체적으로 사고한다는 것은 가령 하늘이 맑았다가 흐려지듯이 지상의 모든 것은 유동적으로 변한다고 보고, 모든 사물과 현상을 그것을 둘러싼 상황의 변화 속에서 동태적으로 사고하는 것임을 뜻한다. 즉, 사물을 고정적이거나 불변적이거나 정태적인 것으로 보지 않는 것이다.『리비우스 강연』1권 7장에 나오는 다음 구절을 읽어 보자.

인간 만사는 끝없이 변전 유동하기 때문에 부침을 거듭합니다. 이성이 인도하지 않은 많은 일이 필요에 의해 부득이 이루어지게 마련입니다. 그러므로 만약 공화국이 확장하지 않는다는 전제하에 스스로를 유지하는 데 적합하도록 세워져 있는데 주위 정세에 의해 부득이 확대된다면, 그 과정에서 국가의 토대가 흔들리고 순식간에 붕괴될 수밖에 없을 것입니다.

이는 상황의 변화에 의해 주체 간의 관계가 변하고 이에 따라 정치적 힘의 관계나 정치상 운동의 효과도 변한다는 것이다. 따라서 변화에 따라 생각하는 유연한 동태론적이고 기능론적인 사고방식이 중요하다. 즉, 『군주론』 8장과 18장에서 말하는 다음과 같은 것들이다.

안전이라는 필요성 때문에 가혹한 조치를 단번에 행하고 인민을 위한 가능한 더 큰 복리로 그것을 전환시킨다면, 그러한 가혹성을 잘 사용하는 것이라고 할 수 있습니다.

자비롭고 성실하며 인정 많고 고결하며 신앙심 깊은 것처럼 보이는 것이, 실제로 유용한 것이라는 점을 감히 말하고자 합니다. 그러나 그러지 않아야 할 필요가 있을 경우 당신은 도덕과 정반대가 될 수 있고, 또 정반대가 되는 방법을 알 수 있도록 정신 자세를 갖추어야 합니다.

마키아벨리가 이를 법이나 정치의 경우에도 마찬가지로 보왔음을 『리비우스 강연』 1권 18장의 다음 구절에서 볼 수 있다.

사람들의 정신이 건전했던 국가의 창설기에 형성된 제도나 법은 사람들이 사악하게 된 후에는 더 이상 적용 가능하지 않습니다.

이처럼 제도를 가변적인 것으로 보면 "로마가 퇴락한 뒤에도 자유를 계속 유지하기 위해서는, 역사의 발걸음에 따라 새로운 법률을 제정하고 새로운 제도를 창조했(강연1권18장)"다고 읽게 된다. 즉, "의사를 필요로 하는 비상사태가 날마다 발생할 것이고, 병상이 심각할수록 좀 더 현명한 의사가 필요할 것임에 틀림없(강연3권49장)"다는 것이다. 이러한 사고방식은 그의 운명론, 즉 운명도 시대적으로 변한다고 보는 점에도 나타난다.

나는 이미 몇 번이나 사람들의 불운과 행운은 시대에 맞추어 행동을 음미하는지 아닌지에 달려 있다고 서술한 바 있습니다. (…) 몇 번이나 서술했듯이 잘못을 덜 저지르고 앞길이 창창하며 행운을 누리는 사람은 시대의 성격을 민감하게 느끼고 언제나 자연이 명하는 대로 일을 합니다(강연3권9장).

어떤 군주가 자기의 본성이나 특성에 아무런 변화도 없이 오늘은 성공하다가 내일은 멸망하는 것을 보게 됩니다. 이러한 사태는 일차적으로 내가 앞서 길게 논의한 원인, 즉 전적으로 운에 의존하는 군주는 운이 변함에 따라 멸망한다는 점과 관련해 발생하는 것이라고 믿습니다. 또한 시대 변화에 자신의 행동 방식을 맞추는 사람은 성공하고 마찬가지로 시대와 다르게 처신하는 사람은 실패하는 것이라고 나는 믿습니다(군주25장).

이는 행동의 의미를 객관적인 상황 변화 및 운동과 관련시켜 생각해야 한다는 주장으로 이어진다. 이러한 시각에서 마키아벨리는 공화국이야말로 상황의 변화에 정치가 기민하게 대응할 수 있으므로 군주국보다 우수하다고 본다. 즉, 공화국에서는 복수의 지도자가 후보자로 경합하고, 상황 변화에 따라 정권이 바뀌어 더욱 적합한 인물이 지도자가 될 수 있기 때문이다.

공화국에서는 다양한 재능을 갖춘 사람들이 있으므로 시대의 조건이 어떻게 변하여도 더욱 교묘하게 대응할 수 있으나, 군주국의 경우는 그렇지 않습니다. 그래서 공화국은 군주국보다 훨씬 더 번영하고 행복을 오래 누릴 수 있습니다. 앞에서 말했듯이, 언제나 한 가지 방식으로 행동하는 데 익숙해진 사람은 시대의 변화에 따라 바뀔 수 없습니다. 그러므로 시대가 변하여 당시까지의 방법이 통용되지 않게 되면, 그는 필연적으로 몰락하게 됩니다(강연3권9장).

이처럼 마키아벨리가 사물과 상태를 끝없이 다르게 변화하는 것으로 본다는 것은 그것을 고정적으로 보지 않는다는 것이고, 그 변화는 사물 자체의 발달이 부정不定을 초래한다는 변증법적 운동에 의해 생긴다고 본다는 것을 뜻한다. 이는 자신과 적의 관계에 대한 인식에서도 나타난다고 마키아벨리는 보았다.

> 귀족이든 인민이든 자신의 자유를 지키고자 열중하게 되면, 어느 쪽도 상대방을 압도할 만큼 강력해집니다. 그 당연한 결과, 공포에서 벗어나고자 열심히 노력하는 그 인물이, 이제는 거꾸로 타인에게 두려움의 대상이 됩니다. 그리고 자신이 벗어나고자 하는 위압감을, 이제는 타인의 머리 위에 씌우게 됩니다. 그래서 마치 세상은 지배자와 피지배자로 구성됩니다(강연1권46장).

즉, 자신의 실력이나 그 사회적 의미는 언제나 다른 주체와의 관계 속에서 찾아야 하고, 강약이나 공·수세는 자신과 상대 사이의 상관적인 것이라고 마키아벨리는 본다. 따라서 약자는 상대적으로 자신이 약자라고 생각하기 때문에 강해지려고 노력하는 반면, 강자는 압도적으로 자신이 강자라고 생각하기 때문에 더 강해지려고 노력하지 않는다면 위치가 역전되어 약자가 강자로 변화한다고 본다. 이러한 사고방식은 당연히 현실적 사고와 연결된다.

균형적 사고

일면화나 고정화를 피하고 상황에 따라 끝없이 변하면서 가장 타당한 결과를 낳고자 하는 다원적 사고에 반드시 필요한 능력이 균형 감각이다. 그래서 마키아벨리는 『군주론』 18장에서 군주가 행동할 때에는 신중함과 관대함을 갖추는 절제된 방식을 취함으로써 지나친 믿음 때문에 경솔해지거나 지나친 경계심 때문에 견디기 어려운 존재가 되어서도 안 된다고 경고한다. 또 『리비우스 강연』 1권 19장에서는 다음과 같이 말한다.

> 공화정 국가는 두 가지 목적을 가지는데, 첫째는 자국을 강대하게 만드는 것이고, 둘째는 자국의 자유를 유지해 나가는 것입니다. 그러나 둘 중 한쪽의 욕망이 지나쳐서 실패로 끝나기도 합니다.

가령 영토 확대나 군대를 과도하게 강화하면 독재자나 군부 지배를 낳게 된다. 전쟁에서 공을 세운 자가 영향력을 증대시키는 것을 과도하게 경계하면 반란을 야기한다. 왕정의 경우 영토 확장만이 문제되지만 공화정의 경우 자유 확대도 문제된다. 그 경우 영토 확대의 욕망은 나라의 강력한 통합을 요구하지만, 자유 확대는 분산화와 무질서 및 빈부 대립을 낳는다. 따라서 공화국의 리더는 그 둘 사이에서 균형 감각을 가져야 한다.

균형 감각은 운명론과도 관련된다. 마키아벨리는 운명에 기민하게 대응하여 그 변화를 예견하고 대비하라고 하면서 사고의 유연성을 강조한다. 반면 운명은 인간의 능력 밖의 문제이므로 지력과 용기(결단력)로 그것에 도전해야 한다고 본다.

종래 마키아벨리가 고대 이래의 전통적인 도덕적 정치관을 파괴하고 정치를 종교와 도덕으로부터 분리하여 리얼하게 보았다는 점이 강조되어 왔고, 이에 근거하여 그를 정치 과학의 아버지라고 했다. 그러나 앞에서 본 그의 동태론적이고 다원적인 인간론, 그리고 그의 이상주의적 측면에서 볼 때 그러한 종래의 견해에 의문을 갖지 않을 수 없다.

그가 정치를 리얼하게 본 것은 사실이지만 그렇다고 하여 바로 정치와 도덕을 분리시켰다고 볼 수는 없다. 뒤에서 보듯이 그가 인간의 선한 측면과 선하게 될 가능성을 인정한 것은 도덕을 중시했음을 뜻한다. 그가 선악이라는 양면을 고려한 것도 도덕적인 사고방식이다. 따라서 그가 정치에서 도덕을 분리시킨 것이 아니라 중시한 균형적 사고를 했다고 봄이 옳다.

유동적 우주관

마키아벨리를 르네상스인이라고 부르는 것은 그가 르네상스기에 르네상스가 가장 화려하게 꽃핀 피렌체에서 태어나 활동했고, 대부분의 르네상스인처럼 만능인이었기 때문만이 아니다. 무엇보다도 그의 사고방식이나 행동 양식이 르네상스인이었기 때문이다. 여기서 그 사고방식 중 하나, 아니 가장 근본적인 것이 공간과 시간에 대한 관념이다. 즉, 우주관과 역사관이다. 먼저 그의 우주관을 살펴보자.

그의 우주관은 앞에서 본 유동적 사고방식에서 나온 유동적 우주관이었다. 이러한 우주관이 마키아벨리의 정치학에 미친 영향은 그동안 그다지 중요하게 논의되지 못했다. 이를 본격적으로 논의하게 된 것은 1992년 파렐Anthony Parrel이 쓴 『마키아벨리의 우주The Machiavellian Cosmos』를 발표한 뒤였다. 그와 그 이후의 연구를 토대로 삼아 마키아벨리의 유동적 우주관을 살펴보자.

마키아벨리의 유동적 우주관은 『리비우스 강연』 2권 서문에서 "인간사라는 것이 언제나 유동적이어서 부침을 거듭"한다는 역사관을 말하고, 이어 2권 5장에서 다음과 같이 말한 부분에서 단적으로 드러난다.

이 세계는 영원한 과거에서부터 계속 존재한 것이라고 주장해 온 철학자들에게 나는 다음과 같이 항변할 수 있다고 믿습니다. 즉, 만약 고대의 것이 참된 것이라면, 5000년 이상 된 과거의 기록이 존재하고 있어야 하는 것이 이치에 맞는다고 말입니다. 만일 그것이 남아 있지 않다면, 여러 가지 이유가 있을 것이라고 생각합니다. 그 이유로 생각되는 것 중 하나는 인간의 영위에 돌아갈 수 있고, 또 하나는 신의 의지에 의한 것일 것입니다.

이러한 마키아벨리의 우주관은 르네상스 당시 휴머니스트의 일반적 우주관을 반영한 것이지, 그만의 독창적인 것은 아니었다. 그런 르네상스의 유동적 우주관은 그 앞 중세의 우주관과는 물론 그 뒤 근대의 원자론적이고 과학적인 우주론과도 다른 것이었다. 즉, 르네상스의 유동적 우주관은 르네상스의 신플라톤주의나 점성술 그리고 부분적이며 신비론적인 인과론과 연결된 것이지, 근대의 과학적이고 전체적이며 논리 법칙적 인과론과 연결된 것이 아니었다. 신플라톤주의나 점성술이 신의 섭리의 수단이라는 중세적 성격에서 벗어나 그 자체 자연의 구조적 법칙을 보여 주는 것으로써 자립화함과 동시에 인간에 의한 마술적 통제도 허용하는 양면적인 것이 되었다.

마키아벨리는 이를 "중요한 사건이 하나의 도시나 하나의 지역에서 일어날 때, 반드시 점이나 계시 또는 기적이나 천체의 변화에 의한 예언이 생긴"다고 하면서, 그것을 "갖춘 힘이 미래의 사건을 예견하여 인간에게 동정하고, 오게 될 불행에 대비하도록 하기 위해 어떤 징조로 경고를 하는 것에 틀림없"다고 설명한다(강연1권56장).

여기서 우리는 또한 마키아벨리가 자연과 인간을 통치하는 존재가 중세적 신이 아니라 신의 의사와 무관한 자연으로써의 하늘이나 운명이라고 보는 자연철학 내지 점성술적인 것임을 주목해야 한다. 이는 『리비우스 강연』 1권 서문에서 그가 집필 동기를 교훈적 역사 서술에 있다고 밝히고, 그것이 "하늘, 태양, 원소 및 인간"과 관련된다고 하면서 그 관련 대상에서 신을 제외한 것에서도 알 수 있다. 즉, 마키아벨리는 신으로부터 떠난 완결된 우주를 나름으로 묘사하고자 한 것이다. 따라서 그는 전통적인 중세까지의 기독교의 우주창조설을 믿지 않았다고 볼 수 있다.

그러나 마키아벨리를 포함한 르네상스인의 르네상스를 부르크하르트Jacob Christopher Burckhardt, 1818~1897*가 말한 미신의 고대와 중세를 떠나 데카르트적인 순수한 합리성에 근거한 자연과학의 근대로 나아가는 중간 교두보라고 보아서는 안 된다. 도리어 르네상스인은 그 두 가지의 대립에 반대하고 그 둘을 결합하기 위해 투쟁한 사람들이었다. 르네상스에 역사적 의미가 있다면 바로 그런 점에서다. 흔히 말하는 과학기술 만능의 근대를 초월하는 진정한 포스트모던이기 위해서는 과학기술과 전적으로 반대되는 고대가 아니라 근대와 고대를 융합하고자 한 르네상스를 다시 검토해 보아야 한다.

- 부르크하르트는 19세기 스위스의 역사가로 1860년에 『이탈리아 르네상스의 문화(Die Kultur der Renaissance in Italien)』를 썼다.

다양한 가능성이 존재하는 인간

마키아벨리는 인간의 본성이 선한가 악한가라는 문제에 고민할 것이 아니라, 인간을 다양한 가능성의 존재, 즉 상황에 따라 그 어느 측면을 드러내는 존재로 보고 그 변화에 기민하게 대응하도록 준비해야 한다고 본다. 그래서 인간이란 전적으로 선하지도 악하지도 않다고 하고(강연1권26장), 어떤 참주를 평가하면서 "사람이란 어떤 악이라도 태연하게 범할 수 없고, 그렇다고 하여 완전무결한 성인일 수도 없"다고 한다(강연1권27장).

따라서 마키아벨리는 환경을 정비함으로써 좋은 요소와 가능성을 확보할 수 있다고 생각했다. 즉, 본질론이 아니라 실제의 결과에 따라 기능론적으로, 시간적 변화에 착안하여 동태론적으로, 상대와 상황의 특수성에 따라 다원적으로 사물을 보았다. 이처럼 그는 적대나 과신이 아니라 관찰과 개선을 중시했다. 그리고 이는 제도윤리학 내지 교육적 국가론으로 나아갔다. 이러한 사고방식은 르네상스 시대 모럴리스트, 특히 몽테뉴의 『에세』에서도 볼 수 있는 것이지만 데카르트나 홉스와는 다른 것이었다.

이러한 마키아벨리의 사고방식은 공화제를 주제로 한 『리비우스 강연』만이 아니라 군주제를 주제로 하여 흔히 반도덕적이라는 비판을 받은 『군주론』에서도 분명히 드러난다. 가령 서로 다투는 두 진영 사이에서 군주가 취해야 할 바에 대해 21장에서 자신의 뜻대로 정치하는 폭군이라도 그 내면에는 인간미가 있고 정의를 무시할 수 없다는 의식을 가진다고 본다. 즉, 『군주론』에서도 정치 세계의 인간이 오로지 성악적인 것은 아니라고 판단한 것이다.

마키아벨리는 문무를 겸한 사람을 새로운 시대의 리더로 보았지, 정치에서 도덕을 구분한 무자비한 독재자를 이상적 리더로 보지 않았다. 도리어 고대의 덕성을 갖춘 사람을 중시했다. 마키아벨리가 정치학의 아버지로서 고대 중세와 결별했다고 하지만 그 내용을 보면 반드시 그렇지만도 않다. 지금까지 우리는 마키아벨리의 사고방식을 통하여 그것과 이어지기도 하고 대립되기도 하는 고대와 중세의 사고방식을 살펴보았다. 이제 그 중 하나인 고대 로마의 역사가 리비우스가 쓴 『도시가 세워지고부터』를 찾아가 보자.

제2장 리비우스 읽기

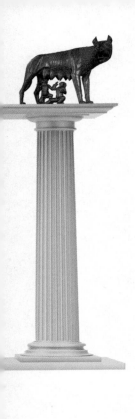

1

고대 로마 시대와
리비우스의 삶

스파르타쿠스, 리비우스, 벤 허

리비우스는 기원전 59년에 태어나 기원후 17년에 죽은 고대 로마의 역사가다. 그보다 먼저 살았던 사람이 스파르타쿠스였고, 그보다 늦게 태어난 사람이 벤 허였다. 스파르타쿠스는 기원전 111년에 태어나 71년에 죽었다고 하지만, 벤 허의 생몰 연대는 분명하지 않다. 두 사람을 다룬 영화는 각각 기원전 73년부터 71년까지, 그리고 기원후 26년부터 예수가 처형되는 몇 년 뒤까지를 다루고 있다. 그 두 편의 영화는 리비우스가 살았던 고대 로마를 이해하는 데에 도움을 줄 것이다. 특히 스파르타쿠스는 공화정, 벤 허는 황제정 시대를 배경으로 한다. 위의 영화는 모두 황제와 집정관과 원로원이나 장군 등의 지배 계급, 인민, 그리고 최하층인 노예(사실 노예는 당시 물건으로 취급되었으니 인간이 아니었다)라고 하는 로마의 세 계급을 모두 보여 준다. 두 영화 주인공 모두 귀족이나 인민이었다가 노예로 전락했다.

영화 「스파르타쿠스」는 미국에서 1960년에 만들어졌지만 한국에는 1974년에 개봉되었고, 그 원작인 하워드 패스트Howard Past, 1914~2003의 소설 『스파르타쿠스Spartacus』는 1951년 작품이지만 우리말로 1966년에 번역되었다. 내가 중학생 시절에 그 소설을 읽고 진한 감동을 받았던 것과, 약 10년 뒤 영화를 보고 충격을 받을 만큼 진한 여운을 가진 기억은 아직도 생생하다. 이처럼 영화나 소설이나 모두 한국에서는 10여 년 이상 늦게 소개되었다. 이 소설은 그 뒤 몇 번이나 번역되었고, 막스 갈로와 같은 다른 작가의 동명 소설도 번역되었다. 역사가자 전기 작가인 막스 갈로Max Gallo, 1932~의 『스파르타쿠스의 죽음』은 그의 『로마인Les Romans』 연작의 제1권이다. 즉, 갈로는 최초의 로마인으로 스파르타쿠스를 꼽은 것이다. 이는 로마의 왕들이나 카이사르를 로마인의 처음으로 찬양하는 시오노 나나미의 태도와는 근본적으로 다르다. 또한 이는 우리나라 역사로 본다면 고려의 만적을 최초의 한국인으로 보는 것과 같을지 모른다.

『플루타르코스 영웅전』에 의하면 스파르타쿠스는 트라키아˙의 유목민 출신일 것이라고 하는데, 이 점을 비롯하여 그가 노예가 되어 이탈리아에 끌려와 반란을 일으키기 전까지에 대해서는

• 현재 그리스 북부에서 불가리아에 걸친 지역으로, 당시 그리스와는 구분되어 바르바로이로 불리던 문화권이다

확실한 것이 아무 것도 없다. 그러나 고대 로마가 노예제 사회였다는 것은 분명한 사실이고, 노예제는 그 뒤 2000년간 건재했음도 분명하다. 영화의 첫 부분에서는 스파르타쿠스가 죽고 70여 년 뒤에 태어난 예수에 의한 기독교가 곧 새로운 사회를 건설한다는 식으로 설명하는데, 이에는 문제가 있다. 기독교가 노예제에 반기를 든 적은 2000년간 없었고, 기독교도를 비롯한 모든 고대인은 노예제를 무조건 받아들였기 때문이다.

스파르타쿠스 생존 당시 이탈리아에는 약 200만 명의 노예가 있었고, 자유민과 노예의 비율은 1대 3이고 자유민 인구의 90%가 노예의 후손이라고 보는 견해도 있다. 또 스파르타쿠스 이전에도 노예 반란은 많았다.

그밖에도 소설과 영화에는 역사적 사실과 다른 점이 많다.** 가령 당시 로마에서는 원로원의 지시로 몇 명의 집정관과 법무관이 지휘하는 대군이 노예 반란에 대응하여 싸우지만, 계속 패했다. 그러다가 마지막에 법무관 크라수스에 의해 반란은 평정되고, 크라수스는 1차 삼두三頭정치의 일원으로 정치에 참여해 공화정을 파괴한다. 이러한 묘사는 역사적 사실과 어느 정도 부합하지만, 영화에 나오는 그락쿠스나 카이사르는 스파르타쿠스와 무관하다.

원로원, 집정관, 법무관, 삼두 정치 등에 대해서는 뒤에서 상

**　예수를 묘사한 영화도 배경은 로마 시대지만 로마의 식민지 중 한 곳인 이스라엘에 살았던 예수의 삶에 집중된 탓에 로마에 대한 묘사는 그다지 뚜렷하지 않다. 이는 일제강점기 조선의 역사를 살펴보는 선에서 일본 제국을 이해하면 일본의 역사를 아는 데에 한계가 있는 것과 마찬가지다.

세히 설명하도록 하고, 여기서는 원로원이 귀족 출신의 종신직 의원들의 의회, 집정관은 임기 1년의 대통령, 법무관은 임기 1년의 대법관이고, 삼두 정치는 원로원 등의 기능까지 흡수한 막강한 집정관 3인이 지배한 정치를 말한다는 점만을 언급하기로 한다.

원로원과 집정관은 영화 「벤 허」에도 나온다. 이 영화의 시대적 배경은 1차 삼두 정치가 끝나고 2차 삼두 정치의 일원이었던 초대 황제 옥타비아누스에 이어 2대 황제로 취임한 티베리우스 시기다. 루 월리스가 1880년에 쓴 『벤 허: 그리스도의 이야기』를 원작으로 하는 영화 중에서 우리에게 가장 유명한 윌리엄 와일러 감독의 작품은 1959년에 제작되었다. 주인공 벤 허는 예루살렘의 명문가 왕자이자 대부호였다가 친구의 간계로 노예가 되지만, 집정관의 양아들이 된 뒤 복수하고 기독교에 귀의한다는 줄거리다. 소설은 기독교인의 우월성을 강조한 반면, 영화는 1948년에 이스라엘을 세운 유대인까지 찬사한다는 점에서 약간 다르다. 하지만 어느 것이나 『스파르타쿠스』에서 보는 노예 해방과 같은 민주적 메시지는 전혀 없다.

고대 로마를 배경으로 한 영화나 소설 등은 그밖에도 많다. 가장 최근의 작품은 2000년에 개봉한 영화 「글레디에이터」다. '글레디에이터'는 검투사라는 뜻으로, 스파르타쿠스와 같은 노예를 말한다. 로마 제국의 전성기였던 오현제 시대의 마지막 황제인 마르쿠스 아우렐리우스 때의 장군이던 막시무스 데시무스 메리디우스가 노예 검투사로 전락했다가 복수한다는 이야기다. 실제

로는 노예가 되지 않은 주인공 장군을 비롯하여 영화 내용은 역사적 사실과 다른 점이 매우 많다.•

고대 로마인은 모두 천재?

서울대에서 오랫동안 로마사를 가르친 허승일 교수가 쓴 『로마 공화정』 2장은 "로마 시민은 천부적인 정치적 재능을 타고난 천재들이었다(『열정과 이해관계』, 11쪽)"고 시작한다. 그러나 로마인에 대한 찬양과 숭배에서는 타의 추종을 불허하는 시오노 나나미조차 『로마인 이야기』 1권에서 로마인의 지성이 그리스인보다 못하다고 지적한다. 물론 허승일과 달리 시오노 나나미는 로마인의 '정치력'에 대해 직접적으로 언급하지 않았지만, 그녀가 말한 '지성'에 정치력이 포함된다고 보아도 좋을 것이다. 적어도 그녀는 정치력이나 철학을 비롯한 학문적 능력에서 로마인이 그리스인보다 부족하다고 했다. 그런데 오랫동안 로마사를 연구한 허승일이 그리스 정치를 모를 리 없겠는데, 왜 그는 그렇게도 로마를 숭배했는지 알 수 없다.

• 리비우스는 물론 마키아벨리도 스파르타쿠스에 대한 언급을 하지 않았다. 마키아벨리는 『플루타르코스 영웅전』을 읽을 수 있었을 터인데도 말이다. 근대에 스파르타쿠스를 언급한 것은 18세기 프랑스 철학자 볼테르에 의해서였다. 그는 1769년에 쓴 긴 편지에서 스파르타쿠스 전쟁을 "정의의 전쟁, 역사상 유일하게 정당했던 전쟁"이라고 묘사했다(『스파르타쿠스』, 366쪽 재인용).

로마인의 정치력이 당대의 다른 민족의 정치력과 비교하여 과연 천재적이라 할 정도로 뛰어난 것인지를 누구도 객관적으로 말할 수 없다. 그래도 시오노 나나미는 로마로 대표되는 서양과 동양을 비교한다는 점에서 조금은 객관성을 가장하려고 한다. 가령 서양은 이성적이고 합리적인 반면 동양은 비이성적이고 비합리적이라는 식이다.

그러나 적어도 로마인은 지금 우리가 추구하는 민주주의의 이상과는 상당히 멀었다는 점을 주의해야 한다. 그리스의 직접민주주의는 로마 공화정 시대에 와서 철저히 비판되기 시작했다. 이미 플라톤이 비판했듯이 로마의 정치인이든 역사가든 직접민주주의는 법적으로 무질서한 국가를 만든다는 이유에서, 또는 지도자에 대한 인민의 배신이라는 식으로 비난되었다.

시오노 나나미의 책은 워낙 황당무계한 듯 보이지만, 사실 그런 견해가 서양인 일반의 것이라는 점을 주의해야 한다. 이 책에서 논의하는 리비우스나 마키아벨리도 예외가 아니었다는 점도 주의해야 한다. 그런 전제하에서 이 책을 계속 읽어 나가기를 부탁한다.

리비우스의 재발견

역사는 '학문'인가 아니면 '문학'인가? 적어도 역사'학자'는 당연히 학문이라고 하겠지만, 일반인에게는 문학으로 보일 수도 있다. 학문의 차원에서도 최근의 포스트모더니즘은 역사를 더 이상 엄밀한 과학적이고 객관적이며 절대적인 진리를 탐구하는 학문으로 보기보다 문학이나 이야기의 하나로 보는 경향이 있다. 역사를 학문으로 본 것은 서양의 경우 기원전 5세기나 19세기 정도에서였다. 즉, 서양사 4000년 정도에서 고작 200년 정도였다. 나머지 대부분의 세월에서 역사는 이야기의 하나에 불과했다. '불과'라고 하였지만 그 가치를 부정하거나 폄하하는 의미는 전혀 아니다. 나름의 가치가 있었지만 문학, 즉 수사학의 하나였다는 것이다. 특히 헬레니즘과 르네상스 시대에 그러했다. 헬레니즘의 대표적인 역사학자가 리비우스였고, 르네상스의 대표적 정치학자가 마키아벨리였다. 그 두 시대에는 역사학과 정치학이 구분되지 않았다.•

우리나라에 역사학이라는 학문이 들어온 것은 19세기였다. 그 시기는 역사를 전문 학문으로 만든 랑케Leopold von Ranke, 1795~1886를 비롯하여 엄격한 사료 비판에 입각한 소위 실증주의자들이 활약한 시대였다. 19세기 후반기에 여러 나라 대학에 역사학 박사 과정이 생기고 전문 학회와 학회지가 나타났다. 전설과 신화에 치중한 리비우스는 그런 19세기에 역사학자 취급을 받지 못하고 무시되었다. 조선에서는 20세기 초 일제강점기에 들어온 역사학이 그것을 주도한 이병도 등에 의해 20세기가 지난 지금까지

• 우리나라에는 고대 서양사학에 대한 책이 거의 없다. 그 중의 하나인 차영길의 『역사이론으로 본 고대 세계』(동남기획, 2001)에서는 리비우스에 대한 언급이 거의 없다.

도 지배하고 있다. 그래서 지금까지 리비우스 책은 번역조차 되지 못한 것일까? 그러나 리비우스 외에도 서양사 고전은 대부분 번역되어 있지 않다.

여하튼 리비우스를 포스트모더니즘적 차원에서 재발견한다고 하여도 역사의 주류가 동서고금을 막론하고 정치사, 외교사, 전쟁사였다는 점에서 예외가 아니라는 점은 주의해야 한다. 투키디데스, 폴리비오스Polybius, 기원전203~120경*, 카이사르 등은 모두 고위 관직을 가진 인물이었기 때문에 당연히 그러했고, 헤로도토스Herodotus, 기원전480~420경**나 리비우스는 관직을 갖지 않은 문인이었으나 그들 역시 지배 계급의 관점에서 역사를 서술한 점은 전혀 다르지 않았다. 그들은 정치 외의 다른 측면이나 하층 계급의 존재 따위에 근본적으로 관심이 없었고, 설사 그들에 대해 언급하는 경우가 있다고 해도 그것은 어디까지나 부수적이거나 흥미 거리에 지나지 않았다. 국가의 존재를 역사 전개의 기초로 간주한 랑케 식의 정치사는 이미 오

• 폴리비오스는 헬레니즘 시대의 그리스 역사가로, 기원전 220년에서 기원전 146년 시대까지를 다룬 『역사(Historia)』로 유명하다. 헤로도토스, 투키디데스와 함께 그리스의 대표적 역사가로 그의 권력분립 사상과 정체(政體)의 정치적 균형에 대한 이론은 후대 몽테스키외의 『법의 정신』과 미국 헌법 초안에도 영향을 미쳤다. 그는 객관성과 비판적 논의 측면에서 투키디데스의 후계자로, 근대 과학의 맥락에서 학문적이고 성실한 역사 연구의 선구자로 평가받는다.

•• 헤로도토스는 고대 그리스의 역사가로, 서양에서는 "역사학의 아버지"로 여겨진다. 그는 체계적으로 사료를 수집하고 어느 정도 사료의 정확성을 검증했으며, 잘 짜이고 생생한 줄거리에 따라 사료를 배치한 최초의 역사가로 알려져 있다. 그가 기원전 440년경에 쓴 『역사』는 서양 최초의 역사책으로 여겨진다. 전 9권으로 이루어져 있으며, 아시아와 유럽 사이의 항쟁 유래부터 페르시아 전쟁의 종결까지 저술되어 있는데, 제9권은 미완성이다.

랜 연원을 가지고 있었던 셈이다.

티투스 리비우스 파타비누스는
라틴어로는 '티투스 리위우스 파타위
누스Titus Livius Patavinus'라고 발음하지
만 여기서는 리비우스라고 하자. 그는
기원전 59년에 태어나 기원후 17년에
죽은 고대 로마의 역사가다. 그와 비슷
한 나이인 로마 제국 초대 황제 아우구

티투스 리비우스 파타비누스

스투스Augustus, 기원전63~기원후14♣ 와 우정을 나누었으나, 정치는

♣ 아우구스투스는 로마의 초대 황제. 본명은 가이우스 옥타비우스 투리누스
(Gaius Octavius Thurinus)이고 옥타비아누스라고도 한다. 그는 기원전 44년 카
이사르가 암살을 당하자 그의 유언에 따라 양자와 후계자가 됐다. 카이사르의
부하인 안토니우스의 견제를 받았으나, 키케로를 비롯한 원로원파의 도움으로
이겨 내고 안토니우스, 레피두스와 함께 제2차 삼두 정치를 시작하여 반대파
를 제거했다. 기원전 42년에는 카이사르를 암살한 브루투스와 카시우스를 마
케도니아 필리피에서 물리쳤다. 이후 로마의 서쪽은 옥타비아누스가, 동쪽은
안토니우스가 다스렸으며, 세력이 약한 레피두스는 아프리카를 지배했다. 기원
전 36년 옥타비아누스는 레피두스를 쫓아내고 기원전 31년 그리스의 악티움
해전에서 안토니우스와 클레오파트라의 연합군을 물리쳐 로마 제국을 장악했
다. 기원전 27년에는 원로원으로부터 아우구스투스(존엄자)라는 칭호를 받았고,
실질적인 황제의 자리를 차지하였으나 스스로 황제가 아닌 프린켑스(제1시민)라
고 불렀다. 그리고 로마 군대의 최고사령관을 비롯하여 최고 재판관, 원로원 의
장, 종신 집정관 등을 겸했다. 이로써 로마의 공화정이 끝나고 제정이 시작됐다.
그의 통치 기간 중 로마 제국은 안정과 번영을 누렸고, 로마 문학과 건축의 황
금기로 호라티우스, 오비디우스, 리비우스 등의 작가가 활동했다. 대외적으로
도 끊임없는 정복 전쟁을 펼쳤으나 기본적으로는 평화를 추구해 필요한 경우
에만 전쟁을 했다. 서기 9년 게르만족에 패한 후에는 정복을 중단하고 평화 협
정을 맺었다. 옥타비아누스는 냉정한 전략가이자 뛰어난 정치가였으며, 양자인
티베리우스를 후계자로 임명한 후 권력을 물려주었다.

하지 않고 공화국을 사랑하는 자유로운 입장에서 142권이라는 방대한 『도시가 세워지고부터』 저술에 몰두했다. 그러나 그 중에 현존하는 것은 제1~10권, 제21~45권(제41권과 제43권은 불완전)으로, 불과 35권이다. 그리고 마키아벨리가 강연한 대상은 그 '첫 10권'이다. 그가 왜 그 '첫 10권'만을 논의하고 나머지에 대해서는 논하지 않았는지 그 이유를 정확하게 알 수 없으나, 헌정사 끝부분을 보면 애초에 전체를 다 하려 했지만, 결국 못한 것 같다. 나는 그의 관심이 로마사 전체에 있었다기보다 공화정 전반부에 있었기 때문에 그렇게 되었다고 생각한다. 따라서 그가 다룬 부분은 우리가 보통 읽는 '로마사' 책의 초기 부분인 왕정과 공화정 전반기에 해당한다.

참고로 말하자면, 우리나라에서도 많이 읽혔다는 시오노 나나미의 『로마인 이야기』 제1권이 이에 해당한다. 그런데 그 책은 총 15권인데, 그 중 제1권이 가장 얇다. 그러니 마키아벨리가 다룬 부분이 그 책에서는 30~40분의 1정도밖에 해당되지 않는 것이다. 그러나 고대 로마의 1200여 년 역사에 공화정 전반기는 약 200년이고 그 앞의 왕정 244년을 합치면 거의 500년으로, 전체 역사의 반 정도인데도 『로마인 이야기』에서는 그 정도로 다룬다니 그 책이 얼마나 로마 제국에 치중했는지를 보여 준다(그 점 외에도 이 책은 수많은 문제를 가지고 있다). 만약 마키아벨리가 로마사 전체에 대한 책을 썼더라면, 현대의 로마사학자들처럼 그 책의 반 이상을 최소한 공화정 이야기로 썼을 것이다. 시오노 나나미는 카이사르 광팬이면서 마키아벨리 광팬이라고 하는데, 마키아벨리는 카이사르를 좋아하지 않았고 오로지 공화국에만 관심을 두었다. 리비우스의 책에도 카이사르가 등장하지 않는다. 그 책의 제21권~45권은 포에니 전쟁과 마케도니아 전쟁을 다루기 때문이다. 그러나 마키아벨리는 포에니 전쟁과 카이사르에 대해서도 언급하기는 했다.

파도바의 리비우스

이탈리아 북부에 파도바Padova(이탈리아어로는 Padua, 고대 로마 시대 이름은 파다비움)라는 작고 아름다운 중세 도시가 있다. 우리나라 사람들에게는 잘 알려져 있지 않지만 대단한 학문의 역사를 자랑하는 오래된 대학 도시다. 또 예술과 건축 분야에서도 유서가 깊다. 특히 중세 말기에 르네상스를 시작한 화가 조토의 서정적인 프레스코 벽화가 있는 카펠라 델리 스크로베니로 유명하다. 기차역에서 내리면 바로 볼 수 있어서 교통도 편리하다. 나는 그곳에 여성과 남성으로 각각 의인화되어 그려진 선과 악, 정의와 불의의 그림을 좋아하여 수년간 우리 학생들에게 소개해 왔다.

파도바 부근에 우뚝 솟은 에우가네안 언덕에 있는 페트라르카의 집을 찾아 보는 것도 즐거운 일이다. 그는 그곳에서 만년을 보냈다. 휴화산의 잔존물 덕분에 진흙 목욕에서 유황 온천욕까지

파도바에서 가장 큰 광장인 프라토 델라 발레

즐길 수 있는 욕탕과 극장이 로마 시대에 만들어진 모습 그대로 남아 있다. 리비우스도, 그 부모도 그곳에서 다양한 온천욕을 즐겼으리라.

물론 리비우스가 살았을 무렵에는, 주로 르네상스 이후에 건설된 지금의 건물들이 없었다. 그러나 지금의 붉은 지붕 벽돌집은 당시에도 있었을 것이다. 시내 중앙에 있는 시장 광장의 로지아loggia는 15세기에 지어졌지만 리비우스 시절에도 유사한 시장 광장이 있었을 것이다. 그곳에서 그는 공화주의 사상을 키웠을 것임에 틀림없다.

당시 파도바 시는 로마 시 다음으로 부유한 도시였다. 양모 제품의 생산을 비롯한 수공업이 발달하고, 그 제품은 로마 시장에서 판매되었다. 파도바에는 기사 신분에 속하는 인민이 500명 이상 이었고, 그곳 인민은 소 플리니우스Gaius Plinius Caecilius Secundus, 기원 후61~112경* 시대까지 로마인 전통의 덕인 엄격함을 잃지 않았다고 한다.

그곳의 정치는 보수적인 공화정으로, 로마 공화정 말기에 내 란이 터졌을 때 원로원이 '국가의 적'으로 선언한 마르쿠스 안토 니우스Marcus Antonius, 기원전83년경~30** 의 사자가 시내가 들어오는 것을 거부했다(필리피카이12권4~10장). 이러한 파도바 인민의 공화 정적 기질은 당연히 리비우스의 인간 형성에 영향을 주어 그의 공 화주의를 형성했을 것으로 짐작된다.

500년 전의 마키아벨리와 달리 2000년 전의 리비우스에 대 해 우리가 아는 바는 거의 없다. 로마인은 보통 가족 간에 부르는 개인 이름, 조상을 기리는 씨족gens 이름, 가족 이름 등을 갖지만***,

---

* 소 플리니우스는 고대 로마의 문학가이자 법조인이자 자연 철학자이며 행정관 으로, 로마제정 초기의 주요 관직을 두루 거쳤다.

** 마르쿠스 안토니우스는 로마 공화정 시대의 정치가이자 군인으로 율리우스 카 이사르의 충실한 부하이자 카이사르 군대 지휘관이자 행정가였고, 카이사르 의 사후 옥타비아누스, 레피두스와 함께 제2차 삼두 정치를 했다. 제2차 삼두 정치는 기원전 33년에 깨지고 안토니우스와 옥타비아누스는 불화를 일으켜 두 진영 사이는 내전에 돌입했다. 두 진영이 맞붙은 악티움 해전에서 옥타비아 누스의 군대에 대패하고 이어서 알렉산드리아에서도 졌다. 기원전 30년 안토 니우스는 자살하고 그의 연인이자 함께 옥타비아누스에 대항한 이집트의 클 레오파트라 7세도 자살했다.

*** 이를 트리아 노미나(tria nomina)라고 한다.

리비우스의 경우 가족 이름도 알려진 바 없다.

리비우스가 태어나 죽은 해가 각각 기원전 64년과 기원후 12년이라고 보는 학설도 있지만, 보통은 그보다 5년 늦은 기원전 59년에 태어나 기원후 17년에 죽었다고 한다. 슬하에 아들이 1명 또는 2명, 딸이 1명 있었다고 하니 결혼을 했겠는데, 그의 가족에 대해서도 알려진 바가 없다.

우리가 로마인의 삶을 살펴볼 때에는 반드시 주의해야 할 점이 있다. 폴 벤느Paul Veyne가 『사생활의 역사』 1권 처음에서 "로마인의 탄생은 단순한 생물학적 사실이 아니었다. 신생아는 태어난다기보다는 차라리 가장의 결정에 따라 사회 속에 받아들여졌다고 해야 옳을 것이다. 피임, 유산, 자유민으로 태어난 아이를 버리는 일, 그리고 여자 노예의 몸에서 태어난 아이를 죽이는 일은 늘 있고 또 완전히 합법적인 일이었다(『사생활의 역사(제1권)』, 53쪽)"고 말했기 때문이다.

리비우스의 부모는 노예가 아니었으니 리비우스는 제대로 태어났다. 리비우스의 부모에 대해서는 알려진 바가 없으나, 평생을 역사 서술에 바친 점으로 보면 리비우스는 상당한 자산가 출신으로 추정된다.

그 조상 중에 로마에서 출세의 지름길인 관직을 지낸 사람은 없었으나, 대대로 지방 도시의 유지로 지냈다. 당시의 부유한 로마인 자제는 루투스라는 학교에서 초등교육을 받은 뒤 12세경에 중등 교사인 그라마틱스에게 그리스 로마의 시와 역사를 배우고 단어의 정확한 발음과 용어법의 훈련을 받았다. 그리고 16세경부터 수사학자rhētor(레토르)에게 변론을 익혔는데, 이는 대체로 로마에서 행해졌다.

그런데 리비우스가 10세경일 때 카이사르와 폼페이우스Gnaeus Pompeius Magnus, 기원전106~48*의 내란(기원전49)이 시작되었고, 카이사르 암살(기원전44)에 의해 야기된 소요가 북부 이탈리아까지 확대된 것은 그의 나이 16세 이후였으므로, 리비우스는 로마에 가지 못하고 파도바에서 고등교육을 받았을 것 같다. 이는 제정 초기의 수사학자 마르쿠스 파비우스 쿠인틸리아누스Marcus Fabius Quintilianus, 35?~100?**가 『변론가의 교육』에서 다음과 같이 쓴 것으로부터 알 수 있다.

- 그나이우스 폼페이우스 마그누스는 로마 공화정 말기의 장군이자 정치인으로 로마 공화정 말기 원로원파(귀족파)의 지도자로 루키우스 코르넬리우스 술라의 부관이자 그의 손녀 사위였다. 술라 사후 마르쿠스 리키니우스 크라수스와 가이우스 율리우스 카이사르와 함께 삼두 정치 체제를 이끌었으며 한때 카이사르와 동맹을 맺었지만 카이사르와의 내전에서 패하고 이집트에서 죽었다.

•• 쿠인틸리아누스는 스페인 출신의 로마 제국의 수사학자로 로마 황제 베스파시아누스(T. F. Vespasianus, 9~79)의 신임을 얻어 웅변술 교수의 칭호를 받고, 국가로부터 봉급을 지급 받는 로마 최초의 공교사(公敎師)가 됐다. 20년간의 웅변술 교수직을 그만둔 후 그는 웅변가 양성의 실제적 경험을 토대로 하여, 2년간에 걸쳐 12권에 달하는 『변론가의 교육(Institutes of Oratory)』을 썼다. 1권과 2권에서는 주로 교육 원리·교육 방법·교과목 관리·훈련을 다루고, 3권에서 7권까지는 문장의 창작과 구상, 8권에서 12권까지는 웅변술, 교육의 이상과 웅변가의 이상 등을 논함으로써 로마의 대표적 교육 사상가로서의 면모를 보여 준다. 후세의 교육 사상가들은 쿠인틸리아누스의 책이 교육을 과학적으로 취급한 최초의 것이라고까지 평했다.

티투스 리비우스는 웅변에 뛰어났지만 그의 말투에는 파도바적인 것이 있다고 폴리오 아시니우스Gaius Asinius Pollio, 기원전76~기원후4•는 생각했다. 따라서 만일 가능하다면 우리의 말이 단지 시민권을 부여했기 때문이 아니라, 참으로 로마적이라고 보일 때까지 모든 단어와 발음이 로마 출신임을 느끼게 해야 한다(변론가의 교육8권1~3장).

당시 로마의 부유한 자제는 수사학을 배운 뒤 1, 2년간 아테네나 로도스에 유학하여 철학자나 수사학자에게 배우는 것이 보통이었다. 그러나 리비우스는 『도시가 세워지고부터』에서 그리스에 갔다는 서술을 전혀 하지 않고 있다. 따라서 그가 유학했다고는 생각되지 않는다. 반면 로마에 대해서는 서술했으므로(1권 8장5, 2권7장12 등) 로마를 방문한 점에는 의문이 없다. 만일 로마 방문의 목적이 역사 서술을 위한 자료 수집이었다면 그것은 『도시가 세워지고부터』 1권이 나온 기원전 27년과 25년 사이보다 앞이었을 것이다.

• 아시니우스는 공화정 말기의 내란으로 처음에는 카이사르에게, 다음에는 옥타비아누스에게 복종한 문인이다. 로마 최초의 공공 도서관을 세우기도 했다.

로마의 리비우스

예수가 태어나기 20~30년 전부터 리비우스가 로마 시에 살았던 것은 분명해 보인다. 그가 살았던 집을 알 수 없으나 아마 그도 마키아벨리처럼 최초의 포룸 로마눔Forum Romanum(로마 광장)을 비롯하여 여러 광장을 좋아했을 것이다. 공화주의자였으니 말이다.

로마 광장은 신전과 원로원이 위치한 고대 로마의 중심지였다. 그러나 동시에 가판 상점과 매음굴이 있는 매우 무질서한 곳이기도 했다. 리비우스는 기원전 2세기에 그곳에 들어선 상업 센터와 법정을 보았을 것이다. 웅변가들이 연설을 했던 로스트라Rostra(연단)에서 키케로처럼 리비우스도 연설했을지 모른다. 로스트라는 카이사르가 살해된 원로원 옆에 있다.

광장 중앙으로는 수레 통행이 금지되었고 모든 사람이 걸어 다녔다. 그곳은 모든 로마 도로의 시발지였고, 로마 제국의 모든 도시에 있는 광장의 원형이었다. 전설의 초대 왕 로물루스가 매장된 곳이기도 했으니 역사적으로도 중요했다. 그러나 가장 중요한 점은 그곳이 공화의 중심이고 상징이었다는 점이다.

고대 로마의 요새인 카피톨리노 언덕의 캄피돌리오 광장은 미켈란젤로가 설계했으니 리비우스는 보지 못했으리라. 그러나 그곳의 원 모습이었을 요새에 올라 그 밑에 놓인 로마 광장의 멋진 경관을 즐겼으리라. 아니 그곳에 모여 있는 사람들을 보기 좋아했으리라.

포룸 로마눔(로마 광장)

그 언덕의 카피톨리네 박물관도 르네상스 때 지어졌으니 리비우스와는 무관하지만 그곳에 전시되어 있는 고대 그리스 로마의 조각품들은 보았을 가능성이 있다. 또 지금 우리가 보는 피에트로 다 코르토나Pietro da Ćortona, 1596~1669의 「사비니 여인들의 납치」 같은 그림의 이야기도 리비우스는 알고 있어서 그의 책에 썼다.

우리가 로마에 갈 때면 자주 들리는 콜로세움Colosseum은 기원후 80년, 베스파시안 황제에 의해 세워졌으니 리비우스는 그곳에 간 적이 없다. 그런데 아마도 저승에서 그런 곳을 보지 않고 죽어 다행이라고 생각했을 것이다. 팔라티누스 언덕Palatine도 황제나 귀족의 거주지였으니 리비우스는 가기도 어려웠겠지만(도리어 싫어하여 일부러 가지 않았을 것이지만), 친구인 아우구스투스가 살았던 소박한 집이나 그의 아내 리비아의 집에는 가 보았을지도 모른다.

리비우스는 당대의 모든 상류층처럼, 그리고 앞에서 본 마키아벨리처럼 봄과 가을 그리고 겨울은 로마에 머물렀지만 여름에는 시골 땅에 머물렀는지도 모른다. 그러나 로마인은 원시 자연을 즐기려고 하지 않고 공원이나 정원과 같은 인공 자연을 좋아했다. 그들은 도시에서만 완전한 인간이 될 수 있다고 생각했다. 파우사니아스Pausanías•의 말을 들어 보자.

• 파우사니아스는 2세기 그리스의 여행자이자 지리학자로, 하드리아누스, 안토니누스 피우스, 마르쿠스 아우렐리우스와 동시대 사람이다. 고대 그리스를 직접 돌아다니며 집필한 『그리스 이야기』로 유명하며, 이 책은 고전 문학과 현대 고고학을 잇는 결정적인 연결 고리가 됐다.

폴 벤느의 『사생활의 역사』 1권에서 보면 "공공건물, 체육관, 극장, 광장, 샘터에서 물을 끌어대는 수도 따위가 없는 곳을 도시라고 부를 수 있겠는가? 그리고 사람들이 협곡 끝에 올라앉은 오두막kalybai 같은 곳에 산다면 그곳을 도시라고 할 수 있겠는가(『사생활의 역사(제1권)』, 283쪽)"라고 하였다.

리비우스가 로마에서 살았다는 통설에 대해 그가 당대의 유명한 사건에 전혀 등장하지 않아 이의를 제기하는 견해도 있지만, 이는 도리어 그가 서재에 파묻혀 역사 서술에 몰두한 것으로 보는 것이 옳을 것이다. 왜냐하면 『도시가 세워지고부터』 서문에서 그는 다음과 같이 썼기 때문이다.

이에 대해 나 자신은 저 과거에 몰두하여 마음에 그리는 동안만은 우리 시대가 그렇게도 오랫동안 계속 보아 온 악행에 대해 직시하지 않고 지내는 것을 나의 작업의 보상으로 요구하고 싶다고 생각합니다.

그가 '나의 작업'이라고 한 것은 바로 역사 서술을 말한다. 그의 전쟁 서술은 그에게 군사적 지식이 전혀 없고, 정치가는 물론 군대 경험도 전혀 없었음을 보여 준다.

리비우스가 로마에 온 시기는 그의 나이 30세 전후라고 추측된다. 바로 그때 옥타비아누스가 악티움 해전에서 안토니우스와 클레오파트라 연합군에 승리하여 로마 내란에 종지부를 찍고 지중해 세계를 통일했다. 로마에서 리비우스는 프린켑스princeps, 즉 1인자가 된 옥타비아누스(아우구스투스)를 알게 되었다. 그러나 원로원 의원 등에 나아가지 않고 오로지 집필 활동에 전념했다. 당시의 시인 베르길리우스Publius Vergilius Maro, 기원전70~19* 와 호라티우스Quintus Horatius Flaccus, 기원전65~8** 가 참가한 마에케나스Gaius Maecenas, 기원전70~8(프랑스어로는 메세나)의 문예 서클에도 참가하지 않고 말이다.

타키투스Publius Cornelius Tacitus, 56~117⁂ 는 티베리우스 황제 Imperator Tiberius Iulius Caesar Augustus, 기원전42~기원후37⁑ 하의 필화 사건에 대해 말하면서, "연대기를 출판하여 마르쿠스 브루투스Marcus

- 베르길리우스는 로마의 국가 서사시 「아이네이스」의 저자로, 전 유럽의 시성으로 추앙받았으며 단테가 저승의 안내자로 그를 선정할 만큼 위대한 시인이었다.

•• 호라티우스는 고대 로마 공화정 말기의 시인으로, 기원전 약 40년을 전후로 베르길리우스의 주선으로 만난 문학 애호가이자 부호인 가이우스 마에케나스에게 기원전 32년 사비나 농장을 선물 받아 경제적 어려움에서 완전히 해방되어 시 창작에 열중했다.

⁂ 타키투스는 고대 로마의 역사가로, 후대에 이름을 남기게 되는 저서 『타키투스의 역사』와 『타키투스의 연대기』는 110년 혹은 114년을 전후로 출판된 것으로 여겨진다. 이 책에서 그는 로마 제국의 쇠망을 한탄하고 공화정 시대의 기풍을 회복할 것을 호소했다. 전체적으로 그는 원로원을 중시하고 우대한 황제들(특히 트라야누스 황제)은 높이 평가하고, 원로원을 가볍게 보고 원로원과 자주 대립한 황제들(티베리우스나 도미티아누스)은 낮게 평가했다. 특히 티베리우스 황제에 대해서는 어느 정도 업적을 인정해 주면서도 신랄하게 비판하여, 테오도어 몸젠을 비롯한 후세의 역사가들이 티베리우스 황제를 재평가할 때까지 티베리우스는 타키투스가 묘사한 '악한 황제'라는 이미지가 일반적으로 퍼져 있었다

⁑ 티베리우스는 아우구스투스의 양자이며, 상속자로 로마 제국의 2대 황제다.

Junius Brutus or Quintus Servilius Caepio Brutus, 기원전85~42*를 찬양하고,

가이우스 카시우스Gaius Cassius Longinus, 기원전85경~42**를 최후의 로

마인이라고 말했다"고 고발 당한 아울루스 크레무티우스 코르두

스Aulus Cremutius Cordus, ?~25⋆⋆ 가 "티투스 리비우스는 아는 바대로

문장의 힘과 서술의 공평함에서 제1급의 역사가다. 그가 그나이

우스 폼페이우스를 너무나 찬양하여 아우구스투스로부터 폼페

이우스당이라고 불릴 정도였으나, 그렇다고 아우구스투스와 리

비우스의 우정은 전혀 손상되지 않았다"고 하며 자기를 변호했다

고 기록했다(『타키투스의 연대기』, 4권34장). 당대의 폼페이우스파는

공화파를 뜻했다.

　　마키아벨리는 앞서 소개한 타키투스와 상당히 달랐지만 강

력한 리더십을 주장한 점에서는 일치했음을 『리비우스 강연』3권

6장과 19장 등에서 밝히고 있다. 즉, 타키투스는 리비우스처럼 공

- 마르쿠스 유니우스 브루투스 또는 퀸투스 세르빌리우스 카이피오 브루투스는 로마 공화정 말기의 정치인으로, 율리우스 카이사르의 암살자 중 중요한 역할을 맡은 사람으로 유명하다. 암살 직후 브루투스는 "폭군은 죽었다(Sic semper tyrannis)!", "자유가 회복되었다!"고 외치며 원로원 회의장 밖으로 나왔지만, 누구도 호응하지 않았다. 브루투스는 성난 군중을 피해 로마에서 이탈리아 이곳저곳으로 다니다가 나중에 안토니우스와 타협하여 마케도니아 속주 총독 자격으로 망명하듯 떠났다. 그 뒤 안토니우스-옥타비아누스 군과 싸워 패하고 자살했다.
- 가이우스 카시우스 롱기누스는 로마 공화정 말기의 정치인이자 군인으로 율리우스 카이사르 암살의 주동자이며, 마르쿠스 브루투스의 매제로 뒤에 자살했다.
- 코르두스는 로마의 역사가다.

화정을 좋아했지만 리더십에서는 리비우스와 달리 강력한 리더십을 주장했다는 것이다.

『도시가 세워지고부터』 최초의 5권이 언제 집필되고 출판되었느냐에 대해서는 1권 19장의 야누스 신전의 문에 관한 설명을 통해 기원전 27년부터 25년 사이라고 짐작할 수 있다. 따라서 그가 죽기(17년으로 본다면) 직전까지 집필했다면, 그 책은 40년 이상에 걸쳐 쓴 셈이다. 그런 만큼 리비우스의 명성은 그가 살아 있을 때부터 널리 알려졌다.

2
리비우스가 쓴 로마사:
『도시가 세워지고부터』 1권

『도시가 세워지고부터』는 어떤 책인가?

리비우스의 저작으로는 『도시가 세워지고부터』의 일부만
이 전해진다. 원래는 150권으로 구상되었으나 142권이 집필
되었고, 지금은 일부인 35권(최초 10권과 21~45권)만이 전해진
다. 원저는 트로이 영웅 안테노르^{Antenor}●와 아에네아스^{Aeneas}가

● 안테노르는 트로이 전쟁 당시 트로이의 왕 프리아모스의 신하로, 트로이인의
  장로(長老) 중 한 사람이다. 하지만, 호메로스 이후의 전설에서는 트로이의 배
  신자로 묘사된다. 즉, 트로이의 성문을 그리스 군에게 열어 주고 횃불로 신호를
  보내 그리스 군의 도시 함락을 돕는 인물로 나오는데, 그리스 군이 트로이를 약
  탈할 때 그의 집에는 표범 가죽을 걸어 놓아서 약탈을 면했다고 한다. 그 후 전
  설에서 안테노르의 행적에 대하여는 여러 가지 설이 있는데, 트로이의 도시를
  재건했다고도 하고 리비아의 퀴레네에 가서 정착했다고도 하며 이탈리아로 가
  서 파도바를 건설했다고도 한다. 단테는 그의 『신곡』에서 안테노르를 배신자의
  대명사로, 지옥에 있는 제9원의 두 번째 지역명을 안테노라라고 명명했다.

조국 멸망 후 이탈리아 반도에 건너온 시점부터 티베리우스 클라우디우스 네로[**]의 동생인 네로 클라우디우스 드루수스Nero Claudius Drusus Germanicus, 기원전38~9[❖]의 죽음까지의 로마 역사를 다룬다.

리비우스는 책 전체를 구상하면서 5권마다(이를 펜타데Pentade라고 한다) 또는 10권마다(이를 데카데Dekade라고 한다) 내용을 어느 정도 간추리고자 했다. 1권 앞에 긴 서문이 붙어 있는 것은 그래서다. 마찬가지로 6권, 21권, 31권에 짧은 서문이 각각 붙어 있다. 마키아벨리가 다룬 것은 1~10권이므로, 아래에서는 그 부분만을 언급한다.

1권은 왕정, 2권부터는 공화정을 다루었다. 2~5권은 공화정의 시작(기원전509)부터 갈리아인[❉]의 로마 점거(기원전390)까지, 6~10권은 점거로부터 해방되어 재생된 로마가 이탈리아 반도에 패권을 확대한 기원전 293년까지의 역사를 다루었다. 이상이 마키아벨리에 의해 강연된 부분임은 앞에서도 말했다.

리비우스는 『도시가 세워지고부터』를 낸 뒤에, 세네카가 그의 관대함을 찬양하고, 타키투스가 그를 오래된 웅변가 중 최고로 칭송했으며, 쿠인틸리아누스가 그를 헤로도토스에 비교할 정

[**] 티베리우스 황제가 아우구스투스의 양자로 들어가기 전 이름이다.
[❖] 네로 클라우디우스 드루수스는 흔히 드루수스로 불리는 고대 로마의 군인이었다.
[❉] 갈리아인은 기원전 6세기부터 갈리아(현재의 북이탈리아, 프랑스, 벨기에 일대)에 살던 켈트인을 말한다. 갈리아 전역을 평정하여 로마 영토로 만든 사람은 기원전 58년부터 51년까지 갈리아 전쟁을 수행한 카이사르였다.

도로 유명인사가 되었지만, 그 책을 쓸 당시에는 자신이 유명하게 되리라고 자신한 것 같지 않았음을 그 서문에서 볼 수 있다.[*] 서문은 다음과 같이 시작한다(원문은 시적인 리듬에 따른 산문이지만 번역에서 이를 살리지 못한 점은 독자의 양해를 구한다).

> 만약 로마 인민의 역사를 도시의 출발부터 서술한다고 해도 그것이 노력에 적합한 가치 있는 작업을 하게 되는 것인지 나로서는 충분히 알지도 못하고, 안다고 해도 감히 말할 수 없을 것입니다. 왜냐하면 그 역사란 옛날부터 광범하게 행해져 온 것이고, 새롭게 나타난 사람들은 사실의 정확한 제시나 뛰어난 옛 방식에 자부심을 가질 것이기 때문입니다. 여하튼 세계에 으뜸가는 로마 인민의 업적을 기억하기 위해 나 자신도 어느 정도의 노력이 가능하기 때문에 큰 기쁨이 될 것입니다. 기라성 같은 역사가들의 일원이 될 수 있다면 나의 평판은 드러나지 않을지 모릅니다. 그러나 나에게서 명성을 뺏는 것이, 그들의 고귀한 출신이나 지위라고 한다면 받아들일 수밖에 없습니다.

그렇다면 "세계에서 으뜸가는 로마"에 대한 리비우스의 구체적인 이미지는 어떤 것일까? 이는 다음 문장에서 읽을 수 있다.

- 서문에서 역사 서술의 범위와 목적을 설명하는 것은 헤로도토스의 『역사』 이래 전통이다.

만일 어느 민족에게 스스로의 시원을 신성화하고 창시자를 신으로 보는 것이 허용된다면, 그것은 우리 로마의 인민 이외에 다른 민족이 아닐 것입니다. 우리가 손댄 전쟁의 영광은 굉장히 거대하고 로마가 다름 아닌 마르스신**을 국가의 선조, 건국자의 아버지♣라고 불러도 다른 민족은 로마의 지배를 받는 것과 같이 그 주장을 나아가 받아들일 것입니다.

이처럼 리비우스는 건국 당시의 로마를 찬양한 반면, 자신이 살았던 당시의 로마에 대해서 지극히 비판적이었음을 다음 문장에서 볼 수 있다.

처음에는 사소한 시작에 불과했던 국가가 지금은 참을 수 없을 정도로 거대하게 되었습니다. 또 대부분의 독자에게 로마의 기원과 초기 사건 등은 흥미 밖이고, 그들이 관심을 갖는 것은 이 무적의 국가가 계속 내부 항쟁을 되풀이 하는 시대임이 틀림없습니다. (…) 각자가 다음과 같은 것에 진지하게 생각하기 바랍니다. 즉, 사람들의 삶이나 도덕과 같은 것이 어떠했는가? 로마의 지배권은 어떤 자들에 의해 획득되고 확대되었는가? 또 평시와 전시는 어떠했는가? 나아가 규율이 서서히 이완됨에 따라 도덕이 어떻게 황폐해졌는지

•• 로마 신화에 나오는 전쟁과 농경의 신. 그리스 신화의 아레스와 같다.

♣ 로마 건국 신화에서 로마 건국자 로물루스는 마르스신과 웨스터의 무녀 레아 실비아 사이에서 태어난 쌍둥이 중 한 사람이었다.

관심을 갖기 바랍니다. 그것은 먼저 집이 흔들리기 시작하여 결국 서서히 기울고 무너지기 직전에 우리의 시대, 즉 우리가 결함을 고쳐도 스스로 이겨낼 수 없게 된 이 시대에 이르렀습니다.

이는 리비우스가 그 책을 쓴 이유에도 해당된다. 이처럼 그의 역사관은 비관적이었지만, 바로 그렇기 때문에 역사를 교훈으로 공부할 필요가 있다고 역설한다.

빛나는 역사의 기념비에 새겨진 모든 종류의 사적을 교훈으로 보는 것은 역사를 배우는 데 매우 의미 있고 유익한 것입니다. 역사를 밟으며 여러분과 여러분의 나라에 배워야 할 것이 있다면 그것을 선택하십시오. 그리고 혐오스럽게 시작하고 끝나는 것이 있으면 그것을 피하십시오.

그렇다면 리비우스는 어떻게 역사를 교훈으로 전했을까? 그는 역사적 사실만을 독자에게 전하려고 했을까? 이에 대해 그는 다음과 같이 말한다.

로마 건국이나 그 전의 사건에 대해서는 정확한 사료에 의해서가 아니라, 도리어 다분히 시적인 윤색이 가해진 이야기에 의해 전해지고 있으나, 나는 그것을 모두 받아들일 생각도, 모두 거부할 생각도 없습니다.

이는 역사가의 태도로써는 당연한 것이지만, 뒤에서 이러한 태도는 신화 시대에 한정되지 않음을 알 수 있다. 그는 종종 '믿는 다credo', '정설이 없다non satis constat', '사람들이 말한다ferunt', '라고 전해진다raditur'는 표현을 사용하는데, 이는 근거가 되는 사료가 불충분한 경우에도 사용하지만 정치적으로나 역사적으로 견해가 나누어지는 경우에도 자신의 판단을 유보하기 위해 사용하기도 한다. 이러한 태도는 키케로 류의 무미건조한 역사서에 비해 이야 기의 자유를 확보하기 위한 것이기도 했다.

키케로는 현대인과 같이 역사와 시를 각각 다른 원칙을 갖는 것으로 구분했다. 즉, "역사에서는 진실인가 아닌가가 판단의 기준이 되지만, 시에서는 거의 모든 것이 즐거운가 아닌가가 기준이 된다"고 했다(『법률론』, 1권 5절). 그러나 리비우스를 염두에 둔 수사학자 퀸틸리아누스는 "역사는 시에 매우 가깝다. 즉, 운율의 구속에 없는 시가 역사다. 역사를 쓴다는 것은 무엇인가를 이야기하기 위해서지, 사람들을 설득하기 위해서가 아니다"라고 했다. 퀸틸리아누스는 리비우스의 문장에는 "놀라운 호소력과 청정한 투명성이 있다. 또 연설에는 필설로 다할 수 없는 설득력이 있다. 말해진 낱말은 모두 상황과 인물의 성격에 과부족 없이 적합하다. 감정표현, 특히 정감에 대해서는 아무리 절제하여 말해도 어떤 역사가도 비교될 수 없다(변론가의 교육 10권 1장)"고 했다.

로마사를 이해하기 위한 몇 가지 주의 사항

여기서 리비우스의 책을 검토하기 전에 로마사에 대한 간단한 소개가 필요하다. 로마사는 흔히 왕정기, 공화정기, 제정기로 나뉜다. 그러나 미국 홀리 크로스 대학의 고전학 교수인 마틴에 의하면 로마인들 자신은 로마사에서 단 하나, 즉 기원전 6세기 말에 왕정을 폐지한 것만이 중요하다고 보고, 그 뒤의 체제는 끝까지 공화제라고 보았다(『고대로마사』, 13쪽). 지금 우리가 초대 황제라고 부르는 아우구스투스를 로마인들은 공화정의 제1시민인 프린켑스princeps라고 부르고, 이를 원수라고 번역하여 당시 정치를 원수정*이라고도 한다. 마키아벨리가 쓴 『군주론』의 군주라는 것도 원래는 프린켑스였다. 그래서 그 책 자체가 공화정에 대해 쓴 책이라고 보는 견해도 있다.

먼저 왕정기에는 사실이라고 볼 수 있는 증거가 거의 없고 전설이 대부분이라는 점을 주의해야 한다. 그러나 그 전설을 17세기까지 유럽인 대부분은 사실로 믿었다. 마키아벨리도, 비코도 믿었다. 물론 믿을 수 없다고 하는 사람들도 당연히 나타났다. 두 입장 간의 오래되고 치열한 논쟁에 대해서는 여기서 언급할 필요가

* 고대 로마에서 옥타비아누스가 시작하여 확립한 정치 체제로 공화제의 전통을 살린 제정(帝政), 즉 황제가 제1인자 또는 원수라 불리고 원로원에서 여러 가지 권한을 위탁받아 통치한 것을 말한다.

없다.** 여하튼 왕정기에 대해 우리가 분명히 알 수 있는 것은 거의 없으나, 그 "전설들은 후대 로마인들이 그들의 기원에 대하여 가졌던 중요한 생각들을 잘 보여 준다." "또한 로마인들이 공화정 제도 아래에서 어떻게 사회와 정치를 구축했는지 그 방법을 설명해 준다(『고대로마사』, 70쪽)."

또 로마인은 법적으로 귀족과 인민으로 구분되었고, 그들 사이의 투쟁이 로마 역사라는 점을 반드시 기억할 필요가 있다. 귀족은 인구 중 소수로써 약 130개의 가문이었다. 그 특정 가문들이 어떻게 귀족이 되었는지는 알려져 있지 않지만, 로마사의 전개와 함께 귀족 계급이 생겨났음은 분명하다. 처음에는 종교 의례 집전의 독점권으로 시작하여 점차 세속적 특권까지 향유하는 지도자가 되었을 것이다. 그들은 대규모 부하를 데리고 전쟁에 참가하여 지휘관 노릇도 했다. 가령 리비우스는 『도시가 세워지고부터』 2권 48~49장에서 기원전 479년, 국가가 전쟁에 정규군을 파악한 탓으로 이웃 도시인 베이이Veii와 싸울 수 없었을 때 파비우스 가문Fabia gens✤✤이 306명의 추종자를 데리고 전쟁을 수행했지만 모두 전사했다고 전하는데, 이는 가문의 막강한 영향력을 웅변한다.

귀족은 공식적으로 명예로운 가문의 일원이라는 뜻일 뿐 직접적인 특권은 갖지 않았으나, 권력에 쉽게 접근할 수 있는 특권과 계속

** 이에 대해서는 허승일이 쓴 『로마 공화정』에서 1~9쪽을 참조하기 바란다.
✤✤ 고대 로마의 대 귀족 가문이었다.

체사레 마카리의 「키케로의 연설(1889)」, 이탈리아 마다마궁 소장

되는 정복 전쟁으로 인한 전리품 확보, 그리고 정치적 유력자로서 주변에 모이는 사람 등을 활용해 결과적으로 거대한 정치 집단이 되었다. 그리고 일부 인민 계층은 호민관-원로원-집정관-사령관이라는 출세 사다리를 타서 유력 가문이 되는 이른바 인민 귀족까지 등장했다. 이 인민 귀족은 신참자라는 의미의 노블레스라고 불렸고, 이것이 후에 귀족을 의미하는 '노블noble'의 어원이 되었다.

　인민 중에도 상당한 재산 소유자로 공적 생활에 중요한 역할을 행사하는 자도 있었지만 어디까지나 예외적이었고 대부분은 가난했다. 인민은 귀족이 독점한 고위직에 진출할 기회를 요구하며 갈등을 빚었지만 리비우스 이래 이 점을 특히 강조한 점에 대해서는 최근 비판이 있다. 즉, 갈등의 더 큰 요인은 사회적이고 경제적이라는 것이다. 로마의 인구가 늘면서 빈민이 늘어나자 그들에게는 더 많은 땅이 필요했다. 그러나 토지를 지배하는 귀족은 고리로 돈을 빌려주어 막대한 이익을 얻었다. 이에 불만을 품은 빈민은 도시의 신성한 경계선으로 이탈하여 농성을 하며 인민군 근무를 거부했다. 그러자 로마는 위기에 빠졌다. 그래서 귀족과 인민의 상호 보호를 규정한 최초의 로마 성문법인 12표법*이 만들어졌다. 그러나 이는 타협의 산물이지 인민의 이해를 분명하게 보호한 것이 아니었다.

여하튼 귀족과 인민은 옷을 통해서도 구별되었다. 인민이나

- 12표법(十二表法, Leges Duodecim Tabularum, Duodecim Tabulae)은 로마법의 기초를 이룬 고대 로마의 성문법으로, 로마 공화정 정체(政體)의 중심이자 로마적 전통(Mos Maiorum)의 근간이었다. 로마의 학생들은 12표법의 원문을 암기해야 했다고 하는데, 이로 보아 구두로도 전승된 듯하다. 리비우스는 12표법이 모든 사법과 공법의 원천(fons omnis publici privatique iuris)이었다고 주장했고, 키케로는 그것이 로마법의 몸체였다고 말한 바 있다. 고대 로마의 역사가 리비우스의 반(半)전설적인 기록에 따르면 초기 로마 공화정의 법은 최고 제사장(Pontifex Maximus)과 귀족 계급만 알 수 있었으며, 특히 인민에게 매우 불리하게 적용됐다고 한다. 테렌틸리우스(Terentilius)는 기원전 462년에 인민도 법에 대해 알 수 있도록 법전을 편찬할 것을 요구했다. 귀족들은 이러한 요구를 오랫동안 묵살했지만, 기원전 450년경에 10인 입법 위원회(Decemviri)가 구성되어 법전을 편찬하기 위한 작업을 시작했다. 이들은 솔론의 법으로 유명한 아테네 등 그리스의 여러 도시 국가에 시찰단을 보내어 이들의 제도를 배워 왔다. 현대 학자들은 로마의 시찰단이 그리스 본토에 간 게 아니라, 이탈리아 남부(마그나 그라이키아)의 그리스 도시들만 방문했으리라 보고 있다. 10인 입법 위원회는 기원전 450년에 10개의 조항으로 구성된 법전을 만들었다. 기원전 449년에 두 번째로 선임된 10인 입법 위원들은 성산 사건에서 원로원과 인민 계급이 합의한 대로 2개의 조항을 더 추가했다. 이로써 12표법이 완성됐고, 법은 상아로 된 판에(리비우스는 동판에 새겨졌다고 했다) 새겨져 광장에 놓였다. 하지만 원본은 현재 전해지지 않는다. 기원전 390년에 켈트인의 습격으로 파괴됐다.

노예는 조잡하고 어두운 색의 직물로 된 두루마기인 튜니카tunica 를 입었고, 귀족은 리넨이나 흰 양털로 된 튜니카를 입었다. 기사 계급이나 정무관은 자주색 장식이 있는 튜니카를 입었고, 원로원 의원은 넓고 붉은 줄이 있는 튜니카를 입었다. 군용 튜니카는 민 간인 옷보다 더 짧았다.

신발도 신분에 따라 달랐다. 귀족은 붉은색 혹은 주황색 샌들 을 신었고, 원로원 의원은 갈색 신발, 집정관은 하얀 구두, 병사는 무거운 장화를 신었다. 남성은 보통 토가를, 여성은 스톨라를 입 었다. 여성의 스톨라stola는 토가와 차이가 있으며, 보통 밝은 색이 었다. 로마인들은 병사들이 북방 국경에서 쓸 수 있도록 양말을 만들었으며, 때로는 샌들에 양말을 신기도 했다.

왕정기에 인민은 왕에게 복종했지만 상류층은 왕을 증오했 고 결국 공화정을 수립했다. '공화정'이란 라틴어 레스 푸블리카 res publica의 번역어인데, 이 말은 원래 '인민의 것' '인민의 일' 또 는 '인민의 부'를 뜻했다. 즉, 사적 문제나 사유 재산과 반대되는 뜻으로 공적 문제와 공동의 재산을 가리켰다. 이 말이 로마의 통 치 형태를 일컫게 되어 역사적으로 기원전 5~4세기에 발전한 로 마의 공화정을 뜻하게 되었다. 즉, 로마가 인민의 동의와 이해관계 를 전제로 하여 인민에 의해 구성되고 인민을 위해 존재한다는 것 이다. 그러나 로마 공화정은 과두정의 성격으로 민주주의와는 거 리가 멀었고, 귀족들이 통치 행위를 균등하게 분담하되, 귀족 계층 이 권력을 전횡하지 못하게 억제하는 법과 제도를 두는 형태였다.

로마는 왕정으로 시작하지만 세습 왕조에 의한 것은 아니고 마키아벨리가 말한 인민형 군주제였다. 그러나 이는 로마의 우수성이라기보다 지리적 특성에 의한 것으로 이해해야 한다. 가령 중동은 넓게 펼쳐진 평야 지대를 기반으로 잡아 도시 국가보다 하나의 커다란 국가를 형성하여 그것을 효과적으로 관리하기 위해 한 명에게 권력을 몰아주고, 그 세습을 인정하는 왕조가 등장하였다. 하지만 그리스나 이탈리아와 같은 지역은 대규모 평야 지대보다 하나의 도시에 그들만의 정부가 있는 도시 국가들이었는데, 이는 넓은 평야가 펼쳐진 중동과 달리 산과 분지로 이루어진 데다 수많은 인종이 뒤섞여 살고 있었기 때문에 한 명에게 권력을 몰아주거나 그 세습을 인정하기 어려웠다.

도시 국가에서는 전쟁을 수행하기 위해 도시의 농민들을 소집하여 인민군을 구성한 뒤 싸웠고, 전쟁이 끝난 뒤에는 병사들이 농민으로 농사를 지었다. 로마도 마찬가지로 농민들이 곧 군인인 세계였고, 이들은 무기와 장구를 스스로 조달하였다. 따라서 인민은 자신들의 역할이 나라의 흥망에 결정적이라는 것을 알았고, 정부에 전리품의 분배와 같은 그들의 권리를 요구했다. 그래서 하나의 왕조가 세습적으로 농민 위에 군림하는 전제 방식이 전혀 통하지 않았다.

또한 많은 귀족들은 이러한 인민과 영합하여 자신들의 정치적 영향력을 키우려고 했고, 그것을 잘하는 귀족들의 영향력은 왕을 능가했다. 로마 역사에 나오는 공화정을 수립했다고 하는 루키우스 유니우스 브루투스Lucius Iunius Brutus, 545?~509?가 그 대표적인 예고,

아테네에서는 솔론Solon, 기원전638경~558●과 같은 사람이 그러했다.

그 후, 그리스에서는 유력 귀족에 의한 과두정과 인민이 투표로 정치 현안을 결정하는 민주정이 대두했고, 로마에서도 기원전 500년경 왕정이 붕괴되었다. 그러나 로마에는 특유의 귀족(파트로네스)과 인민(클리엔테스)의 씨족 연맹 전통이 있었기 때문에 귀족들이 계속 영향력을 유지하였다. 그래서 로마에서는 공화정이 수립된 뒤에도 강력한 귀족 집단이 존재하여 귀족과 인민의 반목이 끊임없이 이어졌다. 귀족과 인민의 대립은 끝까지 로마의 문제가 되어 로마 멸망을 초래하는 가장 중요한 요인이 되었다.

특히 전리품과 획득한 영토의 배분을 둘러싼 반목이 심했다. 귀족들은 특권을 이용하여 전리품 가운데 가장 값나가는 것과 기름진 땅을 먼저 차지하고 나머지만 인민에게 분배했다. 또한 전쟁하는 동안 황폐해진 농토를 복구하는 데 필요한 자금을 인민에게 높은 이자로 빌려 주고, 이를 갚지 못하면 영토를 몰수한 뒤 노예로 삼았다.

이러한 귀족의 횡포에 맞서 인민은 전쟁 수행을 거부했고, 군대에 인민이 빠지자 성은 켈트족에게 함락되었다. 결국 인민의 권리를 수호하는 호민관이라는 직책과 인민 집회가 생겨났고, 법적으로 인민과 귀족의 차이점을 없앴다. 여성이나 외국인의 법적 지

● 솔론은 고대 그리스 아테네의 정치가이자 입법자이자 시인이다. 기원전 594년에 아테네 인민에 의해 정치 개혁을 위한 집행 조정자로 뽑혀, 토지 생산물의 많고 적음에 따라 인민을 4등급으로 나누고, 각 등급에 따라 참정권과 군사 의무를 정했다. 솔론의 개혁은 단기적으로 실패했으나 아테네 민주정의 기초를 세웠다는 평가를 받는다.

위는 낮았고 노예제가 있었으므로 평등 국가였다고 할 수 없지만, 중세 유럽처럼 인민과 귀족 사이의 계급 장벽이 일단 법적으로 절대적이지 않았다. 극히 예외적으로 해방 노예라는 신분을 거쳐 인민이 되는 노예도 있었지만, 노예제는 일반적으로 존재했다.

공화정의 가장 중요한 구성 요소는 "선출된 관리들과 투표권을 가진 민회들(『고대로마사』, 72쪽)"이었다. 로마인은 오늘날의 '헌법'을 갖지는 않았으나 그 실질적인 '헌정'을 가졌음에 틀림없다. 그 헌정을 로마인들은 포풀루스 로마누스populus Romanus라고 불렀으나 그것은 오늘날의 민주주의와 같은 것이 아니었다. 언제나 상류 계급이 지배했기 때문이다. 따라서 로마 공화정은 과두정에 가까웠다. 귀족들이 통치 행위를 균등하게 분담하되, 귀족 계층이 권력을 전횡하지 못하게 하는 법과 제도를 두는 형태였다.

왕정부터 로마사 전체를 통해 이해해야 할 또 하나는 이웃 민족을 로마 인구로 편입시키고, 그들과 군사적으로 협력하는 동맹을 맺어 나라를 확대했다는 점이다. 로마인은 건국 이후 주변의 작은 마을들을 조금씩 점령한 뒤, 이들을 로마에 강제 이주시키는 방식으로 인구를 불렸다. 이러한 외국인 포섭 정책은 로마인의 특유한 대외 정책으로써 당시 그리스를 비롯하여 어떤 사회에서도 적용하지 않았다. 그리스에서는 그 출신이 아니면 인민이 될 수 없었다.

또 노예에게 자유민이 될 기회를 준 것도 로마의 특징이었다. 이는 그리스 등에서 노예가 해방되어도 영주권을 가진 외국인에 불과했던 것과 큰 차이다. 그 결과 기원전 600년 즈음엔 인구가 3만

명 정도로 증가하게 되는데, 이에 맞춰 로마는 세르비우스 성벽이라는 7개 언덕 전체를 두르는 커다란 성벽을 축성했다. 이는 율리우스 카이사르가 철거할 때까지 로마의 성벽이 되었다. 그리고 마침내 지중해를 지배하는 로마 제국이 되었다.

『도시가 세워지고부터』 1권: 로마의 건국

리비우스의 『도시가 세워지고부터』 1권은 전통적으로 기원전 753년으로 보는 로마 건국부터 기원전 509년 왕정이 끝날 때까지를 다루고 있다. 이 시기는 본래 사료가 부족한 부분이므로 신화나 전설에 의존하기 쉽다. 리비우스도 상당히 자유롭게 설명한다. 여기에서는 리비우스 서술의 특징만을 간단히 언급한다.

리비우스가 전하는 전설에 따르면, 호메로스의 서사시 『일리어스』에 나오는 트로이 전쟁에서 트로이가 함락된 뒤 두 트로이의 왕자는 포로로 잡혔고, 두 왕자가 그리스에 우호적이었던 것을 기억했던 그리스인은 두 왕자를 이탈리아에 정착하도록 도와주었다. 두 왕자 중에 한 명이 바로 트로이의 영웅 아에네아스로서, 그는 아버지와 아들을 데리고 신의 명령에 따라 중부 이탈리아 라티움Latium에 정착한다. 그는 그곳의 왕 라티누스Latinus를 만났고, 그의 딸 라비니아Lavinia에게 구애하던 선주민과 전쟁을 벌여 승리했다. 그리고 라비니아와 결혼하여 새 아내를 기려 라비니움 Lavinium이라는 도시를 건설한다.

아에네아스가 사망한 후 그의 아들 아스카니우스Ascanius 혹은 Iulus는 라비니움을 떠나 로마의 남동쪽에 위치한 알바 산기슭에 새로운 도시 알바 롱가를 건설한다. 아스카니우스 이후 12대 알바 왕인 프로카스의 두 아들인 누미토르Numitor와 아물리우스Amulius 는 왕위 계승을 놓고 암투를 벌인다. 승리한 아물리우스는 누미토 르를 감옥에 가두고, 그의 딸 레아 실비아Rhea silvia, 또는 Ilia를 독신 으로 살아야 하는 베스타Vesta의 무녀로 만든다. 베스타의 무녀는 평생을 동정녀로 살아야 했는데, 그녀는 물을 긷기 위해 숲에 갔 다가 군신 마르스의 눈에 띄어 겁탈을 당하고 쌍둥이 형제 로물루 스Romulus, 기원전?~717, 재위 기원전 753?~716?와 레무스Remus, 기원전770 경~753경를 출산하게 된다.

이 소식은 아물리우스의 귀에 들어갔고, 그는 처녀로 지내야 할 여사제의 출산에 분노하여 쌍둥이를 테베레 강에 내버리도록 하였다. 쌍둥이는 로마 근처에서 암늑대에 의해 발견되어 늑대의 젖을 먹고 자랐고, 이후 목동 파우스툴루스가 이들을 데려다 키웠 다. 쌍둥이는 목동의 아들로 성장하며 주변 양치기의 리더가 되었 고, 우연히 왕위 계승에 밀려난 누미토르를 만나 그와 혈연임을 알 게 된다. 누미토르의 사주로 이들은 아물리우스를 죽이고 누미토 르는 알비 롱가의 왕이 된다. 그 뒤 누미토르의 도움으로 둘은 그들 무리와 함께 7개의 언덕에 있는 로마에 정착하여 도시를 세운다.

로물루스와 레무스에게 젖을 먹이는 늑대 청동상

　　로마 제국은 이탈리아 중부의 테베레 강을 따라 팔라티누스 언덕의 마을에서 시작되었다. 로마는 리비우스가 언급한 것처럼 "도시로 성장할 조건을 두루 갖춘 독특한 터"를 보유하고 있었다 (도시1권5장). 팔라티누스 언덕과 주변 언덕은 방어에 유리하며, 주변에는 비옥한 평원이 펼쳐져 있었다. 이탈리아의 한가운데에 입지한 덕분에 로마는 교통의 요충지가 될 수 있었으며, 교통로로 유용했던 테베레 강은 로마 쪽 강 한복판에 섬이 있어서 강 위에 다리를 수월하게 놓을 수 있었다. 또한 응회암, 온천 침전물, 포석, 화산회 등 좋은 건축 자재가 널려 있었다. 이런 자연 환경은 도시의 발달에 중요한 역할을 했다.

　　로물루스와 레무스는 각각의 언덕 위에 정착하였으나 말다툼을 벌이다 로물루스가 레무스를 죽이고 유일한 통치자가 된다. 로물루스의 통치하에 군대를 조직한 신생 도시 로마는 여성이 부족해지자 사비니족 마을에서 여자들을 약탈하여 새 도시의 대를 잇는다.

앞서 말한 것처럼 로마에는 7개 언덕이 있었는데, 로마로 이주한 사람들은 언덕 꼭대기에서 살았다. 당시 사람들은 방어적 측면에서 언덕 꼭대기에서 사는 것을 선호하였다. 그렇다고 모두 처음부터 7개 언덕에 이주한 것은 아니고 다른 부족을 통합하면서 그 부족에게 언덕을 하나씩 내주었다. 로물루스는 팔라티누스 언덕을 기반으로 세력을 확장하고, 야산 로마인으로 불리던 퀴리날레 로마인을 통합하였다. 이후 사비니족 등을 통합하였고 카피톨리노 언덕과 벨리안 언덕 사이에 있던 늪지대의 물을 뺀 다음 땅을 다지고 그곳에 포룸 로마눔Forum Romanum을 건설한다. 이 두 언덕은 로물루스 · 레무스가 이주했다는 곳으로, 두 언덕 사이에 있던 부족들이 가장 최고참이었으므로 두 언덕 사이의 땅에 포룸을 건설한 것이다. 포룸 로마눔에선 모든 종류의 공직 활동이 이루어졌다.

이상의 이야기는 기원전 3세기 말에 시인들과 역사가들이 각각 라틴, 에트루리아, 그리스에서 유래한 여러 다른 이야기를 독창적으로 잘라 내고 짜 맞추어 지어낸 것이라고 하지만, 리비우스는 『도시가 세워지고부터』 1권 1장에서 3장까지 서술한다. 그 후 2000년 이상 지난 지금도 시오노 나나미가 『로마인 이야기』 1권에서 그대로 묘사하는 것을 보면 리비우스를 탓할 것도 못된다.

로마 광장(위)과 자크 루이 다비드의 「사비니 여인들의 중재(1799)」(아래)

로물루스는 카피톨리노 언덕을 피난처로 정하고 각지에서 모여든(죄를 지어 도망 온) 사람들을 수용했으므로 인구가 급격히 증가했다. 주로 도망자들이었기 때문에 이곳에는 여자가 거의 없었다. 그래서 이웃 부족에게 그곳 여자들과 결혼할 권리를 요청했으나 모두 거부당했다. 그래서 로물루스는 이웃에 살던 사비니족을 제례에 초대하고 계획적으로 처녀들을 약탈했다. 격노한 사비니족의 왕 타티우스가 로마로 쳐들어갔으나 사비니족 처녀들의 중재*로 극적 화의에 이르러, 타티우스와 로물루스가 함께 로마를 통치하게 된다. 이는 로마 역사가 전쟁과 협상을 통한 외부인의 편입과 확장의 역사임을 보여 준다.

　　리비우스는 37년간 통치하던 로물루스가 기원전 716년에 맹렬한 폭풍우와 함께 사라졌는데, 이에 인민은 상류 계급 측근이 왕을 살해하고 시신을 감추었다고 의심하여 폭동을 일으키려고 했다고 전한다. 결국 측근이 나와 로물루스가 자신에게 로마는 신의 뜻에 따라 세계의 수도가 되니 병사가 되는 법을 배우라고 전하라 했다고 말하여 군중을 진정시켰다고 한다(도시1권16장). 이는 귀족과 인민 사이의 갈등이 로마 초창기부터 중요한 부분이었음을 말해 준다.

　　위에서 본 신화와 달리 고고학적으로 이 땅에 사람들이 살기 시작한 때는 전설에서 말하는 것보다 더 빠르며, 기원전 8세기 혹

---

* "이곳에 아버님이 부모에게 데려다 주어야 할 딸은 더 이상 없으며, 아버님은 이제 남편에게서 아내를, 아이들에게서 어미를 떼어 놓고자 하는 것입니다."

은 9세기경 북방에서 이탈리아 반도로 이주해 온 민족이 테베레 강 하구에 정착한 것을 로마의 시초로 추정하고 있다. 로마에는 기원전 800년 이전에도 소규모 촌락의 흔적이 있었는데, 이것이 로마인의 뿌리로 보이는 것이다. 이때 로마인은 흙과 밀짚을 엮은 초가 같은 집에서 살았는데, 당시 이미 으리으리한 궁전을 짓던 동방의 도시들에 비하면 한줌밖에 안 되는 마을에 지나지 않았다. 기원전 8세기부터 시작되는 철기 시대의 유적은 팔라티누스 언덕에서 발견되었지만 전설과 사실은 꼭 일치하지 않는다. 로마는 라틴족의 도시 국가 건설로부터 출발했다는 것을 사실로 여기고 있다.

로마인은 거창한 신화와 달리 부랑자, 난민이 모인 집단이었을 가능성도 있는데, 이는 앞서 말한 '사비니 여인의 노략 신화'가 보여 준다. 또 로마 시가 주변 도시에 비해 건국 시점이 상당히 늦었고, 시의 발전이 강력한 집단의 조직적 도시 건설 계획으로 이루어진 것이 아니라 밖에서 유입된 인구 증가에 맞춰 그때그때 필요한 시설을 건설한 것으로 보인다는 점에서도 그러하다.

리비우스도 대체로 이상과 같이 설명하지만 의심되는 부분을 지적하기도 한다. 가령 로물루스와 레무스가 암늑대에 의해 키워졌다는 부분은 진실성이 의심스럽다고 말한다(도시1권4장). 그러나 "위대한 도시 로마의 탄생과 신들의 힘에 육박하는 지배권의 기원을 운명에 의해 정해진 것에 틀림없다"라고 보는 점에서 과학적으로 보기는 힘들다.

『도시가 세워지고부터』 1권: 로마 왕정

리비우스나 플루타르코스Plutarch, 46~120*, 할리카르나소스의 디오니시오스Dionysios Halicarnassos** 등이 기록한 로마 역사에 대한 고대 자료에 따르면, 초기 로마는 7명의 왕이 지배했다고 한다. 처음 4명의 왕은 라틴족과 사비니족 출신의 로물루스, 누마 폼필리우스, 툴루스 호스틸리우스, 앙쿠스 마르키우스였다. 마지막 3명의 왕은 에트루리아인으로 타르퀴니우스 프리스쿠스, 세르비우스 툴리우스, 타르퀴니우스 수페르부스였다. 그리하여 이 시기는 종종 일인정 혹은 왕정 시기라 불린다.

바로Marcus Terentius Varro, 기원전116~27** 가 편찬한 연대기에는

- 플루타르코스는 『플루타르코스 영웅전』의 저자로 널리 알려진 고대 그리스 시대의 철학자 및 정치가 겸 작가다. 『플루타르코스 영웅전』은 고대 그리스와 로마 공화정 및 로마 제국 시기에 널리 알려진 인물들의 위인전으로, 작가는 이 책을 통하여 도덕적인 가치와 실패를 나란히 저술하고자 했다. 이 위인전에는 솔론, 테미스토클레스, 아리스티데스, 페리클레스, 알키비아데스, 니키아스, 데모스테네스, 필로포이멘, 티몰레온, 디온, 알렉산드로스, 에페이로스의 피로스, 가이우스 마리우스, 술라, 로물루스, 폼페이우스, 마르쿠스 안토니우스, 마르쿠스 브루투스, 율리우스 카이사르, 키케로 등의 전기가 실려 있다.

- 할리카르나소스의 디오니시오스는 기원전 20년경에 활동한 그리스 역사학자로, 로마 시에서 선생을 하며 살았던 거류 외국인이었다. 그의 책 『고대 로마사』는 리비우스가 다룬 시기와 같이 기원전 1세기 말까지의 로마사를 서술한다.

- 바로는 고대 로마의 문학가로 공화정 말기의 내란에서 반(反) 카이사르 입장을 취했으나 카이사르 사후에는 연구로 여생을 보냈다. 지리·고대학·법률·철학 등 광범위한 분야에 걸쳐 600권이 넘는 책을 썼으나, 현재 『농사론』, 『라틴어론』(일부), 『풍자기』(일부)만이 전해지고 있다.

이들의 재위 기간을 243년으로 쓰고 있어, 한 사람당 평균 35년씩 재위한 셈이 된다. 때문에 19세기 독일의 역사학자 바르톨트 게오르크 니부어Barthold Georg Niebuhr, 1776~1831 이래 현대 학계에서는 이 기록을 믿지 않는 편이다. 기원전 390년에 갈리아인이 알리아 전투에서 이기고 로마를 점령·약탈하면서 로마의 모든 역사 기록이 유실되었다. 그리하여 왕정 시대의 당대 기록은 남아 있지 않으며, 초기 로마 왕들에 대한 기록은 의문의 여지가 상당하다.

리비우스는 2대 왕 누마 폼필리우스Numa Pompilius, 기원전753~673, 재위 기원전 717~673에 대해 누마가 왕으로 선출되기 직전까지 쿠레스에서 살았고(도시1권18장) 피타고라스에게서 철학을 배웠다는 얘기를 전하지만(도시1권19장), 이에 대해 의문을 제기하고 있다. 기원전 717년에 로물루스가 죽자, 로마 원로원에서는 누마를 새 왕으로 선출하였다. 리비우스는 누마가 쿠레스에서 원로원의 소환을 받은 뒤 어떻게 복점관에게 자신의 즉위에 대한 신의 뜻을 점치게 하였는지 추측하였다. 이에 유피테르Jupiter 신의 답이 나왔으며, 전조는 길하였다.

리비우스에 의하면 누마가 왕이 되고 처음 한 일은 전쟁과 평화를 알리는 야누스 신전을 건설하는 것이었다. 이 신전은 로마 시의 한 구역인 아르길레툼의 아래쪽에 건설되었다. 로마의 이웃 나라와 평화가 확실할 때는 신전의 문이 닫혀 있었다. 누마는 후대에 타고난 지혜와 경건함을 찬사받았는데, 전설에 따르면 요정 에게리아Egéria가 그로 하여금 현명한 입법자가 되게끔 가르쳤다고 한다. 리비우스에 의하면 누마는 또 베스타 처녀 사제를 알바 롱가에서 로마로 데려왔다(도시1권20장).

3대 왕 툴루스 호스틸리우스Tullo Ostilio, 기원전710~641, 재위 기원 전673~641는 전왕 누마 폼필리우스와 달리 호전적이었다. 그는 알바 롱가를 정복해 로마의 종속국으로 삼았고, 피데나이와 베이이, 사비니족과 전쟁을 벌여 승리하였다(도시1권22~30장). 리비우스에 따르면 툴루스는 치세 중에 종교의식을 경시하였으나 치세가 끝날 즈음에 천재지변이 생기고 자신이 병에 걸리자 미신을 숭상했다(도시1권31장).

4대 왕 앙쿠스 마르키우스Ancus Marcius, 기원전675?~616?, 재위 기 원전641?~616?는 사비니족 출신으로 선왕에 이어 주변국과의 잦은 전쟁을 통해 병합해 가면서 로마인의 눈을 밖으로 돌리게 했다.

5대 왕 타르퀴니우스 프리스쿠스Tarquinius Priscus, 기원전650?~579?, 재위 기원전616?~579?는 로마인이 아니라 그리스인과의 혼혈인 에트루리아의 유력자였다. 그러나 혼혈이라는 이유로 본국의 지위 획득이 힘들다고 생각한 아내는 그에게 로마로 갈 것을 권했고, 결국 그는 안쿠스 마르키우스 아들의 후견인이 되었다. 그는 로마에서 세계 최초로 선거 운동을 벌여서 안쿠스가 죽은 뒤 왕위에 올라 도시의 기반을 확충했고, 거대한 유피테르 신전을 세워 인민의 사랑을 받았으나 원로원의 사주로 안쿠스 왕의 아들에 의해 암살당했다. 이후 7대까지의 왕이 모조리 에트루리아인이었기 때문에 일부 역사가들은 이 시기를 에트루리아가 로마를 지배한 시기로 보기도 하지만, 로마가 특정 부족이 다스리는 것이 아니라 여러 부족의 화합하는 것을 보여 준다는 견해도 있다.

6대 왕 세르비우스 툴리우스Servius Tullius, 기원전609?~535?, 재위 기원전579?~535?는 매우 유능한 왕으로 선왕이 착수한 사업을 마무리하고 인민을 재산에 따라 5등급으로 나눈 세르비우스 법령을 제정하여 로마의 정치 제도를 확립시키고 앞서 언급한 세르비우스 성벽을 축성한다.

마지막 7대 왕 타르퀴니우스 수페르부스Tarquinius Superbus, 기원전580?~495, 재위 기원전534?~509?는 원로원이나 민회를 무시하고 어떠한 민주적인 절차도 없이 왕이었던 자신의 아버지인 세르비우스를 죽이고 권력을 잡고 전제적인 통치를 일삼았다. 그가 군사 원정을 하는 동안 아들 섹스투스가 루크레티아Lucretia

베첼리오 티치아노의 「타르퀴니우스와 루크레티아(1570년경)」, 케임브리지 피츠윌리엄 박물관 소장

라는 명문가 귀족의 부인을 강간하는 사건이 터졌다. 루크레티아는 하인을 시켜 전장에 나가 있던 남편과 시아버지, 그녀 집안의 친척이자 왕의 사위인 루키우스 유니우스 브루투스를 부른 뒤 복수를 부탁하고 자결하였다. 이에 브루투스가 로마 인민을 선동하여 폭력 혁명을 일으켜 왕조를 무너뜨리고 공화정 정부를 수립했다(도시1권57~60장).

그러나 250년에 걸친 왕가가 이 한 번의 사건으로 뒤엎어지고 공화정으로 바뀌었다는 것은 학계에서 받아들여지지 않고 있고, 그리스계의 도시와 마찬가지로 왕정 붕괴, 귀족에 의한 공동 통치, 인민에 의한 민주정 수립의 수순으로 점차 민주화되었다고 보는 것이 정설이다. 이렇게 민주화되는 것은 도시 국가들의 특징으로, 이는 도시 국가의 사활이 달린 전쟁을 인민군이 수행하면서 인민의 발언권이 점점 강해졌기 때문에 생긴 현상이었다. 즉, 몇 차례에 걸친 군사적 패배로 사회적 · 경제적 · 정치적으로 쇠퇴하면서 왕정이 몰락했으리라 본다. 당시 에트루리아 세력이 위축되었고, 사비니족 등 산지 부족이 라티움을 침공한 사건도 이와 관련이 있었다.

3

리비우스가 쓴 로마사:
『도시가 세워지고부터』 2~10권

2권 : 공화정의 자유

『도시가 세워지고부터』 2권은 기원전 509년의 공화정 시작부터 기원전 468년의 월스키족 격퇴까지 공화정 초기를 대상으로 한다. 리비우스는 2권에서 연대기식으로 서술하면서 매년 선출된 2명의 집정관 이름과 연호를 표시한다. 내용은 국내외로 나누어지는데, 1권과 비교하면 이야기보다 체계적인 역사 서술에 가깝다. 그러나 사료의 신빙성에 의심이 가면 신중하고 상식적인 판단을 내린다. 가령 레기루스 호반의 싸움이 벌어진 해에 대해 기원전 499년으로 보는 학설과 496년으로 보는 학설이 있다고 하면서, "이 시대에는 알 수 없는 것이 많다. 전거에 따라 공직자의 순서도 다르고 (…) 어느 해에 어떤 사건이 생겼는지, 연대가 오래되었을 뿐 아니라 전거 자체가 오래된 것을 생각하면 확정적으로 말할 수 없다(도시2권21장)"고 했다.

그러나 무엇보다 중요한 점은 『도시가 세워지고부터』2권의 주제가 자유고, 그 자유를 지키기 위한 행동 규범이라는 점이다. 2권은 다음과 같이 시작한다.

앞으로는 자유를 얻은 로마인이 평시와 전시에 어떻게 살았는가를 이야기하게 될 것입니다. 로마는 해마다 선거를 통해 뽑히는 자들에 의해 다스려지고, 개인보다 법이 지배하는 국가가 되었습니다.

공화정을 수립한 유니우스 브루투스는 '루크레티아 사건'으로 왕정을 타도하여 500년간 이어지는 공화정을 창시했다. 그는 앞으로 왕위를 폐지하고 로마 인민의 자유를 보장한다고 선언했다. 왕을 대신하여 2명의 집정관을 선출하는 제도를 창설하고 자신과 루크레티아 남편인 콜라티누스를 초대 집정관으로 세웠다. 집정관은 왕이 되지 못하도록 반드시 민회에 의해 2명을 선출하고 임기는 1년으로 했다.

그리고 로물루스 시대부터 100명, 5대 왕 시대부터 200명이었던 원로원 수를 300명으로 늘렸다. 집정관의 임기가 1년 밖에 되지 않고, 집정관도 원로원에서 배출한 것 또한 개인이 갖는 권력의 힘을 약화시키기 위함이었다. 왕정 시대와 마찬가지로 공화정 초기에도 원로원은 순수한 자문 기구에 지나지 않았다.

이상과 같이 공화정의 제도가 강구되었지만 공화정의 자유도 무자비와 잔인의 과정을 거쳤음을 리비우스는 상세히 설명한다. 특히 로마가 왕정에서 공화정으로 바뀌자 자신의 권력이 줄어들 것을 우려한 유니우스 브루투스의 아들들이 왕정 부활의 음모에 가담했다고 하여 브루투스는 자식을 처형한다(도시2권4~5장). 또 원로원은 왕의 복귀를 막기 위해 왕가의 재산을 인민에게 분배하여 왕정과 인민을 분열하게 만들었다(도시2권3장).

이처럼 리비우스는 공화정의 자유가 귀족 중심의 자유에서 시작되었다고 설명한다. 양치기와 범죄자들인 인민은 호민관의 선동에 고무되어 원로원과 싸울 것이므로 로마에 자유가 너무 빨리 온 것은 잘못이었다고 보았다(도시2권1장).

『도시가 세워지고부터』 2권 7장에서는 브루투스가 죽은 뒤 집정관이 된 푸블리우스 발레리우스 포플리콜라Publius Varelius Poplicola, 기원전560?~503?에 대해 언급한다. 그는 집정관으로 카일리우스 언덕 위에 저택을 지었다는 이유로 추방될 뻔했고, 엘드니우스에 의해 점령되었던 카피톨리노를 탈환하기 위해 싸우다가 전사했다.

『도시가 세워지고부터』 2권 10장에서는 로마로 진격한 에르투리아인을 격퇴한 호라티우스* 삼형제의 전설을 언급하면서 로마의

- 이 호라티우스는 뒤에 나오는 시인 호라티우스와 다르다. 리비우스는 호라티우스 삼형제를 찬양한 반면 마키아벨리는 『리비우스 강연』 1권 22장에서 지극히 무모한 국왕을 포함한 소수의 잘못에 의해 모든 것을 일거에 날린 어리석은 사례로 비판했다.

모든 사회 계급이 국가의 정치적 자유를 소중하게 여겼음을 보여 주지만, 귀족 엘리트와 인민 간의 투쟁은 결코 끊이지 않았다.

리비우스는 귀족과 인민 사이의 계속된 신분 투쟁은 인민의 군사적 의무와 채무 때문으로 보았다(도시2권23~27장). 즉, 전쟁이 매년 이어져 집정관은 자의적으로 인원을 징집했고, 전쟁이 벌어지는 동안 토지가 황폐해졌지만 인민은 군대에서 돌아오면 식량 및 군비뿐 아니라 전쟁세까지 감당해야 해서 엄청난 부채를 안았다. 따라서 공화정 초기는 귀족과 인민의 분열기였다는 것이 리비우스의 관점이었다.

『도시가 세워지고부터』 2권에서 가장 흥미로운 부분은 34~40장에서 설명하는 코리올라누스Gaius Marcius Coriolanus, 기원전527~490에 대한 이야기이다. 기원전 5세기에 인민은 코리올라누스가 곡물 배급을 중지하여 귀족의 권한을 회복해야 한다고 주장한 것을 알고 크게 분노했다. 이에 호민관이 그에게 입장을 변호할 기회를 줌으로써 인민의 살해를 막을 수 있었고, 공화정도 유지되었다.

『도시가 세워지고부터』 2권에서 중요한 점은 기원전 486년, 집정관 스푸리우스 카시우스Spurius Cassius, 기원전?~485가 최초의 농지법을 제출한 것이다. 서민과 라틴 동맹국에 토지를 분배한다는 내용이었으나 원로원과 인민 모두는 군주정으로의 복귀라고 반발했다(도시2권41장). 기원전 493년, 로마는 라티움 지역 도시들의 연맹체인 라티움 동맹과 카시우스 조약을 체결한다. 카시우스 조약은 로마와 라티움 동맹 간의 군사 협조를 명문화한 것이었는데, 이를 근거로 로마가 수많은 도시들의 연맹체인 라티움 동맹과 동등한 대우를 받을 정도로 강한 정치적 입지를 가졌음을 알 수 있다. 한편 기원전 5세기 말 왕정기 로마와 라티움 지역에 강력한 영향력을 행사하던 에트루리아가 약화되고, 로마는 그 힘의 공백을 메우게 된다.

3권: 공화정의 내정과 절제

『도시가 세워지고부터』 3권은 기원전 467년부터 446년까지를 다루는데, 그동안 외적과의 전쟁은 계속되었음에도 서술의 중심은 내정, 특히 12표법 제정을 위한 '10인 위원회'의 움직임에 두었다. 리비우스의 반^半전설적인 기록에 따르면 초기 로마 공화정의 법은 최고 제사장^{Pontifex Maximus}과 귀족 계급만 알 수 있었고, 인민에게 매우 불리하게 적용되었다. 호민관 가이우스 테렌틸리우스 하르사^{Gaius Terentilius Harsa}가 기원전 462년에 인민도 법에 대해 알 수 있도록 법전을 편찬할 것을 요구하자 귀족들은 이러한 요구를 오랫동안 묵살하였다. 리비우스는『도시가 세워지고부터』 3권 10장에서 이러한 법전 편찬의 요구를 호민관의 선동이 귀족과 인민의 조화를 해치는 것이라고 보았다.

그러나 그 뒤 기원전 450년경에 10인 입법 위원회Decemviri가 구성되어 법전을 편찬하기 시작했다. 이들은 솔론의 법으로 유명한 아테네 등 그리스의 여러 도시 국가에 시찰단을 보내어 제도를 배워 왔다. 10인 입법 위원회는 기원전 450년에 10개의 조항으로 구성된 법전을 만들었다. 기원전 449년에 두 번째로 선임된 10인 입법 위원들은 성산聖山 사건에서 원로원과 인민 계급이 합의한 대로 2개의 조항을 더 추가하였다. 이로써 12표법이 완성되었고, 법은 상아로 된 판(리비우스는 동판에 새겨졌다고 하였다)에 새겨져 광장에 놓였다. 하지만 원본은 현재 전해지지 않는다. 기원전 390년에 켈트족의 습격으로 로마가 대약탈을 당했을 때 파괴되었기 때문이다.

리비우스는 『도시가 세워지고부터』 3권 10장에서 12표법이 모든 '공법과 사법의 원천fons omnis publici privatique iuris'이었다고 주장했고, 키케로는 그것이 로마법의 몸체였다고 말했다. 그러나 그 주된 내용은 민사법이었고 형사법은 그다지 포괄적이지 않았다. 게다가 12표법은 인민이 귀족으로부터 쟁취한 정치적 성공이라고 하지만 근본적으로 귀족의 권력을 수호하는 역할을 했다. 귀족들은 이때 인민과의 통혼을 금지하는 조치를 취하기도 했다. 그러나 인민은 이 법에 의해 귀족의 횡포를 막을 수 있었다. 로마사 전체를 통해 12표법은 사법 정의의 국가 상징이 되어 400년이 지난 뒤에도 아동은 그 법률을 의무적으로 외워야 했다.

『도시가 세워지고부터』 3권에서 리비우스는 두 사람을 눈에

후안 안토니오 리베라의 「원로원의 요청을 받는 킨키나투스(1806)」, 스페인 프라도 미술관 소장

띄게 대조적으로 묘사한다. 먼저 3권 26장에서 사비니족의 대군이 로마군을 습격했을 때, 독재관으로 지명된 루키우스 퀸크티우스 킨키나투스Lucius Quinctius Cincinnatus, 기원전516~430가 농사를 짓다가 원로원에서 온 사자를 맞는 모습을 묘사한 부분이다. 킨키나투스는 출전하자마자 적을 격퇴했고, 임기가 5개월 이상 남아 있었음에도 불구하고 전쟁을 끝내고 16일 만에 독재관 직에서 물러났다. 즉, 로마의 인민으로 평상시 생업에 충실하다 국가가 위기에 빠졌을 때 목숨을 걸고 군대를 지휘해 승리했으나, 전쟁이 끝난 즉시 평범한 인민으로 돌아간 것이다. 이처럼 그는 스스로의 권리와 자유를 지키며 누리는 공화정 인민의 이상이었다.

또 한 사람은 3권 48장에서 묘사한 10인 위원회의 중심인 아비우스 클라우디우스Appius Claudius, 기원전510?~449?다. 그는 12표법 제정을 주도하면서 독재를 자행했는데, 그가 어느 인민 여자를 납치한 적이 있었다. 이에 사랑하는 여자를 구하기 위해 인민 남자는 반란을 일으켰고, 곧 체포됐다. 이후 인민 남자는 옥중에서 자살했고, 인민 여성은 아버지에 의해 살해되었다. 킨키나투스와 대조적으로 극악무도한 클라우디우스에 대한 묘사가 어떤 사료에 근거하고 어디까지가 창작인지 리비우스는 밝히지 않았는데, 앞의 서문에서 보았듯이 독자들에게 교훈을 주려고 한 의도는 분명하다.

4권: 귀족과 인민의 항쟁

『도시가 세워지고부터』 4권은 기원전 445년부터 404년까지를 다룬다. 중심 테마는 고위 공직에 관한 귀족과 인민의 항쟁이다. 그 중에 집정관과 감찰관의 창설 경위가 포함된다. 앞에서 본 개인적 에피소드는 없지만 호민관인 가이우스 카네레이우스에 의한 연설(도시3권3~5장)은 종래 퀸티리아누스 등에 의해 설득력이 있는 것으로 찬양되었다.

『도시가 세워지고부터』 4권 1~5장에서 리비우스는 기원전 445년, 대외적으로 심각한 군사 위기에 직면하여 군대의 주력을 이루는 인민의 지지가 중요해졌기 때문에 호민관 카눌레이우스가 귀족과 인민 간의 결혼을 허용하는 법안을 제출하여 통과되었고, 이로써 유력한 인민은 귀족과 융합하여 로마의 지배 계층에 진출할 수 있는 길이 열렸음을 언급한다.

그리고 나머지 9명의 호민관이 집정관직을 인민에게도 개방할 것을 요구한 것에 대해 절충안으로 기원전 444년에 집정관 대신 집정관에 준하는 비정규직 칸술러 트리뷴consular tribune 직이 창설되어, 367년까지 지속되었음도 언급한다. 이 타협안으로써 귀족들의 집정관직 장악을 여전히 보장하는 동시에 인민에게 정부의 한 자리를 내주어 군사적 통일을 확보할 수 있었다. 또, 그 직후 집정관 대신 인구 조사 등의 업무를 맡는 감찰관직이 설치되었다.

그런데 그 해 최초로 그 선거가 행해지자 인민은 인민 후보를 제외하고 귀족만 3명을 뽑았다. 이에 대해 리비우스는 인민이 입후보에만 만족하고 투쟁 시와 그 뒤에는 다르게 행동하지만 국익을 위한 올바른 결정이었다고 찬양한다. 그러나 인민은 항상 보상이 있어야 위험도 감수하므로 결국 귀족을 뽑았다는 것은 그 제도가 오만하고 방자한 것으로 국익에 도움이 되지 않았다고 평가했다.

5권 : 로마 재건과 자애

5권은 기원전 403년부터 390년까지를 다룬다. 그 사이 로마에 의한 베이이 정복과 갈리아인에 의한 로마 점거라는 대사건이 터진다. 이야기는 마르쿠스 프리우스 카밀루스Marcus Furius Camillus, 기원전 446~365년를 중심으로 전개된다. 그는 외적의 침입으로 무너질 뻔했던 로마를 구한 탁월한 장군이었기 때문에 '로마의 두 번째 창건자'로 칭송되었다. 적절한 처신으로 시기심을 일으키지 않았던 그를 마키아벨리는 이상적인 지도자로 찬양하였다.

그는 한 번도 집정관이 되지 못했으나 로마 역사상 유일하게 독재관을 5번이나 지냈다. 기원전 403년에 집정관이 되고(도시5권 1장), 이어 베이이 전쟁 때 독재관으로 지명된다(도시5권19장). 전쟁에서 대승하고 돌아올 때 개선 수레를 백마가 이끌게 했는데, 이것이 신에 대한 모독이라는 비난을 받는다(도시5권23장). 카밀루스는 파리스키인 교사의 배신에 대해 신의를 지켰다는 에피소드(도시5권27장) 뒤에 전리품 처리로 고발당하여 국외로 도망간(도시5권32장) 이야기도 전한다.

기원전 390년, 갈리아인이 로마를 습격하자 그는 다시 호출되고(도시5권46장), 독재관으로써 갈리아인을 격퇴한다(도시5권49장). 그는 신에게 경건하게 감사한 뒤(도시5권50장), 베이이로 이주하는 사람들에게 로마와 그 종교와 역사를 찬양하는 대연설을 하고 도시 재건에 나선다.

—
6~10권 : 로마의 패권 확대
—

『도시가 세워지고부터』 6권부터 10권까지는 갈리아인의 로마 점거에서 해방되어 재생한 로마가 이탈리아 반도에서 패권을 확대해 가는 기원전 293년까지의 역사를 다루고 있다. 6권은 기원전 390년부터 367년까지, 7권은 기원전 366년부터 337년까지, 8권은 기원전 337년부터 321년까지, 9권은 기원전 321년부터 303년까지, 10권은 기원전 303년부터 293년까지를 다루고 있다. 이 시기의 역사를 간단히 살펴보자.

기원전 5세기에 로마와 라티움 동맹국은 인접 산지 민족들 특히, 아이퀴족과 볼스키족의 침입을 막아 냈다. 그 후 로마는 테베레 강 북쪽의 에트루리아의 강력한 도시 베이이를 오랜 전쟁 끝에 정복하고, 영토를 병합했다. 그러나 기원전 387년 로마는 북쪽에서 내려온 켈트족에게 카피톨리노 언덕을 제외한 로마 시를 7개월간 점령당해 도시가 크게 파괴되었고, 대외 위신도 실추되었다. 그 후 40여 년간 로마는 북부 이탈리아에서 이전의 영향력을 되찾기 위해 노력했으며, 기원전 349년에 다시 쳐들어온 켈트족을 무찔렀다.

로마는 기원전 343년부터 290년까지 삼니움족과 세 차례의 전쟁을 치러 모두 승리했다. 삼니움족과의 전쟁이 일어난 계기는 삼니움족이 라티움 남쪽에 위치한 캄파니아 주에 쳐들어왔는데, 이 캄파니아 주의 도시들에 라티움 주의 가장 강력한 세력이었던 로마가 개입하고 있었기 때문이었다. 비교적 손쉽게 끝난 1차 삼니움 전쟁(기원전343~341)에 비해 2차 삼니움 전쟁(기원전326~304)은 23년에 걸쳐 지속되었는데, 그 이유는 삼니움족의 근거지인 아페나인 산맥이 방어에 유리하기 때문이었다. 로마인들은 카우디네 협곡에서 2명의 집정관과 그의 병력들이 모두 생포되는 참패를 겪었고, 이 때문에 5년간 소강 상태를 갖는다.

그 뒤, 패배에서 회복한 로마인은 반격을 시도하여 삼니움족으로부터 승리를 거듭하였다. 삼니움족은 에트루리아 도시들과 동맹을 맺어 대항하였으나 로마인은 이들을 모두 무찌르고 2차 삼니움 전쟁을 승리로 마무리 짓는다.

3차 삼니움 전쟁은 삼니움족, 에트루리아인, 켈트족이 연합하여 로마와 전쟁을 벌인 것이다. 로마인은 남부에 위치한 삼니움족을 격파하여 힘을 북쪽에 집중할 수 있었다. 그러나 로마인에 대항한 이들 세 연맹체는 거대한 군대를 조직하여 로마군과 센티눔에서 맞서게 된다. 초기에 로마군은 이들 연합군의 맹공에 고전하였으나 집정관인 푸빌리우스 데키우스 무스가 적진에 돌진하여 사망하였고, 이는 로마군의 사기를 고양시켜 불리한 전황을 뒤집고 승리하게 만들었다. 기원전 295년에 벌어진 센티눔 전투는 양측이 통합 10만의 병력을 동원한 대규모 회전이었고, 여기에서 승리한 로마는 삼니움 전쟁의 최종 승리를 기정사실화하였다. 그럼에도 불구하고 삼니움족은 기원전 291년까지 지속적으로 저항하였으나 결국 패하고, 다음 해인 290년 로마에 굴복하는 조약을 체결하였다. 이로써 로마는 이탈리아 중부를 제패하게 된다.

그 사이에 기원전 340년 로마의 동맹 주도에 불만을 품은 라티움 동맹국이 로마에 대항하여 라티움 전쟁을 일으켰으나 로마의 승리로 끝났고, 라티움 동맹도 해체되었다. 로마는 동맹을 해체하는 대신 라티움 도시들을 자치 도시로 삼아 일정 수준의 자치권을 주어 정치적으로 흡수했다.

로마 공화정의 구조와 성격

기본 구조 : 집정관, 원로원, 민회

공화정의 기본 구조는 집정관-원로원-민회였다. 먼저 왕정의 왕을 대신하는 공화정의 최고 관직인 2명의 집정관consuls*은 민정과 군사 두 분야에서 최고의 권한을 보유하였다. 로마 시에서 집정관은 로마 정부의 수반이었다. 집정관은 원로원과 민회를 주재하였고, 국외로 나가면 군대를 지휘하였다. 국외에서 집정관의 권한은 거의 절대적이었다. 집정관은 '백인대 집회'라고도 불리는

* consul을 보통 집정관이라고 번역하지만 그 본래의 뜻은 '공동체를 관리하는 사람'으로, '정무를 집행하는 사람'을 일컫는 오늘날의 집정관과 다르다. 즉, 본래는 로마인을 위해 행동하는 자라는 의미다. 그런데 집정관이라는 번역어에는 그런 뜻이 없어서 문제다. 이는 일본인이 번역할 때 주의하지 않은 탓이다. 따라서 차라리 원어인 '콘술'로 부르는 것이 적절하다고 생각되지만, 집정관이라는 말이 이미 굳어졌으므로 여기서도 그렇게 표기하도록 한다.

켄투리아회에서 해마다 10여 명의 후보 중 투표를 거쳐 2명을 선출한다. 집정관은 선출되자마자 국가 통치에 필요한 모든 권한을 부여받으며, 그 중 가장 중대한 권한으로 여겨지는 것은 임페리움이라 불리는 군사 지휘권이었다.*

그러나 고위 정무관 역임자들이며 종신직인 원로원senatus집단은 집단적 권위auctoritas를 지녔고 재정 통제권을 장악했다. 원로원은 로마 초기부터 있었던 정치 기구로, 귀족(파트리키) 가문의 유력 인사들이 모여서 법률을 제정하고 정책을 의결하는 등의 역할을 맡았다. 원로원은 정무관들이 민회에 상정하는 모든 법안에 대해 공식적으로 충고할 수 있었고, 정무관의 자문에 대해 원로원 결의senatus consultum를 내렸다. 정체가 발달하고 집정관을 비롯한

* 집정관의 연임 금지 규정은 로마가 작은 규모의 국가였을 때까지만 성공적으로 지켜졌다. 그 이유는 로마가 매우 거대해지자 집정관의 책임이 점점 무거워졌고, 따라서 유능한 개인이 집정관을 맡아야만 하는 상황이 잦아졌기 때문이다. 군사지휘권(Imperium)은 2개 군단의 지휘권과 전쟁에 필요한 모든 재량권을 인정받는 것으로, 공화정 시대에는 2개 군단의 지휘권을 가지고 있었다. 이들은 보조병까지 합쳐 대략 2만여 명 규모의 병력이었다. 로마는 해마다 전쟁이 있었고 집정관은 항상 총사령관의 역할을 수행해야 했기 때문에 집정관이 로마에 머무는 기간은 얼마 되지 않았다. 집정관이 지휘하는 부대 병력은 제비 뽑는 방식으로 로마 인민에게서 선정했고, 1년 기간이 되면 해산한 뒤 새로 뽑히는 병력들로 교체되었다. 공화정 시대에는 집정관만이 군대를 지휘할 수 있었고 법무관, 전직 집정관 등은 군대를 지휘하지 못하였다. 집정관은 상당 기간 전쟁을 수행하였지만 아주 가끔씩은 로마에 머물며 국가를 통치하였는데, 이때 이들은 1개월씩 번갈아 통치하였다. 그리고 자신이 통치하지 않는 달에는 다른 집정관의 정책에 동의 또는 거부권을 행사할 수 있었다. 즉, 자신이 집권하는 달에도 상대 집정관의 동의를 얻어야 정책을 집행할 수 있었다. 집정관이 부재중에는 법무관이 집정관의 일을 처리하였는데, 로마의 규모가 커지면서 1명에서 8명까지 늘어났다.

정무관들이 법률로 규정되지는 않으나 실질적으로 중대한 대내외 정책에 대해 원로원에 자문하지 않을 수 없게 되자 그 영향력은 점차 커졌다. 비록 민회의 힘이 차츰 강해지기는 했으나 공화정 시대 내내 국책의 중심축은 원로원에 있었다.**

로마의 민회는 고대 로마의 통치 기구였다. 폴리비오스에 따르면 로마의 인민(그리고 민회)은 정무관 선출, 법령 제정, 사형 집행, 전쟁과 화의 여부 결정, 동맹 체결(혹은 파기)의 최종 결정권을 가졌다. 즉, 로마 공화정 체제하에서 로마의 인민과 민회는 궁극적인 주권의 원천이었다. 로마의 정치는 직접 민주주의 제도였으

** 전통 시대에는 300명이 정원이었으나, 술라에 의해 600명으로 늘어났고 이것을 카이사르는 900명으로 늘린다. 그 뒤 아우구스투스가 600명으로 줄여 이 정원으로 확정된다. 술라는 원로원을 강화하기 위해, 카이사르는 반대로 약화시키기 위해 인원을 늘렸고 아우구스투스는 원로원의 환심을 사고자 줄였다. 원로원 의원은 종신이었다. 공화정 시절엔 원로원 의원 가운데서 선출된 감찰관이 원로원 의원을 결정했다. 주로 공직 경험이 있는 자를 최우선하였고, 그 다음으로 가문과 재산을 보았다. 고위관직에 선출되면 높은 순으로 원로원 의원이 될 가능성이 높았다. 집정관과 같은 최고위직의 경우 선출 전에 이미 원로원 의원인 상태에서 되는 경우가 대부분이었고, 법무관으로 선출되어도 원로원 의원이 되었다. 하지만 법무관의 수는 제국이 팽창한 이후에도 해마다 제국 전체에서 8명에 불과하였으므로, 법무관이 되는 것은 매우 어려웠다. 호민관은 법무관 다음에 해당되는 고위직이므로 원로원 의원이 될 가능성이 높았다. 하지만 호민관의 수는 10명이었고, 종신직인 원로원 의원의 수는 300명, 나중엔 600명으로 고정적이었다. 따라서 해마다 18명(법무관과 호민관의 수)의 원로원 의원이 죽거나 강등되지 않으면 호민관도 원로원 의원이 되지 못하는 경우가 많았다. 로마가 제정 시대로 바뀌자 원로원 의원을 감찰관 대신 황제가 뽑았는데, 역시 공직 경험을 중시했다. 따라서 황제는 자신의 측근을 원로원으로 임명하고자 했다. 그리고 나서 법무관과 같은 고위직에 측근을 추천한 뒤 당선시켜 공직 경험을 쌓게 한 뒤, 원로원에 임명하는 수순을 밟았다. 때문에 원로원 의원이 되는 조건에 큰 변화는 없었다.

므로, 인민은 대표자를 뽑지 않고 각 민회에서 직접 투표를 했다. 그러나 인민 투표자들은 투표 외에 다른 권력은 없었다. 각 민회는 로마 정무관이 주재했고, 그가 절차와 적법성에 대한 모든 결정을 내렸다. 궁극적으로 민회를 주관하는 정무관의 권력은 민회에서 거의 절대적이었다. 이 권력에 대한 견제는 다른 정무관의 거부권밖에 없었다.

로마의 민회에는 원래 세 가지가 있었다. 씨족과 부족의 중간 단위인 쿠리아 30개로 구성된 쿠리아회comitia curiata, 최소 군대 단위인 켄투리아(백인대) 193개로 이루어진 켄투리아회comitia centuriata, 트리부스(부족 지역구) 35개로 구성된 트리부스 인민회 comitia tributa populi(구역 총회)다. 그러나 신분 투쟁의 결과 기원전 471년에 평민만 참여할 수 있는 트리부스 평민회concilium plebis tributum가 하나 더 생겼다.

—
기타 구조 : 호민관, 정무관, 법무관, 조영관
—

이상의 기본 조직 외에 부수적인 것들이 많았다. 먼저 로마에는 집정관 외에도 여러 관직이 있었다. 그중에서 가장 중요한 것은 원로원과 어깨를 나란히 하는 호민관이었다. 인민의 권리를 지키기 위해 만들어진 그것은 공화정이 처음 만들어질 때는 없었으

나 얼마 되지 않아 신설되었다.* 호민관은 플레브스**의 대표자로
여겨졌기에 신성불가침의 존재였다. 플레브스의 서약에 따라
누구라도 임기 중인 호민관에 해를 끼치거나 방해하면 죽일 수
있었다. 호민관의 모든 권력은 이 신성불가침성에서 나온 것이
다. 그리하여 호민관을 해하거나 거부권을 무시하거나 방해하
는 행위는 중대한 범죄로 여겨졌다. 또 민회를 통해 법률을 제정
할 수 있고, 원로원의 결의에 거부권을 가지는 등 상당히 강력한
권한을 지니고 있었다. 사실상 독립된 입법권, 사법권을 가지고
있는 데다 집정관에 대한 거부권까지 행사할 수 있었고, 법으로
보장된 신변불가침권까지 갖고 있었다. 따라서 10명의 호민관
중 1명만 변심하면 나라 전체를 좌지우지하는 법안을 입법하고,
유력 정치가를 고발해서 인민 집회에서 열리는 법정에 세울 수 있
으며, 집정관 혹은 다른 호민관의 입법을 거부하여 정국을 마비시
킬 수 있었다. 단, 호민관은 언제 어떤 사람의 탄원이든 들어줘야
할 의무가 있었기 때문에 집의 대문을 잠그면 안 되고, 인민 집회

- 로마가 도시 국가에 지나지 않던 시절, 귀족에겐 막강한 권력이 있었고 인민은
  이러한 권력을 누릴 수 없었다. 따라서 귀족은 인민을 부려 먹고 또한 이들을 구
  타하는 일이 빈번했다. 인민의 권력이 커지자 호민관이라는 직책을 만들었는데,
  호민관은 이러한 구타를 막을 권한이 주어지게 된다. 이는 거부권이 된다. 그러
  나 이 권한을 행사하다 호민관도 같이 얻어맞는 일이 생기자 인민은 호민관이
  얻어맞으면 안 되는 권한을 요구하였고, 이로써 신성불가침권을 받게 되었다.

•• 플레브스(plebs)는 고대 로마의 평민으로, 파트리키(patrici)와 함께 로마 인민
  을 이루었다. 처음에는 모든 공직이 파트리키에게만 열려 있었고 두 계급 사이
  통혼이 금지되어 있었으나, 신분 투쟁으로 그러한 차별은 없어지게 됐다. 파트
  리키는 고대 로마를 다스리던 지배 계급을 말한다.

의 사전 허가 없이 로마 성벽 밖으로 벗어나서도 안 되었다.*

호민관은 민회에서 선출되며 인민 계급을 대표했다. 오직 인민만이 선출될 수 있었다. 한 번의 선거에 10명이 선출되었고, 호민관으로 선출되면 다음에 원로원 의원 후보 자격을 가지고 법무관 선거에도 출마할 자격을 얻었다. 호민관 바로 위의 법무관 때부터 총독의 직무가 주어졌고 때때로 군사 지휘권까지 행사할 수 있었으므로, 호민관 직위는 상당히 높은 자리였다.

집정관과 호민관 등의 관직을 정무관이라고 했다. 각 정무관은 일정 수준의 주요 권한maior potestas을 보유하였다. 이들은 자신과 동급이거나 낮은 서열의 정무관이 내린 결정에 대해 거부권을 행사할 수 있었다. 그러나 호민관과 인민 조영관은 예외로 독립적인 관직이었다.** 공화정 시기의 각 정무관은 법에 따라 권한을 가

- 이처럼 집정관과 맞먹는 권력을 가지고 있었는데도 그라쿠스 형제 이전까지는 호민관의 권한 사용은 그다지 과감하지 않았다. 호민관 임기가 끝나면 원로원 의원이 되므로 그 전에 원로원과 대립하기 어려웠기 때문이다. 그라쿠스 형제가 호민관의 권한을 적극적으로 사용하기 시작하자 민중파가 등장했고, 이들은 호민관의 권한을 사용하여 원로원과 대결하는 일을 자주 벌여 정국을 소용돌이에 빠뜨렸다. 결국 집정관은 호민관의 권한을 축소했으나 이는 술라의 죽음과 함께 모두 폐기됐고, 그 후 폼페이우스, 카이사르 모두 호민관을 매수하여 원로원과 대결하는 수단으로 삼았다. 호민관은 아우구스투스가 정권을 잡은 뒤, 호민관의 신변불가침권과 법률 제정권, 원로원 결의 거부권 등의 권한을 호민관 특권(tribunus potestatis)이라는 이름으로 명목상 존재하게 했다. 그 후 황제는 군사 지휘권, 호민관 특권을 전임 황제로부터 물려받음으로써 세습했다.

- 인민 조영관(Aediles plebi)은 공공 건물 등 도시를 보호 관리하는 관직, 안찰관이라고도 한다. 이들은 인원 2명으로서 오직 서민층을 대표하고 평민 신분을 가진 출마자는 언제나 서민층에 의해 선출된다. 귀족 조영관(Aediles curulus)도 인원 2명으로서 귀족까지도 포함한 국민 전체를 대표한다. 귀족도 출마가 가능하며, 출마자는 구역 총회(comitia tributa)에서 선출된다.

지고 있었다. 이들에게 권력을 부여한 주체는 오직 로마의 인민(플레브스와 파트리키)이었다.

모든 정무관은 강제 권한이 있었다. 이를 통해 정무관들은 사회 질서를 유지하였다. 또 로마의 인민은 강제 조치에 대해 절대적인 보호권provacativo이 있었다. 이는 적법절차의 초기 형태로 오늘날 인신보호영장의 선구라 할 수 있다. 어떤 정무관이 국가 권력으로 평민을 억압하려 한다면, 그 평민은 호민관에게 청원할 수 있었다. 정무관은 권력을 보유하면서도 한편 신의 전조omen(징조)를 살필 의무가 있었다. 이는 종종 정적에게 악용되는 경우도 있었다.

정무관에 대한 견제 수단으로는 상호성collegiality, 共治이 있었다. 즉, 독재를 막기 위해 각 정무관직을 최소 2명 이상이 맡았던 것이다. 더불어 정무관이 자신의 1년 임기를 마치면, 향후 10년 동안 해당 공직에 오르지 못하게 금지하였다. 이 제도는 집정관이나 법무관praeto에게 문제가 되기도 했기 때문에, 자신의 명령권을 연장하기도 했다. 이 경우에 해당 정무관은 임기가 끝나 공식적인 직위가 없어도, 사실상 정무관의 권한을 계속 보유하게 된다promagistratus(대행 정무관).

법무관은 민법을 집행하였으며 속주 군대를 지휘하였다. 5년마다 감찰관 2명이 선출되어 18개월간 봉직하였고, 인구 조사census를 할 때 감찰관censor은 원로원 의원을 등록하거나 쫓아낼 수 있었다. 조영관은 공공 오락 등 로마 도시의 내부 행정을 집행하는 관리였다. 재무관quaestor은 로마 시에서 집정관을, 속주에서 총독을 보좌하였다. 이들의 직무는 주로 재정 업무였다. 군사상 비상사태 시에 6개월 임기의 독재관이 선출되었다. 이때 원래의 헌정 정부는 해산하고 독재관이 국가의 절대 권력자가 된다. 독재관의 임기가 끝나면 헌정 정부가 복원된다.

공화국의 성격

기원전 2세기 로마에 볼모로 잡혀 왔던 그리스 출신의 역사가 폴리비오스는 로마의 집정관, 원로원, 민회의 기능에 주목하여 로마 공화정을 혼합정체mikte로 규정하고, 이 세 요소의 상호 견제와 균형을 통해 로마가 짧은 시간에 부국강병을 이루어 지중해 세계를 제패하였다고 격찬한 바 있다.

그러나 로마 공화정은 본질적으로 강력한 과두정oligarchy 지배 체제였다. 가령 원로원의 경우 엄격한 서열 원칙이 있어 토론 시에 원로원 제1인자princeps senatus가 먼저 정견을 밝힌 후에 감찰관, 집정관, 법무관 순으로 자신의 견해를 발표하도록 되어 있었다. 때문에 뒤로 갈수록 말할 수 있는 주제가 줄어들어, 서열이 낮은 의원은 투표권 외에 의사를 밝힐 수 없었다. 이런 체제에서는 먼저 발언한 서열 높은 발언자의 노선에 따라 결론이 내려질 게 분명하였다. 또 서열이 낮은 의원들은 대개 전임 집정관의 후원을 받아 정무관에 올랐기에 이들에 동조해야 했을 가능성이 짙다.

마찬가지로 정무관들은 임기도 짧은 데다 전임 정무관으로 구성된 원로원의 집단적 지혜와 의사 결정에 의존하였으며, 자신들도 원로원 의원이 되거나 의원 서열이 높아지길 기대했기 때문에 사실상 원로원에서 독립하지 못하였다. 따라서 정무관도 과두정을 형성하는 원로원 내의 실세 집정관 출신들의 뜻에 따를 수밖에 없었던 것이다.

공화정 초기의 귀족과 평민 간의 신분 투쟁의 결과 평민은 상당한 권익을 확보하였으나 역시 한계가 있었다. 평민의 보호자인 호민관의 경우, 세월이 흐르면서 정치 경력이 없는 많은 젊은이들이 새 호민관이 되자 이들은 대개 원로원을 장악한 집정관 귀족과 손잡기를 바랐고, 결국 실세 귀족의 이익을 대변하게 되었다.

또한 민회도 원로원의 귀족에 의해 좌우되었다. 쿠리아회는 왕정 시대 이후 형식적인 기구로 전락하였다. 켄투리아회는 다른 민회와 마찬가지로 1인1표제가 아닌 단위 투표제를 시행하였으며, 과반수에 이를 때까지 상류층 켄투리아부터 투표하였으므로 주로 이들이 투표 진로를 결정하다시피 하였다. 기원전 218년 이래 주요 입법기관으로 기능했던 트리부스 인민회의 경우, 농촌 지역 트리부스에 거주하는 소토지 소유자들은 사실상 민회에 참석하기가 어려웠고, 인민회는 유력자와 그들이 동원한 피보호인 cliens에 따라 좌우될 수 있었다.

사실 신분 투쟁 과정에서 귀족은 유력한 평민을 끌어들여 권력을 공유하였으며, 기원전 4세기 후반 이래 혈통 귀족과 유력 평민 출신으로 구성된 신귀족nobilitas이 형성되었다. 로마의 지배층이 이처럼 신인新人, novus homo을 계속 흡수하면서, 이후 수 세기 동안 로마의 정치·사회적 안정에 기여한 측면이 있다.

마키아벨리의
제3장 『리비우스 강연』
읽기

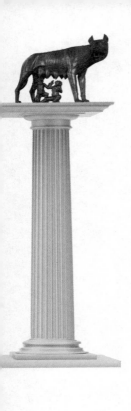

1

『리비우스 강연』을
읽기 전에

『리비우스 강연』 헌정사

앞에서 말했듯 마키아벨리의 『리비우스 강연』은 저자가
1518년 자노비 부온델몬티Zanobi Buondelmonti와 코시모 루첼라이
Cosimo Rucellai에게 헌정한 책이다. 코시모 루첼라이는 '루첼라이 정
원의 모임Orti Oricellari' 창설자로서, 그의 할아버지인 베르나르도
루첼라이Bernardo Rucellai, 1448~1514가 세운 '플라톤 아카데미Academia
Platonica'를 이어 '정원의 모임'을 시작했다. 베르나르도 루첼라이
는 피렌체의 지배자인 로렌초 데 메디치 대공의 친척이자 고문으
로 일하다가 1494년 로렌초가 죽은 뒤에 피에로 데 메디치의 고문
으로도 일했으나 피에르의 몰락 후 권력에서 물러났다. 자노비 부
온델몬티는 '정원의 모임'에 참여한 정치가로 공화국 헌법을 연구
하고 공화주의자로 활동하여 메디치가의 분노를 사서 1522년에

망명하였다. 자노비 부온델몬티와 코시모 루첼라이는 모두 귀족 가문 출신이었다. 마키아벨리가 『리비우스 강연』을 완성한 1518년 무렵에 자노비 부온델몬티는 아직 메디치가의 분노를 사기 전이었고, 코시모 루첼라이도 메디치가와 대립하지 않았다. 즉, 당시 두 사람 모두 앞으로 피렌체의 지배층이 될 것이라 기대된 사람들이었다.

'플라톤 아카데미'와 마찬가지로 '정원의 모임'에도 당대의 저명한 학자들과 문인들이 참여했으나, 철학과 시를 중심으로 논의한 '플라톤 아카데미'와 달리 '정원의 모임'에서는 정치와 역사에 관심이 높았다. 마키아벨리도 그곳에 참여하여 『리비우스 강연』의 일부를 발표한 듯하다. 루첼라이는 지금 '루첼라이 궁전'으로 피렌체에 그 이름이 남아 있는데, 지금은 그 부근에 정원이 보이지 않지만, 아마도 궁전 뒤편에서 '정원의 모임'이 열렸을 것으로 추측된다.

그런데 이처럼 책을 군주가 아니라 민간인에게 헌정하는 태도는 당시 관행에서 벗어난 일이었음을 마키아벨리도 그 헌정사에서 말한다.

> 보통의 관행이란 책을 쓰는 자들이 자신들의 저작을 항상 어떤 군주에게 바치는 경우 야망과 탐욕에 눈이 어두워지며, 나아가 본래라면 군주가 비난받아야 할 품성인데 되레 좋은 품성으로 찬양만 하는 것입니다. 그래서 나는 이러한 오류를 범하지 않기 위해 실제로 군주 노릇을 하는 사람이 아니라 좋은 품성으로 의당 군주가 되어야 할

사람, 저에게 관직이나 명예 또는 부를 안겨 줄 수 있는 자가 아니라 도리어 그렇게 할 권력은 없지만 그것을 간절히 원하는 분을 선택했습니다(강연, 헌정사).

마키아벨리는 '보통의 관행'을 『군주론』에서 자신이 한 행위로 말하면서 비판하고 있다. 위 글에서 군주란 당시의 로렌초 데 메디치를 말한 것이다. 반면 『리비우스 강연』을 젊은 귀족들에게 헌정한 이유는 마키아벨리가 그들로부터 민주공화국에 대한 기대를 품었기 때문으로 짐작된다. 즉, 『리비우스 강연』에서 민주공화국은 귀족의 정치적 독점 욕망을 제한하기 위해 인민이 정치에 참여하는 것을 핵심으로 한다는 점을 헌정 대상이자 주요 독자층인 젊은 귀족들에게 강조하고자 한 것이었다.

『리비우스 강연』의 내용

『리비우스 강연』은 모두 3권으로 되어 있다. 마키아벨리는 1권 1장 끝 문장에서 정치를 내정과 외정으로 나누고, 다시 정부에 의한 것과 개인에 의한 것으로 나누었다. 그리고 1권과 2권은 각각 정부에 의한 내정과 외정(군사), 그리고 3권은 개인에 의한 내·외정(지도력)을 다루었다. 물론 이러한 분류는 반드시 정확한

것이 아니다. 즉, 각 권에는 다른 권의 내용도 일부 포함되어 있다.

먼저 1권에서는 로마 건설 과정에 나타난 로마인의 정책 결정과 개혁의 사례를 설명한다. 마키아벨리 이전의 휴머니스트들은 로마가 왕정·귀족정·민주정의 장단점을 잘 혼합하여 왕 대신 2명의 집정관이 최고 행정 수반, 수백 명의 귀족으로 구성되는 원로원이 귀족 전체 대표 기구, 2명의 호민관이 평민의 대표 기관으로서 그 세 가지가 완벽한 통치 형태를 구성했다고 보았다. 그러나 마키아벨리는 로마 공화정의 중심 원리는 왕권, 귀족, 평민이라는, 사회 세력 사이의 견제와 균형이고, 그 속에서 도시 국가의 발전이 가능했다고 본다. 이는 세 가지 권력의 분립을 뜻하는 삼권분립이 아니라, 세 가지 사회 세력 간의 견제와 균형이라는 것을 뜻한다. 그 세 가지 세력은 사실상 귀족과 평민의 갈등을 뜻하는데 그 중 어느 하나가 다른 하나를 압도하면 참주정이나 과두정, 또는 반대로 민주정이 되어 비르투와 공화국의 자유는 상실될 수 있으므로 그 둘이 균형을 이루도록 헌법과 법률을 만들어야 한다고 마키아벨리는 주장한다. 또한 인민의 부패와 국가의 배은망덕을 경계하고, 법률의 준수와 충실한 군대의 중요성을 강조한다.

2권에서는 로마의 국력이 급격하게 팽창하고 번영하게 된 요인을 분석한다. 자유로운 공화정부에 대한 자발적 애착심의 형성, 적대국을 동맹으로 포용해 나가는 유연한 외교 정책, 식민지 이주자 지원 정책 등이 기여했음을 여러 사례를 통해 보여 준다. 특히 로마군의 강고한 용기, 엄격한 규율과 보병 중심의 효율적인 전술

등을 칭송하며, 조국인 피렌체 군대의 무력함과 대비시킨다. 물론 로마의 이러한 흥성에 로마인의 노력virtu(비르투)뿐만 아니라 행운 fortuna(포르투나)도 적지 않았음을 상기시킨다. 여기서 독일, 프랑스, 스페인, 스위스 등 주변 군사강국의 끊임없는 침입으로 고통받으면서도 자국 군대조차 갖지 못하고 외국 용병에 치안과 국방을 의존하던 16세기 초 이탈리아의 상황에서 인민군에 기초한 강력한 군대를 가졌던 로마 공화정의 영광은 마키아벨리에게 더욱 절실했음을 알 수 있다.

3권에서는 로마인의 어떤 행동이 로마를 유지시키고 더욱 위대하게 만들 수 있었는지 여러 덕목을 발굴한다. 열거하는 사례들은 규범적 차원을 넘어 현실적인 기여를 만들어 낸 동인이다. 그래서인지 『군주론』에서 제시한 내용과 맥락상 유사한 대목도 많다. 마키아벨리는 로마의 역사 속에 나타난 실제 사례를 통해 동기와 과정보다 상황적·현실적 처방이 좋은 결과를 만들어 낸 사례를 냉철하게 제시한다. 그리고 국가 전복 음모에 대한 대처 방법, 적을 기만하는 전투 방식, 대규모 군대의 통솔 등에서 때로 무자비하거나 기만적인 것이 오히려 효과적일 수 있다고 한다. 그러나 로마를 융성하게 만든 밑바탕에는 로마 인민의 청빈함, 자유를 존중하는 자세, 공적 봉사를 명예롭게 해 줌으로써 공공선을 장려한 점, 훌륭한 법치와 강력한 군대 등에 있음을 곳곳에서 역설한다.

『리비우스 강연』에서 마키아벨리는 리비우스의 『도시가 세워지고부터』만을 논의한 것이 아니다. 로마 이전의 그리스에 대한 이야기도 나오고, 로마 이후의 역사, 특히 당대 유럽과 이탈리아에 대한 이야기도 많이 나온다. 가령 스파르타의 건국자인 라쿠르고스에 대한 이야기다. 또한 당대 유럽과 이탈리아에 대한 정치 평론이라 할 정도로 그 부분에 관한 이야기도 많다. 사실 마키아벨리에게는 그런 정치 평론의 소재로 리비우스의 『도시가 세워지고부터』를 가져왔다고 해도 과언이 아니다.

『리비우스 강연』의 정신

고대 로마에서는 민회의 선거로 임기 1년의 집정관을 2명을 선출하여 최고 통치자의 권한을 부여하고, 호민관 제도를 두어 평민과 귀족 간의 세력을 중재하고, 탄핵으로 귀족의 거만함을 억제하여 평민의 자유를 보호했다. 비상시에는 능력 있고 경험이 풍부한 독재관을 임명하여, 한시적으로 최고 권력을 갖게 하여 질서를 회복시켰다. 이와 같이 원로원, 민회, 호민관, 집행관 체제가 정비된 후 로마는 그리스 아테네와 달리 로마 평민의 자유를 빼앗긴 적이 없었다고 하여 혼합정 체제로 찬양되었다.

그러나 마키아벨리는 귀족과 인민 세력의 갈등과 대립을 현실의 정치로 긍정하고, 그 둘이 상호 균형과 견제하는 과정에서 법을 만들고 법에 의한 통치를 이루어 자유롭고 강한 로마를 완성하였다고 보았다. 이는 삼권분립이라고 하는 권력 간의 수평적 균형을 강조하는 것이 아니라 인민의 참여와 평등의 가치를 더욱 강조한 것이라고 할 수 있다. 따라서 『리비우스 강연』에 담긴 마키아벨리의 정치 사상은 한마디로 인민의 참여에 의한 '자유'와 '자치'라고 볼 수 있다. 로마 공화정의 성공 원인도 '자유'와 '자치'에 있다.

한편 마키아벨리 당시의 보편적인 정치 체제는 군주정이었다. 군주를 비롯한 지배층과 지식층은 인민의 정치 참여로 인해 발생하는 정치적 혼란에 대해 부정적이었다. 그래서 마키아벨리는 로마사의 경험을 통한 풍부한 논증으로 그러한 시각을 교정하려고 노력했다. 즉, 인민은 군주보다 현명하고 안정되어 있으며, 인민이 국가를 직접 통제하면 국가는 매우 짧은 시간에 거대하게 성장하고 위대함을 성취할 수 있다는 것이다.

로마 공화정에 대한 마키아벨리의 이러한 해석은 특히 인민 혁명 이후 새로운 국가를 형성하려는 서양 지식인에게 큰 영감을 주었다. 그래서 계몽주의 사상이 강력히 대두되는 17, 18세기에 루소, 볼테르 등의 사상가들로부터 새롭게 주목받았다. 오늘날 우리의 정치 제도도 그의 논리와 무관하지 않은 점에서 그를 위대하다고 하는 것이다. 그러나 마키아벨리의 자유와 자치를 인민의 정치 참여가 아니라 미국 헌법 류의 삼권분립으로 좁혀 이해하는 견해에 대해서는 최근 비판이 제기되고 있다.

마찬가지로 마키아벨리가 로마 공화정의 또 다른 성공 요인으로 인민의 비르투virtu(공공적 덕성)를 강조하였음은 사실이지만,

그가 인민의 덕에 기초한 공화국 건설을 정치의 목적으로 삼지 않았다는 점에 대해서도 주의해야 한다. 그는 로마인이 누리게 된 영광은 국가의 영광과 공동선을 우선시하는 인민 정신에서 나온다고 칭송하고, 로마 인민의 청빈함, 자유를 존중하는 자세, 공적인 봉사자에 대한 명예 수여, 훌륭한 법치, 인민군을 기초로 하는 강력한 군대를 찬양했다. 하지만, 이 점도 하나의 절대적 이상 국가가 아니라 하나의 역사적 모델로 제시한 것임을 주의해야 한다. 마키아벨리가 로마인은 다른 민족을 지배한 것이 아니라 다른 민족을 로마인으로 만들어 버리는 유연한 외교정책과 종교 활동이 국가 번영과 안정에 기여했다고 말한 점, 아울러 국민의 부패와 국가의 배은망덕을 경계한 점도 마찬가지 관점에서 보아야 한다.

『리비우스 강연』의 총론

『리비우스 강연』은 3권으로 구성되지만 그 전체의 총론이라 할 수 있는 부분이 1권의 1장에서 8장까지다. 『군주론』을 군주국의 유형 분류에서 시작하듯이 『리비우스 강연』도 공화국의 유형 분류에서 시작한다. 즉, 군주국을 세습형과 획득형으로 나누고 그 통치 유형을 프랑스 같은 분권형 군주국과 투르크(현재의 터키)와 같은 집권형으로 나누듯이, 공화정의 세 유형을 고대의 스파르타와 로마, 마키아벨리의 당대 베네치아를 분석한다. 여기서 귀족이 지배하는 공화정인 베네치아는 마키아벨리의 비판 대상이고, 인민이 지배하는 로마가 피렌체가 가야할 롤 모델이다.

1권 1장 「도시의 기원, 특히 로마의 기원에 대하여」에서 말하는 도시란 오늘날의 도시가 아니라 고대 오리엔트, 인도, 중국, 그리스, 로마라는 도시 국가를 말한다. 특히 고대 그리스의 폴리스polis를 말한다. 마키아벨리가 설명하는 도시의 기원은 500년 전의 것이었으므로 오늘날 밝혀진 바와 상당히 다르지만, 이것이 문제는 아니다. 핵심은 로마가 인민의 비르투를 확보하고 자유를 지키기 위해 어떻게 조직되었느냐 하는 것이다.

1권 2장에서는 군주정에서 참주정, 귀족정, 과두정, 민주정, 중우정으로 변했다가 다시 군주정으로 복귀하는 정체 순환을 설명하고, 로마의 경우에는 평민과 귀족의 불화를 군주정(집정관), 귀족정(원로원), 민주정(호민관)을 혼합하여 완벽한 국가를 유지했다고 설명한다. 1권 3장에서는 다시 호민관을 강조한다.

이어 4장에서는 인민과 원로원의 대립으로 로마공화국은 자유롭고 강력하게 되었다고 설명한다. 이는 종래 로마의 성공 요인으로 혼합정이 지배적인 사회 세력 간의 조화를 강조하여 헌법적 균형에 입각한 귀족적 공화주의를 이상으로 본 것에 대해 마키아벨리는 조화가 아닌 갈등을 강조한 것으로, 그의 독창성이 가장 빛나는 부분으로 주목된다. 즉, 모든 공화국에는 부유층과 평민이 대립하는데, 그 중 어느 하나가 다른 하나를 압도하면 공화국은 부패한다고 1권 2장과 4장에서 말한다. 부유층의 대표가 군주가 되어 통치하면 참주정이 되고, 귀족형으로 집권하면 과두정이 된다. 반대로 평민이 집권하면 고대 그리스식의 민주정이 되는데, 그 어떤 경우에나 파당의 사적 이익이 우선하면 공적 이익, 비르투, 공화국의 자유는 상실된다고 본다. 따라서 마키아벨리는 두 세력이 균형을 이루도록 법과 제도를 정비해야 한다고 주장한다.

특히 4장에서 마키아벨리는 자유를 희구하는 인민의 욕구는 해롭지 않다고 하여 전통적인 견해에 맞선다. 모든 도시에서는 인민이 자신의 욕망을 표현할 수 있었다고 한다. 인민의 요구가 자유에 유해한 경우란 없고, 자유를 추구하는 운동은 억압되거나 억압될 우려가 있는 경우에 나오기 때문이다. 그리고 인민의 요구가 잘못된 경우에는 공개 토론을 통해 시정될 수 있다. 마키아벨리는 이러한 로마의 민주공화국적 요소를 찬양한 것이다. 5~6장에서도 마찬가지 논의가 이어진다.

7~8장에서는 국가의 자유를 보장하기 위해서 인민의 탄핵권이 중요하다고 했다. 현대의 탄핵권은 의회가 행사하는 것이지만 고대 그리스나 로마의 탄핵권은 국가의 자유를 위협한 자들을 인민이 고소하여 민회나 원로원에서 심판하는 제도를 말한다.

『리비우스 강연』의 현대적 의의

이처럼 『리비우스 강연』 1권 1~8장은 로마가 내부의 공공 업무를 관장하고 운영하는 데 부패를 피하기 위해 발전시킨 정치적 제도와 헌법, 즉 인민을 질서 있게 조직한 방법에 대해 탐구한다. 그런데 마키아벨리가 공화정을 위협하는 세력이 소수 엘리트라고 보았느냐, 아니면 다수 인민이라고 보았느냐에 대해서는 견해가 갈린다. 전통적 견해는 후자라고 본 반면 최근 들어서는 전자로 해석한다. 즉, 마키아벨리는 인민이 공적 이익에 더욱 기여했다고 보았다는 견해가 강조되고 있다.

귀족형 공화주의의 헌법적 균형의 강조는 현대 헌법의 삼권분립을 민주주의로 보는 미국식 헌법관에서 전형적으로 나타나는데, 이는 마키아벨리 당대의 귀족적 공화주의 내지 대의제 민주주의를 모델로 한 것이다. 반면 마키아벨리는 참여의 확대와 사회적 책임을 강조한 고대 로마의 민주적 공화제에 입각하여 새로운 민주공화국을 『리비우스 강연』에서 주장했다. 따라서 이 책은 단순히 로마사를 해설한 것이 아니라 새로운 민주공화국을 주장하기 위해 로마 공화정을 원용했다. 즉, 핵심은 민주공화국에 있는 것이지 로마에 있는 것이 아니다.

이 점을 중시하고자 하는 이유는 우리 헌법의 경우 미국식 대통령제를 모방한다고 하면서도 최소한의 삼권분립조차 제대로 갖추지 못한 제왕적 대통령제기 때문이다. 즉, 르네상스 시대의 귀족적 공화제 수준에도 이르지 못한다는 것이다. 이는 한국 헌법이 제헌 이후부터 지금까지 9차례나 개정되었으면서도 대통령의 선출 방법에만 개정의 초점이 주어졌고, 대통령의 권력은 분단국가 등을 이유로 하여 제왕적 차원으로 항상 존재했고, 이는 제도 이상으로 현실에서 더욱 강화되어 왔기 때문이다. 물론 현실의 제도 운영은 대통령이나 집권 세력의 성격에 따라 달랐다는 것도 부정할 수 없다. 특히 민주주의적 정권은 마키아벨리적 참여정부에 보다 가깝고, 비非민주주의적 정권은 반反마키아벨리적 권위정부에 더욱 가까웠다.

따라서 여전히 본질적인 문제는 제도가 아니라 현실이라고 하는 점도 마키아벨리적인 현실주의 관점에서 강조되어야 우리의 문제점을 정확하게 보는 것이 될 수 있다. 여기서 더욱 중요한 문제는 부유층과 평민의 실질적 대립이다. 보수 세력은 부유층의 이익을 대변하고 진보 세력은 평민을 대표한다는 힘의 대립 말이다. 여기서 보수는 자유주의, 진보는 사회주의라는 식의 고전적 정식을 벗어날 필요가 있다. 특히 반공주의를 모든 진보적 세력을 처단하는 가치로 삼아온 권위주의 세력은 민주주의의 최저 수준도 이해하지 못하는 자들로 비판되어야 마땅하다.

여기서 최저한의 기준으로 확보되어야 하는 것은 인권 보장이다. 특히 집회와 시위, 언론과 출판의 자유를 포함한 인민의 표현권을 강력하게 보장하는 것이다. 한국의 보수주의 정권은 그러한 인권의 기본을 부정하거나 제약함에 의해 인민의 표현을 저지하여 왔다. 또한 보수주의적인 엘리트 계층이 지배하는 관료 사회나 법조 사회 및 학자 사회, 심지어 대기업 등에서도 반민주주의적인 엘리트주의의 만연으로 인해 정권이 바뀌어도 사회는 좀처럼 변하지 않는 경향을 보이고 있다. 특히 엘리트 사회는 혈연, 지연, 학연 등에 의해 사적 집단의 이익을 극단적으로 추구하는 경향을 보이고 있다.

이러한 경향은 한국 사회가 여전히 모든 사람이 자유롭고 평등하다고 하는 민주주의의 기본 인식에 허약함을 보여 준다. 그 뿌리는 조선 시대로부터 비롯되었는지 모른다. 조선 시대가 유교적인 충효를 강조했다고 하지만 사실 충보다 효를 강조하여 가족 이기주의를 크게 부추긴 점이 있다. 그래서 엘리트 계층으로 하여금 당쟁에 입각한 사적 이익을 추구하게 했는지도 모른다. 우리가 마키아벨리에게 배워야 할 점은 바로 이러한 현실에 대한 냉정한 분석과 인식이다. 조선 시대의 유교든, 북한의 사회주의든, 남한의 자본주의나 기독교든 이데올로기를 신주 모시듯 하는 교조주의 내지 근본주의적인 태도부터 지양되어야 한다.

2

민주적 역사관

동태적 역사관

마키아벨리는 『리비우스 강연』 1권 2장 「공화국의 종류에 대해, 그리고 로마는 그 어느 것에 해당되는지에 대해」에서 플라톤, 아리스토텔레스부터 폴리비오스로 이어진 전통적인 정체 순환론*을 언급한다. 즉, 정체가 군주정에서 참주정, 귀족정, 과두정, 민주정, 중우정으로 변하고 그 후 다시 군주정으로 순환한다고 본 것이다. 그래서 마키아벨리의 역사관을 흔히 순환사관이라고 한다.

- 이러한 구분이 아리스토텔레스 이래의 전통적인 것임은 물론이다. 그러나 아리스토텔레스가 그 정부 형태를 말할 때는 보편적인 목적론적 질서하에서의 고정된 형태로 설명한 것과 달리 마키아벨리는 폴리비오스의 정부 형태 순환론과 유사하게 역사적이고 발생론적으로 설명한 점에서 다르다. 그러나 그렇다고 하여 마키아벨리가 폴리비오스를 따르지 않는 점을 주의해야 한다.

따라서 나쁜 세 가지는 그 모체가 매우 유사해서 한 형태에서 다른 형태로 바뀌기란 매우 쉽습니다. 즉, 군주정은 쉽게 참주정으로, 귀족정은 간단하게 과두정으로, 민주정은 바로 중우정으로 바뀝니다. 그러므로 설령 입법자가 자신이 기초를 세운 국가에 세 가지 정치 형태 중 어느 하나를 부여해도, 그 정치 체제를 유지할 수 있는 것은 단지 일시적일 뿐입니다. 왜냐하면 정치 형태에서는 선과 악이 유사하기 때문에 어떤 대비책을 세워도 좋은 정부 형태가 그 반대인 형태로 변형되는 것을 도저히 막을 수 없기 때문입니다.

그러나 마키아벨리가 폴리비오스 등의 6가지 정체 순환이라는 견해를 그대로 수용했는지에 대해서는 의문이 있다. 적어도 마키아벨리가 그것을 언급하는 것은 『리비우스 강연』 1권 2장뿐이고, 거기에서도 폴리비오스 등을 인용한다고 명시하지 않았다. 반대로 마키아벨리가 정체 변동을 언급하는 것은 대부분 민주정에서 군주정이나 참주정으로, 또는 그 반대로 변하는 반복적인 경우뿐이다. 이는 리비우스가 『도시가 세워지고부터』에서 논의한 것과 같은 입장이므로 마키아벨리는 폴리비오스가 아니라 도리어 리비우스에 더 가깝다고 볼 수 있다. 따라서 마키아벨리의 역사관은 순환사관이라고 하기보다 동태적 역사관이라고 보는 것이 옳다.

마키아벨리는 『리비우스 강연』 1권 2장에서 정부의 기원과 정부 형태의 순환에 대해 설명하는데, 최초의 정부인 군주정이 성립되는 이유를 그 이전의 정치 이론에서 말한 정의나 신의神意 따위의 전통적 견해가 아니라 '자기 방위'에 의한다고 한 점과, 해악의 방지를 위해 법이 제정되었다고 본 점이 주목된다. 마키아벨리가 본래 군주정이 인민 선출로 출발했으나 그 뒤에 세습되면서 "쉽사리 타락하게 되었"다고 본 점도 주목할 필요가 있다.

앞에서 마키아벨리의 기본 사상을 설명하면서 언급한 동태적 우주관은 이러한 동태적 역사관과 직결된다. 즉, 마키아벨리는 "하늘, 태양, 원소 및 인간이 그 운행, 체계 및 움직임에서 과거와 달리 커다란 변화를 겪기라도 한 것처럼" 역사를 통해 현재를 살펴볼 수 있다고 한다(강연1권서). 이는 역사가 동태적으로 변화한다는 전제하에 역사로부터 일반적 교훈을 얻을 수 있다는 확신에 근거한다. 『리비우스 강연』 2권 서문에서도 "인간사라는 것이 언제나 유동적이어서 부침을 거듭"한다고 설명한 것도 앞에서 보았다.

마키아벨리의 이러한 동태적 역사관은 아리스토텔레스의 생물학적 생성소멸론이나 폴리비오스의 실천적 역사관에 근거한 것이었으나, 당시까지의 기독교 천년왕국주의* 역사관과는 전혀 다른 것이었다. 즉, 기독교의 신의 섭리에 의한 직선적 발전의 역사관과 전적으로 다르다는 점에서 중세 이래의 전통적 역사관과는 결별한 것이다. 가령 역사를 중세의 아우구스티누스는 시작과 끝이 있

• 예수가 천년왕국 이전에 재림한다는 견해이다.

는 선분이라고 본 반면, 마키아벨리는 하나의 방향으로 전진만 하는 보편적인 이념의 실현 과정이 아니라 각 시대, 각 민족의 개성을 하나의 전형으로 하여 후세에 전하고, 영속적으로 그 민족의 문화를 가치 있도록 상상력으로 보완된 사료에 근거하여 묘사하고자 했다.

또 폴리비오스의 순환사관이 자연법칙의 '필연성'에 기초를

마키아벨리 동상

둔(역사6권4장) 반면 마키아벨리의 동태사관은 '우연한 사태'에 기인한 것이라는 점에서 달랐다(강연2권1장). 즉, 마키아벨리는 역사를 인간의 야심에 의한 흥망이라고 하는 기회적 원인이나 심리적 요인에 의한 것으로 설명했다. 이는 동일한 조건에서도 동일한 결과가 나올 수 없고, 인간의 의지에 의해 운명적인 순환 과정을 바꾸거나 되돌릴 수 있다고 보는 것이다.

물론 마키아벨리는 초인간적인 요인이 인간의 행위를 결정하는 조건과 결과를 제약할 수 있다고 보았지만, 정체의 변동은 자연이나 운(포르투나)과 같은 초인간적 요인만큼 인간의 의지와 행동에 의해서도 이루어진다고 보았다. 가령 로마공화국의 성립, 즉 귀족과 평민의 갈등을 통한 호민관 제도의 창설로 공화국이 혼합정에 도달하는 과정을 폴리비오스는 필연적 의미의 '자연에 의한' 것으로 보았으나, 마키아벨리는 '우연에 의한' 것, 즉 자연이나 운과 같은 초인간적 요인을 인정한다고 해도 인간의 의지로 호민관 제도를 창설하는 것과 같은 계기에 의해 순환 과정을 바꿀 수 있는 것으로 보았다. 요컨대 마키아벨리에게 중요한 것은 어디까지나 인간의 의지였다.

동태적 역사관과 시원회귀주의

　　서양 사회의 직선적 역사관은 중세 1000년만이 아니라 그 후에도 천년왕국주의라는 이름으로 지배한 기독교의 역사관인데, 이는 세상의 수많은 종교 중에서도 유독 기독교의 것임을 우리는 주목해야 한다. 가령 힌두교와 불교는 인간의 삶을 우주적 순환 속의 찰나로 여기며 구원을 끝나지 않는 순환에서 벗어나는 것으로 이해한다. 기독교 전파 이전의 유럽에서도 마찬가지였고 유대교에도 세계가 곧 끝난다는 사고는 없었다. 반면 기독교는 역사에 예정된 목적이 있고 그 목적 달성으로 역사는 끝난다고 믿었다. 마르크스Karl Marx, 1818~1883*나 후쿠야마Francis Fukuyama, 1952~**가 말하는 역사종말론도 그 일종이었다. 진보라는 사고도 성경의 마지막 책인 요한묵시록에 처음 나왔다.

이러한 묵시론적 종말론을 비판하는 영국의 정치학자 그레이John N. Gray는 그런 종말론과 대조적인 입장에 선 현실주의자로 마키아벨리를 들었다(『추악한 동맹』, 273쪽). 한편 그레이와 반대로 탈톤Charles Tarlton은 이탈리아가 구원을 얻고 나아가 고대적 비르투를 회복하여 제2의 로마 공화정을 이룩하자는 마키아벨리의 묵시론적 비전이 제시된 책이 『군주론』이라고 본다. 즉, 마키아벨리의 역사관은 탄생에서 쇠약, 그리고 구원으로 가는 폐허를 전제로 하며, 또 쇠약 이후에 올 구원을 영원한 구원으로 이해했으므로 마키아벨리의 정치적 비전은 붕괴 후 천년왕국 수립에 있다는 것이다. 이를 러브조이A. O. Lovejoy와 보아스G. Boas는 마키아벨리의 소박한 원시주의라고 했다(『마키아벨리와 국가이성』, 239~240쪽). 그

• 카를 마르크스는 독일 출신의 사회주의자로 헤겔이 『역사철학』에서 세계가 정반합(正反合)의 변증법적 과정을 통해 발전하고 있다고 주장한 것에 근거하여 자본주의가 공산주의로 이행하는 것은 역사적 필연이라는 논리를 개발했다.

•• 프랜시스 후쿠야마는 미국의 역사가로 『역사의 종언(The End of History and The Last Man)』(1992)에서 역사는 끝없이 발전하는 것이 아니라 인간의 근본 욕구를 해결하는 시스템이 완성되면 종말을 맞게 될 것이고, 자유민주주의와 자본주의에 기반한 현대의 서구 사회야말로 인간의 근원적인 요구를 충족시키는 시스템이라고 주장하였다.

러한 학자들이 이러한 논의의 근거로 삼는 것은 『리비우스 강연』
1권 11장에 나오는 고대 그리스 로마에 대한 다음 구절이다.

> 그러므로 오늘날 국가를 세우려고 계획하는 자는 세련된 문화를 가
> 진 도시에 익숙한 자들보다 아무런 문화가 없는 산간벽지에 사는 사
> 람들 사이에 국가를 세우는 쪽이 훨씬 쉽다는 점을 발견할 것입니
> 다. 그 이유는 조각가라면 누군가 서툰 솜씨로 초벌 작업을 해놓은
> 대리석보다 원석에다 훌륭한 작품을 새기는 것이 더 쉬운 것과 마찬
> 가지입니다.

또한 『리비우스 강연』 1권 55장 「인민이 타락하지 않는 나라
에서는 만사가 쉽게 처리되고, 평등한 곳에서는 군주국이 수립될
수 없고, 평등하지 않은 곳에서는 공화국이 성립될 수 없다」에서
마키아벨리는 '고대적인 선량함'이 남아 있는 독일의 여러 공화
국은 "자유를 누리며 공존하고, 그 나라의 안팎을 막론하고 어느
누구도 감히 그 공화국을 지배하려는 어떤 시도도 하지 않"는다
고 한다. 『군주론』 19장에서도 카라칼라 황제Caracalla, 186~217*를
예로 들어 이 점을 강조한다. 즉, 카라칼라도 전사였고 모든 종류
의 고난을 아주 훌륭하게 견뎌 냈다. 또한 모든 세련된 음식과 모

• 카라칼라 황제는 로마 제국의 제21대 황제로 동생을 죽이고 단독 황제로 오르는
  등 여러 포악한 일을 일삼았으나, 로마 제국의 모든 자유민에게 로마 시민권을 주
  어 세수 충원을 원활하게 하고, 그전부터 제국에 인력과 세수에 많은 기여를 하
  던 속주민(屬州民)에게 새로운 자긍심을 심어 주어 제국 일체화에 공헌했다.

든 종류의 사치를 경멸하는 대단히 탁월한 자질을 갖추고 있어서 처음에는 인민으로부터 경탄을 자아냈고 군인들로부터도 환영받았다.

마키아벨리는 『리비우스 강연』 3권 1장 「종교나 국가를 오래 유지하기 위해서는 많은 경우 본래의 모습을 회복할 필요가 있다」에서 "공화국이나 종교와 같은 복합적 존재의 경우도 그것들을 본래의 모습으로 되돌리는 움직임이 유익할 것"이라고 한다.

> 제도의 힘으로 개혁하거나 또는 그 제도의 힘을 빌리지 않고 어떤 계기로 개혁과 같은 성과를 이룩한다면 더욱 정연한 것이고, 나아가 영속적인 생명을 갖게 될 것입니다. 그리고 혁신 운동이 생기지 않는다면 오래 지속되지 못한다는 것은 빛보다 분명합니다.
> 앞에서 말했듯이 혁신하는 방법은 본래 모습으로 되돌아가는 것입니다. 종교와 공화국, 왕국 등의 창설기는 어느 경우에도 어떤 우수한 점이 인정되기 때문입니다. 이러한 장점이 있기 때문에 비로소 명성을 얻고 성대하게 되는 계기를 가질 수 있습니다.

그리고 당대의 부패한 종교를 비판하고 설립 당시의 교회로 되돌아가야 한다고 주장한다. 이러한 시원회귀주의는 마키아벨리의 특별한 사상이 아니라 고대로의 회귀를 주장하는 르네상스의 일반적 특징이었다.

마키아벨리의 이러한 시원회귀주의는 그의 경험주의 내지

합리주의와 분명히 모순된다는 점도 우리는 주목해야 한다. 그러나 마키아벨리에게 그러한 시원회귀주의가 나타난다고 해도 이를 그의 일반적인 경험주의적 사고방식을 압도하는 것으로 보기는 어렵다. 특히 최근 이탈리아의 정치학자 비롤리Maruzio Viroli처럼 그의 시원회귀주의를 과도하게 강조하여 마키아벨리가 "어느 날 신이 기독교 세계의 여러 군주가 성직자의 권력을 타파하도록 하고자 결단하고 참된 기독교의 신앙을 회복하여 참된 인간성과 참된 인민의 공동체를 부흥하는 것을 희망했다(『*Machavelli's God*』, 14쪽)"고 보는 것에는 적어도 그 근거가 명확하지 않다는 점에서 문제가 있다.

—

민주적 역사관

—

나는 마키아벨리의 동태적 역사관에서 특히 중시해야 하는 것은 원시주의적 성격보다 인민적 또는 민주적 측면이라고 본다. 가령 마키아벨리는 『리비우스 강연』 1권 2장에서 최초의 군주정이 발생한 원인을, 최초의 인류가 "짐승처럼 뿔뿔이 흩어져 살"다가 "인구가 증대함에 따라 함께 모여 살게 되었고", "자신들을 더욱 잘 방위하기 위해 그들 중에서 가장 힘이 세고 용감한 자를 찾아 우두머리로 삼"은 것이라고 본다. 즉, 군주를 모든 인민이 선택했다고 본 민주적 발상이다. 이는 군주가 정의나 신의神意에 의해 나라를 세운다고 본 폴리비오스(역사6권5장) 이래의 전통적 견해와 구분되는 것이었다. 그것이『군주론』 9장의 '인민형 군주국'이고『리비우스 강연』의 주제인 공화국이었다.

이처럼 마키아벨리는 초자연적 힘에 의해 주어진 탁월한 능력을 갖춘 특정 인물의 출현보다도, 지도자를 뽑기 위해 모인 인민이 지도자의 비르투를 평가하고 선택하는 것이 정체 변화의 근본 요인이라고 보았다. 마찬가지로 그렇게 인민에 의해 선출된 군주가 부패하게 되면 인민은 다시 모여 군주를 몰아내고, 다시금 선출 과정을 거쳐 민주정 또는 그로부터 다시 군주정으로 변하게 된다고 마키아벨리는 보았다. 즉, 정체는 달라져도 그것을 변화시키는 힘은 언제나 인민에게 있다고 보았다. 그는『리비우스 강연』 1권 20장에서 지도자가 유능한 한두 사람이 선출되는 군주국보다 무수히 많이 선출되는 공화국을 더 우수하다고 하는데, 그 점에서도 우리는 민주사관적 측면을 볼 수 있다. 위에서 언급한『리비우스 강연』 3권 1장에서도 마키아벨리는 다음과 같이 말한다.

> 이처럼 공화국이 본래의 모습으로 돌아간다고 하는 것은 외부 압력에 의한 것이거나 자발적 판단의 결과에 의한 것입니다. 전자의 예로 우리는 로마가 갈리아인에게 점령됨으로써 비로소 그 혁신의 목적을 수행했다는 것을 들 수 있습니다. 로마는 새로운 생명과 청신한 활력을 확보하고 이미 부패하기 시작한 종교와 정의를 다시 진

지한 태도로 다루게 되었습니다. 이는 리비우스의 역사를 읽어 보면 잘 이해할 수 있습니다.

마키아벨리가 말하는 리비우스의 역사란 물론 리비우스가 쓴 『도시가 세워지고부터』를 말하는 것으로 먼저 그 책의 5권 38장에 나오는 것, 즉 로마인이 갈리아인에게 대항하기 위해 군대를 인솔해 나가고 집정관의 권력을 가진 호민관을 임명하는데 어떤 종교 의식도 준수하지 않은 점, 그리고 그 책의 5권 36장에서 로마인이 갈리아인과 전투를 하면서 만민법을 위반한 파비우스가 3명을 처벌하지 않고 도리어 그들을 호민관으로 삼은 점을 든 것이다.

마키아벨리는 이러한 리비우스의 해석을 받아들인다. 하지만 위 문장에서 말한 '자발적 판단'에 대해서는 리비우스가 공화국 위기의 요인을 인민의 도덕적 부패로 서술한 반면, 마키아벨리는 귀족들의 야망과 오만을 그 요인으로 보았다. 즉, 리비우스는 『도시가 세워지고부터』 2권 23장에서 로마 평민이 병역 의무를 거부하고 도시를 떠남으로써 최초로 불만을 표현한 것은 부채 때문이라고 한 반면, 마키아벨리는 『리비우스 강연』 1권 3장에서 평민의 잘못과 함께 귀족의 오만함 때문이라고 설명했다. 특히 『리비우스 강연』 3권 3장에서 인민의 참여가 보장되는 공화국에서 가장 위험한 집단은 귀족의 자제라고 했고, 그들이 독재할 위험을 제거하는 가장 좋은 방법은 엄중한 처벌이라고 했다.

나아가 『리비우스 강연』 1권 58장 「인민은 군주보다 더 현명

하고 더 안정되어 있다」에서 마키아벨리는 다른 역사가들과 마찬
가지로 인민만큼 경박한 존재는 없다고 본 리비우스의 인민 멸시
적 태도를 강하게 비판하고, 인민의 목소리를 신의 목소리라고까
지 찬양했다. 또한 로마 왕정의 몰락이 마지막 왕 타르퀴니우스의
아들 섹스투스의 겁탈 탓이 아니라 타르퀴니우스가 원로원의 권
한을 박탈하는 등 정치적으로 오만한 탓이라고 보았다. 나아가 마
키아벨리는 『리비우스 강연』 3권 25장에서 공화정을 망치는 중대
요인으로 지배 집단이 부나 명예를 불공정하게 배분하거나 잘못
사용하는 것이라 보고, 공화정 지도자들에게 지나친 부를 삼가야
한다고 주장했다.

민주적 역사 서술

마키아벨리는 언제나 자신이 현실에서 겪은 경험과 역사로
부터 얻은 간접 경험으로 사상을 구축한다는 점에서 그야말로 현
실주의적이고 경험주의적인 역사가였다. 『군주론』이나 『리비우
스 강연』은 물론 그의 모든 글은 직접 겪었거나 역사를 통한 간접
경험에서 얻은 교훈에 근거하여 씌어졌다. 그에게 역사는 이미 끝
나 버린 과거의 이야기가 아니라 현실적 경험과 마찬가지로 지금
도 살아 있는 현재진행형의 실제였다. 즉, 역사는 죽어 버린 과거

가 아니라 언제나 생생하게 살아 있는 것이 강력한 역사의식에서 나왔다. 외부 침략과 내부 갈등이 초래한 국가적 위기에 처해 정치를 혁신하고 사회를 안정시키고자 한 마키아벨리에게 역사란 가장 실제적인 효용성을 갖는 것이었다. 그래서 『군주론』 13장에서 모름지기 군주는 역사상 위대한 군주들로부터 배우면 된다고 했다.

이러한 태도는 르네상스 휴머니스트의 일반적인 태도였다. 특히 고대 로마의 역사는 모든 휴머니스트의 역사 교과서였다. 또한 마키아벨리가 쓴 『리비우스 강연』이 리비우스의 『도시가 세워지고부터』에 대한 주해였던 것과 같이 휴머니스트들은 리비우스를 비롯한 고대 로마 역사가들을 스승으로 삼았다. 그래서 『피렌체사』 서문에서 마키아벨리는 휴머니스트 역사가들이 "어떤 순서와 형식으로 역사를 서술하는지 알고 독자들에게 인정받기 위해 그들의 역사서를 읽고 모방할 때"라고 했다.

그러나 마키아벨리는 그들과 다른 점도 많았다. 당시 휴머니스트 역사가들은 마치 오늘날 한국의 대중역사가들처럼 역사를 미화하는 데에만 치중한 반면, 리얼리스트인 마키아벨리는 그러한 과거 미화의 역사 서술에 역겨움을 느꼈다. 그래서 그는 역사적 인물의 내적 성격을 알기 위해 인물의 개성을 깊이 추구하고 역사적 사건의 내면인 인민 간의 불화와 내적 대립과 그것이 초래한 영향을 추구하는 등 나름의 독특한 역사관을 전개했다. 이처럼 인물과 사건의 내적 개성을 고찰함도 당시 역사학에서는 혁명적인 것이었다. 특히 그는 앞에서 보았듯이 대립과 당파 투쟁과 반란 등에 관심이 컸다. 휴머니스트 역사가들이 다루지 않은 치옴피의 난에 대해 마키아벨리가 사회 · 경제적 분석을 시도한 것도 그 일 환이었다. 그런 점에서 그는 오늘날 말하는 민주사관(민중사관)의 선구자인 셈이다.* 그는 그런 서술이 초래할 후손들의 저항과 같은 문제점에 대해서도 두려워하지 않았다.

마키아벨리가 당대 역사가들과 또 하나 다른 점은 역사로부터 교훈을 얻는 것에서 나아가 역사 속에서 정치적 법칙을 발견했다는 점이다. 그에게는 정치적 성공만이 의미 있는 것이었으므로 현학적 이론이나 공허한 사상이 아니라 정치적 승리를 위한 행위의 일반 법칙을 찾기 위해 도리어 실패한 사례의 인과관계를 깊이 연구했다.

* 그러나 마르크스 이후의 역사관이 경제적 토대를 중시한 점과 마키아벨리의 민중사관은 구별될 수 있다.

3

비르투와 포르투나

역사를 움직이는 요인

마키아벨리는 리비우스 책에 실린 역사적 사실은 대부분 수용했지만,* 정치적인 차원에서나 이론적인 차원에서 리비우스의 모든 판단을 수용한 것이 아니라 자신만의 판단을 내리기도 했다. 그러나 군사와 종교 문제에 대해서는 리비우스의 견해와 대체로 일치했다.

리비우스는 로마의 비겁함과 사악성에 대해 말하는 경우는 거의 없고, 그런 악덕은 대체로 로마의 적국들이 저지르는 것으로 말하는 일종의 '맹목적 민족주의'에 입각했으나, 마키아벨리는 고대 로마의 정치적·도덕적 단점을 가감 없이 냉정하게 분석 평가한 점에서 리비우스와 달랐다. 그러나 리비우스보다 마키아벨

* 마키아벨리가 리비우스를 '23번'이나 정확하지 않게 인용했다거나, 리비우스를 인용한 58개소 중에 9개소가 일치하지만 49개소에서는 부정확하다는 조사 결과도 있다(「마키아벨리와 리비우스 사이에서」, 7쪽).

리가 훨씬 더 로마, 특히 공화정에 대해 호의적이었다는 비교가 가능할 정도로 그는 로마 공화정에 열광했다. 이는 그가 로마 제정에 대해서 거의 언급하지 않는 점을 보면 더욱 분명하게 드러난다.

또한 리비우스는 로마가 성공한 이유가 도덕적 가치관에 있다고 보았으나, 마키아벨리는 폴리비오스처럼 혼합정체나 정치체제와 같은 제도의 우수성에 있다고 본 점에서도 달랐다. 그런 점에서 마키아벨리는 리비우스보다 폴리비오스의 의견에 더 가깝다고도 할 수 있다. 플루타르코스와 마찬가지로 리비우스가 도덕성을 강조한 점은 특히 주변 종족과의 전쟁을 다룬 2~5권의 주제가 각각 특이한 덕성인 것을 보면 더욱 그렇다. 즉, 2권은 자유libertas, 3권은 절제moderatio, 4권은 겸양modestia, 5권은 자애pietas였다. 또 리비우스는 종교적 요소를 중시했다. 즉, 신과 행운이 로마를 선택하여 로마가 위대해졌다고 보았다.

반면 마키아벨리는 『리비우스 강연』 2권 1장 「로마인이 광대한 영토를 확보한 것은 비르투(실력)에 의해서인가, 아니면 포르투나(운)가 좋아서였는가」에서 로마의 팽창은 포르투나만이 아니라 주로 비르투에 의한 것이었다고 말한다. 이에 대해 리비우스는 '운수'나 '신'이라는 변수를 언급하지만, 마키아벨리는 '능력'과 '성취'를 강조했다고 단순하게 비교하는 견해도 있다.•• 하지만 정작 마키

•• 안정석은 리비우스가 덕성과 운수를 결합하려고 했다고 보지만(「마키아벨리와 리비우스 사이에서」, 9쪽), 마키아벨리가 인용하는 리비우스는 운수만을 주장했고 도리어 덕성과 운수를 결합한 것은 마키아벨리다.

아벨리가 인용하는 사람은 리비우스가 아니라 플루타르코스 등이었다. 이처럼 아무런 근거를 제시하지 않고 마키아벨리가 리비우스와 같은 견해를 가졌으리라고 추측하는 것은 옳지 않다.

여하튼 마키아벨리는 리비우스의 견해에 찬성하지 않는다고 하고, 그 이유로 로마만큼 발전한 공화국이 다시 없었고, 어떤 공화국도 로마와 같은 목적을 향해 국가 체제를 정비한 곳이 없었기 때문이라고 했다. 그리고 로마 제국의 성립은 군사력에 의해, 그 유지는 초창기 입법에 의한 제도의 절차와 독특한 수법에 의해 가능했다고 했다.

마키아벨리에 의하면 고대 역사가들이 운을 강조하는 이유는 로마가 강적을 만나 전쟁을 치른 적이 없었다는 점에 있다. 그러나 마키아벨리는 로마가 치른 여러 전쟁을 분석한 뒤 그 모든 승리는 "뛰어난 실력(비르투)과 신중한 배려가 종종 행운(포르투나)과 결합되어 얻어진 것"이라고 보았다.

—

비르투와 포르투나

—

포르투나라는 개념은 마키아벨리에게 대단히 중요하다. 그러니 마키아벨리가 포르투나를 전적으로 배제하고 비르투만을 강조했다고 하는 것은 오해다. 이러한 오해는 우리말로 쓴 가장 최근의 마키아벨리 입문서의 제목인 『군주론, 운명을 넘어서는 역량의 정치학』에서도 볼 수 있다. '운명을 넘어서는 역량의 정치학'이란 '운을 극복한 힘의 정치학'이라는 뜻이겠는데, 정치라는 것이 운이 아니라 권력이라는 힘에 의한 것이니 이는 지극히 당연한 것을 말하는 셈이다. 그러나 마키아벨리가 과연 '운명을 넘어서는 역량의 정치학'을 추구했는지는 의문이다. 왜냐하면 그는 운명과 역량을 서로 반비례하는 것으로 보았지만 반드시 역량이 운명을 넘어선다거나 넘어서야 한다고 본 것은 아니기 때문이다. 『리비우스 강연』 2권 30장 「실제로 실력이 있는 공화국과 군주는 금전이 아니라 자신의 역량과 군사력의 명성으로 우호 관계를 확보한다」에서 그는 다음과 같이 말한다.

> 인간의 능력이 결여된 경우 운명은 자신이 갖는 힘을 거침없이 발휘하기 때문에, 그리고 변화무쌍하기 때문에 공화국과 군주국도 그것에 따라 변하기 마련입니다. 따라서 고대의 사례에 깊은 애착을 가진 인물이 나타나, 로마인의 예를 모방하여 태양이 도는 매일 매일을 운명이 제멋대로 움직일 여지를 없애도록 그 힘을 규제하고자 하지 않는 한, 현대의 국가는 언제나 운명의 장난에 놀아나게 될 것입니다.

운명이 무엇인지를 굳이 설명할 필요가 없겠지만 앞으로의 논의 전개를 위해 분명히 해 두자. 국어사전에 의하면 운명이란 "사람에게 닥쳐오는 모든 화복과 길흉"으로, 이는 하늘에서 타고난, 이미 정해진 것을 말한다. 운, 명운, 숙명이라고도 한다. 그리스 로마에서 운명, 즉 포르투나는 인간에게 운을 가져다주는 여신이었다. 마키아벨리의 운이란 어떤 인간(의 집단)을 둘러싼 외부의 다른 인간, 자연, 시간의 흐름 등을 포함한 광의의 변동적 무질서인 현실 세계의, 대체로 가변적이고 불규칙적이며 불안정한 힘을 총체적으로 나타내는 개념이다.

반면 역량力量이란 "일을 할 수 있는 능력의 정도"라는 뜻으로, 힘이라고 해도 좋겠다. 이는 마키아벨리가 비르투라고 한 말의 번역인데, 역량이나 힘 외에도 실력, 활력, 용맹, 미덕 등으로도 번역되기도 하고 심지어 군대를 뜻하기도 한다. 『군주론』 12장부터 논의한 군대를 비르투로 본 마키아벨리는 13장 마지막에서 자국 군대 없이 어떤 군주국도 안전하지 못하고 역경 시에 자신 있게 자신을 지킬 수 있는 비르투(군대)를 갖지 못하면 운에 전적으로 따라야만 한다는 결론을 내린다.

이처럼 다양한 뜻을 갖는다는 이유에서 이 책에서는 비르투라는 말을 원어 그대로 사용하고, 그것이 '군대'와 같이 특별한 뜻을 갖는 경우에는 그 뜻을 부기하도록 한다. 비르투라는 말은 마키아벨리 저술 전체에 가장 자주 사용된 말이니 그의 사상의 핵심을 보여 준다고도 생각된다. 가령 『군주론』에서는 70회, 『리비우스 강연』에서는 248회나 사용된다(『국가와 폭력』, 203쪽). 그런데 우리말 번역본에는 『군주론』의 경우 비르투라는 말을 그대로 사용하지만 『리비우스 강연』을 번역한 책에서는 덕이나 실력 등으로 다양하게 번역하므로 그것이 본래 비르투라는 말이었는지를 알수가 없다는 점을 주의해야 한다.

비르투라는 말을 흔히 마키아벨리 정치 이론의 핵심으로 보지만, 마키아벨리가 그 개념을 정확하게 정의한 적도 없고 매우 다양하게 사용한 탓으로 "마키아벨리 속에는 비르투의 이론이 없다"고 보는 학자도 있다(『*Machiavelli*』, 95쪽). 그러나 스키너를 비롯해 대부분의 학자들은 비르투라는 개념을 마키아벨리 사상의 핵심으로 본다. 나도 그런 입장에서 비르투라는 말을 살펴보도록 한다.

여기서 우리는 마키아벨리가 사용하는 다른 개념과 마찬가지로 엄밀하지 않음을 주의해야 한다. 가령 운명이라는 말에도 '사람의 행동을 지배한다고 하는 큰 힘'이라는 뜻이 있어서 비르투와 엄격하게 구별하기 힘들다. 또 스키너는 마키아벨리가 비르투로부터 전통적 덕성을 제거하였다고 하지만 마키아벨리의 비르투도 전통적 덕성을 뜻하는 비르투스^{virtus}에서 나온다는 점을 주의해야 한다.

운명이 세상의 모든 일을 결정한다고 보는 사고방식, 아니 세상의 모든 일은 미리 운명에 의해 결정되어 있다고 보는 사고방식인 운명론은 유교의 천명^{天命} 사상*이나 기독교의 예정설**이

* 중국의 유교적인 정치·윤리 사상의 하나로 우주 만물을 지배하는 하늘의 명령에 따라 땅 위의 성현(聖賢)이 나라를 통치한다는 사상을 말한다. 이는 중국 특유의 성왕(聖王)의 관념을 낳음과 동시에 혁명(革命)을 시인하는 사상이 되었다.

** 구원과 하나님의 선택에 대한 개신교의 신학 이론을 지칭하는 말이며, 종종 좁은 의미로 개혁주의 즉, 장로교회와 개혁교회의 이중예정론을 의미하기도 한다.

타데우스 쿤츠의 「포르투나: 행운의 여신(1754)」, 폴란드 바르샤바 국립박물관 소장

나 섭리론*에서 볼 수 있듯이 동서양의 고대나 중세에 일반적인 사고방식이었다. 지금도 그런 사고방식에 젖은 사람들이 있는데, 특히 21세기 한국에서도 그런 사람들이 적지 않음은 길거리뿐 아니라 인터넷에까지 점이 진출한 것을 보면 알 수 있다. 심지어 유수한 언론기관이 선거철마다 당선자를 미리 점쳐 보고 보도하는 것을 보면 우리의 정치는 상당 부분 운명론이나 샤머니즘에 의해 결정되고 있는 듯하다. 정치인이나 기업인이 점보기를 좋아한다는 사실도 공공연히 알려져 있다.

- 섭리(攝理)는 기독교에서 세상과 우주 만물을 다스리는 신의 뜻을 말한다.

'운 반, 의지 반'이라는 관점

우리는 마키아벨리가 운을 전면 부인하고 의지나 역량만을 강조했다고 생각해서는 안 된다. 이를 알기 위해 다시 『군주론』을 읽어 보자. 마키아벨리는 『군주론』 23장까지 신생 군주에 대한 조언을 마치고, 24장 첫 문장에서 그러한 조언을 사려 깊게 준수한다면 신생 군주도 오래된 군주처럼 보이게 되고 빠른 시간 안에 국가 안에서, 그가 그 안에서 성장해 온 경우보다 더욱 안전하고 안정되게 자리 잡게 된다고 한다. 즉, 새로운 군주국을 창건하고 이것을 다시 훌륭한 법제와 군대, 좋은 모범을 통해 장식하고 강화하면 군주로 태어났지만 부족한 분별력 때문에 군주국을 상실하는 수모를 대비할 수 있다고 한다.

그러나 그 전에 마키아벨리는 당시까지 지배적이었던 중세의 기독교적인 숙명론을 비판해야 했다. 자신이 아무리 새로운 질서를 도입하는 영웅적 비르투를 찬양하고 유효한 대외적인 군사 정책과 대내적인 통치 정책을 제시해도, 그러한 숙명론이 지배한다면 국가의 자유와 영예라는 궁극적 정치 가치는 달성될 수 없기 때문이다.

그래서 『군주론』 25장에서 세계는 포르투나라는 여신이 지배하지만 남성이 그 지배에 어느 정도 대항해야 한다고 본 것은 바로 숙명론이 지배한 르네상스 당시의 일반론에 반발한 것이다.

나아가 『군주론』 26장에서 이탈리아 당대의 군주들이 몰락한 원인은 운명 탓이 아니라 군사 정책의 결함 그리고 인민과 귀족을 적대시한 군주 자신의 비르투에 기인한다고 주장하고, 다시 영웅적 비르투에 기대한다.

라틴어로 '가져오다'는 뜻의 동사 ferre를 어원으로 하는 포르투나는 고대 로마에 인간에게 여러 가지를 가져오는 여신의 이미지로 나타났다. 즉, 당시 운명이란 저항이 불가능한 숙명적 강제력 fatum이 아니라 잘만 하면 인간에게 영예, 부, 권세를 가져다주는 존재였고, 그 중 최상은 부가 아니라 권세와 그에 따르는 영예였다. 그리고 잘 보이는 요소는 비르(vir=남성), 즉 참된 '남성다운, 과감한 용기'였다. 당시 덕을 뜻하는 비르투스는 그 말에서 나왔다.

비르투는 고대 그리스 철학의 아레테에 대응되는 말이기도 했다. 아레테arete는 탁월성이나 우수성을 뜻하는 말로, 그리스 윤리 사상의 핵심이었다. 그러나 기독교가 전래된 뒤 세속의 영예보다 신의 영광을 추구하고 용기보다 겸손과 복종이 중시되어 운명은 천국의 영광을 상기시키기 위해 세속에 대한 집착을 끊는 자비심 가득한 섭리의 대행자로 변했다. 즉, 세속적 영예를 추구하는 인간에게 운명은 무자비한 필연적 강제력으로 변하고, 저항 불가능한 숙명과 동일시되었다.

마키아벨리가 살았던 르네상스에서도 고대와 중세에서와 같이 정치란 신의 절대적 섭리에 의한 운명적이고 필연적인 것이라는 사고가 일반적이었으나, 마키아벨리는 그런 사고를 반만 인정했다. 즉, 운명에 의한 부분도 있지만 인간의 힘, 노력에 의한 부분도 있다고 본 것이다. 이는 『군주론』 25장 「인간사에서 운은 얼마나 강력하고 어떻게 대항할 수 있는가」에서 세상사는 운과 신에 의해 지배되기 때문에 인간은 지혜로써 그것을 통제하지 못할 뿐 아니라 실제 그것에 대해 아무런 대책도 갖지 못하지만, 동시에 인간에게는 자유의지가 있으므로 운의 여신은 그 나머지 반을 우리가 지배하도록 남겨 두고 있다고 하는 점에서 알 수 있다.

따라서 마키아벨리가 기독교 정치관과 "근본적으로 절연하였다"거나 "마키아벨리에게 정치란 철저히 인간사의 영역이고, 인간의 의지를 실현해 가는 활동(『군주론, 운명을 넘어선 역량의 정치학』, 100쪽)"이라고 보아서는 안 된다. 근본적인 절연이 아니라 반토막의 절연이고 '철저히' 인간사의 영역이 아니라 '반쯤의' 영역이기 때문이다.

이유와 유형

마키아벨리가 정치를 비르투와 포르투나라는 두 가지 요소에 의한 것이라고 본 이유는 무엇인가? 그렇게 보는 것을 지금 우리는 지극히 당연하다고 생각하므로 그 이유를 묻는 것조차 이상하게 느껴지지만, 16세기 당시 기독교적 운명론에 젖은 서양 사람들에게는 그 이유를 찬찬히 설명할 필요가 있었을 것이다.

그래서 마키아벨리는 『군주론』 25장에서 운을 '격렬히 흐르는 강물'에 비유하면서 그것이 아무리 파괴적이라도 인간이 둑을 쌓는 등의 예방 조치를 할 수 있다고 설명한다. 그리고 당시의 이탈리아를 둑 없는 시골에 비유하고, 독일, 스페인, 프랑스처럼 방비했다면 홍수가 나지 않았으리라고 말한다.

이처럼 마키아벨리가 운명의 힘을 절감하게 한 것이 보르자나 사보나롤라였다고 보는 견해가 있다(『군주론, 운명을 넘어선 역량의 정치학』, 101~105쪽). 마키아벨리가 그런 말을 하지 않았음에도 불구하고 말이다. 여하튼 운명의 힘을 마키아벨리가 특별히 발견했다고 볼 수는 없다. 그런 정도를 마키아벨리 이전 사람들이 몰랐다면 이는 그 전 사람들의 두뇌를 너무 깔보는 짓이리라.

운명과 그것에 대응된 주체성이나 자유의지에 대한 마키아벨리의 견해는 다양하다. 위에서 본 강물의 비유 외에 중요한 것들을 보면 다음과 같다.

첫째, 운명을 질병에 비유하여 그것에 대비해야 한다고 하는 경우다. 가령 『군주론』 3장에서 마키아벨리는 국가 안에서 발생하는 질병을 일찍 알아차린다면(이것은 현자에게만 주어지는 능력이다) 조속히 치료할 수 있지만, 인지되지 못한 채 자라나도록 내버려 두어 모두가 알아차릴 정도가 되면 치료책은 없게 된다. 따라서 로마인들은 위험을 멀리서부터 내다보고 항상 대비책을 마련했다고 보았다.

여기서 마키아벨리가 말하는 질병은 앞에서 본 홍수의 경우와 같은 것을 의미하고, 이에 대한 대비책이 비르투에 의한 것임을 뜻한다는 점에서 앞의 보기와 다름이 없다. 이러한 선견지명에 의한 대비책 수립은 마키아벨리만이 아니라 서양은 물론 동양에서도 전통적으로 강조된 군주의 덕목이었음을 주의해야 한다. 따라서 이러한 경우에 마키아벨리가 전근대적인 자연에 대립한 근대적 자유의지, 주체성, 인식에 의한 자유를 주장했다고 볼 수는 없다. 전근대에도 그런 자유 대 의지의 요소는 충분히 존재했기 때문이다.

둘째, 운명의 변화를 읽어 기민하게 대처할 능력을 강조하는 경우다. 마키아벨리는 『리비우스 강연』 3권 9장에서 「항상 행운을 얻고자 기대하는 사람은 시대에 따라 변해야 한다」는 제목 아래 이를 다음과 같이 논한다.

> 나는 이미 수차례에 걸쳐서 사람의 불운과 행운은 시대에 맞추어 행동을 음미하는가 아닌가에 달려 있다고 서술한 바 있습니다. (…) 앞길이 창창하여 행운을 누리는 사람은 시대의 성격을 민감하게 느끼고 언제나 자연이 명하는 대로 일을 합니다.

마키아벨리는 『군주론』 25장에서도 마찬가지로 다음과 같이 말한다. 즉, 어떤 군주는 자신의 본성이나 특성에 아무런 변화도 없이 오늘은 성공하지만 내일은 멸망하는 것을 보게 되는데, 이러한 사태는 일차적으로 그가 앞서 길게 논의한 원인, 즉 전적으로

운에 의존하는 군주는 운이 변함에 따라 멸망한다는 점과 관련해 발생하는 것이라고 한다. 또한 시대 변화에 자신의 행동 방식을 맞추는 사람은 성공하고, 마찬가지로 시간과 일치하지 않게 처신하는 사람은 실패하는 것이라고 자기는 믿는다고 한다.

셋째, 운명은 인간의 인식 능력을 넘지만 그렇다고 해서 절망해서는 안 된다고 하는 경우다. 마키아벨리는 『리비우스 강연』 2권 29장 「운명의 여신은 사람들이 그녀의 계획에 반하는 일을 하고자 할 때, 그 마음을 마비시켜 버린다」에서 이를 다음과 같이 논한다.

> 인간은 운명에 그대로 몸을 맡길 수 있지만 그것을 거역할 수 없습니다. 또 인간은 운명의 실을 짤 수 있어도 언제 어디에서 어떤 행복이 날아온다는 희망을 계속 품고, 어떤 운명에 부딪혀도 또 어떤 곤경에 쫓겨도 절망해서는 안 됩니다.

이는 마키아벨리가 『군주론』 25장에서 운명을 여성에 비유하고, 그 정복을 강조하는 경우도 마찬가지다. 즉, 시운은 변하고 사람들은 자신의 행동 방식을 고집하는데, 이 두 가지가 서로 합치될 때 성공하고 그렇지 않은 경우에 실패한다는 것이다. 따라서 운은 여자이므로, 그녀를 통제하에 두고자 한다면 때려서라도 억지로 붙잡아 둘 필요가 있다고 한다. 나아가 그녀가 차갑게 행동하는 사람보다 격렬하게 행동하는 사람에게 더 쉽게 굴복하는 경향이 있다는 점은 분명한 일이라고 말한다. 그 이유는 운이 여자이기 때문에 항상 젊은이의 친구인데, 젊은이들은 덜 조심스럽고 더 모질며 그녀를 대담하게 지배하기 때문이라고 한다.

그러나 이 경우도 스토아파 내지 중세 기사도적인 운명론에 입각한 능동적 정신의 강조라고 보는 것이 옳다. 따라서 위의 비유 구절을 두고 "마키아벨리야말로 운명의 여신에 대한 대응을 성적인 정복 차원에서 활용한 최초의 인물인 것처럼 보인다(『서양 근대 정치 사상사』, 57쪽)"고까지 볼 필요는 없다. 이는 피트킨의 견해를 인용한 것인데, 그다지 중요한 의미는 아니다.*

넷째, 『리비우스 강연』 3권 31장 「강한 공화국과 탁월한 인물들은 어떠한 운명에 직면하든 일관된 기백과 존엄을 유지한다」에서 외부의 변화에 좌우되지 않는 강력한 자기 통제의 힘을 강조하는 경우다. 그러나 이것도 고대적 덕성의 하나인 절제에 불과하다.

운에 대한 대응책

위에서 보았듯이 마키아벨리는 운명을 여성에 비유한 경우

---

* 이러한 표현 때문에 마키아벨리를 여성혐오주의자로 비판하는 견해도 있다. 그러나 『리비우스 강연』 3권 6장 「음모」에서 마키아벨리는 카테리나 스포르차를 당대의 어떤 남성 군주들 못지 않았다고 평가했고, 「만드라골라」 등의 희곡에서는 남성을 욕심 많고 무지하게 묘사한 반면 여성은 현명한 존재로 그렸다.

에는 그 정복을 주장하고, 운명을 강이나 병에 비유한 경우에는 비르투에 의한 대비책 수립을 강조한다. 이 둘을 서로 모순이라고 보는 피트킨의 견해가 있고, 이는 한국에서도 인용되지만(『서양 근대 정치 사상사』, 59쪽) 정복이나 대비책 수립이나 비르투에 의한 것임은 마찬가지고, 그 점에서 마키아벨리의 논지는 일관적이다. 물론 이러한 모든 것에 적응하는 방법을 알 만큼 충분히 지혜로운 사람은 없으나 시대와 상황에 조화롭게 행동 방식을 바꾸면 운은 바뀌지 않는다고 마키아벨리는 말한다. 이러한 설명은 『리비우스 강연』 3권 9장에서도 되풀이됨은 앞에서 보았다.

서강대 강정인 교수는 피트킨의 견해에 따라 마키아벨리가 위 설명에 이어 "이런 기대가 잘못된 것임을 즉각 시인한다"(『서양 근대 정치 사상사』, 59쪽)고 하지만, 마키아벨리는 그렇게 말하지 않는다. 도리어 이는 행동의 의미를 객관적인 상황 변화 및 운동과 관련시켜 생각해야 한다는 주장으로 이어진다. 이러한 시각에서 마키아벨리는 공화국이야말로 상황의 변화에 정치가 기민하게 대응할 수 있으므로 가장 우수한 정체라고 본다. 즉, 공화국에서는 복수의 지도자가 후보자로 경합하고, 상황 변화에 따라 정권이 바뀌어 더욱 적합한 인물이 지도자가 될 수 있기 때문이다. 마키아벨리는 『리비우스 강연』 3권 9장 「항상 행운을 얻고자 기대하는 사람은 시대에 따라 변해야 한다」에서 다음과 같이 말한다.

공화국에는 다양한 재능을 갖춘 사람들이 있으므로 시대의 조건이 어떻게 변하여도 더욱 교묘하게 대응할 수 있으나 군주국의 경우는 그렇지 않아서 공화국은 군주국보다 훨씬 더 번영하고 오래 행복을 누릴 수 있습니다. 앞에서 말했듯이, 언제나 한 가지 방식으로 행동하는 데 익숙해진 사람은 시대의 변화에 따라 벗어날 수 없습니다. 그러므로 시대가 변하여 당시까지의 방법이 통용되지 않게 되면, 그는 필연적으로 몰락하게 됩니다.

이처럼 운에 대한 대응책으로 마키아벨리가 말하는 비르투는 운과 함께 정치에 작용하는 것이지만, 마키아벨리는 비르투에 대해 결국 운이 승리한다는 식으로 전근대적인 주장을 한 적이 결코 없다. 특히 그러한 비르투의 인정은 마키아벨리가 군주국이 아닌 공화국을 정당화하기 위한 근거로 삼았다는 점에서도 그렇게 볼 수 없다. 만일 마키아벨리가 운이 비르투에 승리한다고 보았다면 그는 공화주의자가 아니라 군주주의자인 셈이기 때문이다.

도시와 인민의 비르투

비르투는 『군주론』에서 군주 개인의 것을 말하지만 『리비우스 강연』에서 도시나 인민 전체의 것을 말한다는 점을 주의해야한다. 『리비우스 강연』 1권 1장이 "로마에서 그토록 풍부한 비르투가 그토록 오랜 세기 동안 유지되었"다는 말로 시작한다는 점에서 살펴볼 수 있다. 즉, 어떤 도시가 위대함을 성취하고자 하면 인민 전체가 그런 자질을 갖추어야 한다는 것이다(『마키아벨리의 네 얼굴』, 105쪽). 여기서 비르투는 앞에서 『리비우스 강연』 1권 9장에서도 보았듯이 "사리사욕도 없고 오로지 공공에 도움이 되는 것을 염두에 두고, 자기 자손이 아니라 조국을 첫째로" 두는 것이어야 한다. 이는 플루타르코스 등이 로마 제국의 건설은 비르투(실력)가 아니라 운에 의한 것으로 본 것을 부정하는 것이라고 『리비우스 강연』 2권 1장에서 말한다.

앞에서 우리는 마키아벨리의 역사관이 동태적이라고 보았다. 이에 따르면 하나의 도시가 비르투를 가지고 일정한 업적을 달성하면 평온해지지만, 그 뒤에 다시 나태, 무질서, 파멸이 이어지고 이는 비르투의 상실을 뜻한다. 이처럼 부패한 인민을 마키아벨리는 『리비우스 강연』 1권 16장에서 야수에 비유하고, 이어 다음 장에서 그런 자들은 "자유를 얻더라도 자유를 유지하기가 대단히 어렵다"고 말한다.

이러한 부패가 발생하는 이유에 대해 마키아벨리는 『리비우스 강연』 1권 40장에서 평민과 귀족의 성향으로 설명한다. 즉, 평민과 귀족이 각각 과도한 자유와 지배욕을 원한 탓이라고 본다. 앞에서 우리는 마키아벨리가 『리비우스 강연』 1권 16장에서 귀족과 평민의 갈등을 긍정적으로 보았다고 했는데, 이는 그들이 아직 부패하지 않고 자신들의 욕구를 일정한 한계 내에서 추구한 경우였다. 반면 인민이 부패하면 문제는 달라진다. 먼저 『리비우스 강연』 1권 18장에서 공직자 선출 시에 자질이나 능력이 아니라 개인적 이해관계나 권세가 우선되고, 법의 제정도 권력을 위해 최악으로 행해진다는 점이 다루어진다.

마키아벨리는 그러한 부패는 "불평등으로부터 기인"했다고 보았다(강연1권17장). 현저한 불평등 상태에서는 다수의 빈자들이 소수의 부자들에게 불만을 갖기 마련이고, 이에 대해 부자는 빈자를 두려워하여 억압한다. 즉, 어느 쪽도 공공이익을 우선시하는 자율적 정치 체제인 공화국을 원하지 않게 된다는 것이다(강연1권55장).

자유를 위한 청빈

마키아벨리는 『리비우스 강연』 1권 16장에서 귀족과 평민의 갈등으로 자유에 이로운 법이 제정되었고, 여기서 좋은 교육이 나와 훌륭한 비르투의 전형을 이루었다고 보았다. 그러나 인민이 부패한 경우에는 좋은 법도 도움이 되지 않고, 이때는 개인의 비르투가 필요하다고 본다(강연1권17장). 이는 그가 『리비우스 강연』 1권의 9장이나 18장에서도 주장한 것이다.

그리고 그 경우 반드시 나라는 부유하게, 개인은 가난하게 하라고 말한다. 즉, "잘 통치된 공화국은 국고를 넉넉하게 하고, 인민은 가난하게 만들어야 한다(강연1권37장)." 이 말은 『리비우스 강연』 2권 19장과 3권 16장 및 25장에서도 되풀이된다. 이는 당시에 주류 이론이었던 아리스토텔레스의 윤리학이 도덕적 행동은 일정한 경제적 여유에서 나오고 자발적인 것이라고 본 것과 대조적이었다.

마키아벨리가 그렇게 주장한 이유는 로마의 평민이 모두 귀족처럼 명예와 부를 추구하게 되면서 무질서가 초래되고, 결국 농지법에 대한 투쟁을 초래했으며, 마침내 공화국을 파멸로 몰아넣었기 때문이었다(강연1권37장). 또한 마키아벨리는 가난이 어떤 지위나 명예에 이르게 하는 것을 막지 않고, 능력이 있으면 인재로 등용된다는 확신이 되레 부에 대한 소망을 저지한다고 주장하면서 킨키나투스의 사례를 든다(강연3권25장). 그는 작은 농장에서 일하다가 독재관이 되었다. 이처럼 로마인들은 가난에 만족했고, 전쟁으로부터 얻는 명예로 충분했으며, 모든 전리품은 공공의 처분에 맡겼다.

이는 지금의 우리에게도 중요한 교훈을 준다. 모든 사람들이 부유하고 명예로운 자리를 가지려고 한다면 경쟁은 치열해지고, 결국은 모두의 패배를 초래할 것이다. 따라서 극단적인 경쟁보다 공적인 절제와 이를 위한 공적인 규제가 필요하다.

4
최고의 가치 :
자유

자유

『리비우스 강연』에서 '자유'라는 말은 1권 1장에서 다음과 같이 나온다.

> 1인 군주의 지배하에 살거나 자신들만으로 독립하여 사는 경우에 질병, 전쟁, 기아로 인해 어쩔 수 없이 고향을 버리고 새로운 곳을 구하여 도시를 건설한다면 자유가 된다.

바로 로마의 경우다. 즉, 로마는 자유다. 나아가 『리비우스 강연』 1권 4장에서 로마는 인민과 원로원의 대립에 의해 자유롭고 강대하게 되었다고 보고, 자유를 추구하는 인민의 열망이 자유에 해를 끼친 적은 없고, 로마의 내분이 호민관을 설치하게 했으므로 자유를 보호했다고 단언한다. 이어 1권 7장은 제목부터 「국가에서 자유를 보호하기 위해 탄핵권은 얼마나 중요한 것인가에 대해」고, 8장까지 그 탄핵을 설명한다. 이처럼 『리비우스 강연』의 총론에 해당되는 부분에서 마키아벨리는 인민의 자유와 국가의 자유에 대해 역설한다.

다시 『리비우스 강연』 1권 16장 「군주정의 지배에 익숙한 인민은 우연한 사태로 인해 자유를 회복하여도 자유를 유지하기 어렵다」에서 대다수 인민은 삶의 안전을 위해 자유를 원한다고 하고, 또한 1권 17장에서는 제목부터 「부패한 인민은 자유를 얻더라도 자유를 유지하기가 대단히 어렵다」고 한다. 나아가 1권 28장에서는 "인민은 자유를 잃지 않고 지속할 때보다 도리어 일단 잃었던 자유를 되찾을 때 더 과격한 행동을 보인다"고 하고, 두 나라가 경험한 바가 달라 차이가 생겼을 뿐이므로 아테네를 비방하고 로마를 찬양할 것이 아니라고 한다. 또 1권 29장에서는 "자유를 누리는 국가는 두 가지 목적을 가지는데, 첫째는 자국을 강대하게 만드는 것이고, 둘째는 자국의 자유를 유지하는 것"이라고 한다.

이처럼 마키아벨리에 의하면 자유란 공화정에서 살아가는 인간의 가장 기본적인 조건이다. 『리비우스 강연』 2권 2장 「로마인은 어떤 부족을 상대로 하여 싸웠고, 상대 나라는 자신들의 자유를 지키기 위해 얼마나 완강하게 싸웠는가」에서 그는 이를 다음과 같이 말한다.

과거의 정비된 체제가 어떻게 오늘날과 같이 지난날의 모습을 찾아볼 수 없도록 되었는지를 확정하기란 쉬운 일이 아닙니다. 왜냐하면 과거에는 모든 사람이 자유를 누렸음에 반해, 오늘날에는 사람들이 노예 생활을 참고 있기 때문입니다. 그런데 이미 설명했듯이 자유를 누리는 모든 나라와 지역에서는 모든 면에서 지극히 눈부신 진보와 발전을 초래합니다. 나아가 오늘날처럼 결혼을 제약하는 점이 적어서인지 사람들이 자유롭게 더욱 진취적으로 결혼을 희망하고, 그래서 과거에는 인구가 훨씬 많았습니다. 누구라도 자신들이 키우는 한, 또 조상으로부터 받은 재산이 없어질 우려가 없는 한, 아이가 태어나는 것을 즐거워합니다. 또한 부모는 아이들이 노예가 아니라 자유인으로 이 세상에 태어날 뿐 아니라 아이 스스로 실력까지 갖추게 된다면 나중에 국가의 통치자로도 선출될 수 있음을 알기 때문에 아이를 축복하는 것입니다.

따라서 이러한 나라에서는 농업이나 수공업에 의한 부가 더욱 늘어납니다. 그것은 자신들이 확보한 재산을 향수할 수 있는 경우라면, 누구라도 부를 증가하는 것에 힘을 쏟고 그것을 확보하고자 노력하기 때문입니다. 따라서 당시 사람들은 경쟁적으로 개인과 사회의 재산을 늘리고자 노력했습니다. 그리하여 두 재산은 어느 것이나 놀라운 액수에 이르게 됩니다.

위의 논지에서 본다면 자유는 인간에게 최우선의 조건으로, 그 조건이 충족되어야 나라는 진보하고 발전할 수 있다. 이는 마키아벨리 당대의 피렌체인이 민주공화국으로는 강력한 외세에 맞설 수 없다고 주장하고, 로마가 재현될 수 없다고 믿은 것에 대한 반론으로 제기된 것이다.

나아가 마키아벨리는 『리비우스 강연』 1권 4장에서 이러한 자유는 평민의 것으로 "인민의 요구가 자유에 해를 미치는 경우란 없"다고 한다. 그리고 같은 책 1권 5장 「평민과 귀족 어느 쪽이 더 확실하게 자유를 보호하는가, 새로이 권력을 얻고자 하는 평민인가, 아니면 기득의 권력을 유지하고자 하는 귀족인가, 또 어느 쪽이 더 내분의 원인이 되는가」에서 다음과 같이 귀족의 지배 욕구와 평민의 자유를 비교하여 말한다.

> 귀족과 평민이 각각 목표로 하는 점을 생각해 본다면, 귀족은 지배하고 싶다는 강력한 욕망에 불타오르고 있음에 반해, 평민은 오로지 지배당하지 않으려고 합니다. 따라서 귀족이 자유를 뺏고자 하는 만큼, 평민은 자유를 빼앗기기를 바라지 않기 때문에 자유로운 생활에 대한 더욱 강렬한 의욕을 보입니다. 따라서 평민이 자유를 감시하는 역할을 담당하면, 그들은 자유를 더욱 신중하게 처리하고, 자유를 혼자서 독점할 수 없기 때문에 타인이 자유를 뺏도록 허용하지 않습니다.

마키아벨리의 인민자유론

13세기 이래 이탈리아 도시에서는 인민과 귀족이, 또 황제파와 교황파가 대립하면서 복잡한 항쟁이 이어졌다. 공화정이었던 피렌체도 그런 배경에서 메디치가의 지배를 받았고, 16세기부터는 외국 세력의 싸움터로 변했다. 또한 신대륙 침략 이후 이탈리아 경제는 침체하기 시작했다. 마키아벨리는 그런 난세를 살았다.

난세를 권모술수로 이겨 낼 군주를 대망한 까닭에 권모술수의 대가라는 비난을 받은 그는, 사실 당대의 누구보다 도시 국가의 자유를 중시한 민주공화주의자였다. 그것이 고대 그리스 이래 전통인 외부의 지배로부터 자유인 인민의 자유를 뜻했다. 그는 인민은 자유를 유지하기 위해 자유를 자신의 수중에 쥐고 있어야 한다고 주장했다.

마키아벨리가 주장한 인민의 자유는 인민 간의 관계를 통제할 수 있는 세력 균형을 의미했다. 이 점은 뒤에 유럽 정치사의 무질서를 낳았다는 비판을 받기도 했으나, 당시 정치 세계를 지배할 수 있는 포괄적인 단일 권력이 없는 상황에서는 유일한 수단이었다. 마키아벨리가 말한 이러한 인민의 자유는 바로 주권을 의미했다. 이는 뒤에 보댕이나 홉스가 주장한 전제정의 주권론과도 모순되는 것이 아니었다.

마키아벨리는 인민의 자유는 인민의 신중한 선택에 달려 있지만, 그 선택의 자유는 절대적인 것이 아니라 환경이나 역사적 조건 등 운명에 의해 제한된다고 보았다. 그러나 그러한 제한에도 불구하고 자유의 본질적 영역은 도덕과 인간적 존엄을 실현한다고 보았다. 나아가 그러한 선택은 정치적 지도력의 특유한 의무라고 보고, 그러한 의무를 게을리 한 피렌체 지도자의 우유부단과 무능이 이탈리아의 비극이라고 비판했다(강연1권38장).

마키아벨리는 공화국의 안정은 적절한 법 제도에 의해 이루어진다고 보고, 균형을 취하는 혼합 정체를 잠정적으로 주장했음은 앞에서도 보았다. 즉, 군주정, 귀족정, 민주정의 요소를 모두 갖춘 혼합정이었다. 그는 플라톤과 같이 군주정은 참주정으로, 귀족정은 과두정으로, 민주정은 무정부 상태로 쉽게 변한다고 보았다. 또한 플라톤과 같이 민주정은 "자유의 남용"에 이를 수 있다고 비판하기도 했다.

> 그러한 상태에서 공공의 권위도 타인에 대한 배려도 무시되게 됩니다. 사람들은 제멋대로 살게 되어 매일 온갖 악행들을 끊임없이 저지르게 되었습니다. 그러다가 필연에 강제되거나 어떤 훌륭한 사람의 제안에 따라, 그러한 혼란을 벗어나기 위해 다시 한 번 군주정으로 되돌아가게 됩니다. 그리고 그 군주정은 지금 설명한 순서대로 다시 무질서적인 혼란으로 빠져들지만 그 원인도, 과정도 지금까지와 같이 반복됩니다(강연1권2장).

따라서 마키아벨리는 고대 아테네와 같은 순수한 의미의 직접민주주의에 찬성했다고 할 수 없다. 그는 고대 아테네의 정치가이자 입법자인 솔론Solon, 기원전 640?~560?을 비난하고, 그가 인민에 의해 지배되는 민주 국가를 조직했기 때문에 그 법은 단명했다고 보았다. 솔론 이후 참주정이 이어지고 그 뒤 다시 민주정이 성립되어 솔론을 따랐지만, 역시 단명했다고 비판했다. 그러나 그는 고대 아테네가 참주정에서 해방된 뒤 100년간 민주정이 번영했음을 인정했다(강연2권2장).

마키아벨리는 로마의 공화정을 이상적인 혼합정으로 보았으나, 로마 공화정을 자신이 생각한 이상적 정체와 반드시 같은 것이라고 보지 않았다. 그는 공화국의 안정은 적절한 제도적 틀과 종교에 입각한다는 점도 인정했는데, 이를 공화제 로마에서 배웠다(강연1권2장). 그러나 그가 구상한 이상적인 정체는 로마 공화정을 보완한 것으로서 왕, 귀족, 인민이 서로를 견제하여 체제 혁신의 역동성을 가지며, 인민의 정치 참여를 허용하여 군사력을 확보하고, 정체의 자연적 순환을 극복할 수 있는 것이었다.

이는 특수한 이익집단이 통치 권력을 조종하려는 시도에 의해 공동선이 위협돼서는 안 된다고 하는 현실주의에서 나왔다. 즉, 그러한 특수 이익을 완전히 배제하면 더욱 위험해지므로 도리어 그것들을 다원화하면 서로 균형을 이루어 그런 위협을 줄일 수 있다고 보았다. 이러한 이익의 다원화는 사상과 표현의 자유를 인정하는 근거기도 했으나, 그 자신은 그러한 인민적 자유를 적극적으로 인정하지 않았다.

마키아벨리는 인민의 자유와 함께 공화국 인민의 자치 그리고 공동선도 중시했다. 그는 공동선을 개인적 자유의 기초로 보았고(강연2권2장), 그 자유를 인간의 능력이라고 규정했다. 나아가 그런 능력에 의해 인간은 두려움 없이 자유롭게 자신의 재산을 향수하고 자신과 가족의 명예를 잃지 않는다고 주장했다(강연1권16장). 이처럼 공포로부터의 자유, 즉 개인의 안전이라는 것이 공화제의 가장 큰 장점이라고 보았다. 마키아벨리는 공화제가 정체 중에서 가장 우수하고, 공화제에서 사람들은 더욱 풍요해지며 인구도 더욱 늘어난다고 보았다(강연2권3장). "경험이 말해 주듯이 나라는 오직 자유로운 상태에서만 영토나 부의 증대를 이룩하기 때문이"다(강연2권2장).

나아가 마키아벨리는 자유를 법의 지배, 즉 모든 사람에게 똑같이 적용되는 법의 제한과 같은 것이라고 보았다. 그는 법 집행자도 두려워하는 개인이 있고, 법의 제한을 자의적으로 무시하는 나라는 자유로운 국가가 아니라고 했다. 자유로운 국가란 귀족과 인민의 나쁜 욕구를 법으로 통제할 수 있는 나라라고 했다. 나아가 인민적 자유란 주종 관계나 예속이 없는 상태라고 주장했다.

마키아벨리의 자유관

이처럼 마키아벨리의 자유관은 선한 삶에 대한 객관적 통념을 가정하지 않는 점에서 이사야 벌린Isaiah Berlin, 1909~1997이 말한 소극적 자유관과 같은 것이라고 볼 수 있지만, 그럼에도 정치 참여와 인민적 덕의 이상을 포함한다는 점에서 벌린이 말하는 적극적 자유관의 전형을 보여 주기도 한다. 즉, 그는 자유를 개인의 고유한 목표, 자신의 기질을 추구하는 개인의 능력으로 보고, 자유를 위해서는 강제와 노예 상태를 피하면서 개인이 특정한 공공 기능을 다하고 필수 덕목을 연마해야 한다고 주장했다. 이처럼 인민적 덕을 행사하고 공동선에 봉사해야 하는 이유는 자기 고유의 목적 추구를 허용하는 특정 정도의 인격적 자유를 스스로에게 보증하기 위해서다.

마키아벨리는 평등주의자이기도 했다. 그가 민주적인 사고의 소유자라는 점은 자신의 책을 당시 학자들이 사용한 라틴어가 아니라 인민의 언어인 이탈리아로 썼다는 점에서도 알 수 있으나, 순수한 의미의 직접민주주의자가 아님은 앞에서도 말했다. 그는 사회적 불평등을 의복과 같이 자의적인 것이라고 보았다. 또 피렌체 통치 기구 중에서 가장 민주적인 평의회를 그곳에 모든 인민이 참가할 수 있도록 확대하라고 요구하기도 했다.

마키아벨리는 제국과 자유의 공존을 부정한 점에서 적극

적인 제국주의자는 아니었다. 그는 로마의 살루시티우스Gaius Sallustius Crispus, 기원전86~34가 공화국의 자유와 제국의 공존은 필연적으로 자유의 상실에 이른다고 한 견해를 따르면서도, 자유의 유지만으로는 외부의 침략에 의해 그것이 상실될 수 있음을 스파르타와 베네치아의 예를 들어 설명한다. 그리고 불평등한 연합체인 로마 제국이 자유와 제국의 타협책이라고 주장했다. 그러나 『군주론』에서는 군주의 지배 확대의 방법으로 침략과 함께 식민지 정복을 권유하고, 그런 타국의 재산은 자국의 재산과 다르게 넉넉하게 써서 자국의 병사들로 하여금 복종하게 해야 한다고 주장했다.

마키아벨리를 '자유의 철학자'라고 부르는 사람이 영국의 퀜틴 스키너 교수다(『근대 정치 사상의 토대(제1권)』, 343쪽). 그러나 이는 스키너가 말하는 '네오 로마적 자유'라는 비지배로써의 자유 개념을 가장 잘 구현한 사람이라는 의미로 이해되어야 한다. 또한 마키아벨리 사상을 관통하는 개념이 자치*라고 주장하는 사람도 있다. 그러나 마키아벨리를 국가로부터의 자유를 의미하는 자유주의의 사상가라고 보기는 어렵다. 또한 "양심의 가책을 제쳐 놓고 인간은 모름지기 어떤 계획이든, 생존과 조국의 자유를 유지하는 계획을 최대한 따라야 한다"고 했으니 양심과 사상의 자유를 주장한 사람이라고 보기도 어렵다. 그가 『군주론』에서 군주의 잔혹한

* 강정인은 피트킨이 말하는 autonomy를 '자율'로 번역(『서양 근대 정치 사상사』, 51쪽)하나 '자치'라는 말이 더 적절해 보인다.

행위를 정당화하고 장려까지 한 것은 분명한 사실이기 때문이다.

그러나 나는 마키아벨리와 달리 이탈리아 르네상스 시기의 도시 공화국이 아테네와 같은 직접 민주정은 아니었지만 피렌체 등의 경우 자치적 민주정을 추구한 점을 높이 평가해 왔다. 이는 홉스, 몽테스키외, 해밀턴, 그람시 등이 도시 공화국을 비판한 것과 대조적이다(『공화주의』, 2006년, 64~66쪽). 도시 공화정을 높이 평가한 공화주의자 비롤리도 그것이 '자유와 정의의 공화국'이 아니라 "가장 부유하고 힘센 소수 가문들에 의해 통치되는 '과두정'"이라고 하면서도(『공화주의』, 2006년, 67쪽), 적어도 당시 기준으로는 많은 인민의 참여를 의도한 정치 실험이었다고 평가했다(『공화주의』, 2006년, 69쪽).

공화국의 종말에 대한 역사적 평가도 갈렸다. 즉, 이를 자유의 종말로 보는 사람들도 있고 진보라고 본 그람시 같은 사람도 있었다. 르네상스 공화주의가 계몽주의에 크게 영향을 미쳤다고 보는 사람도 있으나, 그 뒤 프랑스혁명에서는 공화주의가 쇠퇴했다거나 이탈했다고 보는 견해도 있다. 그러나 뒤에서 보듯이 이탈리아의 19세기 정치가 마치니Giuseppe Mazzini, 1805~1872를 비롯하여 이탈리아 통일에 앞선 사람들은 르네상스 공화주의 전통을 계승했다.

5

건국과 발전의
조건

로마의 건국과 발전

앞에서 리비우스를 설명하면서 로마의 전설과 역사에 대해 간단히 언급했지만 여기서 다시 로마의 건국과 발전에 대해 상세히 살펴보자. 로마를 건국한 민족은 인도유럽어족이었고, 그들이 이주하기 전에 이탈리아 반도에 살았던 사람들은 지중해 원주민이었다. 그 원주민은 여성의 지위가 높은 모권제 사회를 형성했으나 반도의 북부에 남은 에트루리아 외에 모두 이주민에 의해 사라졌다. 이탈리키라고 불린 이주민은 농경과 가축 사육, 전쟁에 능했기 때문이었다. 그들은 조상을 숭배하는 가부장제의 친족 집단 populus을 형성했다.

이주민은 둘로 나누어졌다. 하나는 반도 중서부 구릉 지대에 사는 파리스크 라틴어족이고, 다른 하나는 반도 동남부 산악 지

맨홀 뚜껑에 표시된 S.P.Q.R.

대에 사는 오스크움브로족이었다. 라티움 지방에 정착한 로마족
은 전자에 속했다. 후자에 속한 족속은 사비니족과 삼니움족 등이
었다. 이주민은 반도의 중앙을 차지하고 그 위로는 에트루리아족,
그 아래로는 그리스에서 온 그리스인이 정착했다.

　앞에서 언급한 아에네아스 등의 로마 건국 전설은 역사적 사
실이 아니지만 조상을 중시하는 경건한 그들의 모습이 로마인을
감동시켜 그런 전설을 낳은 것이 분명하고, 로마인에게 그 건국
설화는 사실로 믿어졌음에 틀림없다. 지금도 로물루스 전설을 담
은 늑대 젖을 먹는 쌍둥이 동상이 이탈리아 곳곳에 서 있는 것을
보면 현대 이탈리아인도 전설을 믿고 있는 듯하다. 게다가 이탈리
아 곳곳의 맨홀이나 게시판이나 낙서에까지 S.P.Q.R.이라는 약자
가 새겨져 있다. 가령 "쓰레기를 버리지 마라. S.P.Q.R."이라는 식

이다. S.P.Q.R.은 Senatus Populusque Romanus(로마의 원로원과 인민)의 약자로 로마 제국을 뜻하는 말이다. 그러니 그 낙서를 우리식으로 바꾸면 "쓰레기를 버리지 마라. 고조선 제국"이 된다. 따라서 농담 같은 말이지만 그래도 역시 이탈리아인의 역사적 자부심을 엿보이게 한다.

S.P.Q.R.은 로마 제국의 약칭이지만 그 기원은 로마 공화정이다. 즉, 원로원과 인민이 왕을 없애고 로마를 세웠다는 것이다. 그런데 이 약칭에서부터 로마는 인민을 구별하지 않은 고대 그리스와 달리 원로원(귀족)과 인민(평민)을 다르게 보았다는 것을 알 수 있다. 게다가 로마, 특히 공화정의 역사는 귀족과 인민의 신분 차별의 역사라고 해도 과언이 아니다. 그 차별로 인한 최초의 사건이 기원전 494년 인민이 로마 근교의 성산에 모여 노동과 병역을 거부한 사건이었다. 그 결과 호민관이 신설되었다.

호민관은 마키아벨리가 로마 공화정에서 가장 중요한 제도로 본 것이다. 특히 『리비우스 강연』 1권 7장에서 마키아벨리는 로마에서 탄핵권이 인정되어 당파적 증오를 해소할 수 있었다는 사례로 호민관에 반대한 코리올라누스Gaius Marcius Coriolanus●의 경우를 인용했다. 또 코리올라누스가 로마에서 추방된 뒤 볼스키로 달아났다가 로마에 복수하려고 했으나 로마군이 아니라 어머니에 대한 존경 때문에 돌아선 사례를 두고 리비우스는 장군이 중요

● 가이우스 마르키우스 코리올라누스는 기원전 5세기경 고대 로마의 장군이다.

하다고 했지만, 마키아벨리는 3권 13장에서 장군 없이도 군대가 승리한 사례를 말하면서 "장군은 군인을 필요로 하고 군인은 장군을 필요로 한다"고 했다.

이처럼 마키아벨리가 호민관을 중시하고 그것을 무시한 코리올라누스를 비판적으로 본 반면, 셰익스피어는 코리올라누스에 대해 동정적 입장에서 희곡을 썼다.** 베토벤이 작곡한 「코리올란 서곡」도 그를 그린 작품이었다. 1807년에 하인리히 요제프 폰 콜린이 1804년 비극에 붙인 서곡인 「코리올란 서곡」의 C단조 주제는 코리올라누스의 결심과 호전성을 나타내며, Eb장조는 단념하기를 바라는 어머니의 소원을 나타낸다. 이처럼 셰익스피어나 베토벤은 코리올라누스를 숭배했으나, 그 숭배는 히틀러가 코리올라누스를 자신과 동일시한 것과 달랐을 것이다.

로마 건국의 지리적 조건

마키아벨리는 『리비우스 강연』 1권 1장에서 자유도시 형성의 제1조건으로 비옥한 땅을 상세하게 설명하면서도 그 예로 이

** 그의 이야기는 셰익스피어의 희곡에 기초하여 최근 세 차례나 영화화되었다. 셰익스피어의 반민주성 내지 제국성에 대해서는 박홍규의 『셰익스피어는 제국주의자다(청어람미디어, 2005)』를 참조하기 바란다.

집트나 알렉산드리아만을 들고, 로마에 대해서는 "토지의 풍요함, 바다가 초래한 편리, 거듭되는 승리, 국토의 광대함"이라고 매우 간단하게만 언급하였다. 하지만 리비우스는 『도시가 세워지고부터』 5권 54장에서 다음과 같이 말한다.

> 신들과 우리 선조가 이 토지를 도시 건설의 장소로 선택한 데에는 이유가 있습니다. 보기에 멋진 7개의 언덕, 편리한 수운에 의해, 내륙에서 곡물이, 하구에서는 타국의 상품들이 실려 옵니다. 바다는 물건을 운반하기에 좋을 만큼 내륙과 가깝지만, 타국의 함대에 공격받을 위험까지 걱정해야 할 정도로 가깝지 않습니다. 이탈리아의 중심에 위치하여 도시 발전을 위해서는 매우 유리한 자연 조건이 정비되어 있습니다.

로마야말로 지리와 기후가 그 번창과 강성의 제1조건이었음을 현대의 학자들도 인정한다. 즉, "고대에는 농업과 해상 무역이 부를 쌓는 가장 중대한 원천이었으므로" "비옥한 땅, 적절한 강우량과 온화한 날씨, 인근 지중해에 면한 항구" 등이 "로마의 장기적 성장에 아주 중요한 역할을 수행했다(『고대로마사』, 27쪽)."

나아가 그러한 자연 환경이 낳은 많은 인구도 번영의 조건이다. 특히 그리스에 비해 그러했다. 또 광활한 평야 지대는 산지가 많은 그리스에 비해 농업과 목축업에 훨씬 유리하여 더 많은 인구를 먹여 살릴 수 있었다.

그러나 로마의 지리적 조건은 유리하기만 하지 않았다. 즉, 로마는 이탈리아 반도의 정 중앙에 자리하는데, 그곳은 이탈리아에서 제일 비옥한 서부 평야 지역이다. 또한 테베레 강까지 끼고 있어서 강이나 육지를 따라 이동하는 부족들은 반드시 로마를 거쳐야 했으므로, 로마는 지

이탈리아 반도

리적 특징상 끊임없이 전쟁을 수행하여야 했다. 왜냐하면 로마를 우회하려면 이탈리아의 정중앙을 가르고 있는 아펜니노 산맥을 거쳐 가야 했고, 이는 로마를 통하는 것보다 훨씬 불편했기 때문이다. 이러한 지리적 조건은 로마로 하여금 끊임없는 외세의 침략에 노출시켰고, 로마인들은 건국 초기부터 거의 한 해도 거르지 않고 전쟁을 치러야 했다.

여하튼 여기서 우리는 왜 마키아벨리가 로마 건국에 대해서 논의하면서 지리적 조건을 상세하게 설명하지 않았는지 의문을 제기할 수 있다. 혹시 『리비우스 강연』을 읽는 독자들은 그것을 알 것이라고 생각해서 일부러 설명하지 않은 것일까? 나는 로마의 지리적 조건을 마키아벨리도 알고 있었음이 분명하지만, 아래에서

설명하는 정치사회적 조건이 더욱 중요함을 강조하기 위해 지리적 조건에 대한 설명을 간단하게 한 것이 아닌가 짐작한다.

자유도시 로마의 건국

리비우스는 『도시가 세워지고부터』 1권 4장에서 "위대한 도시 로마의 탄생과 신들의 힘에 육박하는 지배권의 기원은 운명에 의해 정해진 것이 틀림없다"고 하면서도, 『도시가 세워지고부터』 1권 3~4장에서는 로마의 건국을 살육과 권력욕으로 인한 투쟁의 과정으로 묘사한다. 특히 『도시가 세워지고부터』 1권 6~7장에서 로물루스가 동생 레무스를 죽이는 이유를 조롱과 말다툼으로 시작된 허망한 사건으로 묘사한다. 또 『도시가 세워지고부터』 14장에서 사비니인 왕 타티우스가 살해되었을 때 로물루스는 전혀 슬퍼하지 않았는데, 이를 리비우스는 타티우스와의 공동 통치를 싫어한 로물루스의 정치적 야욕으로 본다. 특히 『도시가 세워지고부터』 1권 4장 이하에서 로물루스 시대에는 자유를 전혀 볼 수 없었다고 평가하고, 왕정 기간에 자유를 유린한 사건들을 서술한다.

리비우스는 특히 라틴계 알바 롱가를 공격하여 정복한 3대 왕인 툴루스가 로물루스보다 더 포악해 종교를 무시하면서까지 전쟁을 일으켰고, 로마의 운명을 3명의 병사에게 맡기는 실수로 인해 인민에게 비난받았다고 한다. 또 『도시가 세워지고부터』 1권 34장에서는 상인 출신 에트루리아계로 자신의 막대한 부를 바탕으로 선거 운동을 하여 왕이 된 5대 왕 타르퀴니우스 프리스쿠스를 왕권을 탈취한 야심가로, 1권 60장에서는 7대 왕 타르퀴니우스 수페르부스를 폭정과 오만으로 로마의 자유를 파괴한 폭군으로 묘사한다. 이러한 여러 왕의 문제점, 특히 로물루스의 동생 살해는 "왕정을 추구하면 결국 권력의 경쟁자들 사이에서 살인이 발생한다는 교훈을 로마인에게 남겼(『고대로마사』, 73쪽)"기에 공화정으로 나아가게 되었다고 리비우스는 평가했을 수도 있다.

여기서 우리는 로마 창건자 로물루스를 제외한 로마의 왕은 모두 인민이 선출하여 평생 재임하였으며, 아무도 군사력으로 왕좌를 찬탈한 적이 없었음을 주의하여야 한다. 왕을 선출하는 데 세습 원칙이 있다는 기록은 없지만, 기원전 5세기 타르퀴니우스 프리스쿠스는 죽은 왕의 혈통을 물려받은 사람이었다. 그리하여 고대 역사가들은 로마 왕정의 왕이 혈통이 아닌 자신의 덕성에 따라 선택되었다고 보았다. 리비우스는 원로원이 왕의 선출권을 인민에게 양보하는 대신 그 왕은 원로원의 승인을 받아야 유효하다고 하여 원로원과 인민 사이에 권력 투쟁이 있었다고 본다.

한편 마키아벨리는 『리비우스 강연』 1권 1~2장에서 로마를 고대 그리스의 아테네나 스파르타, 그리고 근대 이탈리아의 베네

치아 같은 자유도시로 본다. 앞에서 보았듯이 자유도시란 "공화
국이든 군주국이든 외부의 지배로부터 독립한 기원을 가지고 처
음부터 자신들의 법에 따라 통치되는, 각각 독자의 기원과 법과
제도를 갖는 나라"를 말한다.* 즉, 나라가 안팎으로 자유로운 것을
자유도시라고 한다. 외부적 독립과 내부적 자치를 확보한 것이 자
유도시다. 반면 알렉산드로스 대왕이 건설한 알렉산드리아나 로
마 제국의 치하에서 건설된 피렌체는 자유도시가 아니고 따라서
발전할 수 없었다고 마키아벨리는 본다. 마키아벨리는 로마를 "어
떤 다른 나라에 종속되지 않은 자유도시로 건설되었다"라고 하면
서 『리비우스 강연』 1권 1장에서 다음과 같이 말한다.

> 뒤에서 말하듯이 로물루스, 누마 등 다른 사람들이 제정한 법률이
> 어느 정도로 사람들을 속박했는지 알 것입니다. 그래서 그 토지의
> 풍요함, 바다가 초래한 편리, 거듭되는 승리, 국토의 광대함으로 인
> 해 여러 세기에 걸쳐 로마를 부패하지 않게 했습니다. 그리고 그 법
> 률은 다른 도시나 공화국도 능가할 수 없었던, 넘치는 역량(비르투)
> 을 계속 유지하게 했습니다.

그러나 마키아벨리는 왕들에 대한 설명을 생략하고서, 『리비

* 따라서 이를 "어떤 종류의 대외적 종속이든 그것과 상관없이 출발한, 곧 공화
  국이든 군주국이든 처음부터 자신들의 뜻에 따라 통치된 도시[『로마사 논고』
  (한길사, 2003)의 76쪽]"라고 번역함에는 문제가 있다.

우스 강연』1권 9장에서 로물루스가 동생을 살해하고 타티투스의 살해에 가담한 이유는 "자신의 야망을 충족하기 위해서가 아니라 사회를 위해서 였다"고 평가한다. 그러면서 "그 결과가 좋다면 그가 범한 죄는 항상 용서될 것"이라고 평가한다. 그 이유로는 로물루스가 "즉각 원로원을 창설하고 그 자문을 받았으며, 그 심의 결론을 존중한 것"과 자신에게는 전시의 군사 지휘권과 원로원 소집권만을 남겨 둔 점을 들었다.

마키아벨리는 나아가 "이는 뒤에 로마인이 타르퀴니우스를 추방하고 해방에 성공했을 때, 종신제의 국왕 대신 1년씩 교대하는 2명의 집정관을 둔 것 외에는 아무 것도 바꾸지 않은 점으로도 확인"되고 "이는 로마 초창기 제도가 모두 전제정이나 참주정에 비해 훨씬 자유롭고 인민다운 생활을 보내기에 매우 적합했음을 증명"한다고 한다. 그리고 "일국을 건설하는 것은 독재자에게 맡길 필요가 있"고, "레무스와 티투스 타티우스를 살해한 로물루스에게 죄를 물을 것도 아니고 비난해서도 안 된"다고 한다.

마키아벨리는 『리비우스 강연』1권 11장에서 제2대 왕 누마를 다음과 같이 평가한다.

로마에 최초로 기초를 놓은 자가 로물루스로서 로마는 그의 딸처럼 태어나 길러졌습니다. 그러나 하늘은 로물루스가 만든 제도만으로는 강력한 지배권을 만족할 수 없다고 생각해 로마 원로원을 고취하여 로물루스의 후계자로 누마 폼필리우스를 지명하게 했습니다.

그것은 로물루스가 손대지 않고 남겨 둔 법률을 누마에게 완성하도록 하려고 했기 때문이었습니다.

인민이 매우 거칠다는 것을 안 누마는 평화적 수단으로 그들을 순종적인 인민으로 바꾸고자 하여 종교에 주목했습니다. 그는 문화를 갖춘 사회를 유지하기 위해서는 종교가 필요불가결하다고 생각하고, 종교를 기초로 한 국가를 세웠습니다. 그리하여 여러 세기 동안 로마의 신에 대한 존경은 다른 어디에서도 볼 수 없을 정도가 되었습니다. 이것이 배경이 되었기 때문에 원로원이나 유력자가 시도한 어떤 시도도 원활하게 수행되었습니다.

이어 마키아벨리는 로마가 가장 큰 은혜를 입은 왕은 바로 누마라고 찬양한다. 그리고 그 이유를 "종교가 있는 나라에서는 인민을 무장시키기 쉽지만, 무기만 있고 종교가 없는 나라에서는 인민을 교화하기가 너무 어렵기 때문"이라고 한다. 반면 리비우스에 의하면 누마는 자신이 인민에게 조언하려는 바를 정령이 그러한 것처럼 위장했는데, 그 이유는 특이한 법률을 도입할 때 자신의 권위만으로 충분하지 않을 것이라 염려한 탓이었음을 마키아벨리도 인정한다.

이어 『리비우스 강연』 1권 19장에서 초대 왕 로물루스, 2대 왕 누마, 3대 왕 툴루스의 출중한 자질과 업적을 찬양하면서 3왕 시대의 로마는 행복의 절정이었다고 본다. 그리고 로물루스와 툴루스는 용감하고 호전적이었고, 누마는 냉정하고 종교적이었다고도 평가한다. 나아가 로물루스의 출중한 역량으로 인해 누마는 오로지 평화적으로 다스릴 수 있었고, 툴루스와 4대 왕 안쿠스도 출중하여 평화를 누리며 전쟁을 잘 수행했다고 평가한다. 이를 보면 적어도 리비우스에 비해 마키아벨리는 로마 왕정에 대해 훨씬 호의적이었다고 할 수 있다.

툴루스에 대해서는 『리비우스 강연』 1권 21장에서 그가 왕이 되었을 때 전쟁 경험이 있는 자가 하나도 없었지만 다른 부족을 쓰지 않고 자국 인민을 훈련과 지도를 통해 용감한 군인으로 만들었다고 찬양하면서 마키아벨리 당대의 영국도 그러하다고 말한다.

그리고 로마 왕정의 마지막 왕 타르퀴니우스(일명 오만왕)가 세르비우스를 죽이고 왕이 되어 로마인의 불만을 많이 샀다가 아들이 유부녀 루크레티아를 건드려 그녀가 자살하자 이를 이유로 반란이 일어났으며, 로마의 마지막 왕이 되었다고 전해지는 것에 대해 마키아벨리는 『리비우스 강연』 3권 5장에서, 타르퀴니우스가 축출당한 이유는 그의 아들이 루크레티아를 겁탈했기 때문이 아니라 그가 법률을 위배하고 전제적으로 통치하고, 원로원을 해산하고 인민을 노예로 만들었기 때문이라고 한다.

그리고 이에 빗대어 『리비우스 강연』 2권 2장에서 피렌체 혼란의 원인을 과거 인민의 자유로운 삶이 노예적으로 바뀌었기 때문으로 본다.

오늘날 어떻게 과거의 정비된 체제를 찾아볼 수 없도록 되었는지를 확정하기란 쉬운 일이 아닙니다. 왜냐하면 모든 사람이 과거에는 자유를 누렸음에 반해, 오늘날에는 노예 생활을 참고 있기 때문입니다. 이미 설명했듯이 모든 면에서 자유를 누리는 모든 나라와 지역에서는 지극히 눈부신 진보와 발전을 이룩합니다. 나아가 결혼을 제약하는 점도 적고 사람들이 자유롭게 더욱 진취적으로 결혼을 희망하고, 그래서 과거에는 인구가 훨씬 많았습니다.

마키아벨리는 자유를 회복하기 위해서는 강력한 통치자가 필요하다고 생각하였기에 로물루스의 살인을 정당화했고 리비우스가 폭력과 전쟁의 시대라고 평한 왕정기를 도리어 강력한 왕들의 통치로 로마의 안전과 자유를 지켰다고 찬양했다. 마찬가지로 『리비우스 강연』 1권 9장에서 스파르타 왕 클레오메네스의 잔인한 행위는 그 방법 외에는 리쿠르고스 법을 회복시킬 방법이 없었으므로 정의롭다고 평가했다.

공화정 창설자 브루투스

『리비우스 강연』 3권 1장 「종교나 국가를 오래 유지하기 위해서는 많은 경우 본래의 모습을 회복할 필요가 있다」에서 끝 부분은 3권 전체의 주제를 설명한 것이다. 여기에서 마키아벨리는 어떻게 개인의 행동이 로마를 더욱 위대하게 만들었는지, 그리고 어떻게 그런 행동이 로마에 좋은 결과를 초래했는지를 설명하기 위해 그러한 행동에 대해 서술하고 논하려 한다고 하고, 이를 위해 로마에 자유를 안겨 준 아버지 격인 브루투스로부터 자신의 이야기를 시작하겠다고 밝힌다.

그리고 3권 2장 「바보로 가장하는 것이 때로는 가장 현명할지 모른다」에서 브루투스가 바보 행세를 함으로써 로마의 자유를 회복하는 데 공헌했다고 언급한다. 비록 리비우스는 브루투스가 그렇게 한 이유로 살아남아 자신의 재산을 지키려 했다고 하지만, 마키아벨리는 그가 왕을 타도하기 위해 그렇게 했다고 주장한다. 그리고 그 증거로 브루투스가 아폴론의 신탁을 해석할 때, 넘어지는 체하면서 대지에 입을 맞추는 행위를 함으로써 자신의 계획에 신의 가호를 얻고자 했음에 주목한다. 또한 브루투스가 루크레티아의 주검 앞에 서서 그녀와 부친과 남편 그리고 다른 친척들 가운데 가장 먼저 그녀의 상처에서 칼을 뽑아 장차 로마에서 어느 누구도 왕으로 받아들이지 않겠다고 맹세한 데서는 리비우스와 견해를 달리한다. 마키아벨리는 군주에게 불만을 품은 사람이라면 누구든, 브루투스를 본받으라고 충고한다.

브루투스의 옛이야기는 군주에 대해 불만을 품고 있는 모든 사람들이 배워야 하는 것입니다. 즉, 자신의 실력을 측정하고 적과 비교해

산드로 보티첼리의 「루크레티아의 죽음(1500년경)」, 미국 이사벨라 스튜어트 가드너 박물관 소장

보아야 합니다. 그래서 적을 공격할 만한 힘을 충분히 갖추었다면 당연히 싸움에 돌입해야 합니다. 이것이야말로 위험이 적고 자랑할 만한 행동이라고 할 수 있습니다. 그런데 상대와 싸우기에는 실력이 부족한 경우, 모든 수단을 사용해 군주의 친구가 되어야 합니다. 이를 위해 필요하다고 생각되는 모든 수단을 강구해야 합니다. 가령 상대의 취미에 보조를 맞추고, 상대가 좋아하는 것이라면 무엇이든지 함께 하여 그를 즐겁도록 해야 합니다. 이러한 친밀을 가장한다면 먼저 자신의 안전을 보장받게 됩니다. 뿐만 아니라 어떤 위험에도 처하지 않고 군주의 행운을 함께 누릴 수 있게 될 것이고, 당신의 마음을 만족시키는 기회를 줄 것입니다.

마키아벨리에 의하면 군주가 몰락할 경우를 대비해서 그와 너무 가까이해서는 안 되고, 적시에 그 몰락을 활용할 수 없을 정도로 멀어서도 안 된다. 이처럼 군주와의 관계에서 중용의 길을 택하는 것이 최선이지만, 이는 사실상 불가능한 일이기 때문에 군주와 결탁하거나 거리를 두는 것 중 하나를 선택할 수밖에 없다고 그는 주장한다. 자신의 거취를 주목받는 자는 상시 위험 속에 살아가기 때문에 은둔 운운 하는 것은 받아들여지지 않는다는 것이다. 따라서 브루투스처럼 바보 행세는 자유를 '회복'하는 과정에서 브루투스가 보여 준 신중함이라고 말한다.

이어 마키아벨리는 3권 3장 「새롭게 획득한 자유를 유지하기 위해서 브루투스가 자식들을 죽여야 했던 사정에 대해」에서 브루투스가 공화국을 수립한 뒤에 얼마나 신중하게 그 자유를 유지하기 위해 노력했는지를 설명한다. 1권 16장 「군주정의 지배에 익숙한 인민은 우연한 사태로 인해 자유를 회복하여도 자유를 유지하기 어렵다」에서 브루투스의 아들들이 다른 로마 청년과 함께 반역의 음모를 꾸몄는데, 그 이유는 이전에 그들이 국왕 밑에서 누리던 불법적인 이득을 집정관 아래에서는 누릴 수 없었기 때문이었다고 설명하면서 그 아들을 죽이는 것이야말로 자유를 유지하는 최선의 방법이라고 했다.

국가의 건설

마키아벨리는 『군주론』 앞부분에서 신생 군주의 군주국에 대해 설명하다가 중간에 군주의 군사론과 내정통치론을 설명한다. 그리고 마지막에 운(명)을 논하며 다시 새 질서의 도입이라는 본래 주제로 돌아간다. 마지막 장인 26장에서는 "새로운 법제와 새로운 체제의 창시만큼 새로이 등장하는 인물에게 큰 명예를 주는 것도 없"다고 한다. 즉, 그는 자신이 그 앞의 15~23장에서 말한 통치술이 아니라 "새로운 법과 체제의 창시"를 군주에게 가장 중요한 것이라고 본 것이다. 그런 통치술은 예외적 상태에서 군주의 지위를 안정시키는 기술에 불과한 것이지 "큰 명예를 주는 것"이 결코 아니라는 것이다.

그럼에도 마키아벨리는 "새로운 법과 체제의 창시"에 대해 『군주론』에서는 군사 제도 외에 전혀 말하지 않는다. 이는 『군주론』이 그러한 '창시'에 이를 수 있는 국가를 세우는 것에 관한 책이기 때문이다. 한편 그러한 "새로운 법과 체제"의 내용은 『리비우스 강연』에서 설명된다.●

『군주론』과 마찬가지로 『리비우스 강연』도 도덕상이 아니라 사실상의 기원과 방식에 따라 정치 체제를 분류하는 것으로 시작한다. 그러나 군주국만을 논하는 『군주론』과 달리 『리비우스 강연』은 로마 이래의 모든 도시 국가를 취급하는 점에서 다르다.

앞에서도 보았듯이 마키아벨리에 의하면 도시의 창설은 토착인이나 이주민에 의하지만(강연1권1장), 중요한 것은 그 어느 쪽이냐가 아니라 그 어느 쪽 모두 자유, 즉 창설자들의 비르투다. 즉, 의존적이지 않고 자립적이라는 것인데, 의존적인 경우는 처음부터 검토 대상이 아니라는 것을 『리비우스 강연』 1권 2장에서 말한 바 있다.

● 이처럼 『군주론』과 『리비우스 강연』에는 서로에 대해 언급한 부분들이 적지 않으므로 마키아벨리가 두 책을 동시에 쓴 기간이 있음은 분명하지만 언제 각각을 쓰기 시작하고 완성했는지는 불명하다. 지금까지 밝혀진 것은 1513년에 『군주론』을 쓰기 시작했고, 1517년에 『리비우스 강연』을 완성했다는 것뿐이다.

국가의 창설 방법

마키아벨리에 의하면 비르투는 장소의 선택과 법 제도의 정비라는 두 가지 방식으로 드러난다(강연1권1장). 장소는 불모의 땅을 선택하는 것을 장려하고, 풍요가 초래할 악 영향을 법률에 의해 방어할 수 있는 경우에만 풍요한 지역에 국가를 건설해야 한다고 한다. 이 점은 토지의 풍요를 국가 존망의 결정적 요소로 본 전통적 정치철학과 구분되는 마키아벨리의 독창적인 견해로 주목할 만하다. 즉, 마키아벨리는 도리어 불모의 땅을 정복하는 인간의 비르투를 강조한 것이다.

그는 국가 창설의 유형으로 한 인물이 처음부터 강력하게 국가를 창설한 스파르타의 경우와, 처음에는 허약했으나 점진적인 개혁에 의해 국가를 창설해 나간 로마의 경우를 구분한다. 즉, 단독의 완전한 입법자에 의한 안정과, 단독자에게 맡기지 않고 다수가 불안과의 투쟁 속에서 창조해 가는 것의 차이다. 다시 말해 운(명)으로부터 자유로운 안정을 타자로부터 향수하는 것과, 비르투에 의해 운(명)에 대항하며 나아가는 것 사이의 차이다.

마키아벨리에 의하면 "신중한 지도자를 배출하여 그가 제정한 법률을 개정할 필요를 느끼지 않고 그 법률 아래에서 인민이 안전하게 살 수 있는 국가는 진정 행복"한 반면, "질서가 완벽하지 않지만 좋은 출발을 했고 개선의 여지가 있는 도시는 적절한 기회를 제공하는 어떤 사태가 일어난다면 완벽해질 수 있"다(강연1권 2장). 여기서 우리는 『군주론』에서 국가 창설 시의 영웅적 비르투를 강조한 마키아벨리가 『리비우스 강연』에서는 단독 지도자에 의한 일거의 국가 창설이 아니라 오랜 기간에 걸친 점진적 국가 창설을 중시함을 주목해야 한다. 마키아벨리는 『리비우스 강연』 1권 9장에서 군주에 의한 건국을 '일반론'이라고 보았지만 인민에 의한 예외도 인정하고 그 예외를 더욱 중시했다고 볼 수 있다.

그 보기가 로마인데, 특히 이는 로마가 민주 공화정이었음을 강조한 것이다. 마키아벨리가 폭력에 의해 창설된 국가보다 "절대 다수의 일반적 동의에 의해 수립된 위대한 정부(강연3권7장)"를 찬양한 것이 바로 그런 민주 공화정에 의한 국가 창설이 더 훌륭한 것으로 보았음을 보여 준다.

국가의 유지 방법

『리비우스 강연』 1권 9장에서 마키아벨리는 국가를 안정적이고 활기 있게 유지하기 위해서는 인민의 적극적인 정치 활동이 반드시 필요하다고 보았다.

일단 조직된 정부는 그것을 유지하는 부담이 단지 한 사람의 어깨에만 걸려 있다면 오래 지속될 수 없습니다. 그러나 정부를 많은 사람들이 보살피게 될 때, 즉 그 유지가 많은 사람의 책임에 내맡겨질 때, 그것은 실로 오래 지속됩니다.

마키아벨리는 『리비우스 강연』 2권 2장에서 "왜 인민의 마음속에 자유로운 삶을 수호하려고 하는 열의가 생기는지를 알아내기란 아주 쉬운 일"이라고 하며 다음과 같이 말한다.

> 경험이 말해 주듯이 도시들은 오직 자유로운 상태에서만 영토나 부의 증대를 이룩하기 때문입니다. 사실상 아테네가 페이시스트라토스의 참주정으로부터 해방된 이후 100년 동안 거대한 번영에 도달하는 과정을 고찰해 보면 참으로 놀라움을 금할 수 없습니다. 그러나 무엇보다 놀라운 것은 로마가 왕의 속박으로부터 해방된 후 커란 번영에 이르게 된 과정입니다.
> 이러한 번영의 이유는 이해하기 쉬운데, 도시를 위대하게 만든 것은 개별적인 선이 아니라 공동선이기 때문입니다. 하지만 오늘날 이러한 공동선은 의심할 여지없이 공화국에서만 중요한 것으로 간주됩니다.

위에서 말하는 공동선이란 바로 공동 이익이고 공동 비르투라고도 할 수 있다. 이를 마키아벨리는 『리비우스 강연』 1권 58장 「인민은 군주보다 더 현명하고 더 안정되어 있다」 등에서 상세히 설명하면서 강조한다. 특히 1권 4장에서는 로마 혼합정을 그 예로 들면서 "로마가 자유를 향유할 수 있도록 제정된 모든 법률은 그들의 불화에서 비롯된 것"이라고 한다. 즉, 평민과 귀족의 대립과 갈등이 로마를 약화시키기는커녕 더욱 강력하게 만들었다는 것이다. 반면 로마가 몰락한 이유는 인민이 자신의 사적 이익을 위해 자유를 포기한 탓이라고 본다. 그리고 마키아벨리는 『리비우스 강연』 1권 17장에서 그것이 "불평등으로부터 유래"했다고 보았다.

이러한 불평등을 제도화하는 것이 귀족이므로 마키아벨리는 특권 계급(귀족)이야말로 로마 멸망의 원인이라고 본 것이었다. 이를 언급한 『리비우스 강연』 1권 55장 「인민이 타락하지 않는 나라에서는 만사가 쉽게 처리되고 평등한 곳에서는 군주국이 수립될 수 없고 평등하지 않은 곳에서는 공화국이 성립할 수 없다」 • 의 우리말 번역에서는 특권 계급을 신사로 번역하고 있는데(원어는 gentiluomini), 이 점을 주의하며 다음의 특권 계급에 대한 마키아벨리의 태도를 살펴보자.

특권 계급이라는 이 호칭이 어떤 사람들에게 사용되는지 분명히 설명하기 위해 나는 보통 다음과 같은 사람들을 가리켜 사용한다고 말해 두고자 합니다. 즉, 그러한 계급이란 남아도는 재산으로부터

• 트로츠키가 이 장의 "특권 계급이 우글거리는 곳에서 공화국의 수립을 계획한다면, 먼저 귀족 따위를 타도하지 않으면 실현할 수 없다"는 구절을 근거로 삼아 마키아벨리를 사회주의자로 보았다는 견해(『지배와 피지배』, 44쪽)가 있으나, 트로츠키는 마키아벨리의 그 말에 러시아 농민들이 동의했다고 지적했을 뿐이다(『The History of the Russian Revolution』, 4쪽).

수입을 얻어 무위로 나날을 보내고 생활의 자료를 얻기 위해 경작에 노력하거나 기타 생계를 잇기 위해 필요한 직업을 가져야 할 걱정이 없는 자를 가리킵니다. 이러한 계급의 사람들은 모든 공화국은 물론 모든 지역에 엄청난 해독을 끼칠 수 있는 자들입니다.

그러나 그들보다 더더욱 악질적인 자들은 그러한 재산 이외에도 성곽을 지배하고 있고, 그들에게 예속된 사람들을 따르게 하는 무리들입니다.

또한 마키아벨리는 통치자의 자질이 아닌 제도의 관점에서 가령 공동체에 파쟁이 발생하고 분열되는 것을 방지하기 위해 공적 탄핵 제도와 임시 독재 집정관 제도 등을 주장했는데, 이는 탄핵 자체를 제도적 위협으로 본 로마 시대의 리비우스나 키케로의 견해와 구분되는 것이었음을 주목해야 한다.

6

민주공화국

국가 형태와 정부 형태

마키아벨리의 정치 이론을 논의하는 경우 그가 『군주론』에서는 군주정 내지 군주국, 『리비우스 강연』에서는 공화정 내지 공화국을 선호하거나 주장했다고 보는 통설을 어떻게 이해해야 하느냐는 문제가 있음은 앞에서도 보았다. 나는 이 책에서 지금까지 『군주론』에서 마키아벨리가 주장한 것은 9장의 인민형 군주국이고, 이는 『리비우스 강연』에서 설명한 민주공화국과 거의 같은 것이라고 보아 통설의 문제점을 극복하고자 노력했으나, 이 점은 좀 더 상세하게 설명될 필요가 있다.

먼저 국가 형태와 정부 형태를 구분하여 그 관련성을 검토할 필요가 있다. 마키아벨리는 『군주론』 1장 처음에 "모든 국가stato"•는 "공화국이나 군주국"이라고 하고, 『리비우스 강연』 1권 2장에서도 공화국과 군주국을 구별한다. 이어 『군주론』 2장 처음에서는 "공화국에 대해서는 다른 곳에서 길게 논의했기 때문에 이에 관한 논의는 생략"하고 "오직 군주국에만 집중할 것"이라고 말한다. 그 '다른 곳'이란 『리비우스 강연』을 말한다는 것을 앞에서도 설명했다.

『군주론』 2장의 한글 번역판에서는 '공화국'이 아니라 '공화정'이라고 하고 있으나, 나는 이를 '공화국'이라고 본다. 마키아벨리는 국체와 정체, 즉 국가 형태와 정부 형태를 엄밀하게 구분하지는 않지만 여기서는 구분할 필요가 있기 때문이다. 마키아벨리는 국가 형태, 즉 국체를 군주국과 공화국으로 구분하면서 정부 형태, 즉 정체는 군주정, 귀족정, 민주정으로 구분한다. 그는 군주국이 아니라 공화국을 더 우수하다고 보고, 공화국의 이상적인 정체를 군주정, 귀족정, 민주정의 혼합정으로 본다.

마키아벨리는, 군주정은 군주국에서 성립하지만 귀족정과 민주정은 공화국에서 성립한다는 전통적인 입장에 따랐다. 여기서 마키아벨리가 말하는 혼합정은 군주국이 아니라 공화국을 전제로 하는 것임을 주목해야 한다. 즉, 마키아벨리가 정치를 말하

- 마키아벨리가 말한 stato는 17세기 이후 성립되는 근대적 의미의 국가, 즉 영토적 주권국가라고 볼 수 없다. 14세기 이후 그 말은 통치자의 신분이나 지위를 뜻하는 status와 동의어로 사용되었고, 그 뒤로는 통치자의 법적 지위를 뜻하는 말로 발전했다. 마키아벨리도 그런 의미에서 stato라는 말을 사용했다. 마키아벨리 이전에는 통치 체제를 군주 및 귀족 통치자(stato signori)에 의한 것과 인민 통치자(stato populare)에 의한 것으로 나누었다. 그러나 마키아벨리 시대에 와서 stato는 통치자의 통치권이 미치는 지역이라는 의미를 갖게 되었다는 의미에서 근대적이라고 볼 수도 있다.

는 경우 군주국이 아닌 공화국은 전제 조건이었다. 14년간 공직 생활을 하면서 그가 관찰하고 고민한 것도 공화국이었다. 그에게 군주국은 다른 나라의 것이거나 고대의 것이었다.

또한 자연의 목적론적 안정을 믿지 않은 마키아벨리는, 그가 이상으로 제시한 혼합정도 고대 로마에서 숭상된 목적론적 조화의 질서가 아닌 귀족과 평민이라는 두 이기적 집단 사이의 균형을 유지하는 잠정적인 것이지 절대적인 것이 아니라고 보았다. 가령 폴리비오스의 혼합정은 군주, 귀족, 평민 사이의 균형을 도모한 것이었으나, 마키아벨리의 혼합정은 균형이 아닌 투쟁을 도모한 것이었다. 그러나 투쟁 자체가 목적이었던 것은 아니고, 투쟁을 통한 국가의 대외적 확대가 마키아벨리의 최종 목적이었다.

인민형 군주국

『군주론』을 비롯한 마키아벨리 사상의 핵심으로써는 앞에서도 말했듯이 사자나 여우 또는 운이나 비르투 등이 항상 언급되어 왔다. 그러나 나는 마키아벨리가 『군주론』 9장에서 말한 '인민형 군주국'이 그 사상의 핵심이라고 생각한다는 점을 앞에서도 몇 번이나 강조했다. 그래서 이처럼 지난 500년 동안 『군주론』만이 아니라 마키아벨리의 사상 전체에 대한 수많은 논의가 있었지만, 그 핵심이라고 할 수 있는 인민형 군주국에 대해서는 거의 논의가 없었다는 점은 참으로 이상한 일이라고 본다.

『군주론』9장을 제대로 읽기 위해 그 앞부분을 먼저 살펴보자. 마키아벨리는 2, 3장에서 군주국을 전제로 하고 각각 세습 군주국과 혼합 군주국을 다루는데, 3장 혼합 군주국에서는 일국에 의한 타국의 정복과 지배를 거론한다. 즉, 정복국과 피정복국의 관계다. 4, 5장에서는 3장의 주제를 이어받아 피정복국과 정복국의 다른 정치 구조에 따른 통치 체제의 차이를 고찰한다. 그리고 6, 7장에서는 국가가 아니라 어떤 개인이 외부로부터 어떤 국가를 그 지배 하에 두는 것을 취급한다.

이처럼 군주국을 전제로 하는 경우인 2장, 일국이 타국을 정복하는 경우인 3~5장, 개인이 국가를 정복하는 경우인 6~7장과 달리 8~9장은 군주국의 내부 발생적 성립이라는 주제를 다룬다. 즉, 8장은 '사악한 방법으로 군주 지위에 오른' 경우고, 9장은 그런 악행이 아닌 인민의 지지에 의해 군주가 된 경우다. 그런데 이는 사실상 군주국이 아니라 공화국에 가까운 것을 말한다. 물론 모든 인민이 선출하는 것이 아니라는 점에서 현대의 공화정이나 민주정과 같지 않지만 현실적으로 공화정이나 민주정에 가장 가깝다. 그러한 인민형 군주정의 구체적인 모습은 대 로렌초 치하의 메디치 체제였다. 그런 인민형 군주국을 다시 만들도록 하기 위해 마키아벨리는 『군주론』을 집필한 것이라고도 볼 수 있다.

마키아벨리는 인민형 군주국에는 같은 인민에 속하는 귀족과 평민의 지지에 따라 둘로 분류할 수 있다고 한다. 이를 각각 귀족형과 평민형으로 구분하여 부르도록 하자. 마키아벨리는 그 중에서 평민형이 귀족형보다 우수하다고 주장하며, 그 이유를 『군주론』 9장에서 다음과 같이 설명한다. 군주는 귀족보다 평민을 지배하기 쉬운데, 왜냐하면 귀족은 재산·무력·명성 등에 관하여 군주와 같은 위세를 가지고 평시에는 군주의 의향을 제약하며 전시에는 자신의 이익을 위해 군주에게 반기를 들기도 한다. 하지만 평민은 집단을 이루어야 귀족과 동일한 힘을 가지고 개인의 경우 군주에 반항하는 능력을 갖추지 못하며, 나아가 공공선에 따른 분배에 만족한다. 그러나 귀족은 그 이상을 요구하는 경향이 있다. 따라서 군주가 평민의 환심을 사기란 인민이 군주의 환심을 사는 경우보다 훨씬 쉽다.

그런데 『군주론』 9장 마지막 문단 처음에서 마키아벨리는 이러한 군주국은 인민형 체제에서 절대적 유형으로 전환될 때 위험에 봉착하게 되고, 군주가 직접 또는 행정관을 통해서 통치하는 경우 군주의 국가는 보다 취약하고 위태롭다고 한다. 이어 마키아벨리는 그러한 위험성에 대해 상세히 설명한 뒤 현명한 군주는 평민이 어떤 상황에서도 국가와 군주를 필요로 하게 만드는 방법을 생각해 두어야 하고, 그러면 인민은 항상 충실할 것이라고 한다. 즉, 평민형 체제에서 절대적 유형으로 전환하는 것의 위험성을 보여 주고, 그렇게 전환해서는 안 된다고 경고한 것이다.

『군주론』 11장에서는 신군주에게 조언하는데, 신군주는 외

피에로 소데리니

국의 정복에 의한 자와 내부에서 사악함으로 집권한 자 그리고 평민형 군주로 나누어진다. 앞의 둘은 각각 보르자와 아가토클레스가 모델인 반면 평민형 군주의 모델은 없다. 이는 항상 구체적 실례를 들어 설명하는 마키아벨리의 논리 전개에 특이한 것이다. 그러나 이는 마키아벨리가 그 모델이 없다고 생각한 탓이 아니라 그 모델이 피렌체 사람들이면 누구나 다 알 정도로 친숙한 사람이었기 때문에 굳이 모델을 들 필요가 없었던 것으로 생각된다. 그는 바로 로렌초 데 메디치와 피에로 소데리니Piero Soderiui, 1450~1522다. 소데리니는 마키아벨리가 관직에 있을 때 공화국의 종신 수령이었던 사람이다.

공화국의 문제점

마키아벨리는 공화국을 무조건 찬양하지 않는다. 도리어 공화국의 여러 문제점을 정확하게 알고 있었다. 그래서 『리비우스 강연』에서 여러 가지 설명을 한다. 가령 공화국에서도 가장 중요

한 것이 지도자의 선발이므로 문제가 드러난 지도자를 다시 뽑아
서는 안 된다고 한다. 공화국에서 주의해야 하는 것으로 3권 17장
「한번 혼이 난 인물에게 중요한 임무나 지휘를 맡겨서는 안 된다」
에서 로마의 집정관 가이우스 클라우디우스 네로Gaius Claudius Nero•
을 예로 들어 한 번 실수한 지도자를 공화국은 다시 지도자로 받
들어서는 안 된다고 주장한다.

　마키아벨리가 지적한 공화국의 문제점으로는 분열이 있었
다. 그는 『리비우스 강연』 2권 25장에서 "공화국의 분열은 보통
나태와 평화로부터 비롯되며 단결의 원인은 두려움과 전쟁"이라
고 보았다. 또한 야심가의 위험성도 문제로 지적되었다. 특히 어
느 정도 부패한 공화국에서 위험하다고 했다. 나아가 『리비우스
강연』 3권 30장에서는 질투심도, 뛰어난 인물을 무시하는 것도 문
제라고 보았다.

　이상 설명한 것 외에도 『리비우스 강연』에는 공화국의 문제

•　클라우디우스 네로를 황제 네로 등과 혼동해서는 안 된다. 그는 기원전 207년
리비우스 사르나토르와 함께 집정관에 선출됐고, 같은 해에 제2차 포에니 전
쟁 중 메타우로 전투에서 카르타고의 명장 한니발의 동생, 하스드루발 바르카
가 이끄는 카르타고 군을 무찔러 승리하고 하스드루발을 죽였다. 그런데 그 전
에 하스드루발과 스페인에서 싸웠을 때, 하스드루발이 휴전을 제의하여 네로
의 주의를 딴 곳으로 돌렸다. 이 일이 로마에 알려져 그는 인민과 원로원의 문
책을 받았다. 그래서 207년 전투에서는 무모하게 교전을 선택했는데, 이는 하
스드루발의 패배가 전해질 때까지 로마를 공포로 몰아넣었다. 뒤에 왜 불필요
하게 로마의 자유를 위험하게 할 수 있는 도박을 벌였느냐는 질문을 받은 그
는, 성공하면 스페인에서 상실한 명예를 되찾을 수 있고, 실패해도 자신을 책망
한 로마와 그 인민에게 복수할 수 있기에 그렇게 했다고 답했다.

점이 여럿 지적되고 있다. 그러한 지적에 관심은 가지만 더 이상 설명하지 않겠다. 중요한 것은 그러한 문제점에도 불구하고 마키아벨리는 공화국이 군주국보다 우수하다고 생각했다는 점이다. 그 이유는 단적으로 『리비우스 강연』 2권 2장에서 나온다.

> 왜 인민의 마음속에 자유로운 삶을 수호하려고 하는 열의가 생기는지를 알아내기란 아주 쉬운 일입니다. 경험이 말해 주듯이 도시들은 오직 자유로운 상태에서만 영토나 부의 증대를 이룩하기 때문입니다. 사실상 아테네가 페이시스트라토스의 참주정으로부터 해방된 이후 100년 동안 거대한 번영에 도달하는 과정을 고찰해 보면 참으로 놀라움을 금할 수 없습니다. 그러나 무엇보다 놀라운 것은 로마가 왕의 속박으로부터 해방된 후 거대한 번영에 이르게 된 과정입니다.

이러한 위대함은 『군주론』에서와 같이 『리비우스 강연』에서도 운이 아니라 비르투에 의해 확보된다고 주장한다.

군주와 귀족과 평민의 비교

『군주론』과 『리비우스 강연』은 평민이 아니라 각각 군주와 귀족에게 바친 책이지만, 마키아벨리는 군주와 귀족에게 인민을 우월하게 여기라고 했다. 인민을 우월하게 여긴다는 것은 공화국을 우월하게 본 것과 다름 아니다.

『리비우스 강연』1권 58장에서는 군주에 비해 인민이 열등하지 않고 인민이 "권력을 잡으면 동요하기 쉽고 변덕이 심하며 배은 망덕하다는 의견"과 다른 결론을 내리고 싶다고 말한다. 왜냐하면 그러한 과오에서 인민이나 군주나 같기 때문이다. 그리고 "인민이 군주보다 더 신중하고 우월한 판단력을 가지고" 있다고 말하며 다음과 같이 주장한다.

> 인민이 빠지기 쉬운 난맥과 군주에 의해서 초래될 수 있는 국내의 무질서 상태를 비교해 보고, 거꾸로 인민이 획득하는 모든 번영을 군주에 의해 나타난 성공과 비교해 보면, 인민이 갖는 선의나 명예를 중시하는 정신은 군주의 그것에 비해 훨씬 우월한 것으로 나타나기 때문입니다. 설령 군주가 법률을 제정하거나, 사회 질서를 정비하거나, 새로운 제도와 규칙을 설립하는 데 인민보다 우월하다고 해도, 인민은 인민으로서 그들이 만든 제도나 규칙을 준수하는 것으로 군주보다 우월한 능력을 갖기 때문에, 의심할 여지없이 인민은 그것을 제정한 군주와 동등한 찬양을 받아야 합니다.

한편 귀족과 인민의 관계에 대해서는 인민을 지배하고자 하는 귀족의 기질과 귀족의 지배에서 벗어나려고 하는 인민의 기질 관계를 둘러싸고 논의한다. 마키아벨리는 지배권의 안정을 바란다면 귀족이 평민을 억압해서는 안 되고, 호민관과 탄핵 제도와 같은 민주적 제도를 도입하여 평민을 자유의 방벽으로 삼아야 한다고 주장한다. 즉, 평민이 자유를 획득하여 스스로 무장하고 외국으로 이주하면 제국의 영토가 확대된다는 것이다.

그러나 마키아벨리에 의하면 어떤 나라나 부패할 수 있다(강연1권18장). "세상 만물이 존속하는 데 일정한 한계가 있는 것처럼 확실한 것은 없"다(강연3권1장). 부패에 대한 마키아벨리의 방안은 로마 공화정 시대의 임시적인 독재관을 두는 방법이다. 전쟁 등 위기 상태에 임명되는 그 지위는 전쟁을 끝내고 내란을 진압한다는 그 목적 범위 내에서 생사여탈권을 갖지만, 그 임무가 완료되면 즉시 사임해야 하는 것이었다. 독재관이 활동하는 중에도 집정관, 호민관, 원로원은 각각의 직무상 권위와 권력을 가지므로 독재관은 지금 우리가 말하는 독재자와 전혀 다른 위임 독재와 같은 것으로, 어디까지나 공화정을 유지시키기 위해 불가결한 긴급 제도에 불과한 것이었다.

『리비우스 강연』 1권 1장에서는 국가의 영속성을 보장하기 위해서 국가의 창설 방식만이 아니라 그 대내외 정치가 중요하다고 한다. 정부 형태에 대해서는 1권 2장에서 아리스토텔레스 이래의 전통에 따라 군주정, 귀족정, 민주정과 그 각각의 타락인 참주정, 과두정, 중우정으로 구분함을 앞에서 보았다.

여기서 말하는 민주정은 오늘날 민주정이나 인민 정부와 다른, 인민정과 같은 것이다. 인민정이란 일정한 자격을 갖는 인민만이 참여하는 정부를 뜻했다. 또한 인민을 다중이라고 번역하는 경우도 있으나 그것 또한 제한된 사람이었음을 주의해야 한다.

앞에서도 보았듯이 마키아벨리는 '군주-귀족-인민'의 혼합정을 이상으로 삼았다. 즉, 군주와 귀족과 인민이라는 세 계급이 결합된 혼합정이 그의 이상적인 정부 형태였다. 이 점에서도 마키아벨리는 폴리비오스 이래 고전적인 3부(계급) 구성 모델을 따르고 있다. 즉, 이는 몽테스키외나 미국 연방주의자들의 3기능(권) 모델과 전혀 다른 것이었다.

피렌체와 역사의 경험

이러한 마키아벨리의 정부 형태론은 당시 피렌체의 현실에서 나온 것이었다. 14세기 중엽부터 16세기 초엽에 이르는 이탈리아 도시 국가는 고대 그리스나 로마와 달리 노예 없이 정치적 자유를 달성했다는 점에서 역사적인 의미를 갖는다. 즉, 고대 그리스나 로마의 공화국에서는 인구의 반 이상을 차지한 노예가 경제적 부를 축적하고 생산과 무관한 인민이 공적이고 개인적인 자유로 정치적 자유를 행사한 것과 달리, 이탈리아 도시 국가는 개인의 자유로운 교환이 국부의 증대를 초래하고 국부(영토)의 유지와 확대가 공화적 자유에 의해 촉진된다고 하는 것을 발견했다.

물론 이는 인구 중 제한된 사람을 인민으로 인정한 점에서 현대 민주정에 비해서는 한정된 것이었음을 주의해야 한다. 내가 당시의 그것을 민주정이 아니라 시민정이라고 한 이유가 바로 그 점에 있다.

　　군주정, 귀족정, 시민정의 제도적 혼합에 의해 안정과 영속을 달성한다고 생각된 베네치아 정체를 피렌체가 본격적으로 모방한 것은 1494년의 피에로 데 메디치 추방 후 '베네치아의 신화'를 수입했을 때였다. 그 결과 피렌체에서는 3000명으로 구성된 대평의회와 원로원이 설립되었고 1502년에 종신 원수로 피에로 소데리니가 선임되었으나, 대평의회는 그 구성원이 유력 귀족에 한정된 베네치아의 경우보다 피렌체의 경우가 더 민주적이었다.

　　마키아벨리는 그러한 정체의 피렌체에서 공무 활동을 했다. 그는 그 전 휴머니스트들과 달리 메디치가의 추방과 복귀, 그리고 프랑스라는 외적 침략을 경험했다. 전자는 혼합정 내부의 군주(참주) 통치술, 후자는 외적 독립이라는 문제를 마키아벨리에게 제기했다. 따라서 그는 최초의 제도를 확립한 뒤에는 여러 계층의 혼합을 방임해서는 안 되고, 언제나 감시하고 통치해야 할 필요성이 있고, 나라의 자유를 지키면서 군사적 확대를 달성할 필요성이 있음을 절감했다.

　　그는 그러한 필요성으로부터 역사를 검토한다. 먼저 기원전 6세기 아테네에 도입한 솔론의 민주정이 귀족을 배려하지 않고 "오직 인민에 의해 국가를 조직했기 때문에" 단명에 끝났다고 지적한다(강연1권2장). 이어 로마와 스파르타의 비교에 집중한다.

먼저 마키아벨리는 "왕, 귀족 및 인민에게 각각의 몫을 인정하는 법률을 스파르타에게 마련해 줌으로써 그 국가로 하여금 800년 동안이나 지속하도록 만들었"던 전설적인 입법자 리쿠르고스Lycourgos의 체제를 혼합정의 성공 사례로 들었다(강연1권2장). 전설상의 인물이 제정했다고 하는 전승에 근거한 리쿠르고스 체제는 최고 결정 기관인 민회와 함께, 2명의 왕, 28명의 원로가 모인 원로회로 구성되었다. 원로회는 민회의 결정에 대한 거부권을 행사했고, 왕의 권한은 군대 지휘권과 제사를 관장하는 것에 한정되었다. 두 왕은 기원전 2세기까지 이어지다가 어느 시점부터 민회가 일반 인민 중에서 5명을 뽑아 국정의 최고권을 부여했다(『스파르타』, 26쪽, 『스파르타 이야기』, 62쪽).

이어 로마 혼합정의 경우 처음에는 리쿠르고스와 같은 입법자가 없었으나 군주정과 귀족정에 각각 해당하는 집정관과 원로원이 있었고, 뒤이어 인민의 이익을 대변하는 호민관이 설치되어 민주정의 요소까지 갖춘 혼합정이 되었다. 이로써 마키아벨리는 "세 유형의 정부 형태가 자기 몫을 갖게 됨으로써 공화국의 조건은 더욱 견고해졌다"고 보았다(강연1권2장).

나아가 마키아벨리는 귀족과 평민 사이에 끊임없는 투쟁이 있었다는 점에서 로마가 아테네나 스파르타와 다르다고 주장한다. 즉, 혼합정의 장점은 내적 안정이 아니라 그 반대인 내적 불안정에 있다고 본다. 이는 고대에 군주, 귀족, 평민이 각각 갖는 덕인 지혜, 명예, 자유의 협력을 중시한 도덕적 혼합정을 마키아벨리가 부정하고, 대신 욕망의 충돌로써의 계층적 균형에 입각한 혼합정을 주장한 것임을 뜻한다. 즉, 그것은 비르투를 달성하기 위한 수단이 아니라 공익의 유지를 그 목표로 하는 것이다.

이를 위해 귀족과 평민의 정치적 대립에 의해 호민관 제도와 탄핵 제도가 설치되어 공적 제도로 투쟁적 균형을 이루었다. 또 인민에게 이민이 인정되어 로마는 대외적으로 확대되었다(강연 1권5~6장). 그 둘 중에서 마키아벨리가 더욱 강조한 것은 내적 대립의 제도화가 아니라 그 결과인 외적인 군사적 확대라고 하는 주장이 있다. 그러나 마키아벨리는 교황 알렉산데르 6세Alexander VI, 1431~1503, 재위 1492~1503●와 그 아들 체사레 보르자가 피렌체를 수도로 하는 토스카나 제국을 수립하려고 함을 알고 그 위험성을 경고한 것에서 알 수 있듯이, 제국적 확대에 적극적이지 않았음을 주목할 필요가 있다(『Machiavelli and Empire』, 105쪽).

하층민을 배제한 공화주의

마키아벨리는 피렌체 공화국의 요직에 있었으나 미켈란젤로

● 알렉산데르 6세는 호색과 족벌주의, 탐욕 등의 문제로 역사상 최악의 교황으로 손꼽히지만, 이러한 세간의 악평은 대부분 생전에 그의 정적들이었던 이탈리아의 고위 성직자들과 영주들한테서 유래했다고 보는 견해가 있다.

와 같이 공화주의의 투사는 아니었다. 혼합정체론의 관점에서 고대 스파르타나 로마의 공화정을 이상화한 폴리비오스나 키케로는 당시 인기를 끌었고, 마키아벨리에게도 호감을 주었다.

그의 혼합정체론은 1520년 말에 쓴 『피렌체 정부 형성에 관한 강연Discorso sopra il riformare lo stato di Firenze』에도 분명히 나타났다. 즉, 피렌체와 같이 인민의 평등이 상당히 정착한 곳에서는 공화제 밖에 생각할 수 없고, 그런 경우 일반적으로 상·중·하라는 세 계층이 있으므로 그 각각에 정치적 권리를 보장함이 나라의 안정을 위해 불가결하다고 말한다. 피렌체의 경우 메디치가 인물에 입헌 군주적 지위가 부여되어야 하고, 일반적으로 군주제를 채택하면 군주와 인민을 조정하고 군주의 고립을 방지하는 귀족의 역할이 중요하므로 귀족에게 적절한 권한이 보장되어야 한다고 했다.

그 뒤 그는 『피렌체사History of Florence』에서 로마의 인민이 귀족과 공동으로 정권을 담당한 것에 비해 피렌체에서는 1497년 사보나롤라 집권 이후 유력한 귀족들을 추방하여 피렌체의 고귀함을 잃고 정치적 약체화를 초래했다고 보았다. 본래 귀족이면서 중층 인민(소데리니파)에 속한 마키아벨리는 메디치와 연결된 상층 귀족의 정치 독점에는 반대했으나, 마찬가지로 하층민(소상인·수공업자·노동자 등)도 신뢰하지 않았다. 그래서 『피렌체사』에서는 치옴피의 난에서 보듯이 하층민이 충동적이고 종종 독재자를 지지하여 중우정치를 초래한다고 보았다. 따라서 그를 공화주의자라고 해도 하층민을 포함하는 현대적인 의미에서가 아니다.

물론 하층민 배제는 유럽 정치사의 전통으로써 플라톤으로부터 헤겔Georg Wilhelm Friedrich Hegel, 1770~1831*, 심지어 베버Max Weber, 1864~1920** 에까지 나타난다.

조국애

조국애는 마키아벨리 정치 윤리의 중심 개념이다. 즉, 그의 정치학의 목적은 조국의 자유를 유지하는 것이고, 그것을 위한 기동력이 조국애라고 보았다. 『리비우스 강연』 3권 41장 「치욕스럽게든 영광스럽게든 조국은 방어되어야 한다. 어떤 방법으로도 방어되어야 한다」에서 그는 다음과 같이 말한다.

절대적으로 자기 조국의 존부가 걸린 문제일 때, 그것이 정당한지 정당하지 않은지, 자비로운지 잔혹한지, 칭찬을 받을 가치가 있는지 치욕스러운지는 전혀 고려할 필요가 없기 때문입니다. 그 대신 모든 양심의 가책을 제쳐 놓고 인간은 모름지기 어떤 계획이든, 조

* 헤겔은 관념철학을 대표하는 독일의 철학자로, 칸트의 이념과 현실의 이원론을 극복하여 일원화했다. 또한 정신이 변증법적 과정을 경유해서 자연·역사·사회·국가 등의 현실이 되어 자기 발전을 해 가는 체계를 종합 정리했다.

** 막스 베버는 독일의 법률가, 정치가, 정치학자, 경제학자, 사회학자로, 사회학과 공공정책학 분야의 근대적 연구 토대를 마련한 학자로 평가된다.

국의 운명과 자유를 유지하는 방법을 철저히 추구하여야 합니다.

여기서 조국애의 대상인 조국이 이탈리아인지 피렌체인지에 대해서는 논쟁이 있으나, 이탈리아의 통일을 말하는 경우를 제외하고는 일반적으로 피렌체를 말한다. 그러나 조국애의 구체적인 대상과 관계없이 마키아벨리의 조국애는 19세기에 와서 민족주의자의 그것으로 이해되었다. 특히 막스 베버는 그의 마지막 강연인 『직업으로서의 정치』 마지막 부분에서 그 점을 특히 강조했다. 그러나 민족주의라는 개념이 없었던 16세기에 마키아벨리가 말한 조국애를 19세기의 민족주의로 말하는 것 자체가 문제다.

마키아벨리의 열렬한 조국애 표현은 『군주론』 마지막 26장에도 나온다. 이 부분은 마키아벨리를 독재 군주에 대한 조언자, 기회주의적 절충주의자, 도덕적 중립주의자, 정치적 결단주의자 등으로 보는 사람들을 가장 당혹스럽게 하는 부분이다. 그가 보여 주는 조국의 가치와 그것을 회복하는 비르투에 대한 대망은 좋은 인민과 인간의 구별을 전제로 하는 그리스나 기독교의 영향을 받지 않았음을 보여 준다. 그는 사적 선과 공적 덕을 관련 지우지 않고, 나쁜 개인을 좋은 인민으로 형성하는 것이 조국애, 즉 조국의 위기라는 필연성이라고 본다. 조국애는 법 제도와 모범에 의한 훈련을 통하여 유덕한 인민을 만들 수 있다. 사적 선은 그것을 유지한다는 외양만으로 충분히 공적 효력을 발휘한다. 개인의 내적 결합은 더 이상 정치 생활의 조건이 아니다.

19세기 전반, 독일의 헤겔이나 랑케, 영국의 매콜리 등은 26장을 인민에서 나오는 국민 통합 운동의 초기 사례로 해석하고, 마키아벨리를 인민 해방적 민족주의자라고 평가했다. 20세기에 와서는 『군주론』을 민족주의로 해석하는 경향이 사라졌지만 인민 중심주의적 해석은 그람시와 알튀세르로 이어졌다. 특히 마이네케Friedrich Meinecke, 1862~1954는 1923년에 나온 『군주론』의 독일어판 서론에서 26장을 다른 부분과 동떨어진 인문주의의 수사학적 장광설이자 부가적인 결론이라고 보았다. 또한 마키아벨리는 야만족 추방이라고 하는 중세 후기 서양인의 생각을 대변한 것에 불과하고, 그가 말한 이탈리아 통일은 피렌체의 통일, 즉 피렌체에 침략한 외적을 배제하고 군주하에 지역집합체가 복종하기 위해 군주가 정치 행동에 나설 것을 요청했다고 보았다.

그러나 26장의 애국심은 고대 로마 이래의 공화주의적 조국애에 불과하다고 보는 비롤리의 견해도 있다. 즉, 키케로 이래 선에 대한 인민의 사랑이자 비르투, 공무에 대한 헌신과 공화적 자유의 부흥을 동기 지우는 정열을 말하는 것에 불과하다는 것이다. 키케로에 의하면 공감에 근거한 공동체에 대한 애착으로써의 조국애는 전통에 대한 향수나 향토애나 육친에 대한 사랑과 구분될 뿐 아니라 그 위에 있다. 이처럼 조국애를 인민적 비르투와 동일시하는 키케로의 정신은 르네상스 휴머니스트들에게도 계승되었다.

비롤리는 마키아벨리가 조국애를 공동선과 동의어로 사용할 뿐 아니라 조국을 위해 공헌한 이른바 비르투를 갖는 남자들의 행위vir virtutis를 말하는 점에서 그러한 로마적 공화주의 전통과 휴머니스트들의 견해를 배웠다고 본다. 그러나 마키아벨리의 조국애는 동시대의 휴머니스트인 브루니Leonardo Bruni, 1370~1444●의 그것과 구별된다. 피렌체를 브루니는 민족주의적 입장에서 최고라고 미화한 반면 마키아벨리는 상대화했기 때문이다.

> 이 도시에 살고 있는 사람들, 건축물의 화려함, 교회의 아름다운 장식들, 믿을 수 없을 정도로 경탄을 자아내는 도시 전체의 위대함에 대해 제가 과연 무엇을 말할 수 있겠습니까? 신에 맹세코, 이 도시의 모든 것은 놀라우며 뛰어난 아름다움으로 꾸며져 있습니다(『피렌체 찬가』, 17쪽).

브루니는 "어느 누구도 이 도시보다 더욱 빛나고 영광스러운 곳을, 이 세상 어디에서도 발견할 수 없을 것"(『피렌체 찬가』, 13쪽)이고, "피렌체인이 지닌 천부적인 능력, 사리 분별력, 우아함, 고귀함은 다른 어떤 사람과도 비교될 수 없"으며, "피렌체 또한 최고의 지정학적 탁월함, 도시의 장엄함, 도시를 수놓은 장식물, 청결함에서 다른 도시를 능가해 왔"다고 썼다(『피렌체 찬가』, 15~16쪽).

반면 마키아벨리는 『피렌체사』에서 피렌체의 기원이 노예적

● 브루니는 이탈리아 휴머니스트이자 정치인으로서 최초의 현대 사학자라고 불려 왔다.

이었고, 부정의 전쟁에 의한 것이라고 했다. 이는 피렌체가 로마 공화정 영토의 계승자라는 이유에서 피렌체의 기원을 정당화한 브루니의 주장과 확연히 다르다. 마키아벨리는 『피렌체사』 서문에서 이 책의 주제를 피렌체가 자유를 상실하고 쇠퇴함에 따라 초래된 비르투의 결여와 부패라고 한 점에서도 알 수 있다.

—

마키아벨리의 국가이성

—

마키아벨리는 국가이성이라는 개념을 주장한 적이 없다. 마키아벨리를 보편적 자연법이 아니라 국가의 개별 이익을 중시한 국가이성론의 선구자로 본 마이네케나 크로체Benedetto Croce, 1866~1952*의 주장은 20세기 후반에 와서 거의 부정되고 있다. 그러나 한국에서는 『마키아벨리와 국가이성』을 쓴 진원숙 등이 지금도 그러한 주장을 하고 있으니 간단히 살펴볼 필요가 있다.

마이네케와 카시러Ernst Cassirer, 1874~1945**는 국가라는 단어를

● 베네데토 크로체는 현대 이탈리아 철학자다. 그는 헤겔주의의 전통을 살리면서도 현대 생의 철학의 입장을 받아들여 이탈리아에서 지배적이었던 실증주의를 극복하려고 했다.

●● 카시러는 유대인 출신의 독일 철학자다. 신칸트학파의 '마르부르크파'에 속하며 인식론 연구에서 출발하여 언어, 신화적 사고, 과학적 인식의 발전 과정을 추구했다.

지배자 및 피지배자와 독립해서 작용하며 제도화된 권력의 핵심적 소재가 되는 공권력이라는 뜻으로 최초 사용한 사람이 마키아벨리라고 했다. 그러나 『군주론』에서 115회나 등장하는 국가lo stato라는 말은 왕의 신분과 같은 용어처럼 '상태'나 '조건'이라는 중세적 의미와 관련된 것임이 밝혀졌다.

마키아벨리의 국가는 근대 주권론에서 말하는 국토와 국민으로 구성되는 권력 영역이 아니라 보유자(군주, 귀족, 인민)와 불가분한 인격 국가론의 전통 속에 있고, 유동적인 그 보유자에 의해 형태가 좌우되는 것이었다. 따라서 보유자 없이도 자립적 시스템일 수 있는 근대 국가의 중립적 권력 기구와는 성격이 달랐다. 또한 마키아벨리의 국가란 법 집행력의 범위를 보여 주는 법학적 개념으로써, 그 중심은 지배 수단으로 이전될 수 있는 주권이 아니라 공공성을 구성하는 공민 공동체를 뜻했다.

국가라는 개념을, 치자와 피치자 모두로부터 분리되어 있는, 일정한 영토에 대해 최종적 관할권을 가진, 불편부당하고 법적으로 한정된 권력의 체계를 의미하는 것으로 사용한다면, 그것은 16세기 말에 창안된 것이다(『민주주의의 모델들』, 71쪽).

국가이성이라는 말을 "국가의 윤리적 자립성을 국가 이익의 자립성이라는 관점에 기초하여 이론적으로 정당화하는 논의"라고 한다면, 마키아벨리에게는 국가의 윤리적 자립성이라는 발상은 있지만, 국가 이익이라고 하는 발상은 없다고 볼 수 있다. 도리어 국가의 자립성을 경제 영역과 구별된 공적 영역으로, 정치적 자치의 자유와 군사적 자립에 끌어당겨 해석하는 고전적 공화주의의 전통이 그에게는 남아 있었다.

또 허쉬먼은 16세기 후반에 interest라는 말을 개인의 물질적·경제적 '이익'이 아니라 국가 통치 기술의 합리적 개량에 대한 '관심'이라는 뜻으로 사용하였고, 마키아벨리는 국가 지배자의 특징을 서술하여 뒤에 '국가 이익'과 '통치기술로써의 국가이성'이라는 쌍둥이를 낳았다고 했다(『열정과 이해관계』, 40~41쪽). 즉, 처음에는 군주 통치술의 개량안으로 제시된 interest가 반드시 경제적·금전적 이익에 한정되지 않은 탓에 정책 결정 이념으로써는 무용한 것으로 여겨졌으나, 개인의 이해 관심을 의미하는 뜻으로 사용되어 오면서 다시 경제 주도형의 '국익' 개념으로 17세기에 부활했고, 이와 함께 금전욕에 의해 권력욕을 억제한다는 경제학이 탄생했다는 것이다. 마키아벨리는 정치와 경제를 분리했으나, 결국 그의 주장과는 거꾸로 국가의 경제적 이익을 증대시키기 위한 통치술로 경제학에서 등장하게 되었다는 것이다(『열정과 이해관계』, 42~43쪽). 여하튼 국가이성이라는 말을 마키아벨리가 처음 사용한 것이 아니고, 그 앞 또는 뒤에 다른 사람이 사용했다는 견해가 제기되어 왔다.

7

민주적 지도자

지도자와 인민의 관계

리비우스는 『도시가 세워지고부터』 2권 40장에서 군대가 '용장 밑의 약졸인 경우'가 '졸장 밑의 정병인 경우'보다 믿을 만하다고 했지만, 다시 25권 36장에서 장군 없이 병사들이 탁월한 무공을 세웠음을 설명했다. 그래서 마키아벨리는 『리비우스 강연』 3권 13장에서 "장군은 병사를 필요로 하고 병사는 장군을 필요로 한다"고 결론 짓는다. 나아가 군대가 '용장 밑의 약졸인 경우'와 '졸장 밑의 정병인 경우' 중 어느 쪽을 더 두려워해야 하는가를 고려할 필요가 있는데, 카이사르는 둘 다 낮게 평가했다고 비판한다.

이어 마키아벨리는 우수한 장군이 우수한 군대를 만드는가, 아니면 우수한 군대가 우수한 장군을 만드는가를 묻고서 후자가 더 쉽다고 말한다. 이를 국가적으로 본다면 좋은 인민이 좋은 지도자를 만드는 것이 더 쉽다는 것이 된다. 그러나 마키아벨리는 반대의 경우도 인정한다. 따라서 훌륭한 지도자가 훌륭한 인민을 만든다는 점에서 둘은 대등한 수준에 있다고 한다. 그러면서도 훌륭한 지휘관이 없다면 훌륭한 군대라도 거만해지거나 위험할 수 있다고 하면서 훌륭한 군대를 키운 훌륭한 장군을 두 배로 높게 평가한다. 이러한 마키아벨리의 주장을 두고 '철인왕'을 주장한 『국가』의 저자 플라톤의 면모에 가깝다고 보는 견해가 있다. 하지만 이는 과도한 생각이라고 하지 않을 수 없다.

이미 마키아벨리는 『리비우스 강연』 1권 58장 「인민은 군주보다 더 현명하고 더 안정되어 있다」와 『군주론』 9장 등에서 민주공화국에 대한 소신을 분명히 드러냈다. 그런데 마키아벨리는 다른 역사가와 마찬가지로 리비우스가 인민만큼 경박한 존재는 없다고 본 인민 멸시의 태도를 대단히 강하게 비판했지만, 다른 역사가가 누구인지 또 리비우스가 어디에서 그런 말을 했는지 등을 명시하지 않고 두 가지 보기만을 들었다.* 다른 역사가란 마키아벨리 이전의 역사가는 모두 포함된다고 보아도 좋을 것이다. 즉, 플라톤과 아리스토텔레스 같은 그리스 고대 철학자들과 타키투

---

* 안정석은 『마키아벨리와 리비우스의 사이에서: 근대성의 정치철학』에서 리비우스가 『도시가 세워지고부터』 6권 7장에서 "인민보다 더 허황되고 더 불안정한 존재는 없다"라고 했다고 하지만, 거기에는 그런 문장이 없다. 마키아벨리가 『리비우스 강연』에서 그 사례로 드는 것은 『도시가 세워지고부터』 6권 20장, 24권 25장이다.

스 같은 고대 로마 역사가 그리고 키케로 같은 고대 로마 철학자들이 모두 포함된다.

마키아벨리는 인민에 대한 그러한 비판은 "특정한 인물, 특히 군주를 향해 던져져야 한다고 말한다. 왜냐하면 법률에 따르지 않는 인간은 누구든, 무질서한 인민과 마찬가지 오류를 범하기 때문이다"라고 반박했다.** 또 "법에 의해 통제되는 인민"은 "준법정신을 가지며" 리비우스가 말한 "교만한 주인이나 비굴한 노예일 수 없다"고 했다. 그리고 그런 사람들이 바로 공화국이 타락하지 않았던 시대의 로마 인민이며, 그들은 법률과 행정관에 따라 공정하게 행동했지만 인민을 탄압하고자 한 만리우스 카피톨리누스❖나 10인회 등에 대해서 일어섰다고 보았다.

또 마키아벨리는 "인민에 대해 비판하는 것은 설령 그들이 천하를 쥐고 있어도 누구나 평소에 생각하는 대로 비난하는 것에서 비롯된다. 그러나 군주를 비판하고자 생각하면 엄청난 공포와 만반의 배려가 필요하다"고 했다.

두 사람의 관점을 비교할 수 있는 소재로는 농지법에 대한

** 안정석은 마키아벨리가 『리비우스 강연』 1권 48장에서 인민은 "판단이나 공직자의 선출에 있어 좀처럼 지적인 실수를 하지 않는다"고 했고, 1권 59장에서 '하나의 전체로서의 인민'은 그 도덕적 능력에 있어 '군주'보다 더 믿을 만하다고 썼다고 한다. 하지만 위 두 곳에는 그런 문장이 없다.

❖ 『도시가 세워지고부터』에는 수많은 만리우스가 등장한다. 여기서 만리우스는 마르쿠스 만리우스 카피톨리누스(Markus Manlius Capitolinus)로, 기원전 392년에 집정관, 387년에 중간왕을 지낸 뒤 왕정 부활을 도모한 탓으로 처형됐다. 그런데 마키아벨리는 당시 인민이 그를 처형한 뒤 후회했다고 말한다.

태도가 있다. 기원전 486년의 농지법에 대해 리비우스는 『도시가 세워지고부터』 2권 4장에서 인민의 과도한 욕심에 의해 사회적 혼란을 야기한 것이라고 비판했으나, 마키아벨리는 『리비우스 강연』 1권 37장에서 처음부터 결함이 많아 분란이 일어났다고 보았다. 그리고 만일 인민이 농지법을 통해 귀족의 야망을 억제하지 않았다면 로마는 훨씬 더 일찍 노예 상태로 빠졌을 것이기 때문에, 내분은 도리어 자유를 유지할 수 있게 했다고 보았다.

갈등에 대한 긍정적 태도

이처럼 사회적 혼란을 부정적으로 본 리비우스에 반해 긍정적으로 본 마키아벨리의 관점이야말로 그 두 사람의 가장 현저한 차이자 마키아벨리 이전과 그 이후의 정치관을 구별하는 가장 중요한 논점이라고 할 수 있다. 즉, 마키아벨리는 리비우스와 달리 고대 로마의 자유를 기율과 높은 공공심을 수반하며 발전한 귀족과 인민 사이의 갈등에서 구한다. 자유를 추구하는 평민의 운동과, 그것과 타협하면서 체제를 정비한 귀족의 노력이 로마 특유의 자유롭고 기율 있는 법 제도를 확립시키고 정치의식을 높였다는 것이다. 이러한 관점에서 그는 갈등을 부정적으로 본 속설을 비판하고, "로마가 자유를 향유할 수 있도록 제정된 모든 법률은 그들의 대립에서 비롯된 것(강연1권4장)"이라고 하고, 다음과 같이 말한다.

실제로 타르퀴니우스로부터 그라쿠스 형제에 이르는 300년 이상
의 기간에, 로마에서 일어난 분쟁으로 추방된 사실은 몇 건 밖에 없
고, 유혈 사태를 빚은 일도 지극히 적었습니다. 따라서 이러한 분쟁
을 유해한 것이라거나, 국가를 분열시키는 것이라고 판단해서는 안
됩니다. 평민과 귀족의 대립이 계속된 오랜 기간 동안 겨우 8명이나
10명 정도가 추방된 것에 불과했고, 사형당한 사람도 지극히 소수
고, 재산을 몰수당한 사람도 많지 않았습니다.

그라쿠스 형제Gracchi는 기원전 2세기 공화정 시대 고대 로
마에서 활동한 정치가인 티베리우스 그라쿠스Tiberius Sempronius
Gracchus, 기원전163~132와 가이우스 그라쿠스Gaius Gracchus, 기원전
154~121를 말한다. 두 형제는 모두 호민관이 되어 로마 공화정 내
에서 자작농을 육성하는 토지개혁을 비롯하여 빈민, 무산자를 돕
는 여러 가지 개혁을 시행하려고 했다. 그러나 로마 원로원과 보
수적인 귀족 반대파에 밀려 끝내 죽임을 당하고 개혁은 실패했다.
위 구절은 로마공화국에서 그라쿠스 형제의 개혁이 유혈 사
태로 끝날 때까지 당파적 갈등이 전혀 해롭지 않았다고 본 것이
다. 그 이유를 우리는 마키아벨리『피렌체사』3권 1장에서 말하듯
공화국의 평민은 권력에서 귀족을 완전 배제하여 귀족의 권위를
실추시키려고 하지 않고 적절한 요구에 의해 타협과 협상으로 끝

냈다고 보았기 때문이라고 볼 수도 있으나, 『리비우스 강연』에서도 그렇게 말했는지는 분명하지 않다.

여하튼 이러한 관점은 마키아벨리 이전에도 고대 그리스의 군인이자 작가인 크세노폰Xenophon이나 고대 그리스의 역사가인 투키디데스Thucydides 같은 사람들에 의해 이미 주장되었다. 반면 플라톤과 아리스토텔레스를 비롯한 주류 학계는 통합과 통치를 중심으로 보았다. 키케로와 같은 고전적 공화주의자의 경우도 마찬가지였다. 고전적 공화주의자는 평화와 화합을 유지하는 것이 정치 안정의 길이라고 생각했으나, 마키아벨리는 사회적 투쟁의 효용을 긍정했다. 즉, 사회적 갈등을 긍정하고 찬양했다. 반면 키케로가 주장한 혼합정은 토지 귀족 계급의 우위를 전제로 하여 귀족과 평민이 융화하는 상태를 말한 것으로, 그는 각 질서의 화합 상태를 추구했다.

> 나라는 최상 최하 중간에 놓인 신분들에서 나오는 소리들처럼 이성에 맞게 조절될 때 [매우 다른 자들의 합의에 기초해] 화합합니다(국가론 2권69장).

그러나 마키아벨리는 내란을 자유와 위대함의 요인이라고 주장함에 의해 키케로적 전통에 도전한다. 즉, 인민과 원로원의 갈등과 대립이 로마를 완전한 공화국으로 만들었다고 주장한다. 따라서 그 갈등의 산물이 자유를 옹호하는 법이라고 본 것이다.

그러나 여기서 그는 내란을 찬양한 것이 아니라 내란까지 포섭하여 국가 확대의 요인으로 변화시킬 수 있는 제도의 설립을 주장한 것임을 주의해야 한다. 이는 그가 키케로적인 한가함은 더 이상 가능하지 않다고 보았기 때문이었다.

마키아벨리는 정치 생활의 유지보다 국가 확대를 우선해야 한다는 것이 아니라, 정치 생활을 유지하기 위해서 계속 싸워야 한다고 주장했다. 이는 유전과 부패의 필연성이라는 현실에서, 확대를 포기하기보다 추구하는 쪽이 자유의 연명에도 유효하다고 생각한 탓이다. 즉, 확대의 포기는 필연적으로 전쟁에서의 패배와 예속을 의미하기 때문에 어떤 나라에서도 현명한 지배자는 자유를 유지하기 위해서 확대를 지향하고, 군사력과 외교술을 익혀야 한다고 마키아벨리는 주장한다.

그에 의하면 확대의 가장 좋은 방법은 로마처럼 스스로 주도권을 쥐고 불평등 동맹을 결성하고 공민권을 부여하여 권위를 넓히는 것이다. 반면 최악의 방법은 아테네나 스파르타처럼 식민지를 굴복시키는 것이다. 그러나 마키아벨리는 당시 소국인 피렌체에 대국인 로마의 방법을 적용하는 것은 어려우므로, 고대 토스카나처럼 대등한 동맹을 맺는 것이 바람직하다고 본다.

그런 의미에서 마키아벨리는 평화주의자가 아니라 전쟁주의자라고 볼 수도 있다. 그는 공화국 정치에 전쟁은 불가결하다고 본다. 그러나 이를 두고 마키아벨리를 평화보다 전쟁을 좋아한 사람이라고 보아서는 안 된다. 그는 현실적으로 외적의 침략이 잦은 당대에 전쟁은 불가피한 것으로 보았고, 이를 막기 위해 국가는 강력해져야 한다고 주장했을 뿐이다. 그런 엄중한 현실에서 그는 음풍농월처럼 이상주의만을 노래할 수 없었다.

이처럼 현실의 사회 갈등을 수긍한 마키아벨리의 태도는 당대 그의 친한 친구인 정치 사상가 귀차르디니를 비롯해 많은 사람들의 반발을 샀다. 당시 사람들은 대부분 파벌은 인민적 자유에 치명적이므로 철저히 금지되어야 한다고 생각한 탓이었다. 그런 생각은 단테 이래 르네상스 지식인들의 전통적인 생각이었다. 따라서 마키아벨리의 현실적 사고는 당대 지식인은 물론 르네상스 지식인들의 사고방식 자체에 대한 근본적인 거역이었다. 물론 마키아벨리가 갈등이나 파벌 등 분열 자체를 좋아하거나 긍정한 것은 아니었다. 그것은 어디까지나 로마가 위대해지기 위한 필요악이라고 생각했다.

당위와 실제의 구분

리비우스는 정치 지도자란 국가에 대한 '헌신'을 통하여 '애국자'가 되어야 한다고 본 반면, 마키아벨리는 참된 지도자의 성공은 당위와 실제의 구분에 있다고 보았다. 이러한 마키아벨리의 생각은 『리비우스 강연』 1권 43장 「명예를 걸고 싸우는 자야말로 충실한 병사다」에서 잘 나타난다. 마키아벨리는 2권 33장 「로마인은 작전에서 군대 지휘관에게 충분한 권한을 부여했다」에서 지휘관의 판단과 명예(이익)를 최대한 존중하는 것이 전쟁을 승리로 이끄는 지름길이라고 했다. 전투 현장에 관하여 현장의 지휘관만큼 많이 아는 사람은 없다. 따라서 마키아벨리의 이러한 주장은 현장 지휘관의 판단과 이익 또는 명예를 존중하는 것이 현실적이라는 실무자 중심의 인식에 근거하는 것으로 보인다.

이처럼 마키아벨리는 언제나 당위와 실제, 이상과 현실을 엄밀히 구분했다. 이는 마키아벨리가 정치를 포함한 사회적 관계를 이상주의적이거나 도덕주의적으로, 즉 주관적으로만 보아서는 안 된다고 강조한 것이라 볼 수 있다. 여기서 우리가 흔히 말하는 현실과 이상의 차이를 언급해서 당연한 얘기라고 할 수 있다. 하지만 마키아벨리가 이상을 버리고 현실에만 충실하라고 말한 것은 아님을 주의해야 한다. 즉, 마키아벨리는 현실과 이상 두 가지를 모두 보는 2개의 눈, 겹눈, 복안複眼을 가지라고 한 것이다. 우리의 눈이 2개인 것은 그래서인지 모른다. 이는 개인의 삶에도 해당되겠지만 사회나 정치 등에도 들어맞는 말이다.

그러나 이는 겉으로 이상을 말하면서 속으로 현실을 추종하는 태도를 말하는 것이 아니다. 가령 민주주의를 이상으로 말하면서도 지극히 비민주적으로 산다거나, 입으로는 통일을 말하면서도 마음속으로는 분단 현실을 유지하고자 하는 식으로 말이다.

마키아벨리가 말하는 이상과 현실의 구분은 그러한 이중성이 아니다. 그의 주장은 주관적으로 좋다고 생각되어도 객관적으로 나쁜 결과를 낳을 수 있음을 언제나 주의해야 한다는 것이다. 이처럼 주관을 객관과의 긴장 관계 속에 위치시키는 사고방식은 베버가 『직업으로서의 정치』에서 말하는 '신념 윤리 대 책임 윤리'라는 사고에서도 볼 수 있다. 신념 윤리란 하나의 대의에 열정적으로 헌신하는 자질을 뜻하고, 책임 윤리란 자기 행동의 결과에 대해 책임을 지는 자질을 뜻한다.

마키아벨리는 흑백논리를 좋아하지 않았다. 인간은 나쁜 것 가운데 덜 나쁜 것을 선택할 수 밖에 없고, 그 속에서 최선을 다할 수밖에 없다고 생각했다. 따라서 그는 영웅주의자가 아니었다. 세상을 한순간에 뒤바꾸는 영웅이 아니라 조금씩 변화시키는 것이 더 중요하다고 생각했다. 그래서 『군주론』 21장에서 국가는 항상 안전한 선택을 할 수 있다고 믿어서는 안 되고, 반대로 모든 선택이 의심스러울 수밖에 없다는 점을 염두에 두어야 한다고 했다. 왜냐하면 어떤 하나의 위험을 피하려고 하면 반드시 또 다른 위험에 부딪히는 것이 세상사의 이치이기 때문이라는 것이다. 분별력이란 바로 이러한 여러 가지 위험을 파악하고 보다 작은 악을 선별하는 데 필요한 것이라고 했다.

즉, 공익과 공공선의 실제적 진실은 정치 지도자의 사적 이익이라고 보고, 지도자의 덕성이 더 잘 발휘되는 정치적 '창업'의 상황에서 군주의 이익과 편의가 인민의 그것보다 선행한다고 주장한 것이다. 단지 인민의 편의가 더 앞서는 것은, 다시 말해 공익이 사익보다 우선하는 것은 일단 군주가 창업한 질서를 인민이 좋다고 여기고 그것을 유지하는 경우라고 했다.

실제 결과의 중시

『군주론』18장에서 군주에게 가장 중요한 것은 최종 결과라 하고, 『리비우스 강연』에서 그 사례로 그라쿠스 형제와 키케로를 들었다. 그들은 로마의 고결한 양심으로 찬양되었지만, 마키아벨리는 『리비우스 강연』1권 37장 「농지법이 로마에 어떤 문제를 야기했는가. 먼 과거의 관습에 구애되거나 그것에 어긋나는 법률 제정은 얼마나 나쁜가」에서 그들의 의도는 칭찬할 수 있어도 행위 자체는 칭찬받을 수 없는 것으로, 그 선례를 따라서는 안 된다고 주장했다.

앞의 예로부터 우리는, 인간이 명예보다 물욕을 중시한다는 것을 배울 수 있습니다. 왜냐하면 로마의 귀족은 크게 저항하지 않고 그 명예를 평민에게 나누어 주었습니다. 그러나 일단 재산 문제에 들어서면 너무나 완강하게 그것을 수호했습니다. 그래서 평민 측도 그 요구를 관철하기 위해 앞에서 말했듯이 비상수단에 호소하지 않을 수 없었습니다.

이러한 비상수단을 사용하는 선두에 선 자들이 그라쿠스 형제입니다. 그들의 분별심이 어떠하든, 그 의도는 높이 평가하지 않을 수 없습니다. 왜냐하면 공화국 속에서 점점 늘어난 부의 편재라는 악을 일소하고자 한 것은 좋았지만, 이를 위해 과거로 거슬러가 기득권까지 다루는 법률을 제정한 것은 너무나 사려 없는 방책이었다고 말하지 않을 수 없습니다. 이미 여기에 대해 상세하게 논의했듯이 그들은 혼란을 초래하고 폐해를 촉진할 뿐이었습니다. 따라서 이러한 문제는 법률을 제정하지 않아도 시간을 빌린다면 악폐의 출현을 늦출 수 있고, 또는 시간이 지남에 따라 실제의 해가 나타나기 전에 저절로 소멸할 것입니다.

또 하나의 사례는 『리비우스 강연』 1권 52장 「공화국에서 최고 권력의 자리에 오르고자 하는 자의 횡포를 막는 데에는, 그가 그 자리에 오르려는 것을 미리 막는 것보다 더 확실하고 저항이 적은 방법이 없다」에 나오는 키케로의 경우다. 기원전 43년 키케로는 안토니우스를 배척하기 위한 수단으로 카이사르의 양자이자 법적 상속자인 젊은 옥타비아누스를 파견한다. 하지만 옥타비아누스는 안토니우스와 동맹을 맺어 키케로와 원로원이 고립되는 결과를 초래하고, 귀족들의 파벌은 완전히 붕괴한다.

이러한 결과는 쉽게 예견할 수 있어야 했습니다. 원로원은 키케로의 의견 따위에 귀를 기울여서는 안 되었습니다. 그보다는 적을 격파하여 혁혁한 명성을 자랑하고, 로마의 지배권을 자기 것으로 만든 저 카이사르라는 이름이야말로 그들이 기억해야 할 것이었습니다. 그렇게 했다면 그들 원로원은 카이사르의 후계자인 옥타비아누스나 그 일당으로부터, 공화국의 자유라는 이름에 적합한 어떤 것도 결코 기대해서 안 된다는 것 정도는 당연히 알았을 것입니다.

마키아벨리는 『리비우스 강연』 1권 38장 「약체의 공화국은 우유부단해서 결단을 잘 내리지 못한다. 설령 어떤 방침을 세운다고 해도 스스로 결정한 것이 아니라 부득이한 필요에 의한 것에 불과하다」에서 지도자의 우유부단함도 비판했다. 그러나 모세, 키루스, 테세우스, 로물루스 같은 위대한 지도자들이 나타나리라고 낙관했다.

지도자의 통치 방식: 온화함 vs 엄격함

리비우스는 『도시가 세워지고부터』 2권 55~66장에서 다수를 통제하는 데 형벌보다 관대함이 더 좋고, 5권 27장에서 로마의 무력보다 팔레스키인의 호의가 더 좋으며, 8권 7장에서 무자비한 만리우스 토르쿠아투스*보다 온화한 발레리우스 코르비누스Marcus Valerius Corvus, 기원전370~270**가 더 좋다고 했다. 또한 21, 27, 39권 등에서는 공포의 한니발보다 사랑의 스키피오가 더 좋고, 5권 23장 등에서는 엄격함 때문에 카밀루스가 로마에서 추방당했다고 하면서 온건한 통치를 권장했다.

반면, 『리비우스 강연』 3권 19~23장에서는 공화정치를 위해 사랑보다 공포(21장), 온화함보다 엄격함(22장)이라는 통치 방식이 더 바람직할 수 있다며, 리비우스를 비판한다. 그리고 크세노폰도 그와 같았다고 말한다(22장). 여기서 마키아벨리가 무조건 공포를 주거나 엄격하게 통치하라고 주장한 것은 아니라는 점을 주의해야 한다. 리비우스를 비롯하여 전통적으로 선량한 통치 방식만을 찬양한 것에 대해, 마키아벨리는 그것이 적합하지 않은 경우도 있을 수 있음을 알린 것뿐이다.

이러한 마키아벨리의 입장은 타키투스의 입장과 유사해 보

---

* 이 만리우스(Titus M. Torquatus Manlius)는 앞에서 나온 만리우스(Anicius Manlius Severinus Boethius)와 다른 사람임을 주의해야 한다. 그는 '거만한 만리우스'라고 불리는 자로, 기원전 363년에 아버지를 붙잡은 폼페니우스를 위협했고, 군율을 중시하여 자기 아들을 죽이기도 했다(도시8권7장). 이를 '만리우스 판결'이라고 한다.

** 발레리우스 코르비누스는 로마의 장군으로 갈리아인과의 전쟁 때 신조(神鳥, 코르부스)가 그 투구에 앉아 적을 부리로 찔러 도왔다고 하여 그 별명이 붙여졌다. 그 후 이를 이유로 23세에 집정관이 되었다. 그때 그는 "이것은 능력에 대한 보상일 뿐 혈통 덕은 아니"라고 했다(도시7권26장). 마키아벨리는 그의 이야기를 『리비우스 강연』 1권 60장에서 집정관을 임명할 때 나이나 가문이 아니라 능력에 따라 임명한 예로 든다.

일 수 있다. 리비우스는 『도시가 세워지고부터』 3권 19장에서 타키투스가 『타키투스의 연대기』 3권 55장에서 '신민'을 다루기 위해서는 "시시하게 굴기보다 고압적 태도로 대하는 것이 더 바람직하다"고 주장했음을 소개한다. 그러나 이러한 주장도 마키아벨리가 타키투스에게 전적으로 동조했다고 보기보다 리비우스와 함께 검토해야 할 또 하나의 측면임을 강조한 것으로 보아야 한다.

또한 리비우스가 『도시가 세워지고부터』 7권 26~42장, 10권 2~11장에서 발레리우스를 온화한 지휘관으로, 8권 7~10장에서 만리우스를 냉혹한 지휘관을 설명한 것에 대해서도 마키아벨리는 『리비우스 강연』 3권 22장에서 둘 모두 각자의 방식으로 군대를 잘 지휘해 전쟁을 승리로 이끄는 지도력을 발휘하였으므로, 능력이 동등한 지휘관으로 보아야 한다고 말한다. 그러나 그 중에서도 만리우스가 "조금도 사심이 없기 때문에 진심으로 공공을 생각하면서 행한 것"이라고 평가한다.

> 이 방법을 사용하면 개인에게는 준엄한 태도로 대하고, 사회 전체에만 사랑을 쏟는 결과가 되고, 앞에서 말했듯이 파벌이라고 하는 어떤 것도 용납하지 않게 됩니다. 즉, 이 방법을 사용하면 우리가 이미 여당이라고 부르는 특별하게 친밀한 동료는 얻을 수 없게 됩니다. 따라서 만리우스와 같은 방법에 따르면 공화국에서는 그보다 유효하고 바람직한 것은 없습니다. 이 방법은 사회를 위하여 끝까지 노력하고 개인적 야심이 개입할 우려가 전혀 없습니다.

반면, 발레리우스의 방법에 의하면 마키아벨리의 야심이 "자유에 대해 유해할지 모른다는 우려"가 생길 수 있다고 말한다. 그러면서도 군주라면 복종과 사랑을 추구해야 하므로 발레리우스가 적합하지만, 인민으로서는 유해하다고 한다. 이처럼 마키아벨리는 경우에 따라 다양한 결론에 이르고 있음을 주의해야 한다.

따라서 나는 민주주의자라면 리비우스가 "민주성을 무조건 허용하지 않는 마키아벨리보다 민주성의 공간을 많이 허용하는 것 같아 보이기도 한다"는 점에서 리비우스를 "더 민주적"이라고 보는 반면, "마키아벨리는 권위주의적 면모마저 보인다. 따라서 이런 점에서 리비우스가 마키아벨리보다 더 근대적이라고 결론 내릴 수 있다"(「마키아벨리와 리비우스 사이에서」, 22쪽)는 의견에 찬성할 수 없다.

마키아벨리의 정치적 인간관

마키아벨리의 인간본성론도 앞에서 본 우주론과 연관된다. 즉, 중세적인 섭리론적 우주론에서 인과법칙적인 점성술로 변하고 다시 인간에 의한 마술적 통제가 가능하다고 본 우주론을 반영한다. 이는 자연의 인과법칙성과 함께 인간 내면의 능력을 인정한다는 것이다. 이를 다시 말하면, 앞에서 살펴본 운(포르투나)과 비르투다. 이에 대한 이야기는 앞의 설명으로 대신하고 여기서는 흔히 말하는 성선설과 성악설이라는 논의의 차원에서 살펴보자.

먼저 마키아벨리는 체계적인 인간본성론을 전개하지 않았음을 주의해야 한다. 앞에서 보았듯이 그가 "하늘, 태양, 원소 및 인간이 그 운동, 배치 및 능력에서 과거와 달리 커다란 변화를 겪기라도 한 것처럼" 역사를 통해 현재를 살펴볼 수 있다고 하지만(강연1권서), 인간 본성에 대한 설명이라고 보기는 어렵다.

마키아벨리를 광적인 권력 추구자로 보는 것은 지나친 표현이라고 해도, 마키아벨리가 인간 본성을 권력과 명성의 추구로 본 것은 분명하다. 그런 의미에서 마키아벨리가 인간을 '권력적 동물'로 보았다고 해도 과언은 아니다. 이에 대해 아리스토텔레스가 인간을 '정치적 동물'로서 신과 짐승의 중간에 있는 존재로 보고, 군주는 짐승 중에서 가장 교활한 짐승으로 변모한 것이라고 봤다는 견해가 일반적이다.

따라서 인간론에 대한 이해를 성악설과 성선설로 나누는 경우, 마키아벨리의 그것을 성악설로 보는 것이 지금까지의 통설이었다. 스키너나 알튀세르도 마찬가지였다. 그렇게 볼 수 있는 근거는 『군주론』 18장에 나오는 유명한 '여우와 사자의 선택'에 관한 구절이다. 통설은 이 구절을 두고 마키아벨리가 군주는 여우(권모술수의 기만성)와 사자(무력과 위협의 폭력성)의 측면을 가져야 한다고 주장했다고 본다. 그러나 18장 첫 문단과 둘째 문단에서 그는 다음과 같이 말한 것을 주의해야 한다.

군주가 약속을 지키고 교활하지 않으며 정직하게 사는 것이 대단히 칭송할 만한 일이라는 점은 모두가 알고 있습니다. 그럼에도 오늘날 위업을 이룬 군주들은 신의에 대해 거의 아무런 고려도 하지 않았고 또한 간교함으로써 사람들을 혼란하게 만드는 것을 알았던 자들이 었는데, 이들은 결국 성실에 근거한 사람들을 능가해 왔습니다.

따라서 당신은 두 가지 종류, 즉 하나는 법으로 다른 하나는 힘으로 하는 싸움이 있다는 것을 알고 있어야 합니다. 전자는 사람에게 해당하는 것이고 후자는 짐승에게 해당하는 것입니다. 그러나 많은 경우 전자가 충분치 않아 후자에 호소하는 일이 필요합니다. 따라서 군주는 짐승과 사람을 잘 구분하여 사용하는 것을 알아야 할 필요가 있습니다.

마키아벨리는 군주를 정직한 면과 교활한 면으로 나누고, 통치 방식을 인간에게는 고유한 법으로, 짐승에게는 고유한 힘으로 다스리도록 구분한 뒤 군주에게는 이러한 양면이 모두 필요하다고 보았다. 여기서 법은 정의를 존중하는 인간이 이성이나 선의, 덕성을 가지고 만든 것으로, 법이 인간에게 고유하다는 말은 인간을 법의 테두리 안에서 생활하게 하여 인간답게 만드는 역할을 한다는 뜻이다. 말하자면 군주는 법에 의한 통치와 법과 힘에 의한 통치가 모두 필요하다는 통치의 양면성을 주장한 것이다. 이는 앞의 반인반수 비유로도 알 수 있다. 마키아벨리가 반인반수로서의 군주를 말한 것에 대해 마키아벨리의 "진정한 강조점은 인간적인 면모보다 야수적 면모에 있다"고 보는 주장도 있으나(『군주론, 운명을 넘어선 역량의 정치학』, 122쪽), 나는 찬성할 수 없다. 왜 근거도 없이 마키아벨리를 악마로 만들려 하는가?

여우와 사자

마키아벨리는 "덫을 식별하기 위해서는 여우가 될 필요가 있고 늑대를 물리치기 위해서는 사자가 될 필요가 있다(군주18)"고 말했을 뿐, 군주가 권모술수를 사용하는 여우나 힘을 쓰는 사자가 되어야 한다고 말한 적이 없음을 주의해야 한다. 즉, 여우는 현명함, 사자는 질서를 어지럽히는 무리를 규제하는 위엄성을 상징할 뿐이다. 이러한 주장은 정책과 치안의 원리에 불과한 것이지 특별히 사악한 통치를 말하는 것이 아니다.

게다가 이 두 가지는 군주가 지녀야 할 바 중에서 '짐승' 차원의 낮은 가치의 일부에 불과하고, 그보다 더 중요한 '인간' 차원의 가치, 즉 법에 의한 규율과 정의의 확립이라는 더 높은 가치가 있음을 마키아벨리는 분명히 말하고 있다. 이처럼 마키아벨리는 지극히 상식적인 것을 말한다. 즉, 정치에서 도덕은 중요하다는 것을 전제로 하고, 최후의 수단으로 도덕에 반하는 것도 있을 수 있다고 본 것에 불과하다.

소위 여우와 사자 문제는 이 정도의 설명으로 충분하지만 이것이 마키아벨리를 '악마의 교사'로 만든 원인이기도 하니 좀 더 설명하도록 하자. 마키아벨리에 의하면 여우로서의 간교함을 사용하는 군주는 간교함을 잘 감추는 방법을 알 필요, 즉 능숙한 위선자나 위장자가 될 필요가 있다. 사람은 단순하고 목전의 필요에 따라 복종하기 때문에, 남을 속이고자 하는 사람은 언제든지 속임을 당할 사람을 발견하게 된다는 것이다. 즉, 자비롭고 성실하며, 인정 많고 고결하며, 또한 신앙심이 깊은 것처럼 보이는 것이 실제로 유용하다고 하면서 그러지 않아야 할 필요가 있을 경우 도덕과 정반대가 될 수 있고, 또한 되는 방법을 알 수 있도록 정신 자세를 갖추어야 한다고 주장한다(군주18장).

나는 이러한 정신 자세가 권모술수의 강요라기보다 실용적이고 동태적인 사고방식일 뿐이라고 앞에서 지적했다. 즉, 여우처럼 꾀를 쓸 경우에 가져야 할 사고방식일 뿐이라는 것이다. 마키아벨리는 『리비우스 강연』 1권 26장에서 합법적 정부라는 처음의 좋은 방법을 사용할 수 없는 경우에는 사악한 방법을 채택해야 한다고 말한다. 또 『리비우스 강연』 마지막에 해당되는 3권 40장 「전쟁에서 계략을 사용하여 적을 속이는 것은 도리어 훌륭한 것이다」에서 계략은 오로지 전쟁에서만 가치가 있고, "당신이 공언한 약속이나 협약을 파괴하는 계략은 칭찬할 만한 가치가 있다고 생각하지 않는다고 말할 것(강연3권40장)"이라고 주장한다. 한편 『군주론』 18장에서는 전쟁만이 아니라 정치에서도 그렇다고 말한다.

여우에 대한 논의는 사자의 경우와 마찬가지다. 그는 이를 식민지의 통치에 대해 적용하고 있는데, 이 역시 예외적인 상황에 대한 실용적이고 동태적인 사고방식일 뿐이라고 나는 본다.

양면적 인간성론: 성악 vs 성선

지금까지 알아본 마키아벨리의 양면적 인간성론을 앞서 언급한 내용 외에 『군주론』과 『리비우스 강연』의 다른 구절을 통해 조금 더 살펴보자. 먼저 『군주론』 17장에서 마키아벨리는 사람을 은혜도 모르고 쉽게 변하고, 거짓 표정을 지으며 위험은 피하고자 하지만 욕심은 많다거나, 서로 연결되는 여러 가지 의무에 의해 유지되는 사랑도 효용성이 필요하면 언제든지 깰 만큼 비열하다고 생각한다. 이어 『리비우스 강연』 1권 3장에서는 모든 인간이 사악하고 따라서 자유로운 기회가 주어지면 언제나 본래의 사악한 성격을 발휘하려 한다고 말한다.

마키아벨리의 정치적 리얼리즘이 이러한 인간관에서 나온다고 보는 것이 통설이다. 독은 독으로 다스려야 한다는 것이다. 그러나 이러한 성악설적 견해가 마키아벨리 인간관의 전부일까 아니면 일부에 불과한 것일까?

『군주론』 22, 23장에서 마키아벨리는 군주가 보좌관(조언자)

을 다스리는 방법에 대해서 논하는데, 23장에서 모든 조언자는 각기 자신의 이익만을 생각하는데 현명하지 못한 군주는 그러한 사실을 이해하지도 또 교정하지도 못한다고 말한다. 또 사람들은 어떤 절박한 상황을 통해 착하게끔 강요받지 않는 한, 항상 군주에 대해 나쁜 일을 한다고 한다. 이는 앞서 인간을 성악설로 보는 견해를 뒷받침하는 구절과 비슷하다.

그러나 22장에서는 군주란 유능하고 충성스러운 사람을 발견하는 능력을 갖추어야 한다고 말한다. 그리고 대신이 확실히 충성하도록 만들기 위해서는 대신을 존중하고 부유하게 만들며, 그와 친분을 쌓고 또한 명예와 책임을 함께 나누는 등 그를 세심하게 배려해야 한다고 주장한다. 이에는 유능하고 충성스러운 사람이 세상에 있음을 전제하는 것이고, 그러한 측근은 정당하게 대우할 필요가 있음을 주장한 것이다. 이러한 주장은 마키아벨리가 성악설에만 근거했다면 펼칠 수 없는 것이다.

나아가 마키아벨리는 군주가 대신을 정당하게 대우하는 경우 상호 신뢰할 수 있다고 한다. 이는 정당한 대우에 감사하며 기대에 부응하고자 하는 도덕 감정, 그리고 자신을 정당하게 평가해 주는 군주에게 충성하고자 하는 공정 감각 같은 것이 공리적 동기와 함께 전제되어 있다. 『군주론』을 읽을 때에 우리는 이러한 점에 유의해야 한다. 즉, 마키아벨리는 성선설도 성악설도 주장한 것이 아니다. 지극히 상식적으로 인간성에는 선의 측면도, 악의 측면도 있다고 말한 것에 불과하다. 인간성에 대한 마키아벨리의 생각은 앞에서 본 그의 시원회귀주의와도 통한다.

덕 있는 지도자

인민이 분열되면, 인민의 공공심을 높여 주는 법률 정비와 규율화가 불가능하다. 교육에는 적절한 절차와 제도가 필요한데, 분열된 인민에게는 그것이 어렵기 때문이다. 따라서 무엇보다 분열된 인민을 결속하고 법 제도를 확립하여 질서를 세울 통합의 지도자가 필요하다. 그래서 『군주론』 26장에서는 법제와 체제의 창시만큼 새로 등장하는 인물에게 큰 명예를 주는 것도 없다고 한다. 그 지도자가 바로 『군주론』의 군주다. 즉, 군주는 통합을 위해 실력 행사를 포함한 모든 통치 수법을 구사해야 한다는 것이다. 그러나 마키아벨리는 군주란 권력적 통합이나 교묘한 정치적 기술뿐만 아니라 덕성도 높아야 한다고 본다. 『군주론』 8장에서 인민을 살해하고 친구들을 배반하고 신의, 연민, 신앙심 등이 부족한 군주에게 비르투를 지녔다고 할 수 없고, 그러한 방식으로 권력은 얻을 수 있겠지만 영예는 얻을 수 없다고 했다.

여기서 '비르투'라는 말은 능력이라는 의미와 함께 덕성이라는 전통적 평가 의미도 가지므로, 이를 두고 마키아벨리가 그 전통적 의미를 완전히 바꾸었다고 볼 수 없다. 마키아벨리가 '도덕에 반하는 수단은 지배 도구로써 효율성이 없다'는 계산 하에 도 덕을 말한 것도 아니다. 목적과 수단의 엄별에 입각한 순수주의는 소크라테스나 스토아학파, 복음서나 중세 이후의 원죄 사상에서 볼 수 있지만, 주류가 된 것은 칸트 이후였고 그 전에는 엄밀하게 구분되지 않았다.

여하튼 마키아벨리가 대망한 군주는 『군주론』 9장에서 말한 군주, 즉 인민을 기초로 하면서 통치하는 방법도 알고 용기가 가 득해 역경에도 두려워하지 않고 다른 모든 점에서 준비를 게을리 하지 않는 자다. 또한 자신의 기백과 조치로써 전체 인민의 사기 를 진작시키면서 인민에게 속는 일이 결코 없는 군주로, 그렇게 되면 그는 자신이 기초를 잘 만들었다는 점을 알게 될 것이라고 했다.

마키아벨리는 다시 『군주론』 19장에서 군주는 자신의 행동 속에서 어떤 위대함, 기백, 중후함, 그리고 강력함이 감지되게끔 노력해야 하며, 인민 사이의 개인적 관계에 관한 자신의 결정이 번복될 수 없음을 고집함으로써 누구도 그에게 거짓을 말하거나 속이려 드는 것은 생각할 수 없다는 세평을 유지해야 한다고 말 한다.

이러한 설명에서 마키아벨리가 말하는 지도자는 공정하며 정의롭고, 현명하며 용기 있고, 자제할 수 있고 엄격해야 함을 알 수 있다. 마키아벨리의 트레이드마크처럼 된 힘과 책략이란 지 도자의 그러한 요건에 덧붙여지는 부수적인 것이다. 이를 『군주론』 7장에서 군주란 적으로부터 자신의 안전을 지키고 동맹 세력을 만들며, 힘 또는 기만을 통해 정복하고, 인민으로부터 사랑 받음과 동시에 두려움의 대상이 되고, 병사들에 의해 추종되고 존경받으며, 당신을 해칠 수 있거나 해쳐야만 하는 사람을 제거하고, 낡은 제도를 혁신하고, 가혹하면서도 환영받고, 관대하고 씀씀이가 너그러우며, 불충한 군대를 제거하고 새로운 것을 조직하며, 제후들과의 우호 관계를 유지해 그들이 당신을 도울 때에는 호의를 바탕으로 하게 하고 당신을 해칠 때에는 마지못해 하게 만드는 사람이라고 설명된다.

위의 설명에 어울리는 지도자가 체사레 보르자라는 사실은 이미 유명하다. 그러나 보르자에 대한 설명에서도 그의 높은 덕성이 강조되어 있음을 주의해야 한다.•

원덕을 지닌 로마 지도자들

여기서 중요한 것은 힘과 책략 이전에 도덕성을 갖춘다는 점이다. 특히 지도자는 공정하고 정의로워야 한다. 마키아벨리는 군주가 "인민에게 미움 받지 않(군주10장)"고 "증오심만을 피(군주

• 마키아벨리와 보르자에 대해서는 세러 브레드퍼드가 쓴 『체사레 보르자』(사이, 2008)를 참조하기 바란다.

17장)"하기 위해서는 "인민의 소유물과 부녀자에 손대지 않으면 (군주17장)" 된다고 한다. 즉, 인민의 권리를 존중하는 등 정의(법)에 맞는 행동을 해야 한다는 것이다. 나아가 인민의 생활을 확보해 주고(군주10장), 인민에게 경멸받지 않도록 하는 것(군주19장)이 인민의 사랑을 받고 인민에 토대를 두게 한다고 본다.

이러한 정의로움과 함께 현명, 용기, 자제라는 4가지 덕성은 플라톤 이래 고전적인 윤리학과 정치학에서 강조해 온 원덕元德이다. 마키아벨리는 이러한 원덕을 가진 로마 지도자들을 계속 찬양한다. 특히 스키피오 아프리카누스Scipio Africanus, 기원전236~184●를 찬양한다. 마키아벨리는 『군주론』 14장에서 역사책을 읽는 고대 위인으로부터 군주는 배워야 한다고 주장하면서, 스키피오가 크세노폰의 『키루스의 교육Cyropaedia』에 묘사된 키루스 대왕을 모델로 삼아 위대하게 되었다고 한다. 그리고 스키피오와 키루스 왕의 공통된 덕성으로 "순결함, 친근성, 자비심, 관후함(군주14장)"을 들었다. 그러면서도 마키아벨리는 『군주론』 17장에서 "적정 수준의 군사기율을 넘어선 방종을 자신의 병사에 허용했던 스키피오의 과도한 자비심 때문에" 스키피오에 대한 반란이 일어났다고 설명한다. 이러한 태도도 그의 동태론적이고 다원론적인 사고방식에

●   제2차 포에니 전쟁에서 한니발 군대를 아프리카의 자마 전투에서 격파한 것으로 유명하며, '아프리카누스'라는 칭호는 이를 기념하여 붙은 것이다. 대 스키피오(大 Scipio)라고도 한다. 그 뒤 로마 원로원의 일인자인 '프린켑스'를 15년 동안 지냈으나, 기원전 184년 정적인 자신을 제거하려는 대 카토의 음모로 원로원에서 물러났으며 이듬해 52세로 죽었다.

서 나오는 것이다. 이는『군주론』18장에서 운의 풍향과 세상사의 변화가 명령하는 바에 따라 처신 방식을 바꿀 수 있는 기백을 가질 필요가 있고, 할 수 있다면 선을 벗어나지 말아야 하지만 필요한 경우 악을 행할 수 있는 방법을 알아야만 하고, 따라서 군주는 5가지 자질(자비심 · 성실성 · 인정 · 고결성 · 신앙심)로 충만한 것이 아닌 것은 하나라도 자신의 입에서 새어나오지 않도록 대단히 조심하여야만 한다고 주장한 것에서 볼 수 있다.

마키아벨리는 악덕을 장려하지 않는다

마키아벨리가 비도덕적으로 악덕을 장려했다는 점에 대해서도 주의가 필요하다. 가령『군주론』15장에서 악덕 없이 국가를 구하기 어려운 경우, 그러한 악덕의 오명을 쓰는 일에 대해서는 염려하지 않아도 된다고 한다. 왜냐하면 모든 점들을 잘 고려할 경우 비르투로 보이는 것을 따르면 파멸로 이르고, 악덕으로 보이는 것을 따를 경우 안전과 안녕을 가져옴을 알게 되기 때문이다.

여기서 주의할 점은 마키아벨리가, "인간은 본질적으로 악하므로 인간을 지배하는 군주는 악덕 행위를 두려워할 필요가 없다"는 식으로 말하지 않았다는 것이다. 반대로 그는 "국가를 구하기 위해"라는 특별한 위기 상황이라는 엄격한 한정을 두고 있다. 그런 경우에 반도덕적인 수단이라도 행사하는 유연한 판단, 상황에 대처하는 감각과 분석력을 갖도록 하라는 말에 불과하다. 다음으로 군주가 "두려움의 대상이 되기보다 사랑받는 것이 더 나은가 아니면 그 반대인가"에 대해 마키아벨리는 『군주론』 17장에서 두 가지 가운데 하나를 제외해야 한다면 사랑받는 것보다 두려움의 대상이 되는 것이 훨씬 안전하다고 한다. 왜냐하면 사람들은 은혜도 모르고, 변하기 쉽고, 거짓 표정을 지으며, 위험은 피하고자 하면서 이득에는 욕심이 많기 때문이라는 것이다.

위 설명에서도 "두 가지 가운데 하나를 제외해야 한다면"이라는 조건에 주의해야 한다. 이러한 경우도 앞에서와 마찬가지로 특별한 위기 상황일 것이다. 반대로 평상시에 군주는 사랑받기를 원할 것이다.

이처럼 마키아벨리의 글을 읽을 때에는 그 전후 문맥을 고려할 필요가 있다. 특히 어떤 서술의 전제가 되는 조건에 주목해야 한다. 가령 『군주론』 18장에서 "현명한 통치자라면, 신의를 지키는 일이 자신에게 불리하게 작용하거나 자신이 약속한 이유가 소멸할 경우 약속을 지킬 수 없고 또한 지켜서도 안 된다"고 한 문장에도 조건이 있음을 주의해야 한다. 즉, "신의를 지키는 일이 자신에게 불리하게 작용하고 또한 자신이 약속한 이유가 소멸할 경우"라는 단서 조항을 두었다. "약속한 이유가 소멸"한 후자의 경우 사정 변경의 원칙에 의해 약속을 지키지 않아도 된다. "자신에게 불리하게 작용하"는 전자의 경우 그 불리함이 약하다면 악덕의 권유가 될 수 있지만, 그것이 조국의 존망과 같은 경우라면 악덕이라고 할 수 없다.

『군주론』 18장에서 자비롭고, 성실하며, 인정 많고, 고결하며 또한 신앙심 깊은 것처럼 보이는 것이 실제로 유용하지만, 그러지 않아야 할 경우에는 도덕과 정반대가 될 수 있고 또한 되는 방법을 알 수 있도록 정신 자세를 갖추어야 한다고 말하는 것도 같은 맥락이다.

위에서 마키아벨리는 도덕적으로 보이게끔 하는 것만으로 충분하다고 말하는 것이 아니다. 그렇게 보이기 위해서는 도덕적으로 행동할 필요가 있고 이러한 행동에는 도덕적 자질이 당연히 필요하다. 즉, 군주는 도덕적이어야 하지만 비상시에는 예외가 인정된다는 것이다. 한니발의 잔혹함에 대해서도 군주가 다수의 병사를 지휘해야 하는 경우라면 가혹하다는 평판에 신경 쓰지 않는 것이 전적으로 필요하다(군주17장)고 한 것도 마찬가지 취지다. 마키아벨리는 한니발의 무한한 비르투와 함께 이 가혹성이야말로 병사들이 그를 항상 존경하고 두렵게 여기도록 만들었다고 한다.

전제 군주제를 지지하지 않는다

마키아벨리는 전제 군주제를 지지하지 않았다. 특히 군주가 권력을 사유화하는 것에 반대했다. 『군주론』 19장에서 인민의 재산과 여자를 탐하거나 뺏는 일은 증오를 유발하기 때문에 반드시 삼가야 한다고 경고했다. 일반 인민은 자신의 명예와 재산을 빼앗기지 않는 한 만족하며 살아가므로 군주는 소수 귀족을 상대로 싸우면 되는데, 이 세력은 다양한 방식으로 그리고 쉽게 억제될 수 있다고 한다. 만약 군주가 그러하지 못하면 변덕스럽고 경박하고 유약하고 소심하며 우유부단하다는 평을 받기 때문에 이것들을 암초처럼 경계해야 한다.

나아가 군주는 인민이 생업을, 상업이든 농업이든 아니면 다른 무엇이든 간에, 조용히 수행할 수 있도록 고무해야 한다(군주21장)고 한다. 그리고 이러한 점을 반드시 염두에 두고 있다가 때때로 인민과 만났을 때 자신의 자비로움과 관대함을 보여야 하지만, 어떤 행동에서도 위엄이 결여되어서는 안 되기 때문에 항상 자신의 지위에 걸맞은 태도를 유지해야 한다고 주장한다.

> 모든 공화국의 신중한 건설자로서 그 의도가 자신의 이익이 아니라 일반적인 선을 추구하고자 하고 자기 자손이 아니라 공동의 조국을 염두에 둔 자는, 모든 권위를 자기 수중에 넣기 위해 애써

야 합니다(강연1권9장).

　이는 마키아벨리가 전제 군주제를 지지하지 않았음을 말한다. 그는 당시의 상황에 맞는 강한 군주를 대망했으나 전제에는 철저히 반대했다. 게다가 그는 원래 공화주의자였으니 공화제의 자유로운 인민 정치를 기반으로 하고, 그 위에 뛰어난 통합 지도자를 두는 혼합정을 추구했다. 그리고 그 지도자를 인민적 군주라고 불렀다. 나아가 그런 나라를 공화국republica이라고 불렀다.

자유를 위한
· 종교 · 법 · 교육

자유를 뒷받침하는 제도로써의 고대 종교

마키아벨리는 『리비우스 강연』 1권에서 1~10장까지의 총론을 마친 뒤에 11장에서 15장까지 종교에 대해 설명한다. 이는 그가 종교를 얼마나 소중하게 생각했는지를 보여 준다. 중세에 기독교는 서양인의 사상과 행위는 물론 정치나 경제에도 결정적 역할을 했다. 르네상스에서도 종교가 정치에 미치는 영향력은 여전히 강력했고, 마키아벨리도 종교의 중요성을 충분히 인식했다. 특히 그는 종교를 자유를 위한 기초로 보았다. 그래서 사람들을 강하게 만드는 고대 로마의 종교가 기독교보다 낫다고 생각했다.

마키아벨리는 『리비우스 강연』 1권 11장 「로마의 종교에 대하여」에서 로마의 건국자인 로물루스의 뒤를 이은 왕인 누마가 사람들이 "대단히 거칠다는 점을 발견하고 나서 평화적인 수단을 통해 법률에 복종하도록 만들고자" 하여, "질서 정연한 국가를 유지하기 위해 필요한 수단으로 종교에 주목하였"고, "종교를 기초로 하여 국가를 확립"했다고 한다.

> 그러므로 로마의 역사를 잘 검토한다면 군대를 지휘하고, 인민을 북돋우며, 착한 사람들을 지지하게 만들고 사악한 자들을 부끄럽게 만드는 데 종교의 힘이 얼마나 커다란 도움이 되었는지를 알 수 있습니다. (…) 나는 누마가 도입한 종교야말로 로마가 누리게 된 번영의 주된 원인이라고 결론짓겠습니다. 왜냐하면 종교는 좋은 법률 제도를 로마에 초래한 터전이 되었고, 그 법률 제도는 국가의 행운을 가져왔고, 이러한 국운의 융성에 의해 도시가 시도한 모든 사업이 행복한 결실을 보게 되었기 때문입니다. 그리고 종교를 소중히 하는 것이 국가의 위대함을 초래하듯이, 종교를 소홀히 하는 것은 국가의 파멸을 가져옵니다.

이처럼 종교가 국가에 중요하다는 것은 마키아벨리의 독창적인 생각이 아니라 16세기 이탈리아에서 상식적이었음은 두말할 필요가 없다. 그러나 마키아벨리가 종교 자체의 교의 등 내용에 대해서 전혀 언급하지 않고 종교의 정치적·사회적 기능이나 효용에만 관심을 두고 있음은 당대의 일반적 사고방식과 반대되는 것이었음을 주목할 필요가 있다.

마키아벨리가 종교의 본질에 대해 언급하지 않아 그를 무신론자부터 유신론자라고 보는 입장까지 학설이 넘쳐나는데, 우리는 그런 논쟁에 가담할 필요가 전혀 없다. 마키아벨리가 종교의 본질에 전혀 관심을 두지 않은 것이 그의 진심인지 아닌지 확인할 방법이 없기 때문이다. 그의 종교관 역시 르네상스적 사고방식의 하나인 기능적인 것이고, 그런 기능적 종교관이 지금 우리에게 의미가 있다면 그것을 확인하는 것으로 충분하다.

마키아벨리는 『리비우스 강연』 2권 2장 「로마인은 어떤 부족을 상대로 하여 싸웠고, 상대 나라는 자유를 지키기 위해 얼마나 완강하게 싸웠는가」에서 고대인이 근대인보다 자유에 더 애착을 가진 이유를 고대 로마의 종교와 기독교의 차이로 설명한다. 즉, 근대 기독교는 "진리와 바른 삶의 길을 계시해 주지만, 우리로 하여금 세속적 영예는 덜 추구하게 만"든 반면 고대 로마 종교는 "현세의 영예에 중점을 두고, 이를 최고의 선이라고 생각했기 때문에 고대인의 행동은 더욱더 힘차게 되었"다고 한다.

또 기독교가 간소한 데 반해 고대 로마 종교는 화려하고 잔혹했으며, 기독교가 "행동적이고 적극적인 것보다 겸손하고 명상적인 인물을 더 찬양해 왔"으며 "복종과 겸손을 최고라고 생각하고 인간이 대처해야 할 일상사를 무시하는" 반면 고대 로마 종교는 "강인한 정신, 완강한 육체, 나아가 다른 사람을 강력한 존재로 훈련시키는 모든 사항을 최고의 선으로 보았"다고 비교한다. 그 결과 기독교의 "그러한 삶의 방식은 세상을 나약하게 만들었을 뿐 아니라 사악한 자들에게 먹이로 넘겨주었고, 이에 사악한 자들은 안심하고 세상을 마음대로 요리할 수 있게 되었"다고 평가한다. 이러한 고대 로마 종교와 기독교에 대한 평가도 당시로써는 이단 적인 것이었음에 틀림없다.

로마 가톨릭 비판

그런 관점에서 로마 가톨릭을 비난한 점에서도 마키아벨리 는 당시의 일반적 풍조와 반대되었다. 그리고 이 점이 바로 로마 교황청을 비롯한 가톨릭 신도로 하여금 그를 '악마의 제자'라고 운운하게 만든 가장 중요한 요인이 되었다. 앞에서 보았듯이 마 키아벨리는 『리비우스 강연』 1권 12장 「종교에 대한 국가 배려 의 중요성에 대하여, 또 이탈리아는 로마 교회에 대한 고려를 결 여한 탓에 파멸한 것에 대하여」에서 "기독교 교황 자리에 있는 로마 교회의 가장 가까이 있는 사람들이 가장 비종교적이라는 점 을 목격하는 것이야말로 기독교의 타락에 가장 정확한 평가"라 고 한다.

이어 그는 이탈리아가 로마 교회로 인해 질서가 유지되어 안 녕하다는 속설에 반대하면서 그 이유로 "첫째, 로마 교황청의 나 쁜 선례에 의해 이탈리아는 모든 신앙심과 종교를 잃게 되었"고 "무한한 재앙과 엄청난 대혼란을 초래"하고 있으며, 둘째 "교회가 이 지역을 분열시켜 왔고 여전히 분열시키고 있다"는 점을 들었다. 나아가 그는 단일한 나라로 통합된 프랑스나 에스파냐처럼 이탈리아가 통합되지 못한 이유가 교회 때문이라고 보았다.

> 비록 교회가 이곳에서 세속 권력에 안주하고 이를 행사하고자 노력하고 있지만, 교회에는 국력과 의욕이 더 이상 충분하지 못하므로 이탈리아의 참주들을 제압하여 그 위에 군림하지는 못하고 있습니다.

마키아벨리는 『리비우스 강연』 3권 33장 「전투에서 승리하기 위해서는 군대가 자신감을 갖고 지휘관을 신뢰할 필요가 있다」에서 로마 군대의 정신에서 종교가 중요함을 강조하면서도 그것이 용맹과 결합되지 않으면 "단지 무용지물일 뿐"이라고 한다.

그밖에 『리비우스 강연』 1권 13장 「도시의 여러 제도를 수립하고 각종 사업을 수행하며 내분을 억제하기 위해 로마인은 어떻게 종교를 이용했는가」, 14장 「로마인은 필요에 따라 새점鳥占을 해석하고, 점을 무시해야 할 경우에도 형식적으로 종교를 준수하고, 종교를 경시한 자를 처벌했다」, 15장 「삼니움족은 난국 타개를 위한 최후 수단으로 종교에 의지했다」에서 종교에 대해 논의한다. 여기서 우리는 마키아벨리가 기독교든, 로마 종교든, 복술卜術이든, 새점鳥占이든 간에 사회적 제도로써의 기능을 발휘하면 종교로 보았다는 점도 당시로는 이단적 사고였음을 주목할 필요가 있다. 그는 그러한 기능을 종교의 본질인 하나의 원리라고 보았다.

한편 마키아벨리는 『군주론』에서 종교에 대해 거의 언급하지 않는다. 『군주론』 18장에서는 군주가 "신앙심 깊은 것처럼 보이는 것이 실제로 유용"하다고 하면서도, 바로 뒤이어 "종교에 반대되는 행동을 취할 필요가 있다"고 한다.

법과 교육 중시

마키아벨리의 사상에서 법과 교육에 대한 논의는 매우 중요하다. 이는 앞에서 본 그의 인간성론과도 관련된다. 그는 인간의 근원적인 동력인動力因에 야망 또는 야심ambizione이 있고, 특히 귀족은 자기과시욕이 높으며 인간은 소유욕이 강하다고 본다. 그리고 이러한 야망과 소유욕이 내란과 전쟁의 원인이 된다고 판단한다. 그래서 『리비우스 강연』 1권 37장 「농지법이 로마에 어떤 문제를 야기했는가. 먼 과거의 관습에 구애되거나 그것에 어긋나는 법률 제정은 얼마나 나쁜가」에서 다음과 같이 주장한다.

야망이란 인간의 마음속을 강력하게 지배하고 있기 때문에 아무리 높은 지위에 오른 사람이라도 야망을 버리는 법이란 결코 없습니다. (…) 그리하여 인간의 운명은 변화하게 되는데, 이는 어떤 사람은 지금 가지고 있는 것보다 더 많이 얻기 위해, 다른 사람은 이미 얻은 것을 잃을까 두려워 하여 서로 적대 관계나 전쟁을 야기하기 때문입니다.

그러나 위의 서술은 역사에 나타난 일부 인간의 행동을 묘사한 것이지 야망이나 야심을 전면적으로 긍정한 것도, 야심에 의해 움직이는 인간을 정치론의 기초에 둔 설명도 아니다. 마키아벨리는 이러한 경향이 개인적으로도 집단적으로도 인간의 자기 확대 운동을 불러일으키고, 악(내란·억압·위선 등)의 근원이 되며 질서와 형식을 계속 손상시킨다고 본다.

마키아벨리의 이러한 견해도 성악설과 연관되는 측면이 있으나 동시에 그는 야심이나 소유욕이 악에 대립하는 덕의 측면, 즉 비르투(위업·결속력·공공심 등 선의 측면)의 원동력이 될 수 있다고 본다. 다시 말해 그것들 속에 내재하는 비르투의 힘을 사회 제도나 훈련이 갖는 인간 형성의 힘에 의거하여 발휘되도록 노력하는 것이 중요하다고 본 것이다.

이러한 마키아벨리의 인간관은 후대의 홉스가 보여 준 성악설처럼 연역적 방법에 의한 인간관에서 출발하여, 그런 인간은 스스로 통제할 수 없으니 법이나 국가를 통해 외부에서 자유를 억압하는 장치가 필요하다고 보는 견해와 다르다. 홉스의 경우 법이나 교육에 의한 인간 개조의 여지가 없다. 그러나 마키아벨리는 훌륭한 인민을 기르기 위해서는 법과 교육이 중요하다고 본다. 즉, 마키아벨리의 인간관은 성악설이나 성선설 중의 어느 것이 아니라, 다시 말해 인간을 성선이나 성악에 고정된 존재로 보는 것이 아니라, 사회생활을 통해 여러 제도로부터 받은 영향에 의해 선하게도 악하게도 될 수 있는 가변적 존재로 보는 것이다. 이를 동태론적 인간관이라고 할 수 있음은 앞에서 이야기하였다.

가령, 『리비우스 강연』의 "모든 인간은 사악하고, 따라서 자유로운 기회가 주어지면 언제나 본래의 사악한 성격을 발휘한(강연1권3장)"다는 말에서 마키아벨리는 "자유로운 기회가 주어지면"이라는 조건을 붙이고 있다. 이어 몇 줄 뒤에서 "필요에 의해 강요당하지 않는 한 선을 행하지 않고, 많은 선택이 있고 과도한 자유가 허용되면 만사가 순식간에 혼란과 무질서에 빠"지고, 그러므로 "굶주림과 빈곤은 사람을 근면하게 만들고, 법률은 사람을 선량하게 만"든다고 한다. 나아가 그 다음 장에서는 "모범적 처신은 좋은 교육에, 좋은 교육은 좋은 법률에" 의한다고 한다(강연1권4장).

무법과 무질서 상태가 인간을 타락시키고 반대로 좋은 법과 정치 제도가 정비된 상태에서 범죄의 예방만이 아니라 훌륭한 인간을 만든다고 보는 마키아벨리의 제도론은, 현대의 탁월주의 이론과 연관되는 동시에 아리스토텔레스 이래 전통인 제도적 윤리학을 잇는 것이라고 볼 수 있다. 따라서 마키아벨리의 사상을 전통적 윤리학과 무관하다고 볼 수는 없다. 특히 고대 군사학에서 발달한 군대의 규율 중시와 관련된다는 점이 주목된다. 이에 대해 마키아벨리는 『전술론』을 썼음을 앞에서 보았다.

또한 마키아벨리의 제도론은 그 뒤 근대 국가에서 본격적으로 전개된 규율화의 선구가 되었다. 여기서 규율화란 지도자나 지도부가 주도하여 생활 태도나 환경을 개선하고, 이를 통해 인간을 개조한다는 운동이었다.

공동 생활의 윤리적 힘

마키아벨리는 훌륭한 인민 형성을 위한 좋은 제도로 법률 외에 공동 생활을 꼽았다. 그는 공동 생활은 그 자체에 인민의 공공심을 육성하는 윤리화의 힘과 덕 있는 지도자가 인민에게 주는 윤리적 감화를 가지고 있다고 보았다. 공동 생활의 윤리적 힘에 대해 『리비우스 강연』 3권 1장에서는 다음과 같이 말한다.

따라서 내가 말한 대로 어떤 질서하에 공동 생활을 하는 사람들은 이러한 외부적 사건에 자극받아 또는 내부의 자발적인 의지에 따라 스스로를 자주 점검해 볼 필요가 있습니다. 전자의 경우* 그 동인은

* 강정인은 『군주론: 강한 국가를 위한 냉혹한 통치론』에서 후자라고 번역했으나, 나는 오류로 본다.

언제나 법입니다. 법은 종종 공동체 내에 있는 사람들의 기록을 검토하도록 만듭니다. 또는 구성원들 중에서 훌륭한 사람은 스스로 모범을 보일뿐 아니라, 훌륭한 언변과 정력적인 행동으로 실제로 법률과 동일한 인민 교화의 결과를 만들어 냅니다.

이러한 태도는 자녀 교육의 목표를 통치하기 쉬운 폴리스의 구성원이 되게 하는 것으로 본 전통 윤리학의 답습이었다. 이는 인민군이 군대 훈련과 군 생활을 통해 공공심을 갖게 된다고 본 것과 같았고, 뒤에 헤겔과 베버를 거쳐 현대의 공동체주의자에 이르는 전통을 형성해 왔다. 그러나 여기서 주의할 점은 법이나 공동체의 내용이 억압이나 탄압의 도구가 아니라 윤리와 정의에 합치되어야 하고, 지도자가 도덕적이어야지 억압적이거나 강권적이거나 기만적이어서는 안 된다는 것, 즉, 권모술수를 일삼는 의미의 마키아벨리즘적인 지도자는 배제된다는 것이다. 따라서 공공심은 억압된 생활이 아니라 자유로운 생활에서 갖게 되며, 이는 자유로운 정부에서 가능하다고 본다. 앞에서 보았듯이 이를 마키아벨리는 『리비우스 강연』 2권 2장에서 다음과 같이 말한다.

왜 인민의 마음속에 자유로운 삶을 수호하려고 하는 열의가 생기는지를 알아내기란 아주 쉬운 일입니다. 경험이 말해 주듯이 도시들은 오직 자유로운 상태에서만 영토나 부의 증대를 이룩하기 때문입니다. 사실상 아테네가 페이시스트라토스의 참주정으로부터 해방된 이후 100년 동안 거대한 번영에 도달하는 과정을 고찰해 보면 참으로 놀라움을 금할 수 없습니다. 그러나 무엇보다 놀라운 것은 로마가 왕의 속박으로부터 해방된 후 커다란 번영에 이르게 된 과정입니다.

이러한 번영의 이유는 이해하기 쉬운데, 도시를 위대하게 만든 것은 개인의 이익을 추구하는 것이 아니라 공공의 복지에 공헌하는 것이기 때문입니다. 하지만 오늘날 이러한 공공의 복지가 지켜지는 것은 의심할 여지없이 공화국에서만 중요한 것으로 간주됩니다. (…) 한 사람의 군주가 있는 경우에는 정반대의 현상이 생겨납니다. 군주에게 이로운 것은 대개 도시에 해를 가져오고, 도시에 이로운 것은 군주에게 해를 가져오기 때문입니다.

이러한 주장은 인민 종교의 도덕적 감화력을 강조하는 것으로도 나타난다. 다음은 『리비우스 강연』 1권 11장에 나오는 말이다.

그러므로 로마의 역사를 잘 검토한 자는 종교가 군대를 통솔하고, 인민에게 영감을 주며, 사람들을 선량하게 만들고 사악한 자들을 부끄럽게 만드는 데 얼마나 커다란 도움이 되었는지를 알 수 있습니다.

종교는 정치의 도구에 불과하다는 것이 아니고 그 대상이 되는 것도 기독교가 아니라 고대 로마 신화에 근거한 것으로, 뒤에 루소나 헤겔의 인민종교론이나 베버의 프로테스탄티즘으로 이어진다. 그들은 모두 기독교도이면서도 그렇게 주장했는데, 이는 그들에게 모순이 아니었다.

또한 이는 마키아벨리가 인민의 덕성을 확보하는 조건으로 청빈한 생활을 강조한 것과 관련이 있다. 앞에서도 보았듯이 "공화국을 잘 정비하려면 국고는 넉넉하게, 인민은 가난하게 만들어야 한"(강연1권37장)다. 이러한 청빈은 마키아벨리 정치론의 핵심이었다. 특히 그는 독립한 자영 소농의 생활이 청빈의 전형이라고 보았다. 나아가 그 소농이야말로 소박 강건하고 자연 현상이나 지세에 대한 예민한 감각을 갖는 병사로서 가장 적합하다고 보았다. 즉, 평시에는 생업에 열중하고 전장에서는 용감한 인민군의 중추가 되는 소농에게 마키아벨리는 정치적 자유의 미래를 걸었다. 이는 뒤에 루소, 제퍼슨, 헤겔 등의 사상으로도 이어졌다.

이러한 독립 자영의 소농을 중심으로 한 자유로운 공화국, 착한 교육과 규율, 뛰어난 지도자, 청빈한 삶에 의해 좋은 사회가 된다는 것이 마키아벨리의 사상이었다. 그러나 그것은 성선설에 입각한 것도 아니지만 성악설에 근거한 것도 아니었다. 즉, 인간 개조론에 입각하여 새로운 공동체를 구상한 점에서 이상주의적이고 도덕 교육론적인 것이기도 했다. 이는 천박한 현실주의에 그친 것이 아니라 플라톤 이래의 교육 국가관에 입각한 것이었다.

그러나 마키아벨리가 로마 공화정을 이상으로 본 더욱 중요한 이유는 첫째, 공동 생활을 통하여 공공심을 높이고 단결력을 강화함으로써 조국의 독립을 유지했다. 둘째, 공공심과 단결력에 의해 군사적으로도 성과를 올려 나라를 번영시켰기 때문이다(강연1권55장).

그 사례로 마키아벨리는 전쟁에 승리한 뒤, 전리품의 10분의 1을 신전에 바치자고 한 호소를 인민이 그대로 따른 이야기를 꺼냈다. 마키아벨리는 이것이 "인민이 얼마나 많은 선량함과 신앙심을 갖추고 있었는가를 보여 준(강연1권55장)"다고 한다.

그러면서 독일인의 공화국이 "저마다 자유를 누리면서 공존하고 있고 또한 법률을 매우 잘 준수"하는 것을 찬양하며, "그렇기 때문에 이들 도시의 안팎을 막론하고 어느 누구도 감히 그들을 정복하려는 엄두조차 내지 않는"다고 하며, 그들의 성실한 납세 의무 이행을 찬양한다(강연1권55장).

정치와 도덕의 구별

정치(법)는 공적 세계, 도덕은 사적 세계라거나 정치는 외면 세계, 도덕(종교)은 내면 세계에 속한다는 사고는 마키아벨리에게서 발견할 수 없고, 도리어 그 두 세계가 섞여 있다. 정치와 도덕의 관계는 『군주론』 15장 총론에서, 16~19장 각론에서 다루어진다. 『리비우스 강연』 3권 3장에서는 다음과 같이 설명하고 있다.

이러한 신중함(법에 대한 존중)은 현명하고 좋은 것이기는 했습니다. 그러나 다른 한편으로 소데리니는 어떤 악이 선을 쉽사리 분쇄할 염려가 있을 때 그 선을 지속하기 위해서는, 결코 그 악을 용납해서는 안 된다는 점을 깨닫지 못했습니다.

즉, 선에서 반드시 선이 나오는 것이 아니라 선에서 악이, 악에서 선이 나오기도 하므로 우리는 그러한 역설 속에서 자기 행위의 책임을 생각해야 한다는 것이 마키아벨리의 입장이었다.

—

제도로써의 법: 호민관과 탄핵권

—

마키아벨리는 인간이란 그 성질로 인해, 그리고 운의 변화에 의해 어쩔 수 없이 타락한다고 보았다. 그래서 모든 인민에게 비르투를 보급시키는 방법으로 인민 중에서 비르투를 강하게 지닌 자가 나와야 하는데, 그런 사람을 기르기 위해서는 제도와 교육이 필요하다고 본다.

마키아벨리는 "법률은 사람을 선량하게 만든다"고 하고, 이어 "법률 없이 사태가 제대로 작동한다면 법률은 필요하지 않을 것이다. 그러나 그러한 좋은 관습이 결여된 곳에는 법률이 즉각적으로 필요하다"고 한다(강연1권4장). 그리고 좋은 법률은 "많은 이들이 대립하고 불화하는 속에서 만들어지기 때문에""그토록 명예로운 처신으로 가득 찬 공화국을 두고 무질서하다고 말하는 것은 결코 합당하지 않다"고 주장하고, 다음과 같이 말한다(강연 1권5장).

> 즉, 그 결과를 엄밀히 검토한 자라면 누구나 그러한 대립이 공동선에 유해한 추방이나 폭력보다 공공의 자유에 도움이 되는 법률과 제도를 생산해 내었다는 점을 발견하게 될 것이기 때문입니다.

그 보기로 마키아벨리가 특히 중시하는 것은 호민관과 호민관이 갖는 탄핵권이다. 마키아벨리는 호민관이 로마 제국 마지막 왕인 "타르퀴니우스 왕가가 사라진 후" "인민과 귀족 간의 불화로부터 초래된 많은 혼란, 소동 및 내전의 위험을 거친 다음에" "인민의 안전을 위해 창설"했다고 본다(강연1권4장). 이는 "타르퀴니우스 왕가가 사라진 후" 군주정적인 집정관과 귀족정적인 원로원만이 존재하고 민주정적인 요소가 없었기 때문에, 인민을 지배하고자 하는 귀족과 인민 사이에 갈등이 생겨나면서 인민을 옹호하고 그 이익을 주장하는 관직인 호민관이 탄생했다. 그리고 그의 권한으로 탄핵권이 인정되었음을 말한다.

> 국가의 자유를 수호할 임무를 부여받은 자에게 어떤 식으로든 국가의 자유를 위협한 인민을 민회나 일정한 행정관 또는 위원회에 탄핵

할 수 있는 권능을 보유하도록 하는 것만큼 유용하거나 필요한 것을 달리 또 발견할 수 없습니다. 이러한 조치는 공화국에 매우 귀중한 두 가지 효과를 가져옵니다. 첫째는 인민이 고발당할까 두려워서 국가에 반역을 꾀하지 않는 것입니다. 그리고 만약 그러한 기도를 하면 그들은 즉각적으로 사정없이 제압되어 버립니다. 둘째는 국가가 다양한 인민 사이에 잡다한 방식으로 일어나고 있는 당파적 증오를 해소할 수 있는 배출구를 제공한다는 것입니다(강연1권7장).

이처럼 법 제도가 정비된 나라에서는 자유의 유지 및 확대에 따라 상벌이 명확하게 주어진다(강연1권24장). 또한 "로마에서는 집정관을 비롯한 그 밖의 다른 관직을 임명함에 있어 연령에 구애받지 않았(강연1권60장)"듯이, 비르투를 갖춘 사람은 나이나 집안 등 출신 배경에 관계없이 관직에 등용해야 한다. 마키아벨리는 인민의 비르투와 전통적 법 제도가 있으면 성벽조차 불필요하고 도리어 성벽이 유해하다고 한다(강연2권24장).

법, 제도, 관습

마키아벨리는 『리비우스 강연』 1권 18장에서 법leggi과 제도 ordini를 구별한다. 제도는 창설자에 의해 만들어진 정치 제도로써 결과적으로 제도의 실현 형태로써의 법을 수반하게 되지만, 법이 제도를 개혁하는 경우란 거의 없다고 본다. 나아가 제도의 성립에 영향을 미치는 요소로 관습costumi과 방식modi이 있다. 고대 로마에서는 인민이 공화정에 익숙하게 된 관습 위에, 귀족과의 갈등을 통해 집정관, 원로원, 호민관의 상호 균형으로 구성된 혼합정이라고 하는 제도가 법에 의해 확립되었다.

따라서 마키아벨리는 관습에 맞는 제도를 수립하는 것이 중요하다고 강조한다. 제도의 기능은 관습이라는 사회적 조건에 의존하기 때문이다. 한편 제도와 법이 관습을 순화시킨다는 것도 인정한다. 여기서 제도를 매개로 한 법과 관습의 순환이 생겨난다고 본다. 이러한 법과 제도 및 관습에 대한 마키아벨리의 논의는 오늘날 법학이나 법사회학에서 일반적으로 인정되는 것이다.

—

제도로써의 교육

—

마키아벨리에 의하면 법 제도가 정비되면 좋은 교육을 낳을 수 있고, 나아가 교육을 통해 관습을 순환시킬 수 있으며, 역사상 좋은 실례를 형성할 수 있다는 큰 장점이 있다. 즉, "모범적 처신은 좋은 교육에, 좋은 교육은 좋은 법률에(강연1권5장)" 의한다고 한다.

도시마다 제각기 상이한 습성과 풍습을 가지고 있으면, 좀 더 정력적이거나 좀 더 나약한 사람을 배출해 냅니다. (…) 이러한 차이들은 단지 그들의 혈통으로부터만 유래할 수 없는데, 혈통은 다양한 결혼에 의해 변하기 때문입니다. 따라서 이는 한 가문과 다른 가문 사이의 상이한 훈련으로부터 나오는 것임에 틀림없습니다. 감수성이 예민한 소년이 어떤 일에 대해 칭찬을 받거나 야단을 맞게 되는 것은 몹시 중요한데, 이는 필연적으로 특정한 인상을 만들어 낼 것이고 그 인상에 따라 소년은 전 생애에 걸쳐 자신의 행위를 규율할 것이기 때문입니다(강연3권46장).

마찬가지로 마키아벨리는 "인간의 활동은 삶의 방식을 습득하는 훈련의 속성에 따라 어떤 때는 저 지역보다 이 지역에서 더 효과적이고, 또 다른 때에는 그 역도 사실(강연3권43장)"이라고 한다. 이러한 지역 차원의 훈련 내지 교육을 중시하는 곳이 바로 군대와 종교다.

9

자유를 위한
군대와 전쟁

군대

『리비우스 강연』에서 군대와 전쟁에 대한 논의는 전체 분량의 반 이상을 차지하는 2, 3권에서 중심으로 이루지만, 1권에서도 등장한다. 즉, 1권 21장의 제목은 「자국민으로 편성된 군대를 갖추지 못한 군주나 공화국은 크게 비난받아야 한다」이다. 이어 1권 22장에서는 종래 영웅적인 일로 평가되어 온 호라티우스 삼형제가 로마를 대표해 알바 삼형제와 싸운 에피소드를 무모한 일이었다고 비판한다. 나아가 1권 23장에서는 장군이라면 전력을 다하지 않는 전투에 운명을 걸거나 군사적 요충지만을 방어해서는 안 된다고 한다. 그리고 1권 30장에서는 군주가 스스로 장군이 되어야 한다고 주장하고, 1권 43장에서는 사기가 충만하여 명예를 걸고 싸우는 군대와 지도자의 야심에 어쩔 수 없이 싸우

는 군대 사이에 커다란 차이가 있다고 한다. 그러면서 용병은 돈 외의 것으로 결속시킬 수 없으므로 쓸모없고, 애착이나 왕성한 전투 정신은 오로지 인민에게서만 솟아나므로 공화국을 유지하기 위해서는 자국 인민으로 구성된 군대를 조직해야 한다고 말한다.

마찬가지로『군주론』11장까지 무기 없는 예언자의 몰락을 시사한 마키아벨리는 12~14장에서 군사론을 전개한다. 먼저 12장은 다음과 같이 시작한다.

> 모든 국가의 근본적인 기초는 좋은 법제와 좋은 군대입니다. 좋은
> 군대가 없는 곳에 좋은 법제가 있을 수 없고, 좋은 군대가 있는 곳에
> 반드시 좋은 법제가 있기 때문에 나는 법제에 대한 논의는 뒤로 미
> 루고 군대에 관해서 논의하고자 합니다.
> 군주가 자신의 국가를 방어하는 데 사용하는 군대는 자국군이거나
> 용병, 외국 원군, 또는 혼성군 가운데 하나입니다. 용병과 외국 원군
> 은 쓸모없고 위험합니다. 어떤 군주가 자신의 국가를 용병의 기초
> 위에 세운다면 그는 내부적으로 안정을 누리지 못하고 대외적으로
> 안전하지도 않을 것입니다. 왜냐하면 용병은 분열되어 있고, 야심
> 이 많고, 기율이 없으며 신의도 없기 때문입니다.

마키아벨리에 의하면 용병은 애국심이 없고 돈만 밝히기 때문에 문제다. 또한 그들은 돈을 주는 사람이면 그가 외국인인 경

우에도 조국을 쉽게 배신한다. 마키아벨리는 『군주론』 12장에서 그런 용병에 의존한 탓으로 이탈리아는 당연히 몰락했다고 본다. 그래서 14장에서는 무장한 사람이 기꺼이 비무장인에게 복종하고, 비무장인이 무장한 부하들 사이에서 안전을 누리는 것을 정상적인 일이 아니라고 봤다.

따라서 군주는 자신의 군사력을 가지고 자립해야 한다. 그러한 자국군으로는 돈을 벌고자 전쟁에 참여하는 직업 군인 제도가 아니라 자신의 재산을 지키기 위해 싸우는 민병 제도가 바람직하다. 그래서 『군주론』 14장 처음에서 다음과 같이 말한다.

> 따라서 군주는 전쟁, 전쟁의 방식 및 숙련 외에는 다른 어떤 목표도, 직업도 가져서는 안 됩니다. 왜냐하면 전쟁은 통치자에게 기대하는 유일한 전문 직업이기 때문입니다. 전쟁은 많은 양의 비르투가 필요한 업무로써 군주로 태어난 사람을 그 자리에 유지케 할 뿐 아니라 많은 경우 일개 인민을 군주의 지위로 오르게 해 주기도 합니다. (…) 당신이 국가를 잃게 되는 일차적 요인은 이 전문 기술을 소홀히 하는 것이고, 그것을 정복할 수 있게 하는 요인은 이 군사 기술의 전문가가 되는 것입니다.

이어 마키아벨리는 전술을 익히기 위해 물리적 연습과 역사 연구 같은 정신적 수련이 필요하다고 한다. 나아가 『리비우스 강연』 2권 32장에서 민병을 가진 국가가 취해야 할 대외 정책으로 외국인 이주의 장려를 든다.

전쟁

앞에서 우리는 전쟁에 대해 많이 언급했다. 리비우스의 『도시가 세워지고부터』는 로마 전쟁사라고 해도 과언이 아니고, 전쟁 승리의 원인을 도덕성과 종교적 요소(신과 행운)에서 찾았다고 하는 점도 설명했다. 반면 마키아벨리는 그런 우연적 요소가 아니라 군대의 효율성과 팽창주의 등 군사적·외교적 정책에 의한 것임을 강조했다.

기원전 493년, 로마는 라티움 지역의 도시 연맹인 라틴연맹과 카시아눔 조약Foedus Cassianum을 맺었다. 그 후 로마는 유능한 장군인 카밀루스의 지휘 아래 기원전 396년 에트루리아의 이름난 도시인 베이이를 점령하여 영토를 두 배로 확대했다. 마키아벨리는 『리비우스 강연』 2권 1장에서 로마인의 전쟁 순서나 전략을 숙고해 보면 그들의 뛰어난 실력과 신중한 전략을 알 수 있다고 주장한다. 특히 2권 13장에서는 로마가 두 전쟁을 동시에 수행한 적이 없었는데, 그 이유는 그들이 동맹을 맺어 우방을 확보하고자 했고, 동맹국을 팽창 수단으로 활용한 점에 있다고 주장한다. 즉, 로마는 이러한 기만책을 잘 사용하고 상대가 이를 알아차리지 못했다고 주장한다.

리비우스는 약 10년 동안 이어진 베이이와의 전쟁과 갈리아인이 로마를 약탈한 전쟁의 원인을 종교적 요인에서 찾았는데, 이는 『도시가 세워지고부터』 5권에서 가장 분명하게 드러난다. 그는 귀족과 인민 사이의 갈등이 해결되어도 신들에 대한 경외심이 없다면 베이이의 정복(도시5권15장)이나 갈리아인의 로마 지배(도시5권32장)와 같은 재난과 불행을 면할 수 없었다고 하고, 그로 인해 전쟁이 계속되었고 설명했다.

반면, 마키아벨리는 『리비우스 강연』 2권 8장에서 갈리아인이 로마를 약탈한 이유를, 갈리아 왕국의 인구 폭발로 인해 새로운 땅을 찾을 수밖에 없었다는 점으로 설명한다. 나아가 마키아벨리는 갈리아인이 약탈에 실패한 이유를 피정복민에게 호의적이었던 로마와 달리, 원주민을 모두 내쫓거나 죽이고 그곳의 모든 것을 차지하려고 했기 때문이라고 본다. 반면, 로마는 피정복민에게 그들의 법 제도와 재산을 허용하였기 때문에 갈리아인과 달리 정복에 성공했다고 한다(2권 4장).

이러한 로마를 제국주의라고 할 수 있는가? 제국주의Imperialism의 어원이 된 임페리움imperium은 원래 로마 공화정 시대에는 명령과 권력, 특히 법에 의한 명령을 뜻하는 일반명사였다. 하지만 로마가 카르타고와의 전쟁에서 승리하여 지중해의 패권을 장악한 이후에는 로마에 의한 타민족 지배라는 뜻을 지니게 되었다. 그러나 로마에는 그런 타국 지배 의사가 없었다는 이유로 로마를 제국주의가 아니라고 보는 입장도 있다.

리비우스는 전쟁 선포의 종교적 의례인 페티알레스법ius fetiale•
으로 자신의 입장을 보여 준다. 이 의례는 라틴 공동체에서는 보
편적인 것으로, 국제법이 없던 시기에 공동체 상호 간의 갈등을
완화하고 전쟁을 막는 기능을 수행했다. 그러나 로마의 힘이 커지
면서 의례의 힘은 약화되었고, 신들은 모두 로마 편이라는 믿음으
로 바뀌었다고 마키아벨리는 『리비우스 강연』 3권 33장에서 설명
한다. 따라서 로마가 팽창 정책을 적극적으로 실시한 이후까지 제
국주의가 아니라고 볼 수는 없다. 그리고 그러한 정책을 옹호한
마키아벨리도 당연히 제국주의자라고 볼 수밖에 없다.

팽창주의

리비우스는 『도시가 세워지고부터』 1권 28장에서 로마 왕정
의 6대 왕 툴루스가 알바와의 전쟁에서 승리한 뒤, 팽창주의 정
책을 본격적으로 전개했다고 보았다. 마키아벨리도 『리비우스

• 로마 시대의 정전(正戰)에 대한 법으로, 페티알레스(Fetiales)는 고대 로마에서
국민 대표로 평화의 수립이나 선전포고 및 강화에 대한 외교적 책임을 지는 성
직자 모임이다. 페티알레스에 의해 엄숙한 행동이 선행되면 정당한 전쟁으로
간주되었다. 특히 30일간 적에게 응답 기회를 주고 최후통첩을 한 뒤 답이 없
으면 정당하게 전쟁을 개시하는 것으로 보았다.

강연』 2권 3장에서, 리비우스가 『도시가 세워지고부터』 1권 30장에서 했던 "알바의 폐허 위에 로마는 성장한다"는 말을 인용하고서 로마의 팽창정책을 설명한다. 즉, 인구를 증가시키는 방법에는 사랑과 무력에 의한 것이 있는데, 로마는 시종일관 무력을 사용했다고 본다. 그리고 그 이유를 노련한 농부의 재배 방식을 따랐기 때문으로 설명한다. 좋은 농부는 식물이 잘 자라고 성장해서 과실을 맺도록 하기 위해 첫 가지를 자른다는 것이다. 반면 아테네와 스파르타가 실패한 이유는 외국인과의 교류를 막은 점에 있다고 본다.

이어 『리비우스 강연』 2권 3장에서 고대에는 영토 확장을 위해 세 가지 방법을 사용했다고 한다. 첫째, 에트루리아인처럼 공화국들이 연맹을 형성하는 방법, 둘째, 로마에서처럼 동맹국을 확보하고 로마의 지배를 받게 하는 방법, 셋째, 아테네나 스파르타에서처럼 동맹국이 아닌 신민을 얻는 방법이다. 마키아벨리는 세 번째 방법은 종주국을 몰락하게 하였으니 전적으로 쓸모없는 것이라고 물리치고, 두 번째 방법을 찬양하고 첫 번째 방법은 차선책이라고 평가한다.

마키아벨리는 팽창주의가 전쟁에서도 나타난다고 한다. 즉, 로마인은 전쟁을 단기적 총력전으로써, 기간은 짧고 규모는 크게 수행하였다는 것이다(2권 6장). 집정관에게 1년이라는 임기를 부여한 것도 전쟁을 신속하게 종결하기 위해서였고, 또 전쟁에 패하여도 처벌하지 않은 것은 과감한 전쟁을 하도록 하기 위해서였다(1권 31장).

그런데 마키아벨리는 『리비우스 강연』 3권 44장에서 그러한 팽창주의는 엄격한 법률 적용과 훈련을 통한 폭력과 대담함의 적절한 활용 위에 가능했다고 설명한다. 그리고 그 보기로 브루투스가 아들들을 처형한 것(강연1권16장, 2권4~5장), 아피우스 클라디우스Apius Claudius Caecus*의 죽음과 마일리우스의 처형**(강연3권28장)을 들었다. 그리고 갈리아 침략 이후의 사례로는 카피톨리누스의 죽음(강연3권28장), 만리우스 아들의 죽음(강연2권16장 · 3권22장), 파피리우스 쿠르소스가 자신의 기병대장 파피우스를 처형한 일(강연1권31장 · 3권3장)을 들었다.

즉, 마키아벨리는 리비우스와 같이 도덕성을 강화하는 것에 그치지 않고, 엄중한 처벌이 통치에 반드시 필요하다고 『리비우스 강연』 3권 1~5장에서 주장했다. 특히 어려운 개혁에는 1인의 지배자가 필요하다고 하면서 동생 레무스를 살해한 로물루스의 정당성을 인정했다(강연1권9장, 18장). 이처럼 폭력을 효과적으로 사용하는 것을 정치 문제로 다룬 것이 마키아벨리가 리비우스를 비롯한 그 선배들과 중요한 차이점이었다.

- 아피우스 클라디우스 카이쿠스는 기원전 312년에 최초로 로마의 간선도로인 '비아 아피아(Via Appia, 아피아 가도)'를 만든 집정관이다.
- 그는 기원전 439년, 곡물을 싼 값에 팔아 불법적으로 권력을 얻으려고 했다는 이유로 처형됐다.

제국주의

마키아벨리가 주장하듯이 인민이 스스로 무장하는 민병民兵 공화주의에서는 다수자인 인민의 자족을 보장하기 위해 제국주의 정책을 취하지 않을 수 없다. 이러한 제국적 공화주의는 14세기 중엽 피렌체의 로마주의에서 비롯되었지만 그 뒤 휴머니스트들, 가령 브루니의 경우 제국적 공화주의를 피렌체의 천부적 권리로 본 반면 마키아벨리는 이를 더욱 현실적인 정책으로 추구했다.

마키아벨리의 제국주의 이론은 근대 초에 유럽에서 활동한 가장 저명한 고대 역사가 중 한 사람인 살루스티우스의 견해를 계승한 것이었다. 그는 『카티리나 음모Bellum Catilinae』에서 왕의 지배 하에 억압받은 로마 인민이 공화정 설립으로 해방된 뒤, 영예를 추구하여 자유로운 국가가 강력하게 확대되었다고 주장했다. 그러나 그는 동시에 그 확대가 공화국과 인민의 자유를 잃게 했다고도 보았다.

나아가 마키아벨리는 어떤 나라도 타국의 정복을 피하기 위해서 내부 집단 간 대립을 어느 정도 용인하고자 군사적 확대 정책을 취하지 않을 수 없으나, 군사적 확대는 귀족으로부터 인민에 이르는 모든 사람들의 용기를 물질적인 욕망으로 변하게 하고 참주의 등장을 촉진하여 결과적으로 모든 국가의 자유를 빼앗는다고 했다. 그러나 확대는 자족보다 위대하고 지속적이므로, 제국주의적 정책을 취해야 한다고 주장했다. 특히 『리비우스 강연』 1권 6장에서 보았듯이 변전하는 세계에서 안정을 확보하기 위해 그리해야 한다고 주장했다.

마키아벨리가 말하는 도시 국가가 개인과 마찬가지로 자연 원리에 입각한다면 도시 국가의 상호 간 관계도 개인 간의 관계처럼 투쟁 상태로 빠지지 않을 수 없고, 따라서 국제 안전 보장은 군사력에 의한 상호 억제일 수밖에 없다. 이처럼 국제 정치에서 확대가 불가피하다면 이를 위한 무장도 불가피하다.

10

민주공화국의
몰락

지도자의 부패

앞에서 우리는 로마 공화정을 몰락하게 만든 기원전 486년
의 농지법에 대해, 리비우스는 『도시가 세워지고부터』 2권 4장에
서 인민의 과도한 욕심에 의해 사회적 혼란을 야기한 것이라고 비
판했으나, 마키아벨리는 『리비우스 강연』 1권 37장에서 농지법은
처음부터 결함이 많아서 분란이 일어났다고 했음을 보았다. 그리
고 만일 인민이 농지법을 통해 귀족의 야망을 억제하지 않았더라
면, 로마는 훨씬 더 일찍 노예 상태에 빠졌을 것이기 때문에 내분
은 도리어 자유를 유지할 수 있게 했다고 보았다.

마키아벨리는 『리비우스 강연』 1권 37장에서 카이사르가 로
마 최초의 참주가 된 결과, 로마는 영영 자유를 잃었다고 했다. 그

리고 마키아벨리는 살루스티우스Gaius Sallustius Crispus•, 기원전86~34의 주장을 계승하여 『리비우스 강연』 3권 24장에서 로마의 자유가 술라와 마리우스의 독재 시대에 사멸했고, 카이사르의 제정帝政으로 이어졌다고 했다. 즉, 사령관의 임기가 연장되면서 원정군의 사병화私兵化와 농지법에 의한 지배욕이 심해졌고, 이에 로마는 붕괴됐다고 본 것이다. 이는 종래 로마 붕괴의 원인을 사치에 의한 풍습의 타락, 제도적 결함에 의한 국내적 불평등과 무질서로 본 것과 다른 견해였다.

제도적 차원에서 공화국의 몰락은 선거 기능의 마비로 시작되었다. 마키아벨리는 『리비우스 강연』 1권 20장에서 왕정에서는 유능한 군주에 의해 최고의 전성기에 이르렀으나 공화국에서는 선거라는 방법이 왕정과 같이 2대 군주를 낳을 뿐 아니라, 지극히 능력이 뛰어난 위정자를 계속 선출하기 때문에 전성기에 이러한 가능성은 더욱 높다고 한다. 그러나 1권 18장에서 공화국 말기에 와서 선거는 도리어 유해한 것이 되었다고 보고, 그 이유를 많은 비르투를 가진 사람들이 아니라 수중에 더 많은 권력을 가지고 있는 사람이 행정관 등 공직에 들어가고자 입후보하기 때문

• 살루스티우스는 고대 로마의 역사가로 공화정 말기의 내란 때 카이사르파에 속해 카이사르의 총애를 받아 누미디아 총독까지 됐다. 그러나 그 후 정치 생활에서 물러나 장차 황실의 재산이 되는 호장한 정원에서 역사를 저술하는 데 여생을 바쳤다. 그는 카이사르나 그 이전의 연대기적 작가처럼 연대순에 따르지 않고 하나의 사건을 추구한 최초의 역사가다. 박력 있는 문체와 고상한 용어를 선택함으로써 역사 기술의 문학적 수준을 높였으며, 동시에 과학적인 방법을 도입해서 사건의 원인과 인간 행위의 동기를 의식적으로 설명했다.

이라고 한다.

　이처럼 선거 제도가 제대로 작용하지 않은 것은 공화정이 부패한 탓이고, 부패의 원인은 명예를 소중히 여긴 지배 집단의 가치가 붕괴한 탓이라고 마키아벨리는 본다. 그리고 마키아벨리는 리비우스가 『도시가 세워지고부터』 3권 26장에서 들었던 사례를 다시 들어, 킨키나투스Cincinnatus, 기원전516~430*와 같은 지도자가 보여 준 청빈함은 파울루스 아이밀리우스Paulus Aemilius의 시대까지 유지되었다고 한 뒤, 『리비우스 강연』 1권 55장에서 공화정 말기의 지도자들은 "토지 소유에서 나오는 수입으로 일하지 않고도 사치스럽게 사는 자"들이라고 한다. 즉, 부패의 책임이 지도자에게 있다고 본 것이다. 여기서 마키아벨리는 부를 경시하여 인민적 삶의 기초를 불가능하게 하는 절대적 빈곤도 안 되지만, 그렇다고 물질에 대한 지나친 숭배와 편파적 집중은 용납할 수 없다고 본다.

● 　킨키나투스는 최고 통치자인 집정관으로 재임하면서 강직함을 인정받고 1년 임기를 마친 뒤 고향으로 돌아가 농사를 지으며 살았다. 그런데 주변 민족이 쳐들어와 로마가 위기에 처하자 원로원은 그를 불러 비상대권을 행사하는 임기 6개월의 독재관에 임명했다. 그는 불과 16일만에 군대를 이끌고 외적 토벌을 완수했다. 그리고 많은 임기가 남았지만, 임무를 완수했으므로 지체하지 않고 독재관에서 물러나 고향 농장으로 돌아갔다. 미국의 워싱턴 대통령과 정치 지도자들은 킨키나투스를 본받아야 한다며 그를 기리는 킨키나투스 협회를 조직했다. 미국인들은 킨키나투스를 영어로 신시내티라고 읽었다. 협회가 있던 도시 이름도 신시내티라고 붙였는데, 그곳이 오늘날의 도시 신시내티다.

지도자의 신중함 결여로 인한 협력 불가능화

마키아벨리는 『리비우스 강연』 1권 37장 「농지법이 로마에 어떤 문제를 야기했는가. 먼 과거의 관습에 구애되거나 그것에 어긋나는 법률 제정은 얼마나 나쁜가」에서 그라쿠스 형제의 의도는 칭찬할 수 있어도 행위 자체는 칭찬될 수 없는 것으로, 그 선례를 따라서는 안 된다고 주장했음을 우리는 앞에서 보았다.

앞의 예로부터 우리는, 인간이 명예보다 물욕을 중시한다는 것을 배울 수 있습니다. 왜냐하면 로마의 귀족은 인민에 대하여 크게 저항하지도 않고 그 명예를 인민에게 나누어 주었습니다. 그러나 일단 재산 문제에 들어서면 매우 완강하게 그것을 수호했습니다. 그래서 인민 측도 그 요구를 관철하기 위해 앞에서 말했듯이 비상수단에 호소하지 않을 수 없습니다.

이러한 비상수단을 사용하는 선두에 선 자들이 그라쿠스 형제입니다. 그들의 분별심이 어떠하든, 그 의도는 높이 평가하지 않을 수 없습니다. 왜냐하면 공화국 속에서 점점 늘어난 부의 편재라는 악을 일소하고자 한 것은 좋았지만, 이를 위해 과거로 거슬러가 기득권까지 다루는 법률을 제정한 것은 너무 사려 없는 방책이었다고 말하지 않을 수 없습니다. 이미 여기에 대해 상세하게 논의했듯이 그들이 한 것은 혼란을 초래하고 폐해를 촉진할 뿐이었습니다. 따라서 이러한 문제는 법률을 제정하지 않아도 시간을 빌린다면 악폐의 출현을 늦출 수 있고, 또는 시간이 지남에 따라 실제의 해가 나타나기 전에 저절로 소멸할 것입니다.

마키아벨리에 의하면 그라쿠스 형제는, 이상하지만 지속적이었던 균형을 파괴했다. 즉, 그 형제의 시대까지 토지법은 잠들어 있었지만 그들이 그 법안을 제의하자 로마인의 자유는 완전히 파괴되었다. 그리고 그들의 개혁에 의해 계층 간 반감이 배가되었고 갈등은 무력 충돌로 비화되었으며, 그로 인해 결국 로마는 멸망했다.

마키아벨리는 그라쿠스 형제 같은 자들에 의해 혼란에 빠진 공화정 로마에 필요한 인물은 파쿠비우스 칼라누스Pacuvius Calanus 같은 사람이었다고 한다(강연1권47장). 파쿠비우스는 기만과 민중 지지로 권력을 장악한 사람이었는데, 이 점에 대해 마키아벨리는 침묵하면서 그가 한니발에 의한 침략의 위기에 빠진 카푸아를 초당파적으로 구출했다고 찬양한다. 즉, 당대의 귀족과 인민의 갈등을 해결하고자, 귀족에게는 혁명의 위험을 알리고 인민에게는 귀족과 협력해야 한다고 설득했다는 것이다. 말하자면 그는 혼합정의 필요성을 알았다고 마키아벨리는 보았다. 이러한 로마 공화정 몰락의 논의는 마키아벨리가 살았던 피렌체의 몰락상과 직접 관련된 논의였음은 물론이다.

제4장

나의
'마키아벨리의
『리비우스 강연』
읽기

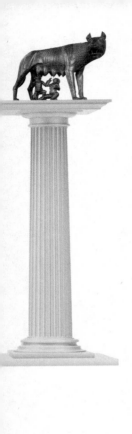

1

마키아벨리의
민주공화국

민주공화국이란 무엇인가?

우리 헌법은 1조에서 "대한민국은 민주공화국이다"라고 규정한다. 민주공화국이라는 말을 영어로 번역하면 Democratic Republic이다. 그러나 대한민국의 공식 영어 명칭은 Republic of Korea다. 이것을 다시 우리말로 번역하면 '코리아공화국'이다(코리아는 고려에서 비롯된 말이지만 고려라기보다 코리아라고 함이 더 일반적이다). 한편 북한의 정식 명칭은 조선민주주의인민공화국이고, 영어로는 Democratic People's Republic of Korea라고 한다. 인민People이란 말은 민주주의 주체로 당연한 것임을 감안하면 적어도 명칭만으로는 남북한 모두 민주공화국이라는 공통점을 갖는 셈이다. 즉, 남북한 모두 민주공화국이다. 물론 이름만 그렇다는 것이다.

민주民主란 국민 개개인이 나라의 주인이라는 뜻으로, 인권을 가진 모든 국민의 의사에 의해 나라를 운영하는 것이다. 공화共和란 여러 사람이 공동으로 함께 한다는 뜻으로, 일인 군주제나 독재제가 아니라 국가 원수를 국민이 투표로 선출하는 것을 말한다. 따라서 민주와 공화라는 말은 거의 동의어라거나 민주 속에 공화라는 말이 포함된다고 볼 수 있다. 반대로 군주제나 독재제의 경우 공화는 처음부터 있을 수 없다. 즉, 군주제나 독재제는 군주국이나 독재국에 있는 것이지 공화국에서는 존재할 수 없다.

우리나라 헌법에는 명시되어 있지 않지만, 1948년 헌법 제정 이전에 국가 원수를 정한 군주제 등을 부정하고, 헌법 제정 이후 모든 국정을 인민의 의사에 의해 행한다는 뜻에서 민주공화국이라고 선언한 것이었다. 그렇다면 남북한 모두 민주공화국이라고 하니 적어도 이론적으로 크게 이상할 것이 없다. 물론 정치 지도자가 3대나 세습하고 있는 북한을 어떤 의미에서도 민주공화제라고 할 수 없고, 도리어 군주제에 가깝다고 볼 수밖에 없다. 남한에서도 독재제인 경우 군주제에 가까운 것이다.

국가의 원수는 군주제에서 혈통적으로 세습되는 개인의 것이 보통이지만, 민주공화제에서 국민이 선출한 대표자다. 민주공화제의 특징은 출생에 따른 봉건적인 차별을 부정하고, 인민주권, 자유, 평등, 민주주의를 원리로 삼는다. 영국의 청교도혁명, 미국의 독립혁명, 프랑스혁명, 러시아혁명 등은 모두 민주공화제 확립의 길을 터놓은 것들이다. 그러나 자유와 평등 같은 이념이 그대로 민주공화제의 역사적 현실에서 보장되거나 실현되고 있다고 할 수 없다.

학자에 따라 공화제를 민주적인 것, 귀족적인 것, 과두적인 것이라는 3가지나, 일국적인 것과 연방적인 것이라는 2가지로 분류한다. 또한 정체를 민주제와 과두제로 나누고, 전자를 다시 입헌군주제와 공화제로 분류하기도 한다. 고대 그리스, 스위스, 미국, 프랑스, 한국 등은 민주제적 공화국, 고대 로마는 군인과 귀족에 의한 귀족제적 공화국, 중세 이탈리아의 베네치아는 상인 귀족에 의한 과두제적 공화국이라고 할 수 있다. 민주제적 공화국에서도 고대 그리스나 스위스는 직접민주제적 공화국이며, 미국과 프랑스나 한국은 간접민주제적 공화국이다.

공화주의란 무엇인가?

우리 헌법에서는 1조 1항 이외에 '공화'라는 말을 더 이상 사용하지 않는다. 그러나 학자들은 공화라는 말을 공화주의共和主義, republicanism로 보는 경향이 있다. 그런데 공화주의가 무엇인지에 대해서는 여러 가지 논의가 있다. 영어의 republic이란 말의 어원은 라틴어 res publica로써, 그 말 자체는 '공적인publica 것res'을 뜻한다. 즉, '사적인 것'의 반대다. 미국의 정치철학자 한나 아렌트

Hannah Arendt, 1906~1975의 공사公私 구별에 따라 말하자면, 자유롭고 자립한 '공적인 사람들公人'의 공적인(정치적인) 논의의 대상이 되는 '공적인 일'을 말한다. 따라서 공화란, 공인들이 공통 관심사인 공적 사항에 대해 토의하고 그 결론에 근거하여 그 일을 관리하고 통치하는 것을 말한다. 즉, '공민의 공동 통치'다.

그러나 공화에는 그 이상의 또 다른 의미가 있다. 레스 푸블리카res publica는 영어의 코먼웰스common-wealth라는 말과 같다. 코먼웰스에는 '국가'를 뜻함과 동시에 '공통의 부', '공통의 소유'라는 개념이 포함된다. 토마스 홉스의 『리바이어던』에서 코먼웰스를 우리말로 인민 사회라고 번역했는데(『리바이어던(제1권)』, 483쪽), 이는 우리가 일반적으로 말하는 인민 사회와 다르다(『자유주의』, 33쪽 이하).

여하튼 공화주의란 대체로 공적 이익을 우선하여 조국에 헌신하는 자립적인 인민(공민)이 정치의 주체가 되어야 하며, 공화국res publica은 그러한 인민적 덕civic virtue이 없으면 존재할 수 없다고 보는 견해를 말한다. 따라서 공화주의는 구체적인 정치 체제나 정부 형태로써는 세습적인 군주나 황제에 의한 전제 지배에 반대하지만, 반드시 민주정과 결합하지 않고 제한군주정, 귀족정, 공화정, 혼합정 등과도 친화적이다. 따라서 모든 공화주의가 민주적인 것이 아님을 유의해야 한다. 마키아벨리에도 그런 측면이 있다.

이러한 사상으로써의 공화주의의 역사를 보면, 자치에 의한 공통선 내지 공공선 실현을 위한 수단으로 윤리성과 정신성을 강

조하는 입장과 물질적 제도와 기초를 강조하는 입장으로 나누어
진다. 이를 각각 윤리적 공화주의와 제도적 공화주의로 불러 구
분하도록 하자. 윤리적 공화주의는 플라톤, 아리스토텔레스, 키
케로를 거쳐 르네상스의 인민적 휴머니즘, 영국 혁명기의 시드니
Algernon Sidney, 미국으로 이어져 현대에는 샌델Michael Sandel로 귀결
된다. 반면, 제도적 공화주의는 인민적 휴머니즘을 비판한 마키아
벨리에서 해링턴James Harrington으로 이어진다.

그런 점에서 마키아벨리는 르네상스 사상에서 예외적인 존
재였다. 그럼에도 우리나라에 소개된 포칵이나 스키너가 말하는
공화주의는 마키아벨리-해링턴을 중심으로 한 제도적 공화주의
임을 주의해야 한다. 반면 바론Hans Baron 등이 강조한 윤리적 공화
주의는 상대적으로 국내에 소개된 정도가 약하다. 현대 정치이론
에서 공화주의는 공동체에 의한 개인의 억압을 회피하면서 사익
과 공익을 '법의 지배'에 의해 결합하고자 하는 점에서 자유주의
와 공통되지만, '법의 지배'의 목적이 공동체 자체의 법 유지이지
개인의 자기 결정의 보장이 아니라고 보는 점에서 자유주의와 다
르다. 즉, 인권의 강조가 자유주의보다 약하다.

홉스나 로크가 말하는 자유주의에서 사회계약을 맺기 전 개
인이란, 서로 아무런 연결이 없고 자기 멋대로 자기 이익을 최대
한 추구하는 개인주의자 내지 이기주의자를 말한다. 그런 개인이
자신의 생명과 신체 및 재산을 보존하기 위해 불가피하게 국가법
에 복종하게 되지만, 자신이 관련되는 '공적인 일'에 참여할 의무

는 지지 않고 도리어 정치에 도덕이나 가치관이 포함되는 것을 회
피한다고 본다.

　이에 반해 공화주의는 공민이 자기의 행복만을 누리고자 해
서는 안 되고 '공적인 일'에 주체적으로 '참여'하여 공동선으로 내
면화하는 상태를 정치의 이상으로 본다. 그런 점에서 공화주의는
본질적으로 공동체주의communitarianism와 같으나, 공동체주의가 정
치 이전에 종교, 역사, 문화를 공유하는 전통적인 공동체를 전제
로 하는 것에 반해, 공화주의는 반드시 그런 공동체를 전제로 하
지 않고 어떤 공동선을 중심으로 하여 모든 구성원이 참여해 전혀
새로운 국가를 세우려는 점에서 다르다. 따라서 공화주의는 '정치
참여 주의'라고도 볼 수 있다.

　공화주의는 17세기 영국에서 찰스 1세를 처형했을 때 처
음 생긴 말이었으나, 18세기 영국에서는 거의 사용되지 않았다.
18세기의 버크Edmund Burke, 1729~1897나 해밀턴Alexander Hamilton,
1755~1804이 수립한 공화주의는 공적 생활의 적극적인 참여를 자
유의 본질로 보면서도 그 참여자를 재산 소유자에 제한한 것이었
으므로, 처음에는 매우 제한적인 범위의 덕성을 가진 사람들에게
만 정치적 자유를 인정하고 그들에 의한 강력한 통치를 주장한 귀
족적 공화주의였다. 이러한 전통은 현대 공화주의에도 그대로 남
아서 인민의 도덕성을 강조하는 특징을 유지하고 있다. 대체로 이
러한 공화주의는 보수적 입장이었다.

　그러나 루소나 제퍼슨에서 비롯된 민주적 공화제는 인민 참

여를 중시하고 정부가 인민이 원하는 바에 따라야 한다는 점을 강조하며, 대의제를 중시한 귀족적 공화주의와 달리 주민 발의와 주민 투표와 같은 직접 민주정적 요소를 강조한다. 샌델을 비롯한 최근의 인민적 공화주의자들은 인민이 크고 작은 공동체에 귀속되는 인민적 정체성을 강화해야 한다고 주장한다.

이상 적어도 세 가지의 공화주의가 존재하므로 공화주의의 주장을 하나로 요약하기는 힘들다. 공화주의의 자유론도 마찬가지다. 공화주의가 말하는 자유는 벌린Isaiah Berlin이 말한 소극적 자유나 적극적 자유와 다른 정치적 자유, 즉 "사적인 형태의 주종적 지배 자체가 존재하지 않는 상태(『공화주의』, 2006년, 91쪽)"를 말한다고 한다. 이는 노예의 경우도 소극적 자유를 누리지만 공화적 자유는 누리지 못한다는 것으로 설명된다(『공화주의』, 2006년, 92~94쪽).

그러나 자유주의에서 말하는 소극적 자유가 반드시 사적인 주종 관계를 인정한다고 볼 수 없다. 또한 적극적 자유는 "자신의 의사와 그의 행동을 지배하는 법 규칙 등이 일치할 때 가능"한 반면, 공화적 자유는 법에 의해 "타인의 자의로부터 자유로울 때 가능"하므로 다르다고 하지만 이러한 비교도 무리다. 공화주의는 자유주의와 달리 "법에 의한 간섭, 나아가 국가의 공정한 개입을 자유에 해가 되는 것으로" 보지 않고, 민주주의와 달리 법을 인민의 의사 반영이 아니라 공공선을 지향하는 보편적 규범으로 본다. 때문에 다수의 의사를 소수에게 강요하지도 않는다고 한다. 그러나 자유주의도, 민주주의도 보편적 법을 부정하지 않는다. 또 공화주의가 주종 관계를 부정한다고 하지만, 역사상 실제로는 고대 그리스나 로마의 공화정은 노예제를 전제로 한 것이었다. 그리고 근대의 공화주의도 소수의 엘리트에 의한 지배를 주장한 것이었다.

도리어 공화주의의 입장에서 콩스탕Benjamin Constant de Rebecque이나 벌린을 비판한다면, 그들이 "주종적 지배의 부재를 정치적 자유를 위한 필수적인 것으로 다루질 않았다(『공화주의』, 2006년, 101쪽)"는 점이 아니라 마키아벨리나 이탈리아 르네상스의 자유가 무엇보다도 국가의 자유, 도시공동체의 자유, 인민의 자유를 강조한 점이라고 해야 할 것이다.

여하튼 이러한 공화주의가 하나의 정치 사상으로 논의되는 것과 달리, 우리나라 헌법에서는 '공화'국의 의미에 어느 정도 포함되어 있는지는 의문이다. 가령 김경희는 『공화주의』에서 현재의 단원제를 양원제로 바꾸는 개헌과 토론 문화의 형성을 공화주의적 대안으로 제안한다(『공화주의』, 2006년, 128쪽). 토론 문화야 민주주의든 자유주의든 당연히 필요한 것으로써 굳이 공화주의에서 나오는 것은 아니고, 이 점에서는 양원제 구상도 마찬가지다. 다른 나라에서도 공화주의는 민주주의나 자유주의에 포함되거나 서로 보완하는 관계로 이해되어 왔고, 우리나라에서도 민주주의나 자유주의와 다른 특별한 의미로 이해되지는 않고 있다. 미국에서도 정치 지도자들은 일찍이 18세기부터 그렇게 보완적으로 이해했고, 이는 입헌 정부, 언론과 신앙의 자유, 전제적 권력을 제한하는 것에 함께 공헌했다. 또한 어느 것이나 자유의 기반으로써 재산의 보장을 강조한 점은 같았다.

이탈리아 르네상스의 공화주의

11세기 말에 이탈리아에서 고대 로마 공화정이 부활했다. 공화정 로마는 아테네 도시 국가와 유사한 면이 있었다. 통치 업무에 일정 범위의 인민이 참여했고, 집중적인 관료 통제는 없었다. 나아가 철저한 공적 의무감과 인민적 덕성, 또는 공화국에 대한 책임을 조장하고자 했다. 그러나 아테네가 민주공화국인 반면 로마 공화정은 엘리트 중심의 과두제로써, 인민에 의한 통제는 매우 제한적이었다. 그런 체제가 유지된 근거와 이유는 로마의 군대에 의한 놀라운 영토 팽창과 정복에 있었다.

11세기 말에 북부 이탈리아에서는 여러 공동체가 황제와 교황에 맞서는 행정관을 세웠다. 이는 12세기 말 포데스타^{podesta}라는 새로운 행정관이 장인 평의회를 갖춘 정부 형태로 바뀌었다.

12세기부터 이탈리아 도시는 황제의 권력에 대한 도시의 자유를 강력하게 희망했고, 인민의 자유를 유지하기 위해 지도자를 선출했다. 스키너는 그 자유를 다음과 같이 설명했다.

하나는 자기들의 정치생활에 관해 일체의 외부적 통제로부터 자유로울 권리가 자기들에게 있다는 생각, 즉 자신들이 주권을 가지고 있다는 주장이며, 다른 하나는 주권의 개념에 상응하는 것으로써, 스스로 적당하다고 믿는 방식으로 자기 자신을 다스릴 권리라는 개념, 즉 자기들이 그때까지 지켜왔던 공화제 헌정을 수호한다는 생각이다(『근대 정치 사상의 토대(제1권)』, 87쪽).

즉, 자유는 독립과 자치를 뜻했다. 13세기에 피렌체의 시인이자 정치가인 라티니Brunetto Latini, 1220?~1294는 아리스토텔레스의 『정치학』을 주석하면서 군주제, 귀족제, 민주제 중에서 민주제가 가장 좋다고 썼다(『근대 정치 사상의 토대(제1권)』, 156쪽). 그러나 휴머니스트들은 아테네와 같은 민주제가 아니라 로마법에 근거한 로마 공화제를 이상으로 추구했다. 당시 이탈리아에서 populus(포퓰리스)나 popolo(포폴로)라는 말은 정치적 능력을 갖는다고 간주된 소수자를 뜻했다. 즉, 아리스토텔레스가 말한 중간층과 같이 권력자와 대중 사이에 존재하는 집단이었다. 따라서 민주정이 아니라 과두정에 가까웠다. 물론 민주정과 같은 평등주의를 주장하며 참된 고귀함은 출생 신분에 의해서가 아니라 누구나 획득할 수 있는 미덕의 하나로 보고, 심지어 폭군 살해까지 주장하는 견해도 나왔으나, 이는 사상으로써의 영향은 컸지만 현실적으로 실천되지 못했다.

사상사 차원에서 중세의 자유의지 문제는 기독교의 위세와 함께 르네상스 시대에는 물론 17세기의 데카르트와 그 이후에도 지속되었으나, 인간의 존엄과 자유의 요구는 더욱 확고해졌다. 이를 정치의 차원에서 주장한 자가 마키아벨리였고, 신앙의 차원에서 주장한 자가 루터였다. 루터는 인간의 의지가 신의 은총에 종속되나, 정치적 권위가 그 의지로 속세를 지배한다고 보았다. 그러나 그러한 논의로부터 인민 일반이 주체적 의지를 주장하기 시작하여 신앙과 정치의 자유를 논의했다. 신앙의 자유가 양심의 자유와 연결될 때 관용론을 낳았으나, 이는 루터를 비롯한 프로테스탄티즘이 주장한 것은 아니었고 도리어 그들을 포함한 신앙 절대주의자들의 공격을 받았다. 그러나 이 시대에도 실제의 자유는 사회적으로 부분적인 것에 불과하고, 자유는 주권자가 허용하는 범위 내에서 신분적 · 단체적 특권으로써만 존재하고 있다.

마키아벨리의 공화주의

앞에서 보았듯이 지금은 마키아벨리를 공화주의자, 그것도 그 선구자로 보는 견해가 일반적이지만 그가 살아 있을 때 그를 공화주의자로 본 견해는 없었다. 도리어 그를 메디치가 측의 사람이고 따라서 공화제의 적이라고 보았다. 그래서 1527년 공화제가 부활했을 때, 그는 관직에 되돌아가지 못했다. 마키아벨리가 공화주의자로 평가받기 시작한 것은 1585년 법학자 젠틸리Alberico

Gentili, 1552~1608가 『사절직에 대해*De legationibus*』 3권 9장에서 마키아벨리를 "민주주의의 강력한 지원자이자 그 열광적 신자", "참주정에 대한 철저한 반대자"라고 규정하고 참주의 사악함과 그 비책을 인민에게 밝혀 줌에 의해 지혜를 전수하는 것이 그의 의도였다고 주장한 때부터였다. 이어 스피노자, 디드로, 루소로 이어졌다.

　이러한 견해는 현대에도 있다. 비롤리가 그 대표적인 사람이다. 그러나 현대에도 마키아벨리의 공화주의란 그 설립 시점에서 탁월한 개인의 위대한 자질과 행위를 요구한다는 점에서 공화정과 군주정 내지 참주정의 혼합물이라고 보는 사람들도 적지 않다. 독일의 역사가 마이네케Friedrich Meinecke (1862~1954)가 1924년에 『근대사에서의 국가이성의 이념』에서 그렇게 주장한 이래 1996년 멘스필드와 타르코프도 『리비우스 강연』 영역서의 서문에서 그렇게 말했다(『*Discourses on Livy*』, 26쪽).

　또한 마키아벨리를 공화주의라고 보는 포칵도 『마키아벨리언 모멘트』에서 마키아벨리의 공화주의가 안정을 지향하는 전통적 공화주의와 달리 수탈과 전쟁에 의한 제국적 확대를 지향하는 군사적 비르투에 뿌리내린 것이라고 했다(『마키아벨리언 모멘트』, 285~374쪽).

2

마키아벨리에 대한
다양한 평가

마키아벨리에 대한 극단적 이미지

앞에서 말했듯이 마키아벨리는 이단아였고 반항인이었고 자유인이었다. 그러니 그는 주류에 의해 항상 비난을 받았다. 그러나 아무리 주류가 판을 치는 험난한 시대에도 비주류는 있다. 따라서 마키아벨리에 동의하는 비주류도 있었다. 그래도 이 세상에 마키아벨리만큼 살아서는 물론이고 사후 약 500년이 지나는 동안 극단적으로 대립하는 평가를 받아 온 인물이 또 있을까?

'악마의 화신'이라는 부정적 평가부터 '정치학의 아버지'니 '민주주의의 아버지'라는 긍정적 평가까지, 서로 대립되는 극단적인 평가를 받아 왔다. 지금도 어떤 하나의 견해로 통일되어 있지 않고, 앞으로도 그렇게 통일되기 어려울 것 같다. 대중적 차원은

물론 학문적 차원에서도 그렇다.[*]

마키아벨리를 말하는 사람들은 모두 자기들 입장에서만 말하지, 자신들과 다른 반대편 의견에 대해서는 거의 언급하지 않을 정도로 적대적이다. 대중만이 아니라 학자들도 마찬가지다. 가령 옥스퍼드대의 스키너 교수가 쓴 『마키아벨리의 네 얼굴』은 간결하면서도 권위 있는 최고의 마키아벨리 입문서라는 평가를 받고 있는데, 이 책에서 그는 마키아벨리를 매우 호의적으로 다룬다. 반대로 정치철학자 스트라우스가 쓴 『마키아벨리』는 우리나라에서 출간된 책 중에서 마키아벨리를 가장 비판적으로 읽고 있다. 앞에서 보았듯이 스키너는 스트라우스와 그 제자들이 "마키아벨리를 단지 '악의 교사'로 간주하는 전통적 관점을 뉘우침 없이 고수하고 있다"고 비판한다(『마키아벨리의 네 얼굴』, 165쪽). 그러나 스트라우스는 스키너의 책과 같은 작은 문고판이 아닌 큰 국판으로 500쪽 분량의 방대한 책에서 전통적 관점을 되풀이하면서 오로지 '악의 교사'라고만 하지 않는다. 특히 스트라우스는 전통적 관점과 달리 마키아벨리의 도덕성을 긍정적으로 평가한다.

- 2013년에 톰 플레이트가 쓴 『리콴유와의 대화』와 『마하티르와의 대화』라는 두 권의 책이 나왔다. '아시아의 거인들'이라는 시리즈의 1권과 3권이었다(2권은 반기문에 대한 책이었다). 그런데 그 두 권 모두 마키아벨리와 관련된 부제를 달았다. 즉, 1권은 '마키아벨리 군주론에 입각한 강력한 리더십의 정체를 묻다'고, 3권은 '현대 말레이시아를 견인한 이슬람 마키아벨의 힘'이었다. 그런데 이러한 부제는 원저에는 없는 것이고, 본문을 읽어 보아도 그렇게 붙인 이유를 알 수 없다. 따라서 번역자나 출판사에서 붙인 것으로 이해된다.

따라서 스키너가 손바닥만 한 책에서 오직 한마디, 그것도 스트라우스를 '뉘우침 없이' 옛날에 젖어 있다고 비판하는 것에 대해 스트라우스와 그 제자들은 분명 서운하리라. 게다가 앞에서 보았듯이 "스키너의 마키아벨리 해석은 피상적이고 혼란스러우며 원전에 대한 검토도 제대로 되어 있지 않다"는 주장이 1980년대부터 제기되었으니 말이다.

레오 스트라우스가 쓴 『마키아벨리』의 원저는 1958년에 나왔으니, 꽤 오래된 책이다. 그런데도 반세기가 지난 2006년에 우리말로 번역된 것을 보면 대단히 가치 있는 책으로 여긴 듯하다. 물론 보기 나름으로, 반세기가 되도록 번역되지 못한 이유는 내용에 문제가 많아서라고 볼 사람도 있을 수 있겠다. 어느 쪽인지 궁금한 독자는 스스로 읽어 보고 판단할 수밖에 없겠다.

위에서 본 두 이미지 외에 또 하나의 이미지는 마키아벨리가 사회주의자라는 것이다. 앞서 본 스트라우스는 마키아벨리를 그렇게 보지 않기 때문인지 마키아벨리를 사회주의자로 보는 관점에 대해 전혀 언급하지 않고 있다. 스키너도 이를 부정하고 있지만, 스키너를 따르는 한국 학자들은 대부분 마키아벨리를 사회주의자로 보는 관점에 대해서 호의적이어서 어리둥절하다.

이런 다양한 해석이 나오는 것을 마키아벨리가 위대한 사상가기 때문이라고 보는 견해도 있으나, 이는 그렇게 구렁이 담 넘어가듯이 두루뭉술하게 넘어갈 문제가 아니다. 왜 그렇게 다른 이야기가 나왔고, 그 중 어느 것이 옳은지를 엄격히 따져 보아야 할 중요한 문제다. 과거에야 기독교가 지배한 서양이었으니 기독교에 반대한 또는 적어도 기독교의 지배를 극복하고자 한 마키아벨리를 배격했다고 하지만, 기독교와 무관할 법한 학자들까지 왜 이렇게 극단적으로 다른 것일까?

마키아벨리를 악마로 본 기독교

마키아벨리는 살아서부터 많은 사람들에게 미움을 받았다. 이는 『마키아벨리 평전』에서 리돌피가 인용한, 마키아벨리 생존 당시 나온 다음 말을 보면 쉽게 알 수 있다.

> 모두가 그의 『군주론』 때문에 그를 미워하였다. 『군주론』은 부자에게 공작으로 하여금 그들의 재산을 모두 가로채려는, 빈자에게 그들의 자유를 빼앗는 법을 가르치는 문서로 보였다. 그는 읍도파에게 이단으로 비쳤으며, 선인에게 사악한 인물로, 악당에게 자신들보다 더 악당이거나 더 능력 있는 인물로 생각되었으므로, 모두가 그를 미워하였다(『마키아벨리 평전』, 398쪽 재인용).

위 인용에서 읍도파泣禱派란 '울면서 기도하는 사람들'이라는 뜻으로 정확하게는 사보나롤라 반대파가 찬성파를 깔보는 투로

부른 말이지만, 일반적으로는 성직자를 뜻한다고 보아도 좋다. 이 처럼 당시 모든 사람이 마키아벨리를 싫어했다고 하지만, 『군주론』이 출판되기 전에는 "거의 아무 관심도 끌지 못했다(『평전 마키아벨리』, 311쪽)"고 보는 것이 옳을 듯하다.

마키아벨리에 대한 본격적인 관심은 1527년 마키아벨리가 죽고 5년 뒤인 1532년 교황의 허가를 얻어 『군주론』이 출판되자 비난이 심해지면서 생겨났다. 가령 영국의 폴 추기경Reginald Pole, 1500~1558은 크롬웰Thomas Cromwell, 1485~1540이 1529년 헨리 8세에게 『군주론』을 읽게 하여 왕이 교황청이 반대하는 이혼을 하고 수도원을 해산하여 영국국교회를 설립하게 했다고 1538년에 비판했다.

그런 비난이 유럽 전역에서 높아지자 1559년 『군주론』을 비롯한 마키아벨리의 책들은 로마 교황 파울루스 4세Paulus IV, 1476~1559에 의해 금서로 지정되었고, 이는 뒤에 트렌트 공회의에서 재확인되었다. 당시 금서 지정의 근거를 제시한 예수회의 포세비노Antonio Possevino, 1533~1611는 마키아벨리가 교회의 우월권에 대한 국가의 반항을 부추기고 소위 '국가이성'이라는 것을 주장했다고 비판했다. 1527년 마키아벨리가 죽고 7년 뒤인 1534년에 창립된 예수회는 가톨릭교회가 중세처럼 모든 국가 활동을 지도해야 한다고 주장하며 가톨릭에 반대하는 신교 등과 대결하면서 마키아벨리가 국가를 교회로부터 독립시키고자 한다는 이유에서 배격했다. 이는 뒤에 스페인 예수회 클레멘티Clementi의 '마키아벨리즘

박멸론', 이탈리아 예수회 루케시니^{Lucchesini}의 '니콜로 마키아벨리의 어리석음을 논함'으로 이어졌다.

이처럼 구교만이 아니라 신교 측도 마키아벨리를 배척했다. 즉, 프랑스 왕권에 대항해 종교의 자유를 주장한 위그노^{Huguenot}(갈뱅파 신교도)는 마키아벨리가 종교를 정치적 차원에서만 바라본다는 이유에서 이단이라고 주장했다. 이어 1572년의 성 바르톨로메오 축일의 학살°이 마키아벨리 탓이라고 주장한 이노상 장티에^{Innocent Gentillet, 1535~1588}는 1576년 『반마키아벨리^{Countre-Machiavel}』에서 『군주론』을 정치학 책이 아니라 '폭군의 통치술'이라고 비난했다. 젠티에의 책은 독일어와 라틴어로 번역되어 위그노만이 아니라 예수회와 신교에게도 유효한 무기가 되었다. 즉, 교황 측이나 그에 반대하여 종교의 자유를 주장하는 측이나 모두 마키아벨리를 배격했다.

그 뒤 종교나 도덕을 정치의 도구로 타락시키고, 잔인하며 간교하고 배신을 일삼는 악마를 군주로 추앙했다는 이유에서 '마키아벨리적' 또는 '마키아벨리즘'이라는 말은 권모술수의 대명사로 역사에 남게 됐다. 1569년 영어 사전에는 Machiavellian(마키아벨리언)이란 말이 '정치나 일반적인 행동에서 이중적인 태도를 취하는'이라는 뜻으로 등장했다. 1611년 최초의 영불 사전인 코트그

• 이 학살을 저지른 왕후 카트린 데 메디치(Cathrine de Medici)는 마키아벨리가 『군주론』을 헌정한 로렌초 데 메디치의 딸로서, 그녀가 그 책에서 폭군의 권모술수을 배웠다고 비난받았다.

레이브의 『프랑스어-영어 사전』에서는 Machiavélisme(마키아벨리즘)이란 말이 '교묘한 정책과 교활한 협잡'으로 풀이되었다(『서양정치 사상』, 125쪽).

이는 셰익스피어가 『헨리 6세』에서 '잔인한 마키아벨리'라고 표현했듯이 17세기 초엽까지 일반적인 생각이었다. 그러나 『헨리 6세』에서 리처드 3세가 마키아벨리에 대해 말한다는 것은 리처드 3세가 1452년에 태어나 1485년에 죽었고, 마키아벨리는 1469년에 태어나 1527년에 죽었으며 『군주론』은 1552년에 출판되었으므로 어불성설이다. 그럼에도 불구하고 셰익스피어가 그렇게 쓴 이유는 마키아벨리에 대한 잔인함의 이미지가 그만큼 강했던 탓이리라. 그런 마키아벨리의 이미지는 1590년에 영국의 말로^{Christopher Marlowe}가 쓴 희곡 「몰타의 유대인」^{**}에서 다음과 같이 표현되었다.

> 나는 마키아벨리,
>
> 사람을 존중하지 않고, 따라서 사람이 뱉은 말도 존중하지 않소.
>
> 내게 감탄하는 이는 나를 가장 미워하는 자라오.
>
> 어떤 이는 대놓고 내 책을 비방하지만,
>
> 그래도 내 책을 읽고, 그리하여

** 우리말로 번역된 것은 문학과지성사에서 나온 『탬벌레인 대왕/몰타의 유대인/파우스투스 박사』(2002)가 유일하다. 여기에서는 마이클 화이트의 『평전 마키아벨리』에 나온 것을 인용했다.

교황에 오른다오. 그들이 나를 물리치면,

입신하는 내 친구들에게 독살당하지.

내게 종교는 아이들 장난감일 뿐이고

내게 유일한 죄는 무지라오(『평전 마키아벨리』, 324~325쪽 재인용).

이러한 경향은 보당, 보테로, 캄파넬라 등을 통해 『반反마키
아벨리론Antimachiavell』*을 쓴 프로이센의 황태자 프리드리히에게
까지 이어졌다. 프리드리히는 국민의 신뢰를 받는 훌륭한 군주를
옹호하기 위해 마키아벨리가 말한 교활한 군주를 암살자니 도적
이니 하여 부정했다. 그러나 이는 자신을 관대한 지도자라고 믿게
하고자 쓴 글에 불과했다.

마키아벨리를 찬양한 사상가들

이처럼 마키아벨리를 악마로 보는 관점은 『군주론』을 중심
으로 한 것이었다. 그러나 17세기에는 『리비우스 강연』을 중심
으로 그를 복권시키려는 시도가 해링턴, 시드니, 트렌처드John
Trenchard, 1662-1723 그리고 스피노자에 의해 이루어졌고, 몽테스키

• 원제는 『마키아벨리 군주 반박(Réfutation du Prince de Machiavel)』이다.

외와 루소에 의해 절정을 이루었다. 그 결과 마키아벨리는 군주에게 유익한 교훈을 준다는 구실하에 폭군의 지배 방법을 폭로하고 이를 인민에게 경고한 '자유'의 사상가로 바뀌었다. 그리고 『군주론』은 그의 진심을 보여 준 것이 아니라고 여겨졌다.

해링턴의 『오세아나 공화국*The Commonwealth of Oseana*』(1656)이나 시드니의 『정부론*Discourses Concerning Government*』(1698), 트렌차드의 『카토의 편지*Cato's Letter*』(1720~1723) 등은 우리나라에 번역되어 있지 않다. 여기서는 해링턴이 한 말만 인용해 두자.

> 정치학에서 마키아벨리가 시작한 문제 이상으로 고귀하거나 유익한 문제는 없다. 즉, 로마의 원로원과 인민 사이에 존재한 적대를 제거할 수 있는 방안을 발견할 수 있었던가 하는 문제다(『*The Commonwealth of Oceana*』, 272쪽).

한편 스피노자는 『정치론』에서 마키아벨리의 의도가 분명하지 않지만, 그것은 "군주를 폭군으로 만드는 원인을 결코 제거할 수 없음에도 불구하고 많은 사람들이 폭군을 제거하려고 시도하는 것이 얼마나 어리석은 일인지를 보여 주려는 데 있는 듯하"고, "자유로운 인민이 자신의 안녕을 한 사람에게 전적으로 위탁하는 것이 얼마나 조심스러운 일인지를 보여 주려고 했던 것 같다"고 하며, 그 이유로 군주란 인민에 대해 음모를 꾸민다는 것을 들었다(『정치론』, 98~99쪽).

위 번역문만 읽어서는 스피노자가 마키아벨리에 대해 말한 대로 "의도가 분명하지 않"다. 대체로 권력욕에 사로잡힌 자에게 모든 권한을 부여함은 어리석은 짓이라고 깨우치고자 한 것이 『군주론』의 진심이라고 스피노자는 본 듯하다. 그러나 마키아벨리가 진심을 숨겼다고 본 점에서 스피노자도 마키아벨리를 교활하다고 보았음은 분명하다.

한편 몽테스키외는 『법의 정신』 등에서 마키아벨리와 유사한 주장을 자주 피력했으나, 보르자에 대한 마키아벨리의 찬양을 비판하고 자신의 시대가 마키아벨리즘에서 차차 벗어나고 있다고 전망했다(『법의 정신』, 19~29쪽, 497쪽). 홉스, 로크, 흄도 마키아벨리에 호의적이었다.

18세기 계몽철학자들은 마키아벨리를 더욱 호의적으로 보았다. 가령 디드로Denis Diderot, 1713~1784는 『백과전서』에서 『군주론』은 메디치가를 비롯한 전제정에 대한 비판서라고 평했다. 또 볼테르는 가톨릭을 비판하면서 그 선구자인 마키아벨리와 동지애를 느꼈다. 그러나 볼테르는 그가 지도한 프리드리히의 『반反마키아벨리론』 서문에서 "유해한 마키아벨리"라고 했을 정도로 그 동지애에는 한계가 명백했다.

스피노자나 볼테르보다 더욱 분명하게 마키아벨리를 찬양한 루소는 『사회계약론』에서 다음과 같이 말한다.

그는 군주에게 교시를 베푸는 체 하면서 실은 위대한 교훈을 인민에게 주었던 것이다. 마키아벨리의 『군주론』은 공화주의자의 교과서다(『사회계약론·상식·인권론』, 이하 『사회계약론』, 71쪽).

그리고 위 문장의 주에서 다음과 같이 말한다.

마키아벨리는 정직한 인간이며 선량한 인민이었다. 그러나 메디치가에 묶여 있던 그는 그의 조국의 압제 속에서 자유에 대한 그의 사랑을 위장하지 않을 수 없었다(『사회계약론』, 74쪽).

이러한 견해는 우파인 버크가 프랑스혁명의 "민주적 전제"를 기초로 하는 것이 "마키아벨리적 정책의 가증스러운 격언들"이라고 한 것과 마찬가지 의미였다.

마키아벨리에 대한 제3의 이해

위에서 보았듯이 스피노자와 루소 등이 마키아벨리에 대해 호의적인 견해를 보였지만, 더욱 적극적인 견해는 19세기에 나타났다. 즉, 프랑스혁명과 나폴레옹 전쟁이 독일과 이탈리아의 민족주의를 폭발시킴에 따라 마키아벨리는 민족 통일 내지 국가 통일의 사상가로 다시 바뀌었다. 특히 독일의 헤르더, 피히테, 헤겔,

랑케 등은 마키아벨리를 도덕적 비판으로부터 해방했다. 마키아
벨리에 대한 그들의 견해를 보여 주는 책들이 우리말로 번역되지
않아 유감이지만, 여기서는 헤겔의 견해만을 간단히 소개하도록
하자.

헤겔은 1801년에 썼지만 출판하지 않은 논문 『독일 헌법Die
Verfassung Deutschlands』에서 마키아벨리가 당시 비참한 민족 분열의
상황에서 냉정한 판단력을 가지고 국가 통일에 의한 이탈리아의
구제를 추구했다는 점에서 『군주론』을 평가해야 한다고 주장했
다. 따라서 프리드리히가 도덕주의적 편견 때문에 마키아벨리의
참된 의미를 인식할 수 없었다고 하고, 국가는 무엇보다도 자기
보존을 최고 목표로 삼으며 이를 위협하는 것은 모두 범죄인으로
처벌할 수 있으므로 수단은 더 이상 문제가 아니라고 주장했다.
이러한 주장은 이탈리아에서도 이어져 마키아벨리를 신성화하는
경향까지 나타났다.

19세기에서 20세기로 이어진 과학주의와 실증주의는 마키아
벨리를 '정치의 발견자', '국가의 운동 법칙의 발견자'로 보고, 그
'합리적 · 경험적 · 현실적 · 과학적' 인식은 갈릴레이 갈릴레오에
비견되기도 했다.

이렇게 19세기에 마키아벨리를 재평가한 선구자는 이탈리아
의 문예 평론가 데상크티스Francesco De Sanctis, 1817~1883였다. 그는
마키아벨리를 근대의 기수로 보고, 중세를 부활하고자 한 사보나
롤라와 대립시켰다. 여기서 중세란 스콜라 철학과 내세주의에 입

각한 공상적 · 상상적 · 신비적 · 사변적 세계를, 근대란 현실주의 와 이에 근거한 인간의 자립적 활동으로 세워진 세계를 말한다. 그러나 데상크티스는 근대에 대한 해석에서 문제점을 보여 주었 다. 가령 『군주론』 15장에 대한 해석에서다.

> 어떻게 사는가라는 문제는 어떻게 살아야만 하는가라는 문제와 대 단히 거리가 멀기 때문에 무엇을 해야만 하는가라는 문제에 매달려 무엇이 행해지는가라는 문제를 소홀히 하는 사람은 자신의 보존보 다 파멸을 훨씬 빠르게 배우게 됩니다.

이를 데상크티스는 중세에 대한 근대의 주장이자, 시적인 것 에 대해 현실을 주장한 이중적인 것으로 보았다. 다시 말해 중세 의 '있어야 할 세계', 즉 당위의 주장에 대한 근대의 '있는 세계', 바 로 존재의 주장으로 보는 한편, 시적인 것의 일반(당위)에 대립해 그러한 이념을 배제한 현실(존재)을 선언했다고 해석했다. 그래서 마키아벨리는 한편으로는 애국주의, 명예, 조국의 자유를 뜻하고, 다른 한편으로는 현실에 근거해 목적과 수단의 연관을 배려하면 서 행동하는 냉정한 두뇌의 세계, 즉 감정, 도덕, 상상과는 무관하 게 오로지 현실의 논리적 연관에 의해 행동하는 세계를 뜻한다고 보았다.

그런데 데상크티스는 이 둘을 결합시키지 않고 후자를 전자 보다 우월한 것으로 보았다. 그래서 『군주론』 26장을 현실과 대립한 시적 요소이자 유토피아적 환상이라고 비판하고 이를 마키아 벨리에게는 비본질적인 것이라고 평가했다. 이러한 해석은 마키아벨리를 세속주의와 비도덕주의(상황에 따라 변하는 윤리학)로 보는 것이다. 이러한 비도덕주의에서 마키아벨리를 '국가이성' '권력의 악마'를 발견한 사람으로 보는 마이네케 등 독일식 견해가 나왔다. 이러한 과학주의는 마키아벨리 정치학을 '이념 없는 기술의 정치학'으로 만들었다.

독일 철학자 카시러가 본 마키아벨리

이러한 입장을 잘 보여 주는 사람이 독일 철학자 카시러Ernst Cassirer, 1874~1945다. 그가 죽은 다음 해인 1946년에 나온 『국가의 신화』는 1959년 우리말로 처음 번역되었고, 2013년에 개정판으로 출간되었으며, 번역자인 최명관은 454쪽에 이르는 방대한 연구서도 냈으니 카시러의 사상은 우리나라에 널리 알려졌을 것이다. 카시러가 말하는 핵심은 다음과 같다.

『군주론』은 도덕적인 책도 아니고 부도덕한 책도 아니다. 그것은 그저 하나의 기술적인 책일 따름이다. 기술적인 책에서 우리는 윤리적 행위나 선악의 규칙을 찾지 않는다. 무엇이 유용하고 무익한 것인가를 배우면 그만이다(『국가의 신화』, 194쪽).

카시러는 갈릴레이의 역학이 현대 자연과학의 기초가 되었듯이 마키아벨리는 현대 정치과학의 새로운 길을 열었다고 본다. 카시러에 의하면 『군주론』의 배경은 교회의 권위와 무관한 새로운 정치 세력의 등장이다. 그래서 마키아벨리는 개인적인 이유에서 보면 보르자를 마땅히 경멸해야 할 사람이었음에도 정치적으로 찬양한 것이다. 즉, 마키아벨리는 피렌체 공화국의 유지를 희망했으나 보르자의 승리는 피렌체의 파멸을 뜻했다. 또 마키아벨리는 이탈리아 통일을 막는 로마교황청에 반대했으나 보르자는 교황청 지배 확대에 이바지했다. 그럼에도 그가 보르자를 찬양한 것은 보르자가 보여 준 '새로운 국가의 구조'때문이었다. 마키아벨리는 오로지 힘에 의해 창조되고 유지되는 그 국가가 앞으로 유럽을 지배하리라고 보았다. 마키아벨리는 교회에 반대했으나 종교의 힘을 인정하고 종교를 정치에 이용해야 한다고 주장한 것도 같은 이유에서였다. 그러나 기독교를 자신이 주장하는 비르투와 반대되는 유약한 것이라고 본 점에서 니체와 유사했다.

카시러에 의하면 『군주론』은 자유와 정의를 위한 책이 아니라 권력의 장악과 유지의 방법을 쓴 책에 불과하다. 그는 공화정에 봉사했지만 메디치 귀족정이 등장하자 거기에도 종사하고자 『군주론』을 썼다. 그러니 확고한 민주주의자커녕 철저한 공화주의자도 아니었다. 그러나 『카시러*Ernst Cassirer zur Einfuhrung*』를 쓴 파에촐트가 말했듯이, 마키아벨리는 정치적인 것의 추상화를 통해 전체주의 정치관의 지적 사상가가 되었다고 카시러는 보았다(『카시러』, 141쪽). 카시러는 헤겔도 제국주의와 파시즘의 선봉장으로 보았다(『카시러』, 151쪽).

카시러에 의하면 마키아벨리는 정치 기술에 대해 썼으므로 좌우익 어느 것에 의해서도 이용 가능하다. 그러나 이를 과학이라고 할 수 있는가? 정치나 국가라는 개념이 목적적 이념이나 가치를 떠나 있을 수 있는가? 가령 마키아벨리가 세속주의라는 점은 그의 책을 읽어 보면 누구나 쉽게 알 수 있다. 그러나 세속주의라고 하는 것만으로 그 사상의 특질을 알 수는 없다. 즉, 수많은 세속주의 중에서 마키아벨리의 세속주의는 어떤 것인지를 규명할 필요가 있다.

영국 철학자 러셀이 본 마키아벨리

영국 철학자 러셀Bertland Russell, 1872~1970이 1945년에 쓴 『러셀 서양철학사』는 요즘처럼 빨리 변하는 세상에서는 구닥다리 취급을 받을 수 있는 책이지만, 과거에도 번역되었다가 2009년에 다시 새 번역본이 나온 것을 보면 그 가치가 결코 없어지지 않았음을 알 수 있다. 내가 그 책을 통해 러셀의 마키아벨리를 살펴

보고자 하는 이유는 러셀이 마키아벨리를 어떻게 보았는가가 아니라 마키아벨리에 대한 양극단의 평가가 있는 가운데 어떤 중용적인 견해를 볼 수 있을까 하는 기대에서다. 그의 말부터 들어보자.

> 마키아벨리란 이름에 늘 따라다니는 비방이나 악평은, 대체로 악평을 솔직하게 인정한 태도를 못마땅하게 여긴 위선자들의 분개에서 비롯된다. 진정한 의미에서 비판이 필요한 곳이 여러 군데 있지만, 시대적 상황에서 비롯된 한계를 표현할 따름이다. 마키아벨리가 당대의 정치적 부정행위에 대해 보여 준, 지적으로 정직한 태도는 그리스를 제외한 다른 어느 시대, 어느 나라에서도 찾아 보기 힘들다 (『러셀 서양철학사』, 654쪽).

러셀이 『서양의 지혜』에서도 되풀이하는 이러한 평가는 타당하다. 여기까지는 정치학자들은 물론 시오노 나나미도 러셀을 인용하면서 강조하는 부분이다. 그러나 그러면서도 러셀은 "히틀러의 독일 의회 해산과 1934년에 단행한 국내 숙청, 뮌헨 협정 후의 배신행위를 절찬했을지도 모른다"고 한 점을 주목해야 한다 (『러셀 서양철학사』, 656쪽). 왜냐하면 정치학자들이나 시오노 나나미는 러셀의 이러한 마키아벨리 비판을 고의로 언급하지 않기 때문이다. 즉, 러셀의 논의 중 마키아벨리에게 유리한 측면만을 인용한 것이다. 그것만이 자신들의 입맛에 맞기 때문이다.

러셀이 말한 히틀러를 박정희나 전두환, 또는 김일성이나 김정일에 비교하면 화를 낼 사람들이 많겠지만, 러셀이 한반도에 살았다면 그렇게 말했을 것이라고 나는 본다. 그러나 동시에 러셀은 고대 그리스와 로마에서 르네상스로 이어진 "자유를 향한 갈망, 그리고 견제와 균형의 이론"이 마키아벨리에 나타난 점은 "중요하게 다루어야 한다"고 주장한다.

그리고 "마키아벨리는 어떤 정치적인 논증이든 결코 그리스도교나 성경에 근거하여 풀어가지 않았다는 점에 주목해야 한다"고 주장한다(『러셀 서양철학사』, 660쪽). 이를 우리식으로 바꾸면 전통 사회에서 유교 경전에 근거하지 않았다는 것이 될 것이다. 물론 현대 사회에서도 유교를 공부하는 사람을 흔히 볼 수 있는 우리에게 500년 전에 마키아벨리 같은 반 권위주의적 인물이 있었다는 것은 놀라운 일이 아닐 수 없다. 그러나 러셀 역시 마키아벨리에 대해 비판적임을 다음 글에서 읽을 수 있다.

> 러시아와 독일의 새로운 사회는 신화적인 리쿠르고스가 스파르타의 정책을 창조한 방식과 동일하게 창조되었다. 고대의 입법자가 자비로운 신화 속의 인물이었다면 근대의 입법자는 냉정하고 현실적인 인물이다. 세계는 더욱 마키아벨리의 세계와 닮아간다. 그리고 마키아벨리의 철학을 거부하겠다는 희망을 품은 현대인은 19세기보다 더욱 천착해서 사고해야 한다(『러셀 서양철학사』, 663쪽).

더욱 흥미로운 점은 마키아벨리와 니체를 비교하는 러셀의 관점이다.

> 니체의 정치철학은 공들여 완성해서 더 넓은 영역까지 적용하지만 『군주론』(『리비우스 강연』이 아니다)에 제시된 학설과 유사하다. 니체와 마키아벨리는 둘 다 권력을 지향하고 계획적으로 그리스도교에 반대하는 입장을 표명한 윤리학을 세우지만, 이 점에서는 니체가 더 솔직한 편이다. 마키아벨리와 체사레 보르자와의 관계는 니체와 나폴레옹의 관계와 같은데, 위대한 자는 열등한 적대자들에게 패배를 당한다는 점에서 그렇다(『러셀 서양철학사』, 963쪽).

공화주의자가 본 마키아벨리

20세기 후반에도 마키아벨리를 좋아하는 사람들이 있었다. 그 중에서 최근 우리나라에도 소개된 것이 포칵을 비롯한 정치학자들이다. 포칵John Greville Agard Pocock은 1975년에 쓴 『마키아벨리언 모멘트』에서 고대 로마의 공화주의적 정치 사상(특히 키케로)이 르네상스 이탈리아의 인민적 휴머니즘에 의해 재생되어 이탈리아 도시 국가의 자치와 공화정의 패러다임이 되었다고 보고, 마키아벨리의 『리비우스 강연』에 나타나는 공화제와 그것을 지키는 인민군을 그 하나라고 본다. 즉, 고대의 자유로운 공화국을 이상으로 삼고 그것을 담당하는 인민의 군대를 모범으로 한 마키아벨리 이후의 경향을 마키아벨리언 모멘트, 즉 마키아벨리의 계기라고 하고, 그것이 17세기 영국의 공화주의(해링턴 등)를 거쳐 미국 독립운동의 아버지들을 비롯한 18세기 사상에도 영향을 미쳤다고 주장했다.

이는 스키너와 비롤리 등에게도 이어져 왔다. 앞에서 말했듯이 20세기에 마키아벨리를 가장 호의적으로 소개한 사람이 스키너다. 앞에서 언급한 포칵의 『마키아벨리언 모멘트』도 2011년에 우리말로 번역되어 나왔으니 독자들은 참고할 수 있다. 이들은 요컨대 마키아벨리를 고대의 공화주의 전통을 르네상스 휴머니즘 속에 부활시킨 공화주의 사상가로 본다. 우리나라에서도 공화주의를 신봉하는 학자들은 이 계열에 속한다고 볼 수 있다.

정치철학자 스트라우스가 본 마키아벨리

그러나 20세기에도 마키아벨리를 좋아한 사람들만 있었던 것은 아니다. 앞에서 본 러셀도 마키아벨리를 좋아했다고 할 수 없지만 아마도 20세기에 마키아벨리에 대해 가장 비판적인 사람은 스트라우스일 것이다. 앞에서 스키너는 스트라우스에 대해 "마키아벨리를 단지 '악의 교사'로 간주하는 전통적 관점을 뉘우침 없이 고수하고 있다"고 비판한다고 소개했는데, 도서관에 가 보면 우리말로 번역된 스키너의 『마키아벨리의 네 얼굴』 옆에 500쪽이 넘는 스트라우스의 『마키아벨리』가 꽂혀 있다. 그 책의 첫 줄에 "마키아벨리는 악을 가르치는 선생이다"라는 말이 인용되어 있으니 스키너의 말을 충분히 알 수 있다. 그러나 스트라우스는 바로 이어 그 말을 "사심 없는 표현이거나 혹은 아무에게도 해가 되지 않는 조소 정도"라고 한다. 그리고 5쪽 뒤에서 "마키아벨리의 진정 뛰어난 점으로 생각의 단호함, 비전의 웅대함, 언어의 미묘함"을 말하는 등 전통적 관점과는 매우 다른 입장을 500쪽 이상에 걸쳐 보여 준다.

하버드대 정치학과 교수 맨스필드에 의하면 스트라우스야말로 지금까지의 두 가지 마키아벨리론을 고르게 다룬 "최초의 인물"이고, 반면 스키너 같은 사람은 "마키아벨리를 무의식적으로 추종하면서 그 부도덕성을 용납하기 때문에 그의 혁신에 대해 올바른 인식을 갖지 못한다(『마키아벨리의 덕목』, 7쪽)." 맨스필드는 후쿠야마와 더불어 네오콘neocon(신보수주의)의 핵심적 이론가라는 평가를 받는 인물이지만, 마키아벨리에 관해서는 세계적인 명성을 쌓은 사람이다. 분명한 것은 앞에서도 언급했듯이 도덕성과 관련하여 스트라우스가 20세기 학자 중에서 마키아벨리를 가장 적극적으로 평가했다는 점이다.

여기서 스키너와 스트라우스의 논지를 더 이상 장황하게 설명할 필요는 없다. 가령 마키아벨리가 만년에 쓴 희곡 「만드라골라」에 대해서만 보면, 스트라우스는 이 희곡에서 "공동선이나 공명심은 관심 밖이고, 오직 한 여성에 대한 욕망"만을 다루었고(『서양정치 철학사(제1권)』, 374쪽), "희곡 속 주인공의 행동은 항상 모든 이의 이익에 기여하려는 자연적인 욕구에 따라 행동했다는 마키아벨리의 주장과 일치한다"고 본다(『서양정치 철학사(제1권)』, 376쪽). 스키너나 스트라우스에 대해서는 그들의 정치적 입장이 그렇게 크게 다르지 않다는 점만은 여기서 지적해 둘 필요가 있다. 즉, 스키너는 마키아벨리와 같은 공화주의자인 반면 스트라우스는 네오콘의 원조로 꼽힌다. 하지만 모두 영미의 자유주의를 비롯한 온건한 정치 사상 내지 미국 우월주의에 속한다고 볼 수 있다.

여기서 스트라우스의 『마키아벨리』는 부피도 대단할 뿐 아니라 대단히 난해해서 보다 간단한 스트라우스의 마키아벨리 해설을 읽고 싶으면 스트라우스와 크랍시가 1963년에 처음 엮은 『서양정치 철학사』에 포함된 스트라우스의 마키아벨리 논문을 보면 된다는 점을 알려 둔다. 논지는 간단하다. 고대 서양 철학에서 숭상한 덕성을 버리라고 했다는 점에서 마키아벨리는 악마라는 것이다. 또한 맨스필드의 『마키아벨리의 덕목』 9장 「스트라우스의 마키아벨리」도 도움이 될 것이다.

정치학자 그레이가 본 마키아벨리

영국의 정치학자 그레이는 『추악한 동맹』에서 다음과 같이 말한다.

이라크에서 펼쳐지고 있는 재앙은 순전히 사고방식 때문에 생긴 결과다. 그리고 그 사고방식은 반드시 폐기되어야 한다.

과거의 전통을 이 시대에 맞게 수정한 새로운 사상이 필요하다. 우리는 유토피아를 추구하는 대신 현실에 대처하며 살아가야 한다. 그렇다고 우리가 안고 있는 모든 문제를 해결해 줄 것이라는 기대를 품고 과거의 현실주의 사상가들의 저술을 찾아 읽어서는 안 된다. 현실주의 사상이 현존하는 정부들은 전쟁 상태와 같은 끝없는 갈등 속에서 자신들의 목표를 달성해야 한다고 본 마키아벨리의 통찰에 뿌리를 두고 있다. 마키아벨리의 통찰은 르네상스 시대의 이탈리아와 오늘날 사이에 놓여 있는 시대의 간극을 뛰어넘어 여전히 유효하지만 거기에 담겨 있는 의미는 환경에 따라 변한다. 심지어 당대의 최신 현실주의 이론도 심각한 결함을 안고 있었다. 그러나 현재의 갈등을 어떻게 다뤄야 할 것인지 가르쳐 줄 수 있는 사상은 다름 아닌 현실주의다.

현실주의는 신념을 전제하지 않은 상태에서 독재와 자유, 전쟁과 평화를 사유할 수 있는 유일한 사유 방식이다. 현실주의는 도덕관

넘이 없다는 점에서 악명이 높지만 윤리적으로 진지한 유일한 사고 방식이고 그렇기 때문에 의심을 받는다(『추악한 동맹』, 273쪽).

그레이는 그 예의 하나로 나치즘을 물리치고 공산주의를 봉쇄한 것이 현실주의라고 하면서 그 기본을 1946년 미국의 전 소련 대사였던 케난$^{George Kennan}$이 말한 것, 즉 "감정을 앞세우거나 동요하지 말고 용기, 냉철함, 객관성, 결단력을 가지고" 소비에트 체제를 연구해야 하며 "우리가 처할 수 있는 가장 큰 위험은 (중략) 우리가 대처해야 할 상대를 닮는 것이다"라고 한 점을 든다 (『추악한 동맹』, 274~275쪽).

위기를 맞을 때마다 그 위기를, 인류를 구원하기 위해 하늘이 내린 기회라고 생각하는 확고한 신념은 절대로 제거할 수 없는 위험을 다루기에 부적합하다. 위험에 처했을 때는 냉정한 결단력과 지적인 냉철함이 더 유용하다. 최상의 현실주의는 이러한 특성을 지녔다 (『추악한 동맹』, 274~275쪽).

그러나 냉정한 결단력과 지적인 냉철함이 그렇지 못한 것, 가령 감정이나 동요보다 더 유용하지만 그것이 아무런 목표가 없는 경우라면 문제가 있다. 즉, 나치즘이나 공산주의에도 악용될 수 있다. 그레이는 마키아벨리에게 아무런 목표나 이상이 없다고 보는지 모르지만 그것은 마키아벨리를 모르는 소리다. 그는 휴머니즘을 비롯한 16세기 르네상스의 모든 이상을 공유했다. 그는 당대의 로마 가톨릭을 비판하기는 했지만 종교의 필요성이나 유용성도 완전히 거부하지 않았다. 그런 점에서 그는 그야말로 철저한 현실주의자였다.

비록 그 자신이 성취하지는 못했지만 피렌체 공화주의와 이탈리아 통일이라는 목표가 그에게는 분명 있었다. 그 점에서 같은 시대를 살았던 영국의 정치가 모어Thomas More, 1478~1535가 쓴 『유토피아』와 마키아벨리의 책들이 크게 다른 것이 아니었다. 모어는 영국 현실을 비판하고자 그 책을 썼으므로 마키아벨리와 같은 현실주의자였다. 따라서 마키아벨리와 모어를 각각 단순히 현실주의자와 이상주의자라고 단정할 수 없다. 굳이 말한다면 이상적 현실주의와 현실적 이상주의리라.

마키아벨리로부터 리더십을 말한 책들

리더십에 대한 책들이 범람하는 가운데 마키아벨리로부터 리더십을 배우자는 책도 나왔다. 마이클 레던Michael Ledden이 1999년에 쓴 『마키아벨리로부터 배우는 지도력』이다. 출간 다음 해인 2000년에 우리말로 번역된 이 책은 저자가 교수로 있는 미국기업연구소AEI; American Enterprise Institute의 성격과도 관련된다.

그곳은 미국 부시 행정부 안에서 네오콘의 이론적인 근거지라 할 수 있는 곳으로, 1943년 기업들의 이익을 정책적으로 대변하기 위해 시작되어 '정부 역할의 축소'와 '자유 시장의 옹호'를 목표로 삼아 왔다. 그 책은 부시나 이명박 전 대통령에게도 영향을 주었을지 모른다.

비슷한 책이 카네스 로드Carnes Lord의 『통치의 기술』이다. 2003년에 나왔고, 2008년에 우리말로 번역한 것인데, 저자는 레이건과 부시 행정부에서 일한 보수주의자다. 스탠리 빙Stanley Bing이 2000년에 쓴 『마키아벨리라면 어떻게 할까?』도 비슷한 책이다. 출판 다음해인 2001년에 우리말로 번역된 이 책은 속류 마키아벨리즘인 "목적이 비열한 행동을 정당화한다"는 말을 되풀이한다.

그러나 경영 리더십 차원에서도 마키아벨리로부터 배워서는 안 된다고 하는 책도 있다. 독일 경영인 베른하르트 A. 그림의 『권력과 책임』이다. 독일 사람답게 대단히 철학적인 이 책의 부제인 '최고 리더십을 위한 반反마키아벨리즘'은 원저에 있던 것이 아니라 한국에서 번역본을 내며 붙인 것인데, 책에는 반反마키아벨리즘에 대한 설명이 일부인 2장에만 나온다. 그런데 역시 독일 사람답게 마키아벨리에 대해서는 반대하면서 니체에 대해서는 적극적으로 수용하는 점에서 문제가 있다.

인도의 수상 네루가 본 마키아벨리

인도의 수상이었던 네루Jawaharlal Nehru, 1889~1964가 영국 지배
하에서 독립운동을 하다가 감옥에 갇힌 상태에서 어린 딸, 인디라
간디에게 보낸 세계사 이야기가 있다. 우리나라에서는 『세계사
편력(전3권)』이란 제목으로 출간되었는데, 책 내용 중 '르네상스'
에 대해 설명하며 마지막으로 마키아벨리에 대해 다음과 같이 말
한 부분이 있다.

> 이 사람은 결코 위대하기 때문에 알아두라는 것은 아니다. 다만 그
> 는 우리들에게 이름이 매우 잘 알려져 있기 때문이다. 역시 피렌체
> 사람인 마키아벨리다. 그는 15~16세기에 흔히 있었던 정치꾼에 불
> 과했지만, 『군주론』을 펴내면서 사람들에게 널리 알려지게 되었다.
> 이 책을 읽으면 당시의 정치꾼이나 왕의 마음속이 환히 들여다보
> 인다. 『군주론』에서 마키아벨리는 종교란 정부에 절대적으로 필요
> 한 것이라고 했다. 그러나 그것은   이 점에 주의하도록 해라―국
> 민에게 도의를 알게 하기 위해서가 아니라 무지한 국민을 통치하고
> 복종시키기 위해서였다. 더 나아가서 사악하다고 믿는 종교를 지지
> 하는 것은 군주의 의무라고 주장했다(『세계사편력(제1권)』, 520쪽).

이어 네루는 마키아벨리가 말한 '사자와 여우의 비유'를 인용

한 뒤 "이 얼마나 기막히게 교활한가. 악한惡漢일수록 선량한 군주라니!"라고 하면서 마키아벨리 당시에는 물론 네루 당시의 제국주의 국가에서도 그런 군주를 얼마든지 볼 수 있어서 전쟁이 끊이지 않는다고 했다. 네루는 군주란 선량해야 한다고 믿었다. 현실에는 불량한 군주가 더 많지만 그럼에도, 아니 그럴수록 더 선량한 군주를 기대해야 한다고 믿었다. 그리고 악한을 선량한 군주라고 한 마키아벨리를 교활하다고 비판했다.

네루는 1910년대 영국에서 정통 엘리트 교육을 받았다. 마키아벨리에 대한 그의 인식은 그 무렵에 심어졌을 것이다. 당시 마키아벨리에 대한 서양의 일반적 인식이 그러했는지 아니면 네루만의 독창적 견해인지 정확하게 알 수 없다. 그러나 당대 간디를 비롯한 인도 지성인들이 공통으로 보여 주는 바는 철저한 반反마키아벨리즘이다.

간디는 마키아벨리에 대해 언급조차 하지 않았지만, 『간디 자서전』을 '진실 추구 이야기'라고도 한 그가 마키아벨리즘에 찬성했을 리 없다. 그러나 인도의 전통적인 정치학이라고 하는 것은 바로 마키아벨리즘이었다. 정치란 어차피 그런 사악한 것이니 종교인이나 종교를 믿는 사람은 정치와 무관하게 살아야 한다고 힌두교는 가르쳤다. 반면 간디나 네루는 그런 인도 전통에 반대하고 저항했다. 그것이 그들의 비폭력 민족해방투쟁이었다.

네루나 간디는 물론 인도인은 군주란 대부분 마키아벨리즘적 인간임을 잘 알았다. 마키아벨리가 『군주론』을 쓰기 전부터 대부분의 군주란 그러했고, 특히 당시 인도를 침략한 서양의 군주들이 그러했다. 군주만이 아니라 정치인, 사업가, 자본가, 군인, 종교인 등등 당대의 지배 계급이 모두 그러했다. 네루에게는 마키아벨리가 그런 사악한 군주 등 지배자의 진심을 노골적으로 보여 주고 이를 정당화 내지 합리화한 자에 불과한 것처럼 보였다. 그로부터 수십 년이 지난 뒤에도 살만 루슈디Ahmad Salman Rushdie의 소설에서 보듯이 마키아벨리에 대한 인도인의 인식은 그렇게 좋게 바뀐 것 같지 않다.

　　루슈디는 2008년에 쓴 소설 『피렌체의 여마법사』에서 "아무리 험한 세월일지라도, 여인네와의 화끈한 하룻밤이면 만사형통(『피렌체의 여마법사』, 200쪽)"이라고 말하고 어려서부터 죽을 때까지 여자를 지독하게 밝힌 놈팡이가 쓴 책이라면 그것을 읽을 사람이 몇이나 될까라고 마키아벨리를 매도한다. 마키아벨리에게는 "권력이야말로 어떤 마법의 뿌리보다 더 확실한 최음제였다(『피렌체의 여마법사』, 221쪽)." 그야말로 권력을 위한 권력만을 추구하는 자, 어떤 목적을 위해 불가피한 권력의 추구가 아니라 오로지 권력 자체가 목적인 권력의 악마, 권력의 화신처럼 루슈디는 마키아벨리를 묘사한다. 루슈디에 의하면 마키아벨리에게는 권력욕에서나 성욕에서나 "목적이 수단을 정당화"하고 "살아남기 위해서는 무슨 짓이든 기꺼이 해야 한다"는 "적자생존"이 삶의 원칙이었다(『피렌체의 여마법사』, 233쪽). 당시 인도 땅이었던 무굴 제국의 황제는 잔인한 군주 칭기스칸의 후손을 두고 "제 동포를 죽이고, 친구를 배신하고, 믿음도 종교도 자비도 없이 사는 것을 능력이라고 부를 수 없"다고 하며 마키아벨리의 사상을 부정한다(『피렌체의 여마법사』, 290쪽).

이처럼 세계적인 소설가가 쓴 21세기의 마키아벨리는 여전히 부정적인 이미지다. 그는 권력욕의 화신일 뿐이다. 정치적 권력만이 아니라 성적 권력도 평생 광적으로 추구했다는 것이다. 그에게 그러한 측면이 있었음은 사실이지만 그러한 측면만이 있었던 것은 아니다. 따라서 권력욕의 화신이라는 마키아벨리 이미지는 반드시 정확한 것은 아니다. 도리어 나는 그의 책이나 삶에서 그가 도덕을 매우 중시했음을 읽었다. 따라서 그가 정치에서 도덕성을 없애버린 소위 마키아벨리즘을 창시했다는 이야기는 잘못된 것이다. 그야말로 소설 같은 이야기에 불과하다.

3

내가 본 마키아벨리

내가 본 마키아벨리의 핵심

나는 마키아벨리 사상의 핵심이 『군주론』 9장에 있다고 했다. 즉, 인민의 후원으로 군주가 된 사람은 인민을 자신의 지지자로 유지해야 하는데, 인민은 억압받지 않는 것 외에 다른 것을 요구하지 않으므로 그러한 일은 쉽다. 그리고 군주는 인민을 우호 세력으로 가지지 못하면 역경에 처했을 때 아무런 구제책이 없다는 것이다. 이는 『리비우스 강연』에서도 마찬가지다.

인민은 억압이 아닌 자유를 원할 뿐이니, 군주가 인민을 지지자로 삼기에 매우 쉽다고 마키아벨리는 말한다. 그 자유는 억압이 아닌 것이니 당연히 높낮이가 없는 평등을 전제로 한다. 따라서 자유와 평등은 마키아벨리가 말하는 정치의 핵심이고, 인간다운 삶의 기본 조건이다.

요컨대 정치의 달인 마키아벨리는 인민의 자유와 평등을 보장하면 국민의 지지를 받아 정치가 완성된다고 말한다. 그럼에도 우리나라의 지배자는 국민의 지지를 받기가 왜 그렇게 어려운가? 반짝 지지를 받아 취임한 얼마 뒤에 바로 지지를 상실하는 이유는 무엇인가? 마키아벨리는 군주가 끝까지 국민의 지지를 받아야 나라의 자유를 안전하게 수호할 수 있다고 한다. 즉, 인민의 자유와 나라의 자유가 일치한다고 본 것이다. 반면 우리는 그렇지 않다. 왜 그런가?

지금의 상식으로 보면 마키아벨리의 말은 지극히 당연한 소리지만 500년 전에는 그렇지 않았다. 더욱이 500년 전 조선 시대를 생각해 보라. 인민의 후원을 얻어 왕이 된다는 것이 가당키나 한 일이었는가?

마키아벨리는 나라를 지키기 위해 필요한 경우, 즉 외침을 막고 내분을 없애기 위해 사자와 같은 힘이나 여우와 같은 꾀를 발휘해야 한다고 주장한다. 국민의 나라를 지키고 국민의 지지를 받기 위해서다. 성군聖君이니 성왕聖王이니 왕권신수설王權神授說이니 하는 얘기하지 말고 제대로 나라를 지키고 인민을 행복하게 하라는 것이다. 이는 지금은 물론 과거에도 지극히 당연한 상식이 아닌가? 나라를 제대로 다스리려면 힘도 있고 꾀도 있어야 하는 것이 아닌가? 그렇지 못한 자가 대통령이 되면 나라의 장래는 참으로 어둡지 않겠는가?

최상의 정치는 우연히 왕이나 독재자의 자식으로 태어났다는 이유만으로 다시 왕이 되어 자신을 세상에서 가장 위대한 자라고 꾸며 자랑을 일삼고 종교나 사상을 빙자하여 인민에게 충성을 강요하는 것이 아니라, 복잡다단한 현실 상황의 변화에 요령껏 대처하여 나라를 지키고 인민을 행복하게 하는 것일 뿐이다. 유교니 의례니 의궤니 충효니 하며 극단의 미신과 사치와 형식으로 인민을 현혹하고 그것에 의문을 제기하는 자는 능지처참에 처하여 왕의 권위를 세우는 것만으로 1년 365일을 허비하는 것이 아니라, 나라를 지키고 인민의 삶을 보살피는 것이다. 그리고 이를 위해 필요하면 사자나 여우의 기술을 구사할 필요가 있다고 했을 뿐이다.

마키아벨리는 그런 말을 했을 뿐이다. 그런데도 그것을 저 악명 높은 마키아벨리즘이라고 비난받았다. 그런 상식을 말한 마키아벨리를 악마 운운 하는 것이야말로 너무 비상식적이지 않은가? 그러다가 별안간 혁명의 천사라는 찬사를 받기도 했다. 그러나 이 모든 것은 후대 사람들이 자기 편리한 대로 마키아벨리 사상을 짓밟거나 이용한 것에 불과하다. 마키아벨리의 모든 책은 별것 아닌 상식에 불과하다. 악마도 천사도 아니다. 그냥 평범한 인민 정치라는 상식일 뿐이다.

이처럼 민주정치란 지극히 평범한 상식, 요컨대 대내적인 자유와 대외적인 안보를 보장하는 정치를 말한다. 안으로는 인민이 자율적 정치에 참여하고, 밖으로는 그 인민의 공동체가 안전하도록 지키는 것이다. 그리고 이를 위해 군주는 필요한 힘과 꾀를 발휘해야 한다는 것이다. 이는 지극히 당연한 소리가 아닌가? 그것이 민주정치 아닌가? 반면 500년 전인 데도 마키아벨리는 독재, 그것도 1인 군사 독재를 찬양한 적은 없다. 도리어 인민을 등지면 아무런 구제책이 없다고 했다. 인민을 배신하면 망한다고 했다. 그게 전부다. 마키아벨리의 전부다.

마키아벨리가 그런 책들을 쓴 이유는 그가 살았던 16세기 초엽 당시 피렌체 인민의 자유와 국가 안보가 위기에 처했기 때문, 즉 나라가 풍전등화였기 때문이었다. 그래서 그 사람들에게 경고하기 위해 책을 썼건만 결국 그 위기는 공화국의 멸망으로 끝났다.

16세기 피렌체와 조선

16세기 조선은 마키아벨리가 살았던 이탈리아 피렌체와 여러 가지로 달랐지만, 각종 사화와 당파 싸움으로 민주정치커녕 결국 임진왜란과 정유재란만을 초래했다. 임진왜란이 없었다고 해도 국방의 강화는 당연한 국가 정책이었을텐데 임진왜란을 겪고도 국방을 소홀히 해 다시 전쟁을 맞았다니 도대체 어떻게 된 일인가?

더군다나 그런 조선에 마키아벨리와 같이 주장하는 학자들이 없었다고 하니 할 말을 잃게 한다. 세습 왕이 무능하다면 많은 사람들이 추대하여 새로운 왕을 세우고, 국방력을 강화하여 나라를 지켰어야 하지 않은가? 그럼에도 밤낮 공자왈 맹자왈에 상감마마 타령만을 외우고, 지배 계층이라는 사대부 선비는 누구보다 앞장서서 군대에서 빠져 나올 궁리만 했다. 그래서 군사나 전쟁에 대해 아는 바가 없었다. 중국 전통사상에 한비자도 있고 손자병법도 있으며 노장도 있었는데, 또 우리 역사에도 세습제 임금만이 아닌 삼국시대 등에 추대왕도 있었건만 성리학에서는 이를 모두 이단으로 취급하고 배척하였다.

더욱이 주변 강국들이 호시탐탐 노렸던 한말에는 더욱더 마키아벨리같은 사람이 필요하지 않았는가? 무엇보다도 군사력을 키워 나라를 지키고 인민의 행복을 기해야 하지 않았던가? 그럼에도 밖으로는 쇄국이고 안으로는 경복궁 중건이나 했으니 결국 나라가 망한 것이 아니었던가? 게다가 지배층 양반은 제 잇속 챙기기에 바빴으니 나라가 망하지 않았다면 그것이 도리어 이상했으리라. 그러나 그것으로 우리의 비극이 끝나지 않고 지금까지도 이어지고 있다는 점이 더욱더 슬픈 비극이다.

지금도 엘리트 지배 계층은 누구보다 먼저 군대에서 빠지고 자기 이익 챙기기에만 골몰하고 있기 때문이다. 이제 그런 자들은 지도자의 반열에서 빠져야 한다. 그런 자들을 지도자로 세우는 인민은 더 이상 인민이 아니다. 마키아벨리가 말하는 비르투, 즉 덕이나 용기나 판단력 같은 것을 갖지 못하고 눈앞의 이익에만 급급하며 그런 미끼를 던지는 한심한 인간들을 지도자로 뽑는 한 우리에게 미래는 없다.

그런 의미에서 마키아벨리의 책들은 조선 500년에도 필요하고, 지금도 필요한 고전이다. 우리나라만이 아니라 다른 나라에도 필요한 고전이다. 나라를 망하게 한 책들보다 더 중요한 책이다. 그럼에도 지난 500년 가량 여전히 그를 '악마의 교사' 또는 '정치학의 시조'나 '근대의 시조'로 보는 극단적인 두 가지 의견만이 대립하고 있을 뿐이어서 사람들에게 혼란을 주고 있다.

이 두 가지 대립하는 견해는 정치학을 악마의 학문이라고 하면 하나로 이해될 수 있지만 그렇게 말하는 사람은 거의 없다. 사실 악마의 학문을 방불케 하는 오늘의 기술주의적이며 기능주의적이며 행태주의적인 정치학, 아니 아예 학문이 아니라 독재자를 위한 어용 기술에 불과한 정치학이라는 것이나 내용도 불명한 '근대'니 뭐니 같은 것의 시조나 원조라는 칭호를 마키아벨리는 거절했으리라. 유신 독재나 군사 독재를 위해 열심히 노력한 정치학자라는 자들이 마키아벨리를 그 원조로 모신다면 지하의 마키아벨리가 대성통곡하리라. 게다가 그런 자들이 마키아벨리를 마키아벨리즘 원조 운운하며 비난한다면 이는 아예 코미디다. 그들이야말로 사악한 마키아벨리스트다. 그러나 마키아벨리는 마키아벨리즘을 섬기는 마키아벨리스트가 아니다.

도리어 나는 마키아벨리가 서양 근대의 기계주의나 기술주의의 사고방식과는 다른 르네상스의 이상주의적 현실주의 사고방식을 중시했다고 본다. 다양성과 함께 통일성을 존중하는 르네상스 정신은 근대의 과학기술만능주의와 분명히 다르다. 마키아

벨리는 르네상스의 인민적 휴머니즘을 비판적으로 발전시키면서
도 르네상스의 순환적 역사관이나 유동적 우주관을 공유했다. 따
라서 그런 측면을 무시하는 서양학자들의 논쟁에 대해 나는 그다
지 호의적으로 보지 않는다. 나아가 르네상스는 그야말로 자유,
자치, 자연의 삶을 추구했는데, 17세기 이후 근대란 그것에 반하
는 억압, 통치, 자연 정복을 추구하지 않았던가? 그런 자유, 자치,
자연의 삶 속에서 르네상스가 태어나지 않았던가?

특히 마키아벨리가 정치를 도덕이나 윤리 또는 종교에서 완
전히 분리시켜 근대 과학처럼 정치학을 수립했다고 보는 서양학
자들의 주장이나 그것을 맹신하는 한국 학자들의 주장에도 나는
동의하지 않는다. 마키아벨리가 정치와 도덕 등이 서로 다르다고
한 것은 사실이지만 그 완전 분리나 독립 또는 종속이나 지배 복
종을 주장한 적이 없기 때문이다. 마키아벨리는 정치를 도덕, 윤
리, 종교 등과 같다고 보지 않았으나 정치에서 도덕이나 윤리 또
는 종교가 갖는 일정한 역할을 인정했다.

마키아벨리가 유신론자인가 무신론자인가에 대해서는 논쟁
이 있을 정도로 불명하지만 그가 종교의 역할을 인정한 것은 분명
하며 당대의 종교 타락을 비판하고 종교 본래의 모습으로 돌아가
야 한다고 주장했음도 명백하다. 따라서 현대 이탈리아 최고의 마
키아벨리 전문가인 비롤리가 2010년에 쓴 『마키아벨리의 신』에
서 마키아벨리가 "어느 날 신이 기독교 세계의 여러 군주가 성직
자들의 권력을 타파하도록 하고자 결단하고 참된 기독교의 신앙

을 회복하여 참된 인간성과 참된 인민의 공동체를 부흥하는 것을 희망했다(『*Machavelli's God*』, 14쪽)”고 보는 것에는 적어도 그 근거가 명확하지 않은 점에서 문제가 있지만, 마키아벨리가 강조한 종교에 대한 새로운 견해라는 점에서 주목된다.

이는 정교분리를 헌법상의 원리로 삼는 우리의 헌정 질서와도 일치하는 것이다. 그러나 이는 간디처럼 정치를 종교처럼 진실을 추구하는 것으로 생각하는 것을 부정하지 않는다. 마키아벨리도 이 점을 부인하지 않는다. 간디나 마키아벨리가 함께 거부한 것은 정치가 종교에 종속되거나 그 반대와 같은 지배 종속의 관계다. 따라서 정치와 종교의 공존 또는 그 둘이 공통으로 진실을 추구하는 것은 문제가 아니다. 나는 그 점도 상식이라고 본다.

과연 500년 전 이탈리아 땅에서 살았던 사람을 지금 우리가 굳이 알아야 할 필요는 무엇인가? 우리는 500년 전 이 땅에서 살았던 우리 선조들에 대해서도 잘 모르고 100년 전, 아니 몇 년 전의 사람도 잘 모르지 않는가? 마키아벨리의 시대는 우리 시대와 반드시 같다고 할 수 없어도 비슷한 점이 많다. 당시 이탈리아는 우리보다 더 잘게 분단되었고, 분단된 도시 국가들도 갈등과 분열로 찌들었으며, 따라서 언제나 강력한 외국의 침략에 시달렸다. 그런 상황에서 나라를 통일하고 강하게 만들기 위해 마키아벨리는 고민했다.

그러나 같은 민족이기에 무조건 통일해야 한다는 식의 감상주의에 마키아벨리가 젖었던 것은 결코 아니다. 그는 모든 이탈리아인, 모든 이탈리아 도시의 완전한 통합을 이루기란 불가능하다고 보았다. 그가 바란 것은 이탈리아가 더 이상 외세에 짓밟히지 않고 해방되어 자유와 평등을 확보하는 것이지 무조건 하나의 나라 아래에 통합되는 것은 아니었다. 따라서 그의 통일 방안은 각 도시 국가의 다양한 개성을 인정하면서 하나로 연결되는 연방제 같은 것이었다. 나는 우리의 통일 방안도 그러해야 한다고 본다. 남북한 통일만이 아니라 동서의 분열을 막는 방법도 그러해야 한다고 본다. 아니 제주도까지 포함하여 모든 지역이 더욱더 독립성을 보장받으며 서로가 연대해야 한다고 본다.

—

나의 마키아벨리

—

마키아벨리는 그가 살았던 시대에 조국인 이탈리아가 갈가리 찢겨진 분단 국가였고, 따라서 이미 통일되어 언제나 이탈리아를 침략한 프랑스나 스페인 같은 강대국처럼 강력한 통일 국가를 이루고자 희망했다. 그러면서도 당시 프랑스나 스페인 같은 군주국이 아니라 민주공화국을 세우고자 했다. 이를 부정하는 견해는 찾아 보기 어려우니 이에 관한 나의 주장도 특별한 것은 아니다.

그런데 그런 공화국을 세우기 위해서 수단과 방법을 가리지 말아야 한다고 마키아벨리가 말했다는 데에는 문제가 있다. 물론 마키아벨리가 그런 말을 한 적은 있지만, 이는 어디까지나 예외적으로 그래야 한다고 한 것이었다. 즉, 그는 정치란 전통에서 강조된 대로 도덕적으로 하는 것이되, 그렇게 할 수 없을 때에는 예외적으로 비도덕적인 수단을 강구할 필요도 있다고 말한 것이다. 따라서 그는 종래의 도덕과 정치의 통일을 부정하고 그 분리를 주장했다고 하는 의미에서 '정치학의 아버지'라고 평가함에는 문제가 있다. 도리어 그는 그리스 로마 이래의 도덕 정치라는 전통을 이었다. 그런 의미에서 그는 분명히 도덕적인 사람이었다.

이처럼 도덕적 정치라는 전통에 입각하되 전통과는 달리 도덕의 예외도 정치에서 인정한다는 점에서 그는 르네상스 사람이었다. 왜냐하면 르네상스인은 단순히 전통적 가치만을 존중한 것이 아니라 그것을 존중한다는 원칙 아래 현실에 대한 관찰에 입각하여 동태적이고 다원적인 판단을 했기 때문이다. 즉, 르네상스인은 중세 가톨릭의 정태적이고 일원적인 입장에서 벗어나 휴머니즘의 동태성과 다원성에 입각해 사고했다. 이런 점에서 마키아벨리는 대부분의 르네상스 지식인이나 예술가와 마찬가지였다. 그리고 그와 같은 입장은 그 뒤로도 이어져 미국 독립운동을 비롯한 여러 공화주의 운동에 영향을 미쳤다.

그러나 르네상스가 동태적이고 다원적인 사고에 입각한 것에서 알 수 있듯이 당시에 마키아벨리와 같은 르네상스 사상가만이 있었던 것은 아니었다. 가령 정치학 분야에서도 마키아벨리와 대조적인 사람들이 있었다. 그중에는 『유토피아』를 쓴 모어나 『우신예찬』을 쓴 에라스무스 같은 학자들도 있었다. 흔히 모어는

사회주의, 에라스무스는 평화주의의 선구라고 하여 마키아벨리
와 구별하기도 하지만, 도덕과 정치라는 차원에서 보면 모어와 에
라스무스와 마키아벨리는 상대적으로만 구별된다. 즉, 모어와 에
라스무스는 마키아벨리에 비해 정치보다 도덕을 더 중시했을 뿐
이다. 이는 이상과 현실 중 어느 것에 중점을 두어야 하느냐는 논
의와도 연관된다.

우리는 도덕과 정치 중 어느 하나만을 선택할 수 없고, 이상
과 현실 중에서도 어느 하나만을 선택할 수 없다. 시대에 따라, 경
우에 따라, 융통성 있게, 현실성 있게 어느 하나를 다른 하나보다
좀 더 강조하면서 선택할 수밖에 없다. 나는 마키아벨리가 조국의
통일과 발전을 위해 상황에 따라 선택을 하고, 그것을 다양하고
다원적으로 실천했다고 생각한다. 그리고 그런 선택과 실천은 지
금 우리에게도 절실하게 필요하다고 생각한다. 왜냐하면 마키아
벨리가 비판하고 도전했던 중세적 도그마와 다를 바 없는 전근대
적 도그마가 지금 우리에게 여전히 도사리고 있기 때문이다. 특히
정치에서 그렇다. 이상이 나의 마키아벨리 이미지다.

마키아벨리의 한계와 교훈

앞에서 언급한 그레이는 『추악한 동맹』에서 기독교의 종말

론이 유토피아 사고를 낳아서 프랑스혁명과 러시아혁명, 나치즘의 공포 정치, 그리고 부시 정권의 중동 침략을 초래했다고 본다. 즉, 종교와 정치의 '추악한 동맹'이 서양 문명의 근본 문제라는 것이다. 이는 어떤 무신론이나 반기독교론보다 강력한 주장이다. 물론 이에 대한 반론도 충분히 있을 수 있다. 예를 들면 그런 주장은 '공자가 나라를 망친다'는 주장처럼 터무니없다는 식으로 말이다.

그런데 그레이는 예수만이 아니라 플라톤, 아리스토텔레스, 볼테르, 칸트, 헤겔, 마르크스, 밀 등을 모두 비판한다. 마키아벨리만이 '추악한 동맹'에서 예외인 듯하다. 그러나 마키아벨리가 종교와 정치의 동맹을 완전히 부정했다고 보기는 어렵다. 게다가 그레이가 플라톤이나 아리스토텔레스에 대해 제기한 '노예제 옹호' 비판(『추악한 동맹』, 90쪽)이 마키아벨리에게는 해당되지 않는다고 볼 수도 없다. 르네상스 시대에도 노예는 존재했고, 마키아벨리는 노예제를 비판하거나 부정한 적이 없다. 그레이는 볼테르나 칸트나 밀을 인종주의자고 식민주의자라고 비판하는데(『추악한 동맹』, 91쪽), 이 점은 마키아벨리도 마찬가지다.

따라서 그레이가 마키아벨리에 대해 그런 점을 지적하지 않은 것은 공정하지 못하다. 그러나 문제는 그 점이 아니라 마키아벨리를 포함한 서양 사상가 모두가 갖는 반민주적인 성격을 배워서는 안 된다고 하는 점이다. 민주주의가 없었던 500년 전의 마키아벨리에게 완벽한 민주주의를 기대한다는 것 자체가 무리인 것은 사실이다. 나아가 그의 시대에는 그만한 민주주의자도 없었다.

다시 그레이의 주장을 비판적으로 보아 말하자면 유토피아 자체가 나쁜 것은 아니다. 예수는 물론이고 모어가 『유토피아』를 썼을 때 폭력적인 방법으로 세상을 그렇게 만들자고 주장한 것은 아니다. 모어만이 아니라 대부분의 유토피아주의자들은 그렇게 주장하지 않았다. 그레이는 프랑스의 자코뱅이나 러시아의 볼셰비키, 히틀러의 파시스트나 부시의 네오콘이 유토피아를 주장하고 폭력을 행사했다고 하지만, 그들의 유토피아와 예수나 모어 등의 유토피아는 분명히 구별해야 한다. 중요한 것은 종말론이 아니라 폭력론 자체다.

나는 마키아벨리 역시 군주가 예외적으로 필요한 경우 폭력을 허용하고 특히 제국적 침략 차원의 폭력까지 허용했다는 점을 그가 살았던 16세기 이탈리아 피렌체의 국가적 위기의 상황에서 이해할 수 있다고 생각하지만, 역시 지금 우리가 배워야 할 점은 분명 아니라고 생각한다.

분명히 그레이처럼 마키아벨리가 우리에게 가령 소농 사회 또는 공산 사회였던 과거나 자연(상태)으로 돌아가자 라든가 하는 헛소리 공상의 유토피아를 몽상할 것이 아니라, 철저한 현실 분석 위에서 목적과 수단을 구별하여 목적을 이루기 위해 수단을 현실적으로 유효하게 선택하도록 권유한 것을 존중해야 한다고 믿는다. 하지만 마키아벨리가 그런 수준 정도에 그친 것은 아니라고 본다. 그레이는 마키아벨리의 목적인 민주공화국에 대해 아무런 지적도 하지 않았지만, 나는 그 점에 대한 철저한 인식 없이는 자코뱅이든 볼셰비키든 파시즘이든 네오콘이든 충분히 비판할 수 없다고 본다. 즉, 현실주의만으로는 충분하지 않다. 그리고 마키아벨리도 현실주의에만 그친 것이 아니다.

여기서 유토피아와 관련해 꼭 지적해 두어야 할 것은 소위 '대안' 문제다. 우리 사회에서는 언제부터인가 현실 사회를 비판하게 되면 결론으로 대안이 무엇인지를 묻고 대안이 없다고 하면 그 비판 자체가 무의미하다고 몰아붙이는 이상한 풍조가 생겨났다. 이는 사실 자본주의 사회에 대한 비판의 대안으로 제시된 사회주의 내지 공산주의를 하나의 모범으로 삼는 사고방식에서 비롯된 것으로 결국 그 답이 사회주의라는 것인데, 나는 구체적인 사회주의 따위가 아니라 어떤 이상에 이르기 위한 기본적인 사고방식 내지 생활 방식의 대안이 필요하다고 생각한다. 그것을 나는 자유-자치-자연이라는 3자 원칙의 존중으로 주장해 왔다. 그것을 현실주의적인 이상주의라고 생각한다.

여하튼 마키아벨리 이전에도 정치적 현실주의자들은 많았다. 스트라우스가 존경한 고대 그리스 역사가 투키디데스, 고대 중국의 철학자 한비자韓非子, 고대 인도의 카우틸랴Kautilya 등 모든 고대 사회에 그런 현실주의 철학자들이 있었다. 아니 그런 철학자들이나 역사가들이 없어도 왕이나 독재자나 군인들은 이미 충분히 현실주의적이었다. 중국에서 현실주의 학자 한비자를 따랐던 현실주의자 황제 진시황의 진나라가 멸망한 뒤, 중국의 황제들은 실질적으로는 한비자와 진시황의 현실주의 패도 정치를 지속하되 표면적으로는 유교의 도덕 정치를 주장했다. 마찬가지로 서양에서는 기독교를 내세우면서도 실질적으로는 마키아벨리즘적 현실주의 정치를 했다. 마키아벨리가 태어나기 수천 년 전부터 말이다. 그런 마키아벨리즘은 분명 우리가 배울 것이 아니다. 마키아벨리에게 배워야 한다면 역시 민주공화국뿐이다. 그렇지 않다면 마키아벨리는 쓰레기통에 집어넣는 것이 좋다.

문제는 현실 감각이 전혀 없는 몽상적인 유토피아, 도그마적인 유토피아다. 우리가 회피해야 하는 길은 바로 그런 길이다. 우리가 가야 하는 길도 그 반대의 길이다. 명백한 이상이나 목표와 함께 냉정한 결단력과 지적인 냉철함이라는 현실적 상식의 회복이 중요하고 그 실천이 중요한 것이지, 달리 화려한 말이 많은 것은 필요하지 않다. 그런 말잔치야 지난 500년의 유교, 그리고 100년의 서양 모방이라는 허위로 충분하지 않은가? 따라서 지금에 와서 새삼 마키아벨리까지 불러 낼 필요도 없을지 모른다.

그럼에도 이 책을 굳이 쓰는 이유는 그의 삶이나 사고방식에서, 특히 그것을 오해한 마키아벨리즘에서 우리가 여전히 그와 함께 생각해 볼 것이 많다고 생각하기 때문이다. 무엇보다도 중요한 것은 우리 모두가 진심이어야 한다는 것, 특히 지도자가 진심이어야 한다는 것이다. 무엇보다도 권력 자체에 대한 절대 환상과 무한 추구의 헛된 의지를 버려야 한다. 비록 더럽게나마 현실에 엄연히 존재하는 권력을 부정할 수 없지만, 그것이 결국은 인간의 자유를 확보하고 인민의 자치를 위한 것임을 우리는 알아야 한다. 이 책에서 밝힌 마키아벨리의 진심이 우리가 갈 상식의 길을 밝혀 주고, 우리 모두 함께 진심으로 자유와 자치를 내용으로 한 새로운 민주공화국을 이룩하는 데에 작은 도움이 되기를 바랄 뿐이다.

마키아벨리가 본
대한민국

21세기 한국과 마키아벨리

1990년대 후반부터 우리나라에 로마사 붐이 불고, 그것과 함께 마키아벨리 붐도 불었다. 그러나 그 붐은 그것을 주도한 시오노 나나미를 비롯하여 로마의 독재자와 제국주의를 찬양하는 것이어서 문제가 많았다. 게다가 그것은 제국주의 열강으로부터 큰 고통을 겪은 한국인에게 제국주의 열강을 대리 경험하고 대리 만족하게 하는 부정적인 결과까지 낳았다. 그리고 수출 중심 경제나 한류 대중문화를 그러한 제국주의의 현실로 착각하게 만들고, 서양에 대한 사대주의와 함께 비非서양에 대한 인종차별주의적 태도를 더욱 강화하게 만들었다.

반면 우리는 정작 1990년대의 과제에 걸맞게 고대 로마에서 배웠어야 할 민주공화국에 대해서는 제대로 알지 못했다. 즉, 개

방성과 다양성을 국내외 정치의 기본으로 삼아, 자신의 적들에게
도 전쟁 뒤에는 관용을 베풀고, 인민의 정치 참여를 적극적으로
보장하고, 사회적 약자를 보호하는 정책을 베풀었다고 하는 점 등
에 대해서는 주목하지 못했다. 도리어 2000년대에는 과거 민주화
로 물리쳤던 독재자 박정희 전 대통령에 대한 향수가 불어 닥쳤
다. 바로 '재독재화' 현상이다.

　한국에서는 박정희를 가난하고 혼란스러웠던 전근대를 청산
하고 근대화를 이끌어 낸 강력한 리더십의 지도자로 보는 견해가
뿌리 깊다. 그의 쿠데타나 독재를 마키아벨리가 말한 사자의 용맹
과 여우의 간계로 보고, 경제 발전을 통해 국민들을 만족시키고,
기회를 행운으로 바꾸는 비루투를 소유한 마키아벨리식 신군주
의 전형이라고 보는 견해다. 이는 일반적인 인민적 차원의 상식으
로도 존재하지만 고매한 정치학 차원에서도 있어 왔다. 그러나 마
키아벨리가 지금 이 땅에 살아 있다면 과연 박정희를 자신이 이상
화한 군주라고 보았을까?

　이 자리에서 나는 그러한 견해에 대해 비판하고자 하지 않는
다. 여기서 지적하고자 하는 점은 다른 데에 있다. 마키아벨리를
그런 식의 군주상을 창조한 학자로 보는 견해가 어제오늘의 현상
이 아니라 구한말부터 존재한 유구한 전통이라고 하는 사실이다.
구한말 서양 학문을 수입한 사람들은 대부분 일본에 유학했고, 당
시 일본의 정치학은 독일의 깊은 영향 아래에 있었다. 유럽에서
후진국이었던 독일은 오랜 분단국가에서 막 통일된 상황에 있었

기 때문에 국가 통합을 위한 이론이 필요했고, 거기에 적극 이용된 것이 마키아벨리의 『군주론』이었다. 즉, 강력한 통일국가 건설을 위한 힘과 권력의 정치를 수립하는 데에 사자와 여우의 용맹과 지략을 갖춘 정치인의 필요성을 대망했다. 이러한 독일에서의 마키아벨리 수용은 당시 일본에서는 더욱더 긴요했고, 나아가 구한말 조선의 지식인들에게도 긴급했다. 그 후 지금까지 마키아벨리는 후진 국가의 선진화를 위해서 반드시 필요한 강력한 독재의 정치 사상가로 받들어져 왔다.

그러나 내가 이 책에서 설명한 바와 같이 마키아벨리의 정치 사상은 도리어 독재에 반대하는 민주공화국의 수립을 위한 것이다. 따라서 마키아벨리가 제대로 이해되었더라면 그러한 독재를 부정하는 논리로 이용되었을지도 모른다. 그러나 우리나라에서는 그런 식의 이용은 없었다. 대신 김대중·노무현 시대를 살면서 나는 마키아벨리같이 현실에서는 교활한 진보 정치인이 필요하다는 생각을 했다. 특히 노무현의 죽음을 맞아 더욱 그렇게 생각했고, 이명박·박근혜 시대의 진보 세력을 보면서 더더욱 그런 생각을 해서 2014년 『마키아벨리, 시민정치의 오래된 미래』라는 책을 썼다. 마키아벨리와 같은 진보 정치인이 필요하다는 생각에서였다. 민주공화국을 제대로 세우기 위해서는 반민주 세력을 척결할 필요가 있는데, 그 척결을 위해 사자와 여우의 용맹과 지략을 갖춘 정치인의 필요를 대망했던 것이다. 그렇게 생각한 이유는 소위 진보라는 자들이 이론이나 도덕성 확립 등에는 밝았지만 현실이나 부도덕성 척결에는 참으로 무력하게 보였기 때문이었다. 특히 노무현 전 대통령의 죽음을 보고 그렇게 생각했다. 나아가 그 후 두 차례의 보수정권하의 진보를 보고 더욱더 그렇게 생각했다.

그러나 지금 한국의 문제가 이런 정도에 그칠까? 재독재화 이상으로 더욱 근본적인 문제는 재봉건화, 아니 봉건의 잔존 현상이다. 마키아벨리식으로 말하자면 비르투가 아니라 포르투나가 지배하는 봉건사회의 유지 현상이다. 소위 금수저, 은수저가 지배하는 세상이라는 것이다. 이러한 세상에서는 공정한 룰과 경쟁에 대한 믿음이 없으므로 약육강식의 불신과 편법이 판을 쳐서 이른바 '헬 조선Hell-朝鮮'이라는 말이 지배하게 된다. 봉건성이 잔존하기에 재독재화 현상도 악순환하는 것이다. 따라서 봉건성을 극복할 수 있는 민주적 리더십이 필요하다.

마키아벨리에게 무엇을 배울까?

앞에서 보았듯이 마키아벨리는 1494년 프랑스의 이탈리아 침략으로 메디치 가문이 몰락하고 부활한 피렌체 공화국을 위해 14년간 헌신하다가, 1512년 스페인의 침략에 의해 공화국이 붕괴되고 메디치 가문이 부활하면서 파면을 당했다. 당시 다른 관리들은 현직을 거의 그대로 유지했으나 마키아벨리만은 파면으로 끝난 것이 아니라 다음 해에 체포되어 끔찍한 고문을 받았다. 그만큼 그는 메디치가를 비롯하여 당시 지배층이었던 귀족들의 반감을 샀었다. 그리고 그 정도로 그는 자신의 정치적 소신에 충실했다. 적어도 정치적 기회주의자는 아니었다. 나는 그런 점을 우리가 배워야 한다고 생각한다.

나아가 우리는 메디치가의 억압에도 불구하고 그가 『군주론』과 『리비우스 강연』을 비롯한 여러 책을 썼다는 점도 배워야한다. 특히 자신을 억압한 메디치가에 『군주론』을 바쳤다는 점에주목해야 한다. 이는 생계를 유지하기 위해 마지못해 한 것이었다고 볼 수 있지만, 그보다도 강대국 침략의 위기에 놓인 피렌체를강력한 국가로 만드는 데 기여하고자 한 애국심의 발로였을 것으로 생각한다. 그래서 나는 마키아벨리를 진정한 애국자고, 역사가며, 정치학자라고 생각한다.

또한 우리는 그가 용비어천가처럼 메디치가를 찬양하거나 다른 정치적 집단을 편든 것이 아니라, 피렌체의 자유와 자치를 지키고자 학자의 객관적 태도로 정치학을 최초로 수립했다는 점도 배워야 한다. 마키아벨리는 정치를 객관적으로 바라보기 위해 그리스 로마의 철학이나 중세의 종교와 정치를 분리하고, 그 실제를 보아야 한다고 주장했다. 왜냐하면 정치를 철학이나 종교의 차원에서 접근하면 정치를 타락한 것으로 보게 만드는데, 문제는 그런 접근이 정치에 대한 올바른 이해로부터 더욱 멀어지게 만들고, 결과적으로 정치가 더욱더 타락하기 때문이었다. 따라서 마키아벨리는 정치적 악이 만연하는 경우 선하지 않을 수 있음도, 즉 여우와 사자를 모방해야 함도 배워야 한다고 주장했다. 여기서는 철학이나 종교가 아니라 현실에 대한 경험적이고 과학적인 정확한 처방, 즉 정치학이 필요하다고 마키아벨리는 인류 역사상 최초로 주장했다.

이를 위해 그는 포르투나(운)와 비르투(정신)의 항구적인 투쟁인 정치를 객관적으로 파악해야 한다고 생각했다. 즉, 포르투나라는 외부적 운명 아래에서 비르투라는 의지와 결단력에 의해 조국 안팎의 자유를 지키고자 했다. 아리스토텔레스나 기독교에서는 비르투를 덕의 의미로 사용했으나, 마키아벨리는 로마적 의미의 덕을 부각시켜, 도덕적 덕과 자연적 덕을 구분했다. 따라서 마키아벨리에게서 우리는 신의 섭리나 운명에 근거하는 자연법이나 자연적 정의, 역사적 법칙이나 역사적 결정론과 같은 개념을 볼 수 없다. 단지 자유의지에 입각한 정치적 행동주의만을 볼 수 있다. 따라서 마키아벨리에게는 어떤 완벽한 미래의 유토피아가 존재하는 것이 아니라 지속적으로 그런 유토피아를 향해 만들어 가는 비르투가 중요하다. 이 점에서 마키아벨리의 역사관은 플라톤이나 아리스토텔레스나 폴리비오스와 같은 순환사관도 아니고, 기독교에서 볼 수 있는 진보사관도 아니다.

『군주론』에서 그는 그런 지도자로 모세, 키루스, 로물루스, 테세우스, 그리고 체사레 보르자를 꼽았다. 마키아벨리는 작은 폭력으로 큰 폭력을 통제하고자 '사자의 용맹과 여우의 교활함이 필요하다 주장했다. 즉, 공익보다 사익을 추구하는 자들을 폭력으로 다스려도 공익을 위해서는 정당하다고 주장했다. 이는 특히 강대국의 침략에 대응하여 새로운 국가를 만들어야 한다는 현실적 요구에 대한 마키아벨리의 극단적 처방이었다.

그러나 마키아벨리는 목적이 수단을 정당화한다고 보지 않았다. 그는 일반적 도덕규범을 지배자가 무시해서는 안 되고, 그것이 실현될 수 있는 상황에서는 당연히 그것을 지켜야 한다고 주장했다. 문제는 어디까지나 그것이 실현될 수 없는 예외적 상황이고, 그러한 때에만 공익을 위해 폭력을 사용할 수 있다. 마키아벨리에 의하면 보르자의 경우가 그러했다. 반면 아가토클레스는 그냥 폭군이었다. 자신이 살았던 당시를 위기로 본 마키아벨리는 보르자 같은 지도자를 대망했다.

그런데 마키아벨리가 『군주론』에서 군주제가 민주제보다 좋다는 식의 이야기를 한 적이 없다는 점을 유의해야 한다. 그는 당시의 현실에서 군주제가 어떻게 운영되어야 하는가를 논의했을 뿐이다. 반면 『리비우스 강연』에서는 분명히 민주공화제를 말했다. 군주제든 민주제든 인민의 정치 참여로 귀족과 갈등이 발생했을 때 통치자는 인민 쪽에 관심을 기울여야 한다고 주장한다. 왜냐하면 귀족보다 인민이 등을 돌릴 때 통치자는 자신을 보호하기 어렵고, 인민의 요구는 단순하므로 귀족보다 인민에게 지지를 받기 쉽기 때문이다.

이러한 역사관은 마키아벨리가 갈등을 정치행위의 본질로 이해한 것과 연결되는데, 나는 무엇보다도 이 점을 우리가 배워야 한다고 생각한다. 즉, 정치에서 나타나는 침략, 전쟁, 음모 등의 국내외의 폭력은 예외적인 일탈 현상이 아니라 항구적인 자연 현상이라고 보고, 그런 갈등을 적절하게 제도화하여 정치를 안정시키고 자유를 실현할 수 있다고 마키아벨리는 믿었다. 나아가 마키아벨리는 그런 일탈을 완전히 제거하는 것이 아니라 최소화시키는 제도를 강구해야 한다고 보았다. 따라서 지도자의 인민 계몽, 호민관과 같은 의사 대변 기관, 비행 귀족을 인민이 고발할 수 있는 제도처럼 갈등이 제도화되면 인민의 정치 참여는 긍정적 결과를 낳지만, 그렇지 못한 경우도 있다고 보았다.

마키아벨리가 갈등을 중시함은 사회경제적 집단 구조와 관련있다. 가령 직업 조합과 같은 수평적 구조의 집단은 일반 이익을 추구하여 민주공화제를 강화하고 공동체에 긍정적 효과를 미치지만, 가족이나 붕당과 같은 수직적 구조의 집단은 특수 이익을 추구하여 민주공화제만이 아니라 공동체를 파괴한다.

마키아벨리는 고대 그리스식의 직접민주주의가 아니라 고대 로마의 간접민주주의를 주장했다. 이는 마키아벨리의 독창은 아니다. 왜냐하면 고대 로마의 정치 체제를 찬양한 사람은 그 앞에도 마키아벨리가 스승으로 삼은 리비우스를 비롯하여 르네상스 시기의 선배들인 부르니나 친구인 귀치아르디니 등 얼마든지 있기 때문이다. 이는 고대 그리스의 민주주의에 대해 소크라테스, 플라톤, 아리스토텔레스 등이 반대한 것과 대조적이다. 물론 고대 그리스에 민주정을 옹호한 사람들이 없었던 것은 아니었다. 소크라테스 등이 비판한 소피스트들이 그러했다. 그러나 그들은 주류가 되지 못했다.

그러나 간접민주주의를 옹호하는 사람들도 대표의 기반을 귀족 중심으로 할 것인가, 인민 중심으로 할 것인가에 따라 구분되었다. 마키아벨리는 후자였다. 반대로 귀치아르디니는 전자였다. 나라로써는 전자가 고대 로마였고, 후자가 베네치아 공화국이었다. 귀치아르디니는 로마가 계급 갈등으로 인해 실패했다고 보았다.

이탈리아와 대한민국

이탈리아는 유럽 대륙의 남쪽에서 지중해로 돌출한 반도다. 대한민국은 아시아 대륙의 동쪽에서 태평양으로 돌출한 반도다. 이탈리아 반도는 남북 1200킬로미터, 한반도 반도는 남북 1100킬로미터다.

이탈리아가 고대 로마 시대에 지중해권을 정복하고 강대한 제국을 형성한 것을 보면, 반도라는 지리적 조건이 국가 발전의 장애 요인이라는 주장은 반드시 옳다고 할 수 없다. 그런데 이탈리아의 경우에도 고대 로마 시대를 제외하면 대외적으로 크게 발전한 적이 없다.

고대 로마의 발전을 가능하게 한 가장 중요한 조건은 무엇일까? 아마도 개방 정신일 것이다. 반면 우리는 개방보다 폐쇄적인 입장이 강했다. 특히 조선 시대에 그러했던 것이 아닐까? 삼국시대나 고려보다 조선에 와서 훨씬 폐쇄적인 나라가 된 것이 아닐까? 따라서 한국이 반도라는 조건을 넘어 발전하고자 한다면 그 폐쇄성을 극복하고 개방성을 확보해야 하는 것이 아닐까?

사실 우리의 전통은 개방성이었다. 대륙과 섬나라 사이에 자리하여 오랫동안 동아시아 문화 전파의 교량 역할을 해오지 않았는가. 유교와 불교의 전래가 그 대표적인 역사 사례다. 그러나 조선 시대에 들어와서 이념의 절대화가 주장되면서 그러한 현실주의는 없어지고, 중국의 현실 권력을 부정하는 대신 과거 권력의 이데올로기에 사로잡혀 소중화주의에 빠지고 말았다. 결국 중국과 일본을 비롯한 세계 현실을 무시한 끝에 국가 찬탈이라는 무시무시한 비극에 이르렀다. 우리 자신에 대해서도 이른바 단일민족설이라는 신화에 젖어 있고, 동일씨족이라는 허위 관념에 빠져 있다.

그 폐쇄성의 요인 중 하나로 나는 성리학이라는 대단히 형이상학적이고 관념론적인 철학이 조선 사회를 지배했다는 점을 꼽고 싶다. 반면 마키아벨리가 모범으로 삼은 고대 로마는 철저히 현실주의적이고 실용주의적인 나라였다. 따라서 한국이 발전하고자 하면 과거 성리학이 남겨 준 관념론을 극복해야 한다. 특히 정치적으로 관념적이고 교조적인 사고와 행동의 패턴에서 벗어나야 한다. 이를 위해서는 이상과 현실, 가치와 사실을 분리하는 마키아벨리적 태도가 필요하다.

한반도의 남북한은 이데올로기의 포로와 같은 상태에 있다. 공산주의가 사라진지 수십 년이 지났건만 북한은 여전히 그 이데올로기에 지배당하고 있고, 남한도 원초적인 자본주의에 의해 지배당하고 있다. 공산주의와 자본주의가 수많은 변화를 겪어 왔음에도 한반도의 그것들은 가장 극단적인 원색의 이데올로기로 자리하고 있어서 그 둘은 전혀 타협할 여지가 없는 것처럼 보인다. 아마 마키아벨리가 지금 한반도에 살아 있다면 그 허위 관념인 이데올로기의 장막부터 걷어치우라고 일갈했을 것이다.

심지어 그 이데올로기는 정치적 차원에만 국한되는 것이 아니라 경제, 사회, 문화, 심지어 심리나 인간관계에까지 침투한다. 이는 현실의 다양한 사람들이 갖는 다양한 욕구를 모조리 무시하고 인간을 하나의 이데올로기적 존재로만 보게 한다. 따라서 사회적 가치의 다원적인 이해를 무시하거나 억압하고 인간을 철저히 규제되는 기계적 전재로 타락시킨다. 그 결과 외부의 눈부신 변화에도 눈을 감고 그 변화를 수용하지 못한다.

이를 위해 내부 이데올로기의 가치를 절대화하여 종교적 차원으로까지 변화시키고, 그 종교의 수호자들인 극소수 계층에 의해 그들만의 리그를 위한 게임으로 사회의 모든 기능을 축소시키고 나머지 대다수를 제외한다. 그래서 남북한 모두 민주공화국을 헌법에 내걸고 있음에도 불구하고 정치는 항상 독재의 수준을, 경제는 항상 재벌 독점의 수준을, 사회는 소수 특권 계층의 수준을,

문화는 특정 학벌 등의 지배 수준을 벗어나지 못한다.

그 결과 변화는 항상 점진적인 형태가 아니라 극단적인 혁명이나 쿠데타 등의 수단을 통해서만 이루어지게 된다. 즉, 정태적인 독재와 독점이 지속되다가 그 극단에 이르러야만 폭발적인 동태 사회로 급격히 변하는 것이다. 그러나 문제는 그러한 급변이 진정한 변화가 되지 못하고, 특정 인물 중심의 발작적인 일시 현상에 그친다는 점이다. 지속적인 제도화의 노력이 빈곤하기 때문에 악순환이 초래될 수밖에 없는 것이다.

리얼리즘의 결여는 서양에서 16세기의 마키아벨리에 의해 비판되고 극복되었다. 반면 우리는 16세기부터 지금까지 리얼리즘의 결여를 자랑하면서 살아왔다. 이제 진정으로 필요한 것은 리얼리즘의 확립이다. 정치만이 아니라 경제, 사회, 문화, 종교, 심리, 교육 등등 모든 차원에서의 리얼리즘을 확보하는 것이다. 겉과 속이 일치해야 하고, 현실과 도덕을 일치시켜야 한다. 속은 썩었으면서도 겉으로는 대단한 도덕가인양 거짓을 일삼는 짓을 지도자 계층부터 그만두어야 한다.

맺음말

　1948년에 만들어진 최초 헌법부터 1987년에 개정된 지금 헌법까지 우리나라가 민주공화국이 아니라고 규정한 헌법은 없었다. 그동안 민주공화국의 대통령이 아니라고 한 사람도 없었다. 그러나 과연 그동안 우리나라는 민주공화국이었던가?

　1995년 검찰은 5.17쿠데타 주모자인 전두환·노태우에게 '기소유예 공소권 없음' 결정을 내리며 "성공한 쿠데타는 처벌할 수 없다"고 주장했다. 그러나 전두환·노태우는 그 이듬해, 즉 사건 발생 15년 뒤인 1996년에 처벌되었다. 1980년의 5.17쿠데타에 대한 처벌이 옳았듯이 1961년의 5.16쿠데타에 대한 처벌 또한 옳지만, 시효 등의 문제로 처벌할 수 없어서 더 이상 문제 삼지 않을 뿐이다.

　"성공한 쿠데타는 처벌할 수 없다"고 하듯이 우리는 흔히 나쁜 짓을 하고도 벌을 면할 수 있다는 것을 마키아벨리즘이라고 한다. 이를 굳이 우리말로 번역한다면 뭐라 해야 할까? 악주의惡主義,

사악주의, 악행주의, 위선주의, 이중주의, 음모주의, 권모술수주의, 약육강식주의, 승자독식주의……. 뭐라고 번역하든 범죄를 저질러도 성공하면 승리자, 실패하면 범죄자로 만든다. 쿠데타만이 아니라 여타의 무수한 악행도 결과에 따라 범죄 여부까지 결정이 난다. 처음부터 범죄 차원이 아닌 부도덕이나 반윤리의 경우에는 더더욱 그렇다. 그래서 성공한 자의 부도덕이나 반윤리가 영웅적인 것으로 찬양되기도 한다. 이처럼 마키아벨리즘은 목적을 위해서는 수단과 방법을 가리지 않는 사고와 행동의 양식을 뜻하기도 한다. 지금 우리는 이런 마키아벨리즘이 지배하는 세상에서 살고 있는 것이 아닐까? 특히 우리의 정치는 그런 것이 아니었던가? 아니 경제나 사회나 문화, 심지어 법도 그런 것이 아닐까?

500년 전에 마키아벨리가 이탈리아 피렌체에서 쓴 책들은 지금껏 서양에서 많은 논란이 되어 왔지만, 이제 고전의 반열에까지 오르고 있다. 그의 책들은 읽는 사람에 따라 얼마든지 악용될 수 있는 특이한 경우가 많은데, 이러한 일은 그의 저서에만 국한되지 않는다. 가령 니체는 마키아벨리와 같이 히틀러나 무솔리니에 의해 악용되고 곡해되었으나, 니체 자체는 히틀러나 무솔리니와 무관하다는 주장도 있다. 마키아벨리도 그렇게 볼 수 있다. 그러나 반드시 그렇지 않을 수도 있다. 문제는 마키아벨리나 니체 자체가 아니다. 그들의 진심이 어떻든 그것을 악용하려고 하는 권력주의 세력이 항상 존재한다는 사실이 문제다.

정치 현상 중에서 사람의 이름을 딴 유일한 고유명사가 마키아벨리다. 그래서 마키아벨리를 '악의 교사'니 '악마의 교사'라고 도 한다. 그런 말이 나오게 만든 『군주론』이라는 책은 언뜻 듣기 에 매우 어렵고 두꺼울 것 같다. 하지만 원서는 '론'이라는 단어가 포함되지 않는 'Il Principe(군주정)'이라는 제목 아래 군주가 나라 를 다스리는 방법에 대한 강연을 담은 매우 쉽고 얇은 책이다. 그 보다 좀 더 두껍고 상세한 책이 지금까지 우리가 함께 읽어 온 『리 비우스 강연』이다.

500년도 더 전인 15~16세기 유럽에서 일어난 사건들을 소재 로 한 책들이어서 관련 역사를 모르면 이해하기 어려운 부분이 없 지 않지만, 그 내용은 대중적인 역사 드라마처럼 누구나 쉽게 알 수 있다. 그래서 흔히 말하는 인류의 고전 중에서 『군주론』은 가 장 쉽고 얇은 책인데도, 실제로 그 책을 읽은 사람은 의외로 적다. 무엇보다도 마키아벨리즘이라는 어두운 말이야말로 그 책을 멀 리하게 하는 것이리라. 그래서 덩달아 『리비우스 강연』도 마찬가 지 취급을 받았다.

그 두 책에서 마키아벨리즘이라는 말을 연상하게 하는 부분 이 전혀 없는 것은 아니다. 그런 말들을 중심으로 하여 냉정한 정 치가의 통치 방법이나 사업가의 관리 기술로 그 책들을 이용하는 경향도 없지 않다. 그러나 단순히 문자에만 구애되지 않고 그 책들 의 역사적 배경이나 취지나 목적을 알고 읽으면, 정작 마키아벨리 자신은 그런 마키아벨리즘과 무관하고 그 자신도 사악하지 않았 으며, 사악한 주의를 가르치지도 않았다고 볼 수 있다. 도리어 그의 진심은 이탈리아를 사랑하고 군주국이 아닌 민주공화국을 세우고자 한 것이었으며, 그는 무엇보다도 당위가 아닌 존재로써의 근대 정치학 내지 사회과학을 수립한 선구자라는 평가도 받고 있다.

물론 그를 반대로 평가하는 사람도 있다. 가령 마르크스는 마키아벨리를 비판했다. 또 네오콘의 선구자인 스트라우스가 마키아벨리를 비판한 방대한 책도 우리말로 번역되어 있고, 그 유사한 책들도 번역된 것을 보면 우리나라에도 마키아벨리를 비판적으로 보는 학자들이 있는 것 같다. 그래서 나는 과연 마키아벨리는 옳았는데, 그를 오해해서 마키아벨리즘이 만들어졌는지를 따져 볼 필요가 있다고 생각하였다. 이를 위해서는 무엇보다도 먼저 마키아벨리의 책을 열심히 읽어야 한다. 물론 그것만으로는 부족하다. 그가 살았던 르네상스라는 시대, 이탈리아 피렌체라는 곳에 대해서도 정확하게 이해해야 한다. 이 책은 그런 이해를 돕기 위한 책이다.

뿐만 아니라 서양의 역사, 특히 고대 로마에 대한 정확한 이해도 필요하다. 내가 '군주정'이라고 번역하는 것이 옳다고 생각하는 『군주론』은 사실 '원수정'이라고 번역됨이 옳은데, 이는 그 원제가 로마 공화정의 원수정을 뜻하기 때문이다. 그리고 그 로마 공화정을 다룬 책이 『리비우스 강연』이었다. 그런데 우리나라에는 일본의 우익 보수가 쓴 로마사 이야기가 마치 로마는 황제들의 나라고 그것만이 옳은 것인 양 역사 왜곡을 일삼아, 리비우스와 마키아벨리가 꿈꾼 민주공화국을 훼손했다. 이 책이 그런 왜곡된 세계사 인식을 교정하는 역할도 하기를 빈다.

그러나 나는 이탈리아에서 살았던 2000년 전의 리비우스나 500여 년 전의 마키아벨리를 탐구하는 것 자체에 흥미를 갖는 것이 아니다. 도리어 마키아벨리즘이 지배하는 지금 우리의 현실을 바꾸기 위해 마키아벨리의 진심을 탐구하고자 했다. 그 진심이 분단된 반도인 조국의 통일, 부패한 정치와 빈익빈 부익부의 개혁, 인민 정치의 확립 등을 위한 것인가 아닌가 하는 것이다. 그런 조국의 현실에 대해 마키아벨리가 고민했다면 마찬가지 고민을 하는 우리로서는 그에 대해 알아볼 필요가 있고, 그것이 우리에게도 유익하다면 그에게서 배울 필요가 있다.

그런 고민을 마키아벨리즘으로 호도해서는 안 된다. 그래서 다시는 "성공한 쿠데타는 처벌할 수 없다"거나 "잘못된 일이라도 일단 저질러진 경우 취소할 수 없다"는 식의 마키아벨리즘 궤변이 이 땅에 떠돌게 해서는 안 된다. 아니 마키아벨리즘이라는 말 자체가 사라져야 한다. 악은 그냥 악일뿐이다. 마키아벨리의 진심과 전혀 다르게 악하지 않은 그의 이름을 빌어 마키아벨리즘이라고 악을 말하는 것은 "성공한 쿠데타는 처벌할 수 없다"거나 "잘못된 일이라도 일단 저질러진 경우 취소할 수 없다"는 말보다 더 나쁘다.

이 책에서 내내 강조한 마키아벨리 사상의 핵심인 '민주공화국'은 우리 시대의 가장 절실한 화두다. 다시 말한다. 우리의 모토를.

'밖으로는 독립을, 안으로는 자유를!'

우리 헌법 1조 1항에 적힌 민주공화국을 성공적으로 완성하는 것이야말로 우리나라가 꼭 풀어야 할 역사의 숙제다. 그 과제의 수행을 위한 험난한 여정에 마키아벨리의 고뇌가 도움이 되기를 빈다. 시간이 좀 걸릴 지라도 우리는 반드시 승리한다. 좀 더 낙관적으로, 좀 더 희망을 가지고 우리의 민주공화국을 가꾸어 가자. 그것을 배신하는 독재 권력은 잠시잠깐이다. 마음대로 권력을 휘두르는 한 사람이나 소수도 잠시잠깐이다. 우리 인민은 반드시 승리한다.

다시 확인하자. 소중한 우리 헌법 1조.

"대한민국은 민주공화국이다. 대한민국의 주권은 국민에게 있고, 모든 권력은 국민으로부터 나온다."

2017년 1월
박홍규

니콜로 마키아벨리 연보

* 당대 상황을 설명한 부분은 [ ]으로 표시하였다.

1469년   5월 3일 이탈리아 피렌체에서 법학자인 아버지 베르나르도 마
키아벨리와 어머니 바르톨로메아 디 스테파노넬리의 장남으
로 태어남. 위로 두 누이(프리마베라와 마르게리타)가 있었고,
후에 남동생(토토)이 태어남

1481년   동생과 함께 라틴어 학자 파올로 다 론칠리오네의 문하에서
공부함

1491년   [도미니크회의 개혁적 수도사인 지롤라모 사보나롤라가 피렌체
에 있는 산마르코 수도원의 원장이 되어 설교 등을 통해 영향력을
발휘하기 시작함]

1492년   [4월 9일 피렌체 공화국의 사실상 지배자였던 로렌초 데 메디치
가 사망하고, 그의 아들인 피에로 디 로렌초가 메디치가의 수장이
됨]

1494년   [프랑스 왕 샤를 8세가 병력 2만5000명 규모의 대군을 이끌고 이
탈리아를 침공함으로써 이탈리아 전쟁(1494~1559)이 시작됨.
11월 프랑스군이 피렌체에 입성하고, 피에로 디 로렌초를 포

함해 메디치가는 피렌체에서 추방됨]

1497년 [5월 사보나롤라가 교황 알렉산데르 6세에 의해 파문당함]

1498년 [5월 23일 사보나롤라가 화형에 처해짐.] 5월 피렌체 공화국의
제2사무국 사무관에 선임됨. 6월 피렌체 대평의회의 승인을
받아 제2사무국장으로 승진하여 취임함. 7월 피렌체 공화국의
군사 문제를 다루는 10인전쟁위원회의 사무국장으로도 선출
됨. 11월 10인전쟁위원회의 대표 자격으로 피렌체 인근 도시
피옴비노에 파견되어 처음으로 외교 업무를 수행함

1499년 「피사의 전쟁에 관한 보고서」를 작성함. 이몰라와 포를리 지
역의 지배자 카테리나 스포르자 리아리오에게 파견됨

1500년 7월 프랑스 왕 루이 12세에게 파견되어 6개월가량 머무르며
외교 업무를 수행함. 프랑스 체류 중 루앙의 추기경 조르주 당
부아즈를 면담함

1501년 마리에타 코르시니와 결혼함

1502년 [피에로 소데리니가 피렌체 공화국의 종신 통령(곤팔로니에레)으
로 선출됨

1503년 「발렌티오 공이 비텔로초 비텔리, 올리베로토 다 페르모, 영주
파골라, 그라비나 공 등을 사형에 처한 방식에 대한 기술」, 「화
폐 공급에 대한 논의」, 「발디키아나 지역의 반란민을 다루는
방법에 관해」 등의 보고서를 작성함. 4월의 시에나의 지배자
판돌포 페트루치에게 파견됨. 10월 로마 교황청에게 파견됨

1504년 시 「첫 10년」을 씀. 1월 루이 12세의 궁정에 두 번째로 파견됨.
7월 판돌포 페트루치에게 두 번째로 파견됨

1506년 「피렌체의 군사적 준비에 관한 논의」를 작성함. 1월 피렌체의
북쪽에 있는 무겔로 지역에서 민병대 모집 활동을 벌임. 8~10월
로마 교황청에 두 번째로 파견됨

1507년	12월 티롤 공국에 있는 신성 로마 제국 황제 막시밀리안 1세의 궁정에 파견됨
1508년	「독일에 관한 보고서」를 작성함
1509년	「독일과 그 황제에 관한 보고서」를 작성함. 시 「첫 10년」을 갱신한 「두 번째 10년」을 발표함
1510년	6~9월 루이 12세의 궁정에 세 번째로 파견됨
1511년	9월 루이 12세의 궁정에 네 번째로 파견됨
1512년	[이탈리아 전쟁이 계속되는 가운데 스페인군이 피렌체의 영토를 침범해서 프라토 지역 일대를 유린함. 피렌체가 항복함으로써 피에로 소데리니가 실각하여 망명길에 오르고, 대신 메디치가가 권좌에 복귀하면서 피렌체의 정체가 군주정으로 바뀜] 「독일의 사정에 대한 기술」과 「프랑스의 사정에 대한 기술」을 작성함. 11월 제2사무국장에서 면직되고 1년간 출국 금지 명령을 받음
1513년	2월 반역 음모 혐의로 재판에 넘겨져 고문을 받고 투옥됨. 3~4월 감옥에서 풀려나 피렌체에서 남쪽으로 11킬로미터 떨어진 산탄드레아에 있는 자신의 농장으로 은거함. 7월 『군주론』의 초안을 작성함. 피렌체에 있는 루첼라이가의 정원 '오르티 오리첼라리'에서 열리는 토론 모임에 참여함. 『리비우스 강연』을 쓰기 시작함
1516년	『군주론』 원고의 사본이 피렌체 안팎에서 회람되기 시작함. 「벨파고르 이야기」를 씀
1517~1518년	아풀레이우스의 『황금 당나귀』를 개작해 자신에 관한 이야기와 비유적 이야기를 섞은 글을 씀
1518년	『전술론』, 『카스트루치오 카스트라카니 다 루카의 생애』, 『루

카의 정부 체제 개요』를 씀. 줄리오 데 메디치 추기경으로부터
피렌체의 역사에 관한 집필을 의뢰받음
1519~1520년 「로렌초가 사망한 뒤 피렌체의 사정에 대한 논의」를 씀
1521년 『전술론』이 출간됨
1522년 「라파엘로 지롤라미에게 보내는 조언」을 씀
1523년 [줄리오 데 메디치가 교황(클레멘트 7세)으로 선출됨]
1524~1525년 플라우투스의 고전 희곡을 토대로 희곡 「클리치아」를 씀
1525년 로마를 방문해 『피렌체사』 원고를 클레멘트 7세 교황에게 제
출함. 풍자적 희곡 작품 「만드라골라」가 베네치아에서 연극으
로 공연되어 찬사를 받음
1526년 「피렌체의 요새화에 관한 보고서」를 작성함
1527년 [5월 이탈리아를 침공한 신성 로마 제국의 독일-스페인 혼성군에
의해 로마가 유린당함. 메디치가가 피렌체에서 축출되고, 피렌체
에 공화국이 재건됨]
6월 21일 사망하여 피렌체에 있는 산타크로체 성당에 안치됨
1531~1532년 『군주론』, 『리비우스 강연』, 『피렌체사』가 처음으로 출
간됨

인용 및 참고 문헌

1. 영어 번역본

- *History of Florence(피렌체사)*, Niccolò Machiavelli 지음, The Colonial Press, 1901
- *Histories(역사)*, Polybius 지음, W. R. Paton 옮김, Cambridge: Harvard University Press, 1979
- *The Early History of Rome(도시가 세워지고부터)*, Titus Livius 지음, R. M. Ogilvie 옮김, Middlesex : Penguin Books, 1960
- *The Fourteen Orations (Philippics) of Cicero Against Marcus Antonius*[마르쿠스 안토니우스에 반대하는 키케로의 연설(필리피카이) 14편], Marcus Tullius Cicero 지음, Charles Duke Yonge 옮김, Digireads.com, 2009
- *The institutio oratoria of Quintilian(변론가의 교육)*, Marcus Fabius Quintilianus 지음, H.E. Butler 옮김, Cambridge : Harvard University Press, 1958

2. 기타

- *고대로마사*, 토머스 R. 마틴 지음, 이종인 옮김, 책과함께, 2015
- *공화주의*, 김경희 지음, 책세상, 2009

- 『공화주의』, 모라치오 비롤리 지음, 김경희 · 김동규 옮김, 인간사랑, 2006
- 『국가론』, 마르쿠스 툴리우스 키케로 지음, 김창성 옮김, 한길사, 2007
- 『국가와 폭력』, 박상섭 지음, 서울대학교출판부, 2014
- 『국가의 신화』, 에른스트 캇 카시러 지음, 최명관 옮김, 도서출판 창, 2013
- 『군주론』, 니콜로 마키아벨리 지음, 신복룡 옮김, 을유문화사, 2007
- 『군주론, 운명을 넘어선 역량의 정치학』, 정정훈 지음, 그린비, 2011
- 『근대 정치사상의 토대(제1권)』, 퀜턴 스키너 지음, 박동천 옮김, 한길사, 2004
- 『나의 친구 마키아벨리』, 시오노 나나미 지음, 오정환 옮김, 한길사, 2002
- 『러셀 서양철학사』, 버트런드 러셀 지음, 서상복 옮김, 을유문화사, 2009
- 『로마 공화정』, 허승일 지음, 서울대학교출판부, 1997
- 『르네상스』, 폴 포르 지음, 주경철 옮김, 한길사, 1999
- 『리바이어던(제1권)』, 토머스 홉스 지음, 진석용 옮김, 나남, 2008
- 『마키아벨리와 국가이성』, 진원숙 지음, 신서원, 2005
- 『마키아벨리의 네 얼굴』, 퀜턴 스키너 지음, 강정인 · 김현아 옮김, 한겨레출판, 2010
- 『마키아벨리의 덕목』, 하비 맨스필드, 이태영 · 조혜진 · 고솔 옮김, 말글빛냄, 2009
- 「마키아벨리와 리비우스의 사이에서; 근대성의 정치철학」, 『한국정치학회보』, 제3집, 제4호
- 『마키아벨리언 모멘트』, J. G. A. 포칵 지음, 곽차섭 옮김, 나남, 2011
- 『마키아벨리와 에로스』, 곽차섭 편역, 지식의풍경, 2002
- 『마키아벨리 평전』, 로베르토 리돌피 지음, 곽차섭 옮김, 아카넷, 2000
- 『민주주의의 모델들』, 데이비드 헬드 지음, 박찬표 옮김, 후마니타스, 2010
- 『법률론』, 마르쿠스 툴리우스 키케로 지음, 성념 옮김, 한길사, 2007
- 『법의 정신』, 몽테스키외 지음, 신상초 옮김, 을유문화사, 1990
- 『사생활의 역사(제1권)』, 조르주 뒤비 지음, 폴 벤느 · 필립 아리에스 편집, 주명철 · 전수연 옮김, 새물결, 2002

- 『사회계약론 · 상식 · 인권론』, 장 자크 루소 지음, 이가형 옮김, 을유문화사, 1994
- 『서양 근대 정치사상사』, 강정인 · 김용민 · 황태연 엮음, 책세상, 2007
- 『서양의 지적 전통』, J. 브로노프스키 지음, 차하순 옮김, 학연사, 2013
- 『서양정치사상』, 브라이언 레드헤드 엮음, 황주홍 옮김, 문학과지성사, 1993
- 『서양정치 철학사(제1권)』, 레오 스트라우스 · 조셉 크랍시 공저, 김영수 외 옮김, 인간사랑, 2010
- 『세계사편력(제1권)』, 네루 지음, 곽복희 · 남궁원 옮김, 일빛, 1995
- 『스파르타』, 험프리 미첼 지음, 윤진 옮김, 신서원, 2000
- 『스파르타 이야기』, 폴 카트리지 지음, 이은숙 옮김, 어크로스, 2011
- 『스파르타쿠스』, M. J. 트로우, 진상록 옮김, 부글, 2007
- 『열정과 이해관계』, 앨버트 허쉬먼 지음, 김승현 옮김, 나남출판, 1994
- 『자유주의』, 존 그레이 지음, 손철성 옮김, 이후, 2007
- 『전술론』, 니콜로 마키아벨리 지음, 이영남 옮김, 스카이, 2011
- 『정치론』, 베네딕트 데 스피노자 지음, 김호경 옮김, 갈무리, 2008
- 『지배와 비지배』, 곽준혁 지음, 민음사, 2013
- 『추악한 동맹』, 존 그레이 지음, 추선영 옮김, 이후, 2011
- 『타키투스의 연대기』, 타키투스 지음, 박광순 옮김, 범우사, 2005
- 『평전 마키아벨리』, 마이클 화이트 지음, 김우열 옮김, 이룸, 2006
- 『플루타르크 영웅전(제2권)』, 플루타르코스 지음, 김병철 옮김, 범우사, 1999
- 『피렌체의 여마법사』, 살만 루슈디 지음, 송은주 옮김, 문학동네, 2011
- 『피렌체 찬가』, 레오나르도 브루니 지음, 임병철 옮김, 책세상, 2002
- 『카시러』, 하인츠 파에촐트 지음, 봉일원 옮김, 인간사랑, 2000

- 『Discourses on Livy』, Harvey C. Mansfield · Nathan Tarcov 공역 및 소개, University of Chicago Press, 1996
- 『Fortune's Circle: A Biographical Interpretation of Niccolo Machiavelli』, Charles Tarlton 지음, Quadrangle Books, 1970
- 『Fortune Is a Woman』, H. F. Pitkin 지음, University of California Press, 1984
- 『Machiavelli』, John H. Whitfield 지음, Russel & Russel, 1966
- 『Machiavelli and Empire』, Mikael Hörqvist 지음, Cambridge University Press, 2008
- 『Machavelli's God』, Maurizo Viroli 지음, Princeton University Press, 2010
- 『The Commonwealth of Oceana』, James Harrington 지음, J. G. A. Pocock 편저, Cambridge University Press, 1977
- 『The History of the Russian Revolution』, Vol. 3, Leon Trotsky 지음, Anchor Foundation, 1987
- 『The Machiavellian Cosmos』, Anthony Parrel 지음, Yale University Press, 1992
- 『The Vision of Politics on the Eve of the Reformation: More, Machavelli and Seyssel』, J. H. Hexter 지음, Allen Lane, 1973

찾아보기

이미지 출처

41쪽   ⓒfrankfl / flickr

43쪽   상 ⓒPeter Visser / flickr

         하 ⓒJohn Allen / flickr

45쪽   ⓒJohn Menard / flickr

46쪽   ⓒJustin Ennis / flickr

48쪽   ⓒLeandro Neumann Ciuffo / flickr

51쪽   ⓒFrancesco Gasparetti / flickr

52쪽   ⓒAnthony Crider / flickr

54쪽   ⓒChristine und Hagen Graf / flickr

59쪽   ⓒSailko / Wikimedia Commonms.

64쪽   ⓒMetropolico.org / flickr

90쪽   ⓒSailko / Wikimedia Commonms.

97쪽   ⓒSailko / Wikimedia Commonms.

111쪽   ⓒMiguel Hermoso Cuesta / Wikimedia Commonms.

142쪽   ⓒWoudloper / Wikimedia Commonms.

148쪽   ⓒmomo / flickr

162쪽   ⓒdavid_jones / flickr
172쪽   상 ⓒLuftphilia / flickr
221쪽   ⓒChristine und Hagen Graf / flickr
263쪽   ⓒKurtis Garbutt / flickr